新基建

中国经济新引擎

盘和林　胡霖　杨慧◎著

中国人民大学出版社
·北京·

推荐序

新基建释放我国经济发展的潜能

新冠肺炎疫情的突然暴发，给中国经济乃至世界经济设下了三道关卡。第一道是供给冲击，这道关卡随着疫情的逐步好转已经开始慢慢瓦解。但这并不足以让我们掉以轻心，因为随之而来的第二道关卡是外部需求侧冲击。受海外疫情的影响，我国出口目前还是负增长，IMF 预计 2020 年全球 GDP 将下降 3%。第三道关卡设在后疫情时代。疫情期间的隔离封锁给不少国家敲响了警钟，为保证自身产业链的完整，有些国家开始试图摆脱对别国市场的依赖，引发人们对产业链转移的担忧。

不过，疫情在给经济设下重重关卡的同时，也悄无声息地打开了数字经济之窗。在抗疫和复工复产过程中，信息数字化的需求受到新一轮的刺激开始爆发，有关数字经济的现代应用得到广泛重视，给数字经济新业态提供了难得的发展契机。这一现象给我们在后疫情时代寻找推动经济发展的新动能提供了灵感，也让我国新型基础设施建设加快了脚步。

早在 2018 年底，中央就正式明确了新基建在国家经济发展中的重要定位。与传统的基础设施建设相比较而言，新基建的内涵更加丰富，并且更加注重科技端的创造研发与技术支持。它涵盖了5G基建、特高压、城际高速铁路和轨道交通、新能源汽车充电桩、大数据中心、人工智能、工业互联网七大领域，这些领域不仅在全民抗疫中做出了巨大贡献，而且可以为后疫情时代恢复生产生活秩序、刺激新的消费需求和创新体验提供支撑。

现阶段，我国传统基础设施建设已经初具规模，但同时也应看到铁路、公路等基础设施的投资增长速度在逐渐放缓，这说明以“铁公基”（铁路、公路、机场、水利等重大基础设施建设）为代表的传统基建投资对经济的拉动作用正在下降，取而代之的新基建将成为我国经济当前甚至今后一段时间的重要推动力。

目前，许多发展潜力巨大的新兴产业，如数字零售、智能城市、智能物流、远程医疗等都需要新型基础设施作为支撑。除此之外，在线娱乐、在线教育、在线办公、无接触式支付也都出现井喷式增长。最重要的是，智慧城市得到广泛的应用，通过将交通、医疗、政务三位一体地用大数据、人工智能的方法集成，我们可以借助科学技术“战疫”，助力社会生产有序恢复，而且也为将来提高社会服务水平、改善城市布局打下坚实基础。这些新产业的出现和普及加速了数字经济革命的到来，为今后中国经济的破茧重生以及可持续发展提供了强大动能。

新基建具有基础产业和新兴产业的“双重身份”，同时对应着巨大的投资需求和消费需求。纵观新基建的七大领域，城际高速铁路和轨道交通、新能源汽车充电桩、特高压是在补充传统基建的短板，5G 基建、大数据中心、人工智能、工业互联网则集中在新技术基础设施建设方面，或者可以说是数字经济的基建，依托这些新技术基础设施，能够带动全社会的数字化转型，同时还能激发新增需求，给传统产业注入“数字动力”。目前，新基建已经呈现出蓬勃发展的态势，各地在发力推动，资金方面也在向新基建项目倾斜，可以期待，在不久的将来，我们将看到新基建与传统基建协同配合，我国经济发展的潜能得到更加充分的释放。

综上所述，新冠肺炎疫情对过去一段时间中国数字经济的发展情况进行了考验，透过此次疫情，我们看到了新基建中蕴藏着巨大的产业升级空间，它对于“引爆”新一代技术革命浪潮具有不可或缺的基础性作用，并且能够帮助我国适应日趋激烈的全球科技竞争。在社会转型的关键阶段，新基建是我国转换经济发展动能的重要依靠和实现经济高质量发展的关键引擎之一。

从传统基础设施建设到如今的新基建，尽管内容和形式在不断变迁，但都承担着稳定经济增速、优化投资结构的重要任务。如今，新型基础设施建设已驶入“快车道”，想了解新基建究竟新在哪里，七大细分领域给我国带来了哪些新的经济增长点，人们的衣食住行和经济社会格局又会受到何种影响，以及如何统筹协调新基建和传统基建等问题的读者们，都可以在这本《新基建：中国经济新引擎》中找到想要的答案。

沈建光

京东集团副总裁、京东数字科技首席经济学家

目录

第一章　新基建，到底新在何处

早在 2018 年底，中央经济工作会议就提出要“加快 5G 商用步伐，加强人工智能、工业互联网、物联网等新型基础设施建设”，正式明确了新基建在国家经济发展中的战略定位。

而在 2019 年底至 2020 年上半年新冠肺炎疫情期间，因全面隔离的需要，信息数字化需求迎来新一轮的刺激和爆发，有关数字经济的现代应用得到广泛重视。在此背景之下，新基建成为各方关注的热点话题，其重要性的不断提升，使得我国基础建设的步伐持续加快，并迅速升级为驱动我国经济增长的新发展引擎。

基建在经济中的关键性作用

中国有句俗话，叫“要想富，先修路”，这是多年来各地的传统发展经验，充分说明了道路、桥梁等必要基础设施建设对经济发展带来的助力是巨大的。

作为经济发展的“稳定器”，基建承担着稳定经济增速、优化投资结构的重要任务，是我国经济建设中不可或缺的组成部分。

在衡量一个国家综合实力大小的时候，基础设施建设和保障能力不仅反映出现代化国家最基本的物质基础，而且是保证各地区之间物质生产和交换能够稳定进行的重要条件，因而是一个重要的经济社会参考指标。

什么是基建

基础设施是指为社会生产和居民生活提供公共服务的物质工程设施，是用于保证国家或地区社会经济活动正常进行的公共服务系统。

从经济社会发展的角度来看，基础设施涉及重大民生领域工程，其重要功能便是为人与人和区域与区域之间的沟通交流架起桥梁，为人们的生产经营与生活奠定共同的物质基础，进而带动区域之间的商业繁荣。

传统的基础设施建设包括交通运输设施、通信设施、水利设施及城市供排水系统、供气供电系统等所需的固定资产[①]。新基建的内涵更加丰富。2020年3月4日，中共中央政治局常务委员会会议专门强调，要加大公共卫生服务、应急物资保障领域投入，加快5G网络、数据中心等新型基础设施建设进度。

一时间，新基建成为各方热议的话题，受到社会的广泛关注。事实上，与铁路、公路、机场、港口、水利设施等传统基础设施建设相比，新基建的本质是信息数字化的基础设施，其范围涵盖了5G基建、特高压、城际高速铁路和城际轨道交通、新能源汽车充电桩、大数据中心、人工智能、工业互联网七大领域，并且更加注重科技端的创造研发与技术支持[②]。

作为推动经济高质量发展的必要因素，新基建涉及电力、交通、通信等多个社会民生重点行业，由此催生了智能能源、车联网、AI（人工智能）辅助、远程办公、在线教育等多种

---

① 2020—2026年中国基建行业市场前景规划及发展策略分析报告［R/OL］.［2019—09—04］. https：//www.chyxx.com/research/201911/800408.html.

② “新基建”版图绘就2020交通基建规划全盘呈现［J］. 建设机械技术与管理，2020（2）：68—78.

多样的应用场景，而智能、便捷、高效的现代服务正不断刷新社会的基本面貌，未来也将进一步促使整个社会焕发出更强大的创造活力。

稳经济、惠民生的重要保障

20 世纪 30 年代，面对美国经济大萧条的空前危机，时任美国总统罗斯福适时地制定并推行了一系列政策措施，这其中就包括兴建大规模公共基础设施，即以政府为主导的方式大范围地开展基建项目，从而提高社会就业率、增加民众收入来源，进而提振经济。

事实证明，著名的“罗斯福新政”卓有成效地克服了当时美国所面临的一系列的经济危机，并且为其后期经济发展与腾飞打下了坚实的政策基础，这对于彼时美国社会的稳定和民众生活水平的提高都起到了重要作用。

而在 2008 年金融危机时，我国经济同样陷入了低迷期，民众的经济生活遭受不利影响。为应对全球性的金融危机以及摆脱经济下行的巨大风险，我国政府及时推出了“四万亿”的经济刺激计划，以投资手段来抵冲金融风险，促进经济的增长以及经济秩序的恢复。

据了解，在“四万亿”的经济刺激计划中，有近一半资金投向交通基础设施和城乡电网建设项目，使得高铁、机场、公路等传统基础建设项目得到了迅速发展。

以交通基础设施建设为例，作为最基本的民生，“十三五”之后，交通建设的攻坚行动也随之开启。高速公路、普通公路、农村道路等建设稳步推进，各规划项目科学有序开展，全新的交通道路发展格局带来了经济的内外联动，交通基础设施建设高质量发展的目标也日趋达成。从某种程度上而言，现代化技术的灵活运用已经成为各地区发展的重要前提条件，而道路等基础配套设施的完善是突破发展瓶颈的必要途径，尤其应当受到重视。

如前所述，配套设施的完善可以为区域之间的商业互通提供更好的交流平台。从社会发展层面来看，它的普及与完善不仅是提高社会生产力的重要基础，而且是实现国家现代化进程的有力保障。

事实上，基础设施的联通是各地区之间交流的必要基础，它的完善也是现代化产业发展中不可缺失的条件之一。早在2013年，习近平总书记就倡导以丝绸之路经济带和21世纪海上丝绸之路作为新时期国际发展合作的框架，其中特别提到要将基础设施的互联互通作为重要抓手，推动“一带一路”沿线国家的经济发展进程。

值得注意的是，基础设施建设的投入所带来的回报是十分可观的，其“乘数效应”能带来几倍于投资额的社会总需求和国民收入，这对于经济社会长期稳定发展而言，无疑有着重大意义。

推动经济社会高质量发展

在科技快速发展的现代社会，我国经济已进入了从高速发展向高质量发展转型的关键阶段，如何推动产业发展改革，进而稳定经济增长，成为我国现阶段的首要任务。

有关数据表明，近年来我国经济虽然发展快速，但铁路、公路等设施投资的增长速度却逐渐放缓，这说明了以“铁公基”为典型代表的传统基建投资对经济的支撑作用正在下降。从这个层面而言，我国经济发展对基础设施提出了新的要求，催生新的产业和科技革命。

相比于传统基建项目，新基建的特点是注重各个行业信息数字化的能力建设，并着重强调了经济动能的转化问题，极为贴合我国现阶段的基本国情，对补齐经济发展短板具有重要作用①。

现阶段，我国传统基础设施建设已初具规模，在社会转型的重要阶段，新基建承担着促进经济结构优化、稳定增长速度的重要任务。不少学者和专家认为，新基建是对传统基

① 燕绥 .2020 新基建分类排行榜［J］. 互联网周刊，2020（8）：54－58.

建的扩展，具有鲜明的科技特征和科技导向，并兼顾了稳增长和促创新的双重任务，十分符合经济高质量发展的转型要求。

截至 2020 年 5 月底，新冠肺炎疫情依然在全球肆虐，对我国乃至全世界范围内的经济生活都带来了重大冲击。但通过这次疫情，我们看到了 5G 网络、数据中心等基础设施的广泛运用，信息科技的支撑为产业互联网等数字经济新业态提供了难得的发展契机，这对现阶段我国经济生活的血液循环将起到重要作用。

例如，人工智能、工业互联网、物联网等新型基础设施建设将带动通信、计算机和电子等相关行业的产品需求，这些新型基础设施将成为制造业转型升级的关键，同时能激发更多的新增需求。

长远来看，这些新型基础设施不仅是战“疫”的重要工具，更会带动全社会的数字化转型，并使经济保持持续健康发展。同时，这也进一步说明，虽然我国经济生活在疫情期间遭受冲击，但新基建的提出契合了当下的时代背景，为相关行业发展带来了新的生机与活力，预计将对未来经济秩序的恢复以及产业的变革产生重大影响。

总而言之，新基建蕴藏着巨大的产业升级空间，能促进各类新兴业态的有效发展，进而帮助其适应全球的科技竞争环境。

在社会转型的关键阶段，新基建也可以成为转换经济发展动能的重要依靠，从而驱动我国经济高质量发展。

硬实力带来“磁场”效应

现如今，基础设施建设已经成为夯实城市发展平台的重要窗口，有关市政、交通、物流等基础设施的有效投资也将有力拉动城市经济发展。事实上，城市的各项功能正是建立在这些基础设施之上的，它们是组成城市发展基础的“硬实力”，更是构成一座城市竞争力的关键性因素。

对于部分企业而言，政府的大规模投入可以带来无限的产出效应，让它们拥有快速成长与获利的基础，也因此可以实现企业的“华丽”蜕变，并最终带动整座城市或者区域经济的发展。

而对普通老百姓来说，基础设施的完善更是与大众福利息息相关。出行便利、购物安心、环境宜居等美好生活都离不开城市基础设施的有力加码，这是看得见、摸得着的重要民生工程。

然而，除了道路交通设施改善、5G 入驻等手段对城市整体“硬实力”的打造，基础设施所带来的惠民便利也涉及城市基础“软实力”的提升。

现阶段，道路交通等基础设施的便利只是城市发展衡量标准的一个侧面，对于大多数的城市居民而言，科技、教育、文化、体育、卫生等基础设施项目全面改进才可以完善整座城市的生活环境，并有效提升自身所获得的幸福感。

如今，很多城市都顺应了中央的政策要求，逐步迈开了绿色走廊、主题公园及景观工程建设步伐，这些隐匿在城市钢筋水泥背后的绿色生态构筑成了一道道亮丽的风景线，对城市的全方位发展起着重要的推动作用。

不难看出，“硬实力”的升级带来了“软实力”整体提升的效果，由此也可以为各大城市吸聚更多的优质人才，这是基础设施建设的重要“磁场”效应。

中国何以成为“基建狂魔”

众所周知，就基建方面的能力而言，中国有着“基建狂魔”这一世界级称号，这足以说明我国在基建事业上取得的伟大成就。

自改革开放以来，我国创造了基建史上的多个“世界之最”，各项基础设施建设的数量、速度和规模已经处于世界领先水平，它们共同构成了“基建狂魔”的骨架和血肉，成为我国对内改革、对外开放的重要历史性成果。

“基建狂魔”究竟有多“狂”

世界桥梁业界流传着这样一句话：世界桥梁建设 20 世纪 70 年代以前看欧美，90 年代看日本，21 世纪看中国。

作为传统基建的重要组成部分，桥梁建设既是国家工业实力的一大体现，也是经济发展的重要基础。事实上，这样的高度评价并非浪得虚名，其背后有着足够可靠的数据作为支撑。

相关资料显示，世界上已建成的最高的 5 座桥梁全在中国①。在建的最高桥梁中，排名前 20 位的，外国桥梁只占 5 座，中国则“霸占”了 15 座，而且这些高难度、创纪录的桥梁建设还都是货真价实的“中国制造”。

然而，桥梁建设仅仅只是我国基建事业的冰山一角，铁路、高速公路等公共事业同样为我国经济的腾飞插上了稳健有力的翅膀。

硬核力量筑就“钢筋铁骨”

新冠肺炎疫情期间，武汉火神山医院仅用 10 天时间完工并成功交付使用，这样的“中国速度”再次刷新了世界各国民众

---

① 本刊编辑部．从“基建狂魔”到“交通强国”[J]．中国公路，2019（19）：3.

对中国基建水平的认知，如此短时间内展现出的惊人组织力在世界范围内都是难以想象的①。

事实上，早在2015年底，北京三元桥整体换梁工程就震惊了全世界。当时，服役30余年之久的三元桥开始启动主梁更换工作，为减少这一大型维修工程对市内交通的影响，三元桥的主梁更换作业仅仅用了43个小时便顺利完工，这在国外引起了极大的关注。

可以说，“基建狂魔”的实力是不容置疑的，这样的规模与速度使得全世界都为之瞩目。然而，在中国一系列大规模基础设施建设的背后，有一群人往往最容易被忽视，那便是无数具有吃苦耐劳、团结协作精神的“基建工人”。

作为世界人口第一大国，与其他发展中国家和发达国家相比，我国具有独特的人口数量优势，也因此能调动成千上万的高素质工人，提供最重要的劳动力基础。

事实上，国外不少报道均对中国的工人们给予了高度评价：无论从效率、价格还是可靠性方面讲，他们均具有很大优势。

如今看来，我国在全球基建领域领头羊的地位是难以撼动的，而这些硬核基建工人有着最勤劳、踏实的品质，高质量、高效率及合理的价格，使得他们拥有了走向世界的充足底气。

---

① 本报评论员．“两山”医院速度折射基建能力积淀［N］．经济日报，2020—04—30（001）．

这些硬核的基建工人，构成了今天中国“基建狂魔”的基础，也是中国无数个“第一”“独一”“奇迹”的源头。

事实证明，我国在基建事业上的探索步伐从未停止，而相比于钢筋混凝土所搭建的建筑框架，基建工人更应该是基建项目中不可或缺的“钢筋铁骨”。

广阔市场带来发展契机

从“一穷二白”的窘迫到“基建狂魔”的万众瞩目，中国的基建速度已经远远超出了人们的想象，这些项目奠定了我国工业化以及经济发展的重要基础，让全世界见识到了“中国速度”。

众所周知，基础设施是经济社会发展的基础和必备条件，其主要目的便是要契合民众生活和社会发展的需要。在幅员辽阔、人口众多的中国，广阔的市场需求使得基建迎来了更多的发展机会。

根据《福布斯》杂志 2018 年的排名，全球十大建筑企业中，中国占据六席。相关数据显示，我国铁路网将在 2025 年达到 17.5 万公里左右，其中高铁 3.8 万公里左右；到 2030 年，我国铁路网规模将达到 20 万公里左右，其中高铁 4.5 万公里左右。

商务部国际贸易经济合作研究院研究员梅新育曾指出，中国早已拥有全世界最大的建筑市场和建筑产业。中国拥有如此庞大的基建市场需求以及如此惊人的数据规模，这是中国基建事业发展的重要基础。

回顾中国几十年的基建发展历程，我们从没有一条高速公路的空白状态，发展到现在一个又一个基建领域的“世界第一”，“基建狂魔”的称号背后是强有力的国内市场的支撑。人们常说“要想富，先修路”，基建承载着我国民众渴望社会发展与进步的美好愿望，因此也拥有着无比广阔的市场前景。

如今，新基建成为未来投资领域的重点，它具有产业链条长、横跨多个不同产业领域的特征，市场带动作用是巨大的。

而在这次新冠肺炎疫情当中，人们体会到了数字技术带来的无限魅力，各产业也开始发掘 5G 基建、特高压、城际高速铁路和城际轨道交通等领域的前沿应用，智能化信息技术有了更多可以发挥作用的空间。

从这个层面上来说，智慧城市的规划与迫切需求将进一步提升基建市场，为我国基建事业的发展完善带来了更多发展机遇。

“工程师红利”不断加码

2019 年 10 月 30 日，2020 届全国普通高校毕业生就业创业工作网络视频会议在京召开。会议指出，本届高校毕业生规模预计将达到874万人，同比增加40万人。然而，在2000年，全国普通高等教育毕业生仅为94.98万人，在这20年里，中国高等教育实现了从精英教育到大众化的转变，最终带来了数量与质量的同步跨越。

2020年3月4日，中国科学技术协会、中国工程院、中国联合国教科文组织全国委员会联合发表文章称，当前中国每年工学类普通本科毕业生超过140万人，“工程师红利”已取代“人口红利”，成为推动中国经济高质量发展的重要力量。如今，我国工程建设能力赢得世界瞩目，事实上离不开对工程师队伍的重视和培养。

从教育上看，几十年来中国培养了大批的技术人才，同时也累积了雄厚的教育资源力量。在新一轮的社会创新浪潮中，中国的工程师队伍迅速成长，行业研发及创新能力都得到进一步提高。

在基建产业上，工程师是极为重要的一环，他们的素质是中国基建水平及能力的重要反映，同时也会对未来产业升级产生重大影响。事实上，对于一些基建类的央企来说，行业的稳定性和确定性为大批人才的引入提供了显著的平台优势，也因此为行业吸聚了大量优秀人才。

庞大的工程师队伍是带动基建产业技术升级的中坚力量，这也决定了他们的收入在国内相对处于中上的水平，并且其社会地位整体较高。除此之外，基建行业的实践操作性很强，工程师可以通过经验的累积以及有效的管理快速成长，这也是行业的巨大优势。

过去我们主要依赖低成本的劳动竞争模式，而随着高等教育的普及以及各学科技术的不断发展，“工程师红利”的优势开始大量显现，基建行业的中高端人才正在迅速增加，这是行业发展的动力和源头。

政策持续护航

2008 年，面对全球金融危机，中国政府推出了“四万亿”投资计划进行逆周期经济调节，有力地促进了我国大型基建的发展。

在改革开放不断深入的历史时期，习近平总书记创造性地提出“一带一路”倡议，为“基建狂魔”走出国门、拥抱世界提供了更为开阔的思路和渠道，展现出我国对自身基建实力的强大自信。

就各城市发展而言，基建产业被视为地方政绩的重要指标，各地政府加紧投入，辅之以宽松的政策保障，争取为地方基建产业营造更好的发展环境。而就全国来看，我国的金融体制也为基建产业的发展创造了极为有利的条件。银行和其他金融机构对国有企业和基建产业的投资具有偏好性，因此基建投资的融资环境更为优良，这同样也顺应了国家发展的战略趋势。

过去，“要想富，先修路”的朴素认知带领着传统基建事业逐步走入辉煌；如今，新基建的战略创想也将带领着我国经济走向高质量的发展轨道。二者的合力正在深刻地改变中国的面貌，并促使基建事业不断前进。

几十年来，中国的发展日新月异，从“一穷二白”走向“通行天下”，其中凝聚的是几代人的心血和努力。伴随着一项项工程的崛起，中国基建从东方走向世界，一次又一次刷新了各国民众的认知。

作为我国的一张战略名片，基建事业不仅有力地拉动了我国经济发展，也为其他发展中国家和发达国家带来了惠及民生的大型工程。经过多年的发展，“基建狂魔”享誉海内外，不仅拥有强大的国内战略市场，而且在海外的基建市场也得到进一步拓展，为全球可持续发展做出了重要贡献。

在全球产业竞争日益加剧的现代社会，我国的基建工程以及能力举世瞩目，这与国家对于基建事业的明确战略定位以及相关政策支持是分不开的。

新基建背后的战略意义

作为高新科技基础设施建设，新基建涉及多条产业链，对国家新旧动能转换以及产业转型升级具有重要作用。新冠肺炎疫情尚未远去，我国正在加快推进新型基础设施建设，以应对全球经济下滑的风险，同时加快社会经济活力的恢复。

然而，与以往逆经济周期的调节不同，新基建的发展规划并不仅仅是短期的救市之策，还是基于我国国情以及产业升级和变革的需要而出台的长久谋略。简单来说，新基建是对国家未来的前瞻性建设规划，它的背后有着深层次的战略意义。

城乡智慧化升级的发展新路

数字化是新基建的发展方向，新的基础设施建设不仅包括“铁公基”等传统基建的数字化升级，还包括物联网、工业互联网等数字基础设施，综合了传统基建以及现代化数字信息的双重优势。

1. 创新型城市管理

如今，数字化城市管理的理念已经逐渐融入社会治理的路径之中，综合运用现代数字信息和移动通信技术，打造数字化城市管理信息平台成为社会数字化转型的重要举措①。尤其是

① 李迅雷，徐驰．以新基建推进国家治理现代化［J/OL］．人民论坛·学术前沿：1—5．［2020—05—22］．https：//doi.org/10.16619/j.cnki.rmltxsqy.2020.30.008.

在此次新冠肺炎疫情的应对当中，云计算、人工智能、工业互联网等发挥了重要作用，其具备的数据整合、分析、统一监控、指挥等功能极大地满足了城市管理的精细化、智慧化需求，为城市的管理创新指明了一条可行的发展道路。具体而言，新基建为城市治理智慧化升级提供了如下经验：

（1）打破“数据孤岛”，万物互联互通

数据在不同部门独立存储、独立维护，各方相互孤立，缺乏合作互通，在这种情况下，很容易形成“数据孤岛”。

这样的现象在城市管理中同样存在，比如各职能部门因信息滞后等原因导致获取信息成本较高、信息传递不及时等，工作难以协调推进。这是传统城市管理模式的弊端，即无法依靠统一的数据平台进行信息沟通及分享，导致各方出现信息不对称的情况，在很大程度上降低了社会效率。

不得不说，城市管理工作其实是一项复杂的社会系统工程，它涉及城市居民生活的方方面面，以统筹的方式维护着整座城市的正常运行。在现代社会，信息是极为宝贵的资源，而信息的获取和相关数据的整合、分析在很大程度上会影响城市管理功能的实现，这也是为何要强调对“数据孤岛”的打破。

作为新基建的主流发展方向，数字化的优势就在于可以充分利用现代化信息技术，整合城市各个要素之间的数据联系，建立资源共享、多方合作的体制机制。由此可见，数字新基建的加入可以打破各区域、各管理部门之间的信息壁垒，实现市容、市政、交通、环境、应急等城市管理领域的高效率。

以交通出行为例，利用“互联网＋”模式的契机，车联网等技术不断发展。目前，智慧公交、智慧汽车等整合了多项数字技术，可以在各部门之间进行精准的资源调度，进而有效实现对城市各区域交通的疏导。此外，智慧停车的解决方案更是强调对数据信息的整合，即结合用户的停车需求，对区域内停车场地进行大规模数据分析，进而筛选出适合用户需求的停车位等。

总而言之，传统的城市管理模式容易带来交流不畅的弊端，而数字化基建的加入可以打破“数据孤岛”，实现各区域、各部门的有效连接，最终实现万物互联互通。

（2）智慧应用打造美好生活，社会治理更具活力

新冠肺炎疫情期间，因隔离措施的影响，人们的生活半径被极大地压缩，出行办事显得极为不便。与此同时，各大数据中心、智慧应用则开始显示出强大威力，同乘查询、费用缴纳、医疗顾问等民生服务数字化平台为大众的美好生活增添了不少色彩。在这个特殊的阶段，新基建带动了数字经济的发展，使得社会治理拥有了朝着数字化转型的全新思路。

在数字化时代，有赖于开放和数据共享，信息平台的建设将有效推动城市建设管理创新升级。例如，基于城市公共信息平台，市民们可以通过下载客户端同步获取城市管理相关信息，进而享受咨询、建议、投诉等一系列方便快捷的城市服务，这有效激发了社会公众的参与热情，提高了城市服务的效率。

事实上，新基建为国家现代化治理以及数字化社会的转型升级提供了一种解决方案。过去，传统基建项目通常由政府主导，不可否认的是，这样的主体安排成就了我国基建事业的发展规模，对社会经济发展起到了重要的推动作用。在提倡服务型政府的大背景下，单一主体模式不利于社会治理民主化、精细化目标的实现，鼓励多主体参与社会治理将成为未来的发展趋势。

从这个层面来说，新基建的提出无疑是对传统基建的创新突破，它依赖于信息科技的研发与支持，并且涉及众多民生领域产业链，这样的大型工程仅仅依靠政府显然无法推动。正因为如此，企业及社会公众的多方合作参与是新基建绕不开的话题，共治共享、共建共享的综合服务管理将为城市生活提供助力，社会治理的活力将进一步得到释放。

2. 平衡城乡发展差异

长期以来，我国农村地区公共基础设施薄弱，交通邮电、农田水利、供水供电、商业服务、园林绿化、教育文化卫生事业等领域与城市存在差距，如何协调城乡发展是我国发展战略中的重点攻坚任务。

如今，我国城镇化率不断提高，城市管理活动变得日益复杂，新基建的发展可以整合各方主体优势，进一步推进城市的综合化治理。在这个过程中，乡镇管理的智慧化升级也应当得到足够的重视，这对缩小城乡之间的差距、降低区域之间的不平衡发展都有着重要意义。

目前可以看到，保证农村生产及农民生活的基础设施还存在着很大的改善空间，加快这些基础设施的建设步伐有助于提升乡镇管理的现代化程度，进而平衡区域发展差异，为社会治理提供强大支撑。

以农村环卫设施为例，此前大部分农村地区都没有专门的垃圾收集、运输和处理系统，没有保洁制度。受制于地理位置跨度大、收集点分散等因素，人们仅仅依靠随地堆放或掩埋等方式处理生活垃圾，这样粗放、缺乏统一管理的做法容易造成环境污染和资源浪费，农村环卫工作难以有效开展。

智慧环卫一体化方案的推出，为上述难题的解决提供了参考思路，有望为我国农村地区环卫管理工作带来质的飞跃。结合“互联网＋”、物联网等技术，智慧环卫一体化通过强有力的数据整合、分析能力，对农村垃圾的区域化管理形成合力，即通过对收集、临时存放、运输等一系列流程的精准操作，实现远程资源有效调度，最终使得整个农村垃圾收运作业链条可控、可调。

不难看出，新基建可以弥补传统基础设施的不足，能充分利用信息化优势展开管理工作。从这个层面来看，新基建背后蕴藏了数字化的强大优势，数字科技的发展将赋予城乡发展智慧升级的契机，并最终推动乡镇等地区治理的现代化水平提高，缩小城乡发展差距。

带动效应实现互利共赢

1. 新基建助力产业新生态

作为数字经济的重要基石，新基建不仅是稳增长、保就业的持续动力，也是助力产业转型升级的重要基础[①]。

前面已经提到，信息数字化是新基建的本质，也是它区别于传统基础设施建设的重要特征。同时，新基建涉及领域众多，对社会产业链的驱动与完善作用也较为明显，数字经济、生命健康、新材料等战略性新兴产业更是投资的重点，这无疑会对产业生态链的科学布局产生重要影响。

现如今，新一代网络信息技术不断取得突破，新基建也得

① 翟尤．新基建助力数字经济发展［J］．张江科技评论，2020（2）：11－13．

以不断推进，这为打破行业间的壁垒创造了有利的条件。例如，5G网络基础设施建设可以有效提升全要素生产效率，实现对传统产业的数字化、实时化、智能化改造，进而推动我国经济动能转换，提供产业转型升级的全新契机①。

2. 数字经济引导国际合作共赢

麦肯锡咨询公司预测，2030年，5G、工业互联网、人工智能将带给全球30万亿美元的经济增长。这充分反映了新基建对数字经济以及全球投资的有效带动作用，这样巨大的发展市场也将成为引导全球合作的主要方向。

当前，因新冠肺炎疫情，我国经济生活不免遭受巨大冲击，新基建已经成为国家应对疫情风险、确保经济社会高质量发展的重要部署。而数字化是新基建的一大典型特征，数字经济也自然成为提升各国竞争力的重要发展领域。

从现阶段来看，全球疫情使得各国进出口贸易等受到了很大的影响，而新基建概念的提出是对全球经济下滑风险的对冲，不仅可以使各国对未来的此类突发事件有更好的应对举措，还可以促进我国产业链的自我完善与发展，进而巩固在全球市场的重要地位。

面对新形势带来的新机遇，新基建以数字化的显著优势为

① 金迈平．“新基建”为中国经济注入新动能［J］．现代国企研究，2020（5）：26－33．

全球经济生活提供新一轮的发展动力，通过充分利用数据的互联互通巩固了全球的合作关系网络，进一步实现了国际良性竞争基础之上的合作共赢，这也是新基建最为宏观、长远的战略意义。

新基建新在何处

自 2018 年以来，国家多次强调人工智能、物联网等新型基础设施建设的重要性，而 2020 年新冠肺炎疫情的侵袭，使人们意识到数字经济应用的重要性，比如 VR 看房、远程医疗及在线教育等无不体现着新基建在社会运转中的重要程度。因此，新基建投资红极一时。新基建到底有何独到之处，能使国家和投资者如此重视？本节将深入剖析其内涵，探寻其与传统基建的不同之处，发现其究竟新在何处。

何为新基建

新基建的全称为新型基础设施建设，顾名思义，指新型的基础设施建设。但这只是它的表层含义，其深层含义更值得探讨，因为其内涵并非一成不变，而是随着时间发展不断调整，自新基建的提法出现之后，我国对其内涵的阐释已经发生了十几次变化，具体见表 1—1：

表 1—1　新基建概念发展时间脉络

时间	会议/部门等信息	会议报告	关键信息
2018.12	中央经济工作会议		加强人工智能、工业互联网、物联网等新型基础设施建设
2019.03	政府工作报告		加大城际交通、物流、市政、灾害防治、民用和通用航空等基础设施投资力度，加强新一代信息基础设施建设
2019.07	中共中央政治局会议		加快推进信息网络等新型基础设施建设
2019.10	工信部	《工业和信息化部关于加快培育共享制造新模式新业态　促进制造业高质量发展的指导意见》	加强 5G、人工智能、工业互联网、物联网等新型基础设施建设
2019.12	中央经济工作会议		加强战略性、网络型基础设施建设
	国家发改委、教育部等七部门	《关于促进“互联网＋社会服务”发展的意见》	加快布局新型数字基础设施
2020.02	国家发改委等二十三部门	《关于促进消费扩容提质加快形成强大国内市场的实施意见》	加快新一代信息基础设施建设。加快 5G 网络等信息基础设施建设和商用步伐
	中央全面深化改革委员会第十二次会议		基础设施是经济社会发展重要支撑，要以整体优化、协同融合为导向，统筹存量和增量、传统和新型基础设施发展

续表

时间	会议/部门等信息	会议报告	关键信息
2020.03	CCTV4		新基建指发力于科技端的基础设施建设，主要包括5G基建、特高压、城际高速铁路和城际轨道交通、新能源汽车充电桩、大数据中心、人工智能和工业互联网七个主要领域
	中共中央政治局常务委员会		加快5G网络、数据中心等新型基础设施建设进度
	工信部加快5G发展专题会		加快5G发展
2020.04	国家发改委4月份例行新闻发布会		新型基础设施是以新发展理念为引领，以技术创新为驱动，以信息网络为基础，面向高质量发展需要，提供数字转型、智能升级、融合创新等服务的基础设施体系。目前来看，新型基础设施主要包含三个方面的内容，一是信息基础设施，二是融合基础设施，三是创新基础设施
	国务院常务会议		加快信息网络等新型基础设施建设，以"一业带百业"

数据来源：新基建起舞：2020年中国新基建产业报告.

对其具体内涵，从最新的界定来看，可以参考国家发改委的说法和央视报道。

2020 年 4 月，国家发改委创新和高技术发展司司长伍浩指出，新型基础设施是以新发展理念为引领，以技术创新为驱动，以信息网络为基础，面向高质量发展需要，提供数字转型、智能升级、融合创新等服务的基础设施体系。目前来看，新型基础设施主要包含三个方面的内容：一是信息基础设施，二是融合基础设施，三是创新基础设施。

具体而言，信息基础设施（数字基础设施）主要指新一代信息技术演化生成的基础设施，如以 5G、物联网、工业互联网、卫星互联网为代表的通信网络基础设施，以人工智能、云计算、区块链等为代表的新技术基础设施，以数据中心、智能计算中心为代表的算力基础设施等。融合基础设施主要指深度应用互联网、大数据、人工智能等技术，支撑传统基础设施转型升级，进而形成的基础设施，比如智能交通基础设施、智慧能源基础设施等。创新基础设施是指支撑科学研究、技术开发、产品研制的具有公益属性的基础设施，如重大科技基础设施、科教基础设施、产业技术创新基础设施等①。

据央视新闻报道，新基建指发力于科技端的新型基础设施

① 新基建起舞：2020 年中国新基建产业报告［R/OL］.［2020－04－11］. http://m.lightingchina.com/news/69615.html.

建设，主要包括 5G 基建、特高压、城际高速铁路和城际轨道交通、新能源汽车充电桩、大数据中心、人工智能和工业互联网七个主要领域，并涉及诸多产业链。其中 5G 作为新基建的领衔之作，被定调为“经济发展的新动能”。

新基建新在何处

1. 新型基础设施建设与传统基础设施建设的区别

（1）定义区别

新型基础设施，短短 6 个字却涵盖了“基础设施”和“新型”两个关键点。

一方面，关于“基础设施”，一般指传统基础设施，但对于其具体的组成部分，大众往往无法一言以蔽之。具体而言，中国信息通信研究院副院长王志勤在 5G 和网络发展战略研讨会上指出：一般认为，基础设施是指为社会生产和居民生活提供公共服务的工程设施，是用于保证国家或地区社会经济活动正常进行的公共服务系统，是社会赖以生存发展的物质基础条件。对于其组成部分，有狭义和广义之分。狭义而言，包含交通运输、能源、通信和水利；广义而言，包含经济性基础设施、社会性基础设施、油气和矿产以及房地产等。其中，经济性基础设施指那些直接参与物质生产过程的基础设施部门，包含交通运输系统、能源系统、信息系统、水利工程、城市给排水系统、环境卫生设施等。社会性基础设施指那些旨在提高福利水平、间接影响城市物质生产过程的基础设施部门，包括文化教育、医疗卫生、社会福利以及基础研究、科学攻关等公共服务措施。

另一方面，“新型”是动态的、持续发展的。从中央相关表述来看，当前环境下所说的“新型基础设施”侧重指基于新一代信息技术的基础设施。具体而言，包含三项：一是新型信息基础设施，主要涉及应用设施、计算和数据设施、网络设施和感知设施；二是新一代信息技术赋能的经济性基础设施；三是新一代信息技术赋能的社会性基础设施。

（2）本质区别

除了定义的区别，“新型”一词与“传统”相比，有它的创新之处，而这一创新点，便是新基建和传统基础设施建设的本质区别。

具体而言，新基建能够适应中国社会主要矛盾转化和中国经济迈向高质量发展的要求，能够更好支持创新、绿色环保和消费升级，在补短板的同时为新引擎助力。

（3）具体区别

与传统基建相比，新基建在以下四个方面有所不同：

①实施将更偏重于“稳”。实施过程更加精耕细作，粗放式再无可能，在其他拉动因素受到冲击时，或将进一步加速发挥“稳定器”作用。比如新冠肺炎疫情的暴发使人们足不出户，经

济发展受到影响，而新基建的应用可以协助人们线上办公、线上教育、线上售房及线上就业等，以稳定经济发展。

②乘数效应更大。小投入、大回报是对乘数效应的简单归纳。通过小成本投资新基建，可以创造更多的获利形态，并创造更多就业机会，实现高价值回报。比如5G时代，大型游戏秒下载成为可能，线上指导游戏技能更是成为日常，而这也催生了线上游戏教练这一行业，并且激发了游戏开发者的创新潜能。

③推动投资和生产的同时促进消费和内需。新基建能够连接产业链上下游，迅速拉动对投资和消费的内需。当然，想发挥此作用，离不开对5G的应用。借助5G，全面实现数字经济应用，使投资者看到其价值愿意投资，消费者看到其作用愿意花钱。

④参与主体的多元化。传统基础设施建设一般由政府主导，而新基建项目涉及更多私人部门的参与，需要政府和市场的相互配合。

（4）新基建的五个典型特征

总体而言，与传统基建相比，新基建具有五个典型特征：一是技术迭代升级。发展意味着新事物的产生，伴随技术的创新发展，将衍生出新的内容和形式，呈现技术迭代升级。二是软硬兼备。新基建并非传统意义上的实体建设，它既包含基础的硬件设施，也包含操作系统等软件设施，软硬设施兼具。三是协同融合。新技术推动现代通信网络集感知、传输、存储、计算、处理于一体，更加具有协同性和融合性。四是价值赋能。新基建赋予了工业、能源、医疗等行业更多的价值，比如医疗行业的远程医疗，打破了时空限制，扩大了就诊范围。五是投资多元。我们所熟悉的修路、架桥等传统基础设施投资，一般由政府投资主导，而新基建直接服务于市场，市场参与度较高。

2. 数字基建与传统基建的区别

数字基建即数字基础设施建设，它强调的是以5G、AI、工业互联网、智慧城市等为核心的新型基建，是新基建的核心。明确数字基建与传统基建的区别，也是理解新基建新在何处的途径。

中国信息通信研究院院长刘多认为，总体而言，数字基建的“新”体现在三个本质属性、五个典型特征和六个关键区别上。

三个本质属性指基础性、公共性和强外部性。基础性和公共性是基础设施的基本属性，即为公众提供公共服务的基本设施，而强外部性是其独特的属性，比如新冠肺炎疫情背景下，人们可以线上办公与学习。

五个典型特征指系统性、网络性、规模经济性、长周期性和公平性。

六个关键区别指范畴持续拓展延伸、技术迭代升级迅速、持续性投资需求大、互联互通需求更高、安全可靠要求更高、技能和创新人才需求大。具体而言，范围拓展延伸指随着数字基建新技术的发展，新型基础设施的范围不断扩大；技术迭代升级，意味着技术创新衍生新的内容和形式；互联互通需求更高，体现了多领域的协同融合；而数字化时代使新基建安全系数提高，同时催生新的行业，扩大了人才需求。

3. 新基建的“新”应用

一方面，新基建将构建一条新的产业链。在市场上，需求与供给相互作用，新基建的需求增加必将反作用于市场供给，使市场形成一条新的产业链，以满足消费者的新需求。比如新基建需要5G作为基础，5G的发展推动5G基站的建设，5G基站建设推动无人驾驶、远程医疗等行业兴起，从而满足大众新的消费需求，进而加快物联网时代的步伐。

另一方面，新基建的发展催生出新产品和新技术。新基建需要以新技术为支撑，技术创新推动产业发展，产业发展伴随新产品诞生。同时新基建利好前景受到市场关注，市场扩大则竞争力加强。为获取更多利益，创新产品应运而生，反哺产业优化升级。比如新基建发展带动交通领域优化，高速磁悬浮等新技术催生车企创新产品，而新产品的出现将扩大市场需求，增强车企竞争力，增加创新产品产出，反哺交通行业，推动优化升级。

总之，无论从新基建的内涵，还是与传统基建的区分，或是新基建的创新应用，都可以看出，新基建的“新”可以归纳为：一方面是重创新，主要指以科技创新、产业升级为核心的配套基础设施建设，包括打造信息高速公路升级版（5G）、培育智能经济形态（人工智能、大数据中心）、夯实智能经济基础和重构工业生产体系（工业互联网）；另一方面是补短板，主要指存量规模相对大部分传统基建行业较小、未来增量空间较大的领域，包括构建城市群网络（城际高速铁路和城际轨道交通）、特高压（建设全球能源互联网的关键）和消除里程焦虑（新能源汽车充电桩）。

新基建难在哪里

古人有云：祸福相依。为应对 2008 年的金融危机，我国增发国债修建大量铁路等基础设施，加之国家出台各种相关政策和资金投入，使基础设施建设不断完善，为我国快速发展夯实了根基。如今，伴随 5G 的问世与发展，新基建进入大众视野，加之受新冠肺炎疫情的影响，新基建一时成为热点，也为新能源、通信等各行业发展带来新的机遇。但新事物的产生与发展，不可能一帆风顺，也面临一系列挑战，本节将详细阐述新基建难在哪里，并结合实际提出建议。

新基建带来的机遇

新基建项目的落实，受益最大的非工业互联网、新能源等相关领域莫属，并给各行业带来新的发展机遇。一方面，政府将给予相关产业大量资金支持，比如新能源汽车、城际高铁等新基建项目建设将直接获得专项补贴；另一方面，5G、人工智能、大数据等数字经济相关的产业，迎来新发展的契机，推动产业优化升级。中国信息通信研究院预测，新基建中的 5G 网络建设，6 年期间需要 1.2 万亿到 1.5 万亿元，直接拉动的产出是 10.6 万亿元，间接拉动的产出是 24.8 万亿元。需注意，2020 年新基建的规模大概是 2 万亿～3 万亿元。

机遇与挑战并存，虽然国家出台一系列政策扶持新基建项目，给各产业发展带来了机遇，但是其落地仍面临多种挑战。

新基建面临的五大挑战

1. 核心技术的对外依赖性较高

新基建的核心是科技，但是目前我国技术层面的一些软硬件主要来自国外，如此一来，我国新基建的可控性和安全性偏低。虽然国外对新基建的投资规模与发展速度不及我国，但其对核心技术的投资规模与开发速度却远胜于我国，比如芯片、传感器、服务器、操作系统等。新基建主要以信息化为基础，以核心技术为条件，从而实现产业优化升级。例如，BIM（建筑信息模型）技术和装配式建筑的结合为建筑业创造了新模式，推动了建筑行业转型升级。但是BIM技术主要依赖国外，我国仍需要提高自主研发的速度和质量。尤其如今在全球受新冠肺炎疫情影响的背景下，新基建相关技术的进口受到威胁，阻碍我国新基建发展，因此，降低技术的对外依赖性、提高自主研发能力是重中之重。

2. 网络安全防护措施有待加强

"如果在新基建过程中没有考虑到网络安全，简直就是在裸奔。"大数据协同安全技术国家工程实验室汽车安全研究中心主任刘健皓如是说。伴随大数据时代的到来，个人隐私无处可躲，数据安全系数降低，无论对个人还是国家都是潜在风险，加之我国新基建所需的芯片、操作系统、服务器等技术主要依赖国外进口，虽然我国已经提高了网络安全防护能力，但没有百分百的把握，一旦新基建遭遇对手攻击，其破坏力将严重威胁我国安全。比如两车相撞，之前只是被撞的车受损，而新基建时代，其损害程度将会是大面积的交通事故。

此外，借新基建利好前景，许多企业积极加入新基建发展队伍，但其安全防范意识和防护能力与新基建发展速度处于严重失衡状态，长此以往，将使产业发展面临安全挑战。

3. 政府与市场的配合有待增强

如何实现由政府主导模式向市场主导模式过渡是新基建面

临的另一挑战。传统基础设施建设以国家投资为主，如今完善的基础设施也反映了政府决策的有利之处。但新基建的发展主要以市场为主体，由市场多方参与投资，这意味着由政府主导模式过渡到市场主导模式，政府只需做宏观布局，具体决策需要市场自行决定。如果过渡不好，新基建落地的速度与周期将变慢加长。虽然政府与市场的角色有所转换，但仍需要二者的有效配合，合力推动新基建开展。

4. 具体领域的实践性不足

虽然新基建红极一时，跃入大众视野，政府也在多次会议中强调新基建的重要性，并连续出台多种政策明确发展方向，做出科学的宏观把握，但是具体领域的实践性仍显不足。资本和企业的本质是逐利的，在何地建、如何建等问题还未解决，具体措施还未明确，也就无法估算可回报利益，因此大部分资本和企业仍处于观望状态。

此外，新基建集中于技术和资产密集型企业，而不同地区、行业以及不同规模企业的基础条件存在一定差异，这样的差异性加大了新基建相关项目应用的实践难度，同时使中小微企业的发展更加艰难。

如今我国新基建并非协调配合、有序发展，快节奏的建设速度与慢节奏的应用速度失衡并行，使新基建的市场需求量无法明确。比如城际高速铁路和城际轨道交通运营成本高，而经济欠发达地区客座率无法保障，会波及新基建的投入规划。毕竟新基建以市场为主体，其投入与运行需要符合市场规律，具体措施的规范化是必要之举。

5. 资金和人才保障不足

一方面，新基建以市场投资为主，国外领先企业在新基建相关领域的投资可达数十亿美元，而我国企业投资最高的仅几亿元人民币，差别明显，资金保障不足。尤其在城际高速铁路和城际轨道交通以及新能源领域，建设成本偏高，若无法长期提供充足的资金，将使项目推进受阻，进入瓶颈期。因此，引导市场对新基建相关领域的投资非常必要。

另一方面，新基建相关技术领域，比如物理学、基础数学等，开发所需要的人才储备严重不足，人才培养成为亟须补齐的短板。比如工业互联网连接工业、IT、通信等多个领域，对融通工业和 ICT 的复合型人才以及新型技术工人的需求量较大，但目前相关人才严重缺乏。

应对挑战的建议

2020 年全国“两会”，众多科技行业知名人士针对新基建提出了自己的建议，此类建议几乎涵盖了如今新基建的所有问题，具体如表 1—2 所示：

表 1—2　科技行业知名人士关于新基建的建议

提建议人士	建议主题
小米 CEO 雷军	1. 推动卫星互联网行业发展
	2. 加快运用手机电视等智能终端建设我国灾害预警体系
	3. 完善小微企业融资服务
	4. 加大力度引进国际高层次人才
腾讯 CEO 马化腾	1. 加快制定产业互联网国家战略，壮大数字经济
	2. 在“后脱贫时期”加强乡村振兴
	3. 运用数字技术、创新应用模式，助力中小微企业纾困
	4. 推进制度与技术创新，提升医疗卫生服务、增加医务人员获得感
	5. 进一步提升我国金融科技水平，积极应对金融开放背景下国际竞争与挑战
	6. 统筹粤港澳大湾区海洋生态修复和珠江口国家公园建设
	7. 推动深圳中国特色社会主义先行示范区建设取得新突破
百度 CEO 李彦宏	1. 构建人工智能新型基础设施
	2. 加快推进智能交通基础设施建设
	3. 加大继续教育个税抵扣力度
	4. 加强对疫情防控个人信息保护
360CEO 周鸿祎	1. 新基建网络安全体系
	2. 制定国家 5G 安全战略
	3. 推进工业互联网安全保障
	4. 加强信创网络安全保障能力建设
联想 CEO 杨元庆	1. 建设新一代互联网医疗健康平台
	2. 推动新基建和智慧经济建设
	3. 促进智能设备的消费
	4. 加强教育信息化基础设施建设

续表

提建议人士	建议主题
海尔总裁周云杰	1. 支持工业互联网“新基建”发展，加速工业体系升级
	2. 构建智慧家庭安全可信的国家标准体系
	3. 用物联网技术保障疫苗接种安全

资料来源：新浪财经①.

上述建议涉及新基建的多个领域，可概括为以下几个方面。

1. 提高核心技术自主研发能力

求人不如靠己，核心技术不能长期依赖进口，自给自足才是长远之策，因此提高核心技术自主研发能力是关键。具体而言，法律制度是保障，产学研联盟先行，强化知识产权意识，解除科研成果后顾之忧，以激发新基建核心技术的研发活力。此外，要善于抓主要矛盾。新基建核心技术的需求已经明确，广撒网策略已不适用，而是要瞄准目标，深耕细作，着力突破大数据、新能源及工业互联网等关键领域的技术瓶颈，解决核心技术难题。

2. 构建网络安全体系

核心技术问题的解决直接关系网络安全保护问题，一旦我

① 新浪网．集体为新基建代言！两会开幕，科技业大佬提案、建议全览[EB/OL]．[2020－05－22]．http：//finance.sina.com.cn/wm/2020－05－22/doc－iirczymk2933999.shtml.

国在核心技术上自给自足，则会减少对国外核心技术的强依赖；涉及网络安全风险的相关领域由国家自己进行技术投入，可控性提高，则能切断竞争对手借用网络技术侵入的风险；同时，核心技术研发成功也意味着我国网络安全防护技术提升一个台阶，将具备更完善的网络加密能力和抵御能力。如 360 集团董事长兼 CEO 周鸿祎所言，我们需要规划新基建网络安全防护体系的顶层设计，还要同步建设新基建的安全基础设施，强化大数据平台安全，开展常态化网络安全攻防对抗演习，持续检验和提升新基建安全能力。

3. 加大对基层新基建的投资力度

习近平总书记强调，要加快推进 5G、物联网、人工智能、工业互联网等新基建投资。“巧妇难为无米之炊”，资金是新基建项目运行的必备条件，只有加大新基建相关领域的投入，才能物尽其用，实现其效益最大化。总体而言，要注重多元参与，促进共享、均衡发展。

微观而言，由于新基建还未下沉到地方，基层缺乏对新基建的认知，观念一时难以转变，加上新基建的高成本和中小微企业的低收益，基层在新基建的实行力度上有所欠缺。这就需要政府进行政策引导，引领市场加大对基层新基建的投资力度，推进数据中心、远程医疗等新型基础设施的建设，如腾讯 CEO 马化腾所提出的采用“人力上云”“金融服务数字化”等方式，推动传统中小微企业进行全面数字化升级，以各种方式改善中小微企业创新条件，尽力缩小经济发达与欠发达地区的差距，使不同地区均衡发展。

4. 加强新基建相关领域人才培养

无论是技术研发还是新基建项目的具体实施，都离不开人才，但如今我国人才供给短缺，减慢了新基建发展的速度。因此，构建专门的人才培养方案，为新基建发展提供充足的人才保障为必备之策。在2020年全国“两会”上，对国内人才培养，网易CEO丁磊建议：加快长三角人才一体化建设；建立长三角专家资源人才库；推动长三角各地户籍制度与社会保障制度的一体化协同；构建符合区域特点的人才评价体系。小米CEO雷军建议在培养国内人才的同时，也要引进国际顶尖人才，比如重点引进青年科学家来华从事前沿基础研究、引导完善第三方国际人才服务平台等。

第二章　5G 基建，筑牢万物互联的基石

目前，我国面临复杂的国际国内形势。国内方面，原先的“铁公基”已经难以继续推动经济的发展。国际方面，中美贸易摩擦对我国经济造成了一定的不良影响，美国甚至运用行政手段对华为、中兴进行打压，试图阻碍我国的发展。在这种严峻的国际国内形势下，新基建顺势被提出，5G 作为新基建之首，被视为新的经济增长引擎。

解码 5G 产业链

5G，即第五代移动通信技术，是在前几代通信技术的基础上发展起来的，拥有前几代通信技术的优点，也在很多地方有重大突破。相比 4G 网络，5G 网络的网速更快，可以满足更多

应用场景对高网速的要求；5G拥有更低的时延，可靠性要强于前几代通信技术；5G消耗的能源更少，有利于经济的可持续发展。

5G：新基建龙头

自2020年来，中央多次强调新基建。其中，加快推进5G发展屡次被提及。那么作为新一代通信基础设施的5G，为何被视为新基建之首？

首先，我国在5G领域处于世界领先地位，对该领域的重视程度自然不一般。不同于2G、3G时代我国在通信领域的相对落后地位，自4G时代以来，我国逐渐开始在通信领域领跑，而现在，我国是第五代通信技术的全球引领者。在5G标准方面，我国很早就开展了5G标准制定，提交的5G国际标准文稿及主导的标准化项目均居世界前列；中国企业申请的5G通信系统SEPs（标准必要专利）件数全球第一，其中华为更是全球5G专利龙头。在5G商用进程及建设方面，我国政府大力扶持5G的投资建设，帮助企业分担5G建设所需要的高额成本，提高5G网络的质量，也加快了5G建设速度。尽管韩国和美国在我国之前开始了5G商用，但我国在5G商业运营方面依然占据很大优势。

其次，包括数字经济在内的很多新经济模式的应用都需要

5G作为基础。5G的最终目标之一就是实现“万物互联”。5G技术进一步成熟后，将会与充电桩、特高压、人工智能等各项其他新型基础设施深度融合，并逐渐渗透到现实生活的各个场景中（无人驾驶、远程医疗、智慧城市、云VR/AR等）。届时，万物互联得以实现，而5G网络就是其中的关键基础设施。

最后，5G对推动我国经济发展可以起到至关重要的作用。从直观的数字上看，由于5G产业链较长，上下游产业众多，行业发展所需的产业投资规模预计可达1万亿元以上，而这些投资对经济的拉动作用可借由乘数效应实现翻倍；如果再考虑到5G产业链可辐射到的制造业、互联网等行业，其对经济发展的正向作用会进一步翻倍。在产业发展层面，5G的发展将对通信基础设备等提出更高的要求，促进5G产业链上的相关企业实现技术的突破和升级；5G与各产业紧密融合，使得产业分工更加合理，产品供需更加匹配，产业升级更快实现。

起底5G产业链

所谓产业链，就是指从原材料、器件到产品及配套服务这一系列链条所涉及的企业与个人。5G产业链的链条极长，涉及领域很广。可以将5G产业链划分为上游、中游、下游三部分，产业链上游是无线设备与传输设备，中游是网络建设，下游是终端设备和终端设备应用场景。

在产业链上游，与印制电路板、芯片、天馈线等核心部件有关的产业将迎来快速发展。

印制电路板（PCB）是组装电子零件用的基板，主要功能是中继传输，即使各种电子零组件形成预定电路的连接。根据华为的估算，5G 基站建设所需的 PCB 数量是 4G 的 4.5 倍，所需的 PCB 原材料之一高频覆铜板的数量会增加 15 倍，其中，微基站需要更多数量的 PCB，而宏基站需要更高质量的 PCB，可见，5G 所需基站数量的增加，推动了对 PCB 需求的激增，将极大地促进 PCB 产业的快速发展。

5G 芯片就是可以连接 5G 数据服务的芯片。芯片技术作为最难掌握的核心技术之一，是衡量一个国家科技水平的重要标准。目前，全世界有能力推出 5G 芯片的企业共有 6 家，分别是华为海思、MediaTek（联发科）、紫光展锐、英特尔、高通以及三星。我们需要清楚地认识到我国企业的芯片技术与国外企业存在的差距。在这 6 家企业中，英特尔和高通是美国企业，三星是韩国企业，其余 3 家是中国企业，尽管数量上占优势，但在咨询机构 Gartner（高德纳）发布的全球半导体营收 25 强榜单上，三星与高通分别位于第 1、第 5 名，MediaTek（联发科）位于第 14 名，华为海思位于第 21 名，紫光展锐未入榜。由此可见，尽管近年来我国的芯片技术一直在快速发展，但核心技术仍然掌握在国外厂商手中，我国的芯片技术亟须进一步发展。

天馈线系统包括天线与馈线，是传输设备的重要组成部分。馈线用来传输信号，天线则可以实现馈线中传播的信号与空气中传播的信号的转换。5G 的核心技术之一就是大规模天线阵列（Massive MIMO）技术，天线数量增加可以允许每根天线小功率工作，这样运营商就不需要购买昂贵的大动态范围功率放大器，从而降低了成本；同时，天线数量的增加，还可以大幅提高网络容量并降低信息传播的时延。

产业链中游是网络的规划、维护，也就是电信运营商。其中，基站建设尤为重要。

基站作为移动设备接入网络的接口，负责提供无线覆盖，简单来说，基站就是保证我们的手机有信号的设备。基站可以分为宏基站和微基站等类型，宏基站就是我们日常中经常见到的铁塔型基站。由于 5G 的高波频段穿透力较弱，长距离传播困难，5G 网络只能覆盖小范围区域，过多地建设宏基站会极大地增大运营商的成本，而微基站的建设就可以很好地解决这个问题。顾名思义，微基站的体积比较小巧。大量的微基站可以使 5G 信号很好地覆盖到每个角落，且极大地节约运营商的成本。在 5G 初期，基站的建设以宏基站为主，微基站为辅，随着 5G 的发展，微基站将逐渐占据主导地位。

光纤在网络建设中也有十分重要的作用。光纤是光束的传导介质，作为远距离信息传递工具被广泛运用于通信行业。光纤外包裹缆线后即为光缆。5G的发展使得对光纤光缆的需求量大幅提高。根据中国联通的估算，5G基站数量约为4G的2倍，所需的光纤数量是4G的8倍左右。可见，5G所需基站数量的增加也会推动对光纤需求的增加。

光纤预制棒作为光纤的核心原材料之一，对网络建设十分重要。光纤预制棒制作周期长，也有很高的技术和资金要求，其成本占光纤总成本的65%以上，在整个产业链中处于最重要的位置。

在产业链下游，就是5G应用终端（比如手机）及一些应用场景（5G十大应用场景）。

5G的目标之一是实现万物互联，可见，其运用相比4G要更为广泛，其终端设备也更加多元化，包括手机、汽车、家电、工厂等。5G的应用场景也更加广泛，包括超高清视频、VR/AR、远程医疗、车联网、无人机、智能工厂、智慧电力、智能安防、智慧园区及AI设备。在手机方面，5G的商用势必会掀起一股换手机浪潮，推动该行业的发展。中信建投研究院预测，到2025年，5G智能手机出货量将增加到15亿部，年复合增长率为201%。5G可以提供更加安全可靠以及高速的网络，使得人、车、路之间的相互协调与信息传递更加高效，满足自动驾驶技术的要求。5G技术与AI技术的结合，可以智能诊断患者病症，跟踪并观测患者身体状况。5G还可以推进无线家庭娱乐，目前使用较多的是4K电视机，而5G网络可以满足8K视频对网速的高要求，待5G进一步发展与8K电视机面世后，用户就可以体验到更高清的视频和更流畅的游戏。

5G基建的发展现状及短板

截至2020年5月，全球共有20个国家开展了5G商用业务，其中，韩国于2018年12月率先推出5G商用。2019年3月韩国电信运营商推出了面向用户的5G商用服务，用户的数量在仅仅3个月内就达到了165万。韩国抢占了5G商用先机，发展十分迅速。但韩国的5G商用也存在一些问题，比如达不到预期网速、接收不到信号等。美国在2018年第四季度也推出了5G商用业务，但由于5G手机并未上市，美国5G业务规模较小，发展也比较缓慢。日本和部分欧盟国家也已在2020年开始5G商用。

我国的5G商用虽然不是最早的，但发展非常迅速。2019年6月，工信部向4家电信运营商颁发了5G牌照，开始大规模部署5G；截至2019年10月31日，我国5G商用预约用户数量已经超过1 000万；2019年11月1日，中国移动、中国联通、中国电信三家电信运营商正式上线5G，标志着我国正式开始了

5G 商用。据咨询公司 HIS Markit 的估计，2020 年起，我国每年将会新建数十万甚至上百万个 5G 基站，且由于国内市场广阔，我国 5G 的商用将会迎来快速发展。

5G 研发及网络建设现状

我国 5G 建设水平一直处于世界前列。

5G 标准的制定是一个十分复杂的过程，首先由各国的电信运营商、制造商与研究机构共同开展针对 5G 的科研工作，国际组织会对这些科研结果进行讨论，然后把相关的讨论结果提交至国际电信联盟（ITU），最后再由 ITU 对 5G 标准的制定进行最后决策。我国一直积极参与标准制定进程。早在 2013 年 2 月，我国就成立了 5G 研发平台——IMT－2020（5G）推进组，负责 5G 的研发、推进及标准制定等各项工作，多家企业与研究机构参与了进来，其中最为大家熟知就是华为、中兴与我国的三大电信运营商。在推进组的领导下，中国在 5G 标准制定过程中发挥了重要的作用，提出的八大 5G 关键性能和效率指标被采纳，成为全球共识；中国信科提交了 5 000 多件标准提案，华为更是提交了超过 1.8 万件提案，为 5G 标准制定做出了巨大贡献。在 5G 专利方面，我国企业拥有的专利数量位居世界第一，是 5G 标准专利大国。

在频率规划方面，我国十分重视频率规划的研究。首先，我国最先发布了5G系统在中低频段内的频率使用规划。中频频率对于5G的信号传播至关重要，是我国在5G发展前期的重点部署频段。我国自2016年开始就在进行中频频段的规划及技术试验工作，并于2017年取得突破性进展，成为首个发布中低频段频率使用规划的国家。其次，高频频段可以提升5G网络速度，在部署中频频段的同时，我国也在推进高频频段的发展。2017年6月，工信部开始公开征集高频段频率应用意见，并于7月批复多个高频段频率的技术研发工作，为我国5G高频频段的发展打下了良好基础。

在网络建设方面，我国5G网络建设迅速发展。首先，我国已经开始大规模投资5G网络建设。2019年的总投资达410亿元，预计我国5G网络建设总投资规模可占亚洲总投资的一半，其中，中国移动大约投资240亿元，中国电信投资90亿元，中国联通投资80亿元。其次，我国三大运营商都在积极部署非独立组网，并在努力建设独立组网。非独立组网支持的业务场景要少于独立组网，但独立组网的标准还未确立，因此现阶段运营商通过提供非独立组网的方式来抢占市场，待技术成熟后，就可切换至独立组网。最后，5G基站也在进行大规模的建设，2019年，中国移动建设基站8万个，中国电信建设基站3.8万个，中国联通建设基站4万个，三大运营商建设的基站可以覆盖全国绝大部分重点城市，预计2020年，可以实现全国范围内的 5G 网络覆盖。目前，北上广深 4 个一线城市的 5G 网络建设在全国最为领先，东部城市和一些中部城市的网络建设也较为领先，相信在不久的将来，我们就可以实现全国范围内的 5G 应用全覆盖。

我国还大力发展 5G 需要依赖的多种关键技术。D2D 通信技术可以实现用户之间的直接交流，节约信息传递的时间成本，极大地提高传递效率；智能技术可以在短时间内处理大量的信息，也可以提高信息传输的效率；大规模天线技术可以提高系统的可靠性；微基站建设技术可以在节约运营商成本的同时实现信号的全覆盖；等等。我国的通信技术近年来发展迅速，为 5G 的发展打下了良好的基础。

在终端应用上，5G 已经在我们的生活中得到了一定的应用。目前，很多赛事及晚会的直播都运用了 5G 网络，也有医生通过 5G 网络进行远程手术指导与操作，5G 已经逐渐融入我们的生活。

我国 5G 建设存在的问题

我国 5G 基建发展迅速，但是发展过程中也存在一些问题。

首先，我国基站建设受到一定的限制。前面已经提到，5G 网络建设需要大量的微基站，自然也需要更多的基站站址，但目前基站站址资源比较紧张，这自然会限制基站的建设。

其次，由于通信技术起步晚等原因，我国在部分5G关键技术水平上落后于一些发达国家。例如，我国企业研发芯片的水平远落后于美国和韩国；美国拥有最完整的半导体产业链，而我国的半导体产业链却相对不健全。

再次，我国频谱资源稀缺。我们在4G之前就分配完了优质的低频频谱，而高频频谱的开发难度大，成本高，因此我国中频频谱资源相对充裕，但低频段及高频段优质资源有限。5G时代要求更快速更高效的网络，必然对各个频段的频谱资源都有较高要求，因此，5G的建设亟须解决频谱资源稀缺的问题。

最后，5G与垂直行业的融合度不够。所谓5G的垂直行业，即其十大应用场景所对应的行业。受限于5G及各行业的发展水平，诸如无人驾驶、远程医疗等行业所设想中的场景还未能实现。

5G时代的新商业逻辑

终端用户对声音到图像再到视频的需求推动了通信技术从1G到4G的革新，而通信技术的革新又会反过来为社会带来翻天覆地的变化。如此看来，通信技术向5G进化的背后同样暗含着现实需求的升级，而5G又会一点一滴地反向促进人们现有的生活方式和工作方式的改变，其中就包括现有的商业逻辑与盈利模式。

5G 将颠覆传统商业逻辑

一般而言，商业逻辑强调资源、客户价值和盈利模式这三者相匹配。通信行业目前是推动我国 5G 与各类应用融合的主力，对于通信设备企业来说，新一代通信技术主导权是决定企业核心竞争力的标准，因为它们的利润不仅来源于早期移动基础设施的建设，更主要的是后期的维护升级以及拓展服务。回顾以往我国通信设备企业的商业逻辑，主要围绕着通话时长、短信数量以及数据流量这三者进行收费，运营思路也较为单一，主要通过发展客户的方式来获得持续不断的收入。而当我们迈入 5G 时代，技术的迭代意味着商业逻辑也需要做出相应改变，才能保持通信行业的长期发展。

针对信息交互对象的不同，5G 定义了不同的业务场景，主要包括三种典型模式：eMBB（增强型移动宽带）主要面向对带宽要求很高的业务；uRLLC（超高可靠低时延通信）聚焦时延低、可靠度高的业务；mMTC（海量机器类通信）覆盖连接密度高的场景。这使得 5G 的商业模式得到了拓展，从单一的流量经营走向流量价值经营。所谓的流量经营，就是根据用户数来决定流量，从而实现收入的创造。5G 时代的商业逻辑并不意味着要抛弃从前的流量经营模式，相反，用户数及流量还会进一步增长，这是因为5G网络相较于4G及以前的网络，给使用者提供了更加优质的体验。比如，接入网络的方式更加丰富，人们可以选择可穿戴设备、AR/VR等方式获得不一样的体验；4K或者8K分辨率屏幕可以借助5G网络使人们的观感更加流畅清晰；打游戏、远程协同办公时减少卡顿，享受更低时延等。

5G时代，还会针对不同传输速率和传输延迟划分出不同的通信通道，以更好地提升数据传输效率，这就好比现如今在运送货物时，会根据不同需求选择高速公路、空运或者船运。从这一角度来看，仅根据用户数不足以体现5G的商用价值，更加合理的定价方式是将连接速率、流量以及更加丰富的接入方式和低时延等多维价值因素通通考虑进去，实现向流量价值经营方式的转变。

对于家庭用户来说，智能家庭是未来的发展方向，这其中就包含很多方面，比如智能家居、安防甚至是教育、健康等，它们都需要运营商的介入，而以往限流的模式不能满足5G时代的家庭连接，运营商之间的竞争更加集中在连接速率和延伸服务上，这也在一定程度上实现了流量价值经营。运营商的盈利方式，除了获得更多家庭用户，还可以从延伸服务上获得更多的管理服务收入。智能家居这一模式还可以进一步将触手伸到家庭医疗、健康、教育方面，运营商通过深度挖掘这些业务来获取更大的市场份额。尽管这些努力在短时间内可能还看不到用户数量的显著增长，但可以趁着5G网络资源暂时相对空闲提前布置，做好准备。

这种思路还可以进一步向行业用户延伸。相较于个人与家庭模式，运营商面向行业的商业前景更加广阔，而一旦成功涉足这一领域，将来各类企业就会成为运营商主要的客户群体。为什么能够做出如此判断，主要基于以下几点原因：

其一，面向行业的通信业务可谓是真正意义上的万物互联，而万物互联需要通过平台的处理与存储，运营商不仅需要提供基本的连接服务，还要深度挖掘数据价值，努力向智能化平台服务商转型，培育更多新业态，获取服务价值。其二，行业客户更为看中数据安全性和服务可靠性，并愿意为高质量服务付费。其三，行业之间的需求差异很大，不同行业对于通信技术有着不同的侧重点，比如车联网就对网络时延要求非常敏感，而另外一些应用可能就对时延没有那么高的要求，这将让一大批差异化服务模式脱颖而出。运营商肩负着企业数字化转型的任务，一旦开启，可谓是一片蓝海。

新型商业模式层出不穷

前文主要提到了5G产业链中上游通信设备企业的商业逻辑将随着5G时代的到来发生翻天覆地的变化，而除了连接本身的服务价值和收益，与第三方产业、行业的合作同样可以获得增值收益。那么，5G 时代的到来还会给下游的终端产品和应用场景带来哪些商业机遇呢?

首先来看医疗领域。很多医院已经开始对基于 5G 的医疗应用进行探索，包括我们所熟知的 5G＋远程超声诊断、5G＋远程手术示教、5G＋远程健康数据监测等。通过与 5G 服务提供商开展合作，不仅能够提升医生的诊断效率，还能改善患者的就医体验。这种全新的医疗模式在商业层面给医疗领域提供了一种新型盈利方式，将优质的医疗资源进行远程共享，有利于缓解医疗资源匮乏、医疗水平分布不均的问题。对于某些突发情况来说，这种远程医疗模式也是必不可少的，譬如新冠肺炎疫情期间，交通封锁导致患者无法出门看病，而线上的问诊平台解决了部分患者的燃眉之急。因此，无论是出于商业目的还是未雨绸缪，“5G＋医疗”都将成为现代医疗产业变革的方向。

5G 还会给旅游业带来不同的商业盈利模式。比如，利用 5G 网络增强型移动宽带和低时延特性，可以根据游客需求构建全景地图，以方便游客了解景区路线、确定游览方案等；另外，还可以让游客佩戴 VR 设备，使他们不必长途跋涉来到景区却有身临其境的感觉。具体可以通过在景区、展馆等现场架设全景摄像头，再通过 5G 网络实时传输的方式来实现。景区面向消费者开启这些新兴商业模式可以获得额外的流量收入，将来如果与其他项目合作还可以开启更多的商业模式。

再来看5G与传统会展行业结合会碰撞出什么样的火花。说到会展，我们首先想到的就是参会者必须要亲达现场。比方说汽车展会，如果消费者不能亲临现场体验，可能就会踌躇不决并影响到汽车销售。但这种商业模式同样也有弊端，亲达现场的要求在一定程度上限制了受众的范围，厂商可能会失去一些因为路途遥远或者因为其他种种原因无法参会的顾客。而5G时代可以让顾客足不出户就能够体会会展现场的氛围，既方便了参会者，又在一定程度上提升了会展的影响力。这一设想的真正实施需要同时结合5G、VR/AR以及云平台技术，展厅实景通过5G网络传至云端，顾客佩戴VR/AR设备体验展示内容。对于会展网络平台提供方来说，不仅可以面向个人收取网络使用的流量费用，而且能够向参展企业收取云平台、高清视频会议、VR直播等技术平台的租赁费用和服务费用①。

除了这些，自动驾驶、电子竞技业、物流运输业、零售业、教育业等都会因为5G的来临出现新的机遇和市场，5G的新商业变革驱动力会使千差万别的行业与5G网络特性进行最佳组合，在不久的将来迎来无比巨大的5G商业版图。

综上所述，5G商用的开启会使5G产业链上中下游的企业

① 杨军，李俊达，程永志.5G与垂直行业结合的综合解决方案研究［J］.通信与信息技术，2019（6）：43，58—59.

随之相继获益。随着网络建设的进一步展开和应用的深入，各行各业还需加大力度挖掘用户需求，有的放矢寻找现实与5G结合的突破口，创造出全新的共赢商业逻辑。

5G时代的到来，让各个行业都在悄然进行着迭代与更新，而企业如何在机遇和挑战并存的5G商业浪潮中占据先机，提高自身竞争力，将成为企业未来面对商业时代变革时亟须解决的重要问题。目前看来，在5G时代，信息的传递成本和抵达周期都会大大降低，互联网应用会让信息碎片化程度加深，这在无形之中让每一位用户都成为一个强大的传播平台，因此，把握好科技与人之间的关系，继续强调以用户为核心的商业逻辑不会出错。而对于各个行业来说，究竟如何抓住机遇，解码新型商业逻辑，依旧给人们留下了大把的想象空间。

5G＋AI推动数字化变革

每一次技术的变革都会催生出新产业，或者加速传统产业转型来适应技术的发展。3G时代孕育出的百度、阿里和腾讯三大互联网巨头，给我国信息技术的发展和应用带来了巨大变革；4G时代带动了抖音、快手这类短视频软件在全国乃至全世界的风靡；可以预见，5G时代又会带动一批新产业、新业态生根发芽，同时传统产业也会借助5G的东风，与信息产业联手进行数字化变革。

5G与AI相辅相成

技术含量高、市场前景广阔，使人工智能和5G在近几年已成为科技进步的主攻方向之一，前者给万物赋予人类智能，后者筑牢万物互联的基石。在一些领域，机器正在逐步取代人力，但人工智能的发展受限于信息的搜集、处理和反馈速度等因素，迟迟得不到大规模应用，而5G具有的高速、巨量等特性为AI技术发展提供了解决方案，有望助其早日突破瓶颈。与此同时，人工智能的发展也给5G带来了巨大的福音，从方方面面给5G提供了更大的操作空间。

人工智能通过科学算法对大数据进行归纳和交互，这其中不可避免地会遇到运算速度的问题，而5G的传输能力恰好能够帮助人工智能更快地进行运算，这就给AI在多个领域的应用提供了契机。比如说在互联网医疗方面的应用，目前许多线上产品的智能诊断功能都是基于人工智能，对于患者来说，这些智能诊断平台能够真正给出有帮助性的建议，而不是让人觉得在与一台冷冰冰的机器交谈。5G让人们的健康数据高效传输，智能诊断平台调用患者更全面的健康参数，就可以更加准确地代替医生来为患者除疑解难，如此，医疗资源供求不均的问题也能够在一定程度上得到缓解。

人工智能作为一种赋能技术，也会给 5G 的发展带来更多机遇。越来越多的电信运营商选择在 5G 网络中采用人工智能技术，借助人工智能技术的不断成熟，为 5G 网络拓展更为丰富的应用场景，为用户提供更多定制化服务。从电信运营商的角度来看，人工智能可以从两个方面出发帮助其实现投资回报的最大化。一方面是成本控制，人工智能的应用可以降低 5G 网络在管理部署和维护上的开支，提高管理效率，减少人工使用量；另一方面就是革新网络的规划、建设、维护和优化模式，提升 5G 网络的智能化水平以实现增收。5G 网络基于人工智能开发的新功能给通信行业带来前所未有的机遇，同时电信运营商用 AI 技术推动 5G 发展的积极性也会因此而大增。

人工智能与 5G 发展密不可分且相互促进。5G 大带宽、低时延和高可靠性的特性为智能终端实现感知、推理和行动提供了支持。人工智能也为 5G 开拓出更多应用场景，共同为人类的生产生活带来巨大影响。当然，在将人工智能技术大规模运用到 5G 中时，数据管理与安全性问题会变得更为突出，数据整合的迫切性会进一步增强，这些问题不仅需要运营商采用更加高效的自动化数据管理手段来加以应对，而且需要政府、运营商以及各行各业采取一种更加积极的姿态来维护 5G 背景下的安全生态[①]。

开启智能全连接时代

华为常务董事、战略营销总裁徐文伟在 2018 年 4 月的全球分析师大会上演讲时曾引用过一组预测数据："到 2025 年，全球连接数将达到 1 000 亿，30%的家庭将使用千兆宽带，智能终端的数量将达到 400 亿，85%的企业应用上云，100%的企业会连接云服务，全球 12%的家庭将使用智能机器人，工业智能的普及率将超过 20%。"这组数据让我们看到了全社会数字化变革的潜力。

前文提到，5G 为人工智能发展提供了解决方案，同时人工智能也会给 5G 的发展带来更多机遇，两者相互促进。5G 筑牢万物互联的基石，让多样化的海量数据穿梭于云端和终端之间，而人工智能则致力于在云端、终端以最有效率的方式收集、传输、分析、分享和运用这些信息。人工智能的应用以 5G 连接为基础，5G 大带宽、低时延的特点使 AI 技术得以推广到更多的行业，二者携手推动数字化变革，为开启智能全连接时代带来可靠支撑。

具体而言，让网络平台和终端本身具备人工智能能力，就

① 董宏伟，程晨，袁卫平，徐济铭．AI 与 5G 的共生之道 [J]．中国电信业，2020 (4)：58—61.

可以独立自主地对海量数据进行推断理解并采取行动，从而推动各行各业的数字化变革。比如AI在教育领域的应用就十分广泛，机器人教师、基于AR/VR的场景式教育等都需要运用到人工智能及相关技术。另外，汽车行业也将受益匪浅，未来汽车将朝着联网与自动驾驶的方向发展，5G与AI则是其发展过程中不可或缺的技术。5G的eMBB（增强型移动宽带）可以为车载娱乐设施和信息处理提供更大的数据存储量；5G蜂窝车联网（C-V2X）将成为超视距传感器，可以让汽车之间直接通信，当附近有车时及时给予司机安全警告，或提前告知交通信号灯状态，此外还可以共享司机的驾驶意图，这项功能将在自动驾驶中得到充分运用。而AI则可以用于提高车内的个性化体验和实现多个复杂传感器的融合。

当然，提到数字化变革就不得不提到传统制造业，5G时代一方面会给绝大部分传统制造商带来更加残酷的竞争环境，但另一方面也蕴藏着新机遇，这两方面的原因都促使制造商对以生产制造为主的传统经营模式进行数字化变革，而5G和AI又在其中发挥着举足轻重的作用。智能制造的自动化水平将因为人工智能的应用而大幅提高，基于5G的工业互联网可以在极低时延下控制关键设备，二者结合将赋能工厂内各种类型的终端和设备，以满足不断变化的制造需求。

对于个人和家庭用户来说，5G+AI会让用户享受更美好的生活。AI技术的发展让人机交互的范围不再局限于键盘和屏幕，任何接入互联网的智能设备都将成为交互终端，用户的习惯和需求也可以被人工智能洞悉，用户能够享受专属的个性化服务；5G则为人们未来的智能生活提供基础的网络保障。在5G＋AI的推动下，人们会享受更为丰富的体验内容、更加多样的交互方式和更加完美的用户体验，工作与生活的舒适度和便捷化程度将大幅提高。

总而言之，5G与AI的融合发展能够为实现数字化转型提供关键支持，而二者从技术真正走向落地和场景应用离不开整个生态系统的紧密协作和产业链的成熟。以智能手机为例，手机产业的紧密协作与规模化优势使其成为人们最熟知的人工智能。而人工智能未来的发展也面临着更为严苛的挑战。例如在能耗方面，随着AI技术能效发展得越来越高，意味着要消耗更多的能源，而智能终端的尺寸却越变越小，既要保证散热又对续航时间有要求，还要处理大量AI工作负载，种种挑战都需要在基于异构计算的万物互联环境下一一克服。

目前，以AI和5G为技术核心的产业正在不断壮大，各项技术之间的分工与合作日益密切，跨行业合作层出不穷，传统行业将由过去的独立发展变为与产业互联网的协同发展，而产业互联网则是未来5G和AI技术应用的“主战场”。5G和AI作为传统行业发展的两块“基石”，或者说是作为行业变革的推动力，未来将成为看不见又无处不在的基础服务，全面渗透到生产生活的方方面面。

尽管历代通信技术的演进都给人类社会带来了巨大改变，但业界对通信技术变革的期盼却从未像 5G 这次一样翘首以待。5G 产业还未完全落地就如此成功，来源于其拥有巨大的潜在经济价值。相信在不久的将来，以 5G 和 AI 为代表的新一代信息技术将从方方面面推动数字经济与实体经济融合，为开启智能全连接时代注入强劲动力。

5G 如何改变民众的日常

技术创新会让人们建立起一种崭新的思维模式和价值体系，给人们日常生活的方方面面带来改变。曾几何时，互联网还以 PC 端为主；3G、4G 陆续推出以后，移动终端取而代之，人与人之间的互动社交不再受时间、空间限制，一批新兴的商业模式应运而生。而 5G 时代的到来，让数字化完全渗透到我们的生活，推动整个社会朝着智能化方向升级，除了各类移动设备，任何智能设备都可以拥有相互连接与联网能力。

5G 时代，真正实现万物互联

5G 作为新一代无线网络技术，其特征就是速度更快、时延更低、连接规模更大。前两个特征在严格意义上来讲就是带宽大。可以想象一下这种场景，如果将 4G、5G 比作信息高速公路的话，那么 4G 是 2 车道，而 5G 是 20 车道，在车速不变的情况下，5G 传输的数据量增加了 10 倍，当然这里只是打了一个比方，理论上这个速度可以更快，可以达到 4G 的百倍以上。第三个特征则验证了除前文所说的各类移动设备外，任何智能设备都可以拥有相互连接与联网能力，也就是将我们带入万物互联的时代。

我们都曾有过这种体验，在一些人口过于密集的场所，手机或电脑的网络信号就会特别不好，出现上不了网的情况，这种现象归根结底在于某片网络区域允许接入网络的数量是有限的，而万物互联的基础是允许每平方千米百万级别的同时连接，才能避免网络的拥堵，对此，研究人员提出的解决方案是网络切片和边缘计算。

前者指的是对网络进行分流管理。前文也提到过 5G 网络主要划分为三类应用场景：eMBB（增强型移动宽带）主要面向对带宽要求很高的业务；uRLLC（超高可靠低时延通信）聚焦时延低、可靠度高的业务；mMTC（海量机器类通信）覆盖连接密度高的场景，通过网络切片这种方式就可以根据不同的服务需求，实现分流管理，缓解拥堵问题。后者是分布式计算的一种，也就是将部分数据处理、应用程序运行等由网络中心分配给网络边缘的节点，让大量设备可以协同工作，缓解网络中心平台的计算压力。

在这两大技术的帮助下，5G 时代人们生活中的一切都可以相互连接，互联网发展为物联网，而这又会给我们带来哪些振奋人心的应用呢?

5G 生活新体验

5G 距离我们越来越近，近期，每个月都有新的 5G 设备发布的消息。5G 时代会使我们下载视频的速度更快，上网更加流畅，但 5G 究竟能给我们的生活带来哪些改变? 在 2019 年国际消费电子展上，5G 设备提供商给出了部分答案。

该电子展上包括但不限于下列展品：没有电缆的家庭宽带，我们可以预见到未来有线光纤的消失是一种趋势，人们工作或者生活不用特意选择在有光纤电缆的地区，大型工厂的网络无线化不再只是一种设想；盒装的发射点，在 5G 时代，巨大的基站将由盒装的小发射点所代替；自动驾驶汽车；5G 电视；等等。

透过这些展品，我们可以窥见未来 5G 时代的一角。5G 给我们带来的可以是汽车产业的数字化、智能化变革。狭义的车联网定义中就提到，要将车与车、车与人、车与路以及车与传感设备等进行交互，构建一个车辆与公共网络通信的动态移动通信系统。这一系统能够有效缓解交通拥堵问题和减少交通事故的发生，让人们出行更为顺意，而这一概念目前尚未付诸实践，主要是受限于目前的通信技术，5G 技术的成熟将为车联网的发展保驾护航。

除此之外，我们还可以想象一下这种场景：马路上行驶的车辆的驾驶座上没有司机，但是却可以更加安全精确地把乘客送到目的地。这种场景对于网络连接的稳定性和时延提出了非常高的要求，网络些许连接超时就可能造成灾难性的后果。但是在 5G 网络环境下，智能驾驶这一曾经只有在科幻片里才可能出现的场景，就将成为现实。

5G 带给我们的还可以是工业自动化与智慧农业。工业制造过程中往往对精度和强度都有极高要求，而 5G 网络低时延、高速度、大规模连接的特点恰好可以满足这一要求。5G 还确保了人工智能、边缘计算、视觉技术等多项基础技术所驱动的应用能够有机高效地整合在一起，因此工业机器人的发展也随之进步，人们可以更加灵敏地操控工业机器人，工业自动化程度大大提高。传统的农业耕种方式也会因此发生变化，耕种时人力的参与会越来越少，机械化程度会越来越高，农作物的长势与灾害信息不再需要人力现场勘查，无人机会及时替农业生产者对作物进行监控，甚至可以生成作物的健康报告，喷洒农药、作物收割等一系列工作都可以让农业机械来代劳。

5G时代还可以为智慧城市的发展开启新篇章。智慧城市是把新一代信息技术运用到城市中的高级形态，通过信息化、工业化与城镇化深度融合，提升城市管理成效和改善市民生活质量。5G普及作为我国国家级战略目标，再加上现如今我国在这一领域的技术领先地位，未来很可能使智慧城市的建设像高铁、移动支付一样处于全球领先地位。目前绝大多数人可能对智慧城市没有切实感受，但却可以从城市交通的角度对智慧城市进行简单的想象：交通信号灯能够根据车流量和人流量智能调节时间长短，城市道路交通效率得以大大提升。当然除了交通，整个城市都会变得更加智能化，未来的城市服务会让人们的购物、用餐、娱乐等活动都得到更好的安排，科技让生活变得更加美好。

人们的居家生活与工作方式也会因为5G的落地而变得不同。首先来看居家生活方式，在家用电器中植入5G芯片，再借助5G网络就可以实现家用电器之间的联网智能化，用户可以通过云端的AI随时了解家中情况。比如，家中的智能冰箱可以自动识别所储存食物的保质期，并将到期时间及时提供给用户；房间的温度、湿度、空气洁净度都能够全自动智能调节；甚至可以自动开门收取快递。

工作方式会因为物联网速度的大幅加快从集中变得分散，当代社会生产所需要的物理办公场所消失不见，取而代之的是

5G 云办公成为未来企业的主流办公模式之一，员工可以自由接入每个公司的办公平台，通过便捷的通信手段将自己的时间、知识和技能出售给平台，再由平台销售给需求方，这其中包含的云存储、云协同等一系列办公应用方式都需要 5G 的参与。

当然，5G 给我们的生活带来的改变还远不止这些。目前 5G 在我国尚处于早期发展阶段，可以预见，5G 时代将实现物联网、大数据、云计算、人工智能四大技术的完美融合。可以确定的是，5G 在我国真正落地后，这些变化势必会深深地影响人们的工作与生活，经济社会数字化、网络化、智能化发展也会迈上新台阶，更多的互联网应用会朝着云端发展，大量的新业态会涌现。而人们在享受科技带来的福利时，也要意识到 5G 的普及并不是一件容易的事情，5G 应用真正落地扎根仍然路漫漫其修远兮，我们需要做的就是共同努力，让这些畅想变为现实。

第三章　特高压，引领新一轮能源革命

如果说整个社会是一个巨大的生命体，那么生产就是它的机能，而能源则是它的饮食。可以说，能源是一切生产的基础，更是整个社会正常运行的保障，高效的能源运输不仅可以帮助能源快速迭代，实现区域间的能源共享和合理配置，还可以打破产业间的能源壁垒，实现更大范围的产业组织和空间集聚。这一章，我们一同来探寻新时代的能源运输代表、新基建的重要组成部分——特高压给我们带来的神奇感受。

神通广大的特高压

相信很多人都听说过特高压，但对它究竟有哪些特殊的功能、能够给人们带来哪些好处等问题，也许不是太熟悉。下面，我们一起来简要了解一下。

揭开特高压的神秘面纱

特高压，顾名思义，就是输电网上面负载的电压极高。在我国，特高压是指1 000千伏及以上的交流电和±800千伏及以上的直流电的电压等级。特高压主要分为两种，一种是直流特高压，一种是交流特高压。

1 000千伏级的交流输电一般应用于近距离大容量输电，它往往是区域电网的主要框架，应用范围也比较广泛。而±800千伏级的直流输电则更多地应用于远距离大容量输电。

这里读者朋友可能有两个疑问：其一，输电为什么需要非常高的电压呢？其二，为什么直流输电用于远距离输电，而交流输电应用于近距离和区域输电呢？我们将尽可能地用通俗的说法来解开大家心中的疑问。

首先，为什么输电要用高压电？实际上，这是中学物理中的一个问题。在电学方面，存在两个公式，一个是输电功率等于电压和电流的乘积，而另一个则是电阻损耗功率与电阻以及电流的平方成正比，这两个功率是不一样的。从这两个公式可以看出，在输电功率不变的情况下，输电电压越高，输电电流就会越小，那么由此造成的输电损耗功率就会越低，从而提升输电效率。

再来解答另一个问题，为什么远距离输电要用直流电呢？其一，远距离输电一般都采用的是架空电路，大家都在野外见过大型的电线架构，它就是架空电路。在架空电路中，交流电的输电需要三根导线，这是因为交流电是三相电，这一点读者也不必过于深究。而直流电只需要两根导线，即正负极，那么这个时候，直流电因为少了这根导线，电阻就会减小，根据刚刚提到的第二个公式，输电损耗功率也会降低。其二，直流架空电路中没有感抗和容抗，而且也不会存在集肤效应，因而减少了输电损耗。其三，作为远距离输电，大区之间的稳定性非常重要，直流电的稳定性高于交流电，且交流电要求电网间并网必须同期，即三相电必须要对应，而直流电则没有这个要求，因而它就可以实现电网间的非同期互联。当然，这也并不代表直流输电就无懈可击，其换流器容易产生谐波，这会造成发电机和电容过热等问题，这些都还需要专业技术来解决。

神通广大的特高压

首先，物理学角度已经证明，电压的提升将能够降低输电损耗。数据显示，1 000 千伏交流特高压输电线路的输送功率大约为 500 千伏线路的 4～5 倍，±800 千伏直流特高压输电线路的输电能力是±500 千伏输电线路的 2 倍以上。在相同的输送功率之下，1 000 千伏交流电路的最远输电距离是 500 千伏线路的 4 倍，而损耗却只有 500 千伏线路的 25%～40%。

其次，在输送功率上升的同时，特高压线路输送容量也有显著提升。采用 4 000 安培的晶闸管换流阀，±800 千伏直流特高压输电能力可以达到 640 万千瓦，是±500 千伏 300 万千瓦高压直流方式的 2.1 倍，这就能够实现真正意义上的规模输电，使我国将西南地区的重大水利水电工程发电进行全国优化配置成为可能。

在输电规模提升和损耗降低之后，相应的输电工程建设成本也将下降。国家电网数据显示，1 000 千伏交流特高压的单位造价相较 500 千伏交流线路节省了 1/4，而±800 千伏直流特高压的单位造价则比 500 千伏直流线路低了近 1/3。

除此之外，特高压还能够节约土地资源。众所周知，高压架空输电线路是需要建设大型线路杆塔的。沿着高压架空输电线路向两侧伸展规定宽度的下方存在一个带状区域，在这个带状区域只允许从事一些受限的生产活动，这就是所谓的输电走廊，而且在距离更近的地方，为了保证线路绝缘强度，还会要求保持一个净空间区域。这就成为高压架空输电线路发展的限制之一，因为它必须绕开建筑物、居民稠密区以及一些地势险峻的地方，徒增了巨大的建设成本，也占用了相当多的土地资源。根据国家电网公布的数据，1 000 千伏交流特高压的单位走廊输送能力是 500 千伏交流输电能力的近 2.5 倍，±800 千伏直流特高压的单位走廊输送能力是±500 千伏直流输电能力的2倍。

同时，对于输电网络来说，系统的稳定性非常重要，特高压相比传统高压线路也更加安全、稳定、可靠。特高压采用的是“强交强直”的交直流混合电网输电，这就大大缓解了电网转移能力不足、无功电压支撑弱等问题，显著降低了大面积停电的风险。如果输电网络能够再与5G等科技相结合，建成馈线自动化等体系，那么将更进一步提升输电网络的稳定性，为下一级区域电网的分层分区运行创造条件。

可见，从能源角度来看，特高压能够提升输电效率，减少能源损耗；从土地成本角度来说，特高压所需要的基建投资成本更低；从资源角度来看，特高压能够节省更多的土地资源；从安全性上分析，特高压更加稳定可靠。因此，发展以特高压为特色的新基建，是客观需要，也是大势所趋。

特高压与能源创新

我国地大物博，这也造成各地区间资源配置的不均，而这种不均最终也会反映在能源层面。以最传统的火力发电为例，已经基本完成的电力市场化改革让电力价格开始由市场决定，各省的原有电力格局也开始演变成需求由整体经济决定，而供给则由当地电厂的发电数决定。根据中国电力企业联合会发布的数据，各省的火电利用小时、高低的差异已经呈现出区域间火力供电的不均。

电力供需错配的救星

在分析完火力发电之后，我们再将视角转移到新能源领域，目前新能源是优先上网的，而且国家也在不断地提升新能源的比重，新能源的区域分布也反映了地区间的能源差异。

根据以往的调研资料，在新能源的具体细分类别中，水力发电主要集中在我国的西南地区，占比超过 80%，风能发电和光伏发电主要集中在西北地区，占比超过 70%，与之形成鲜明对比的是，我国能源紧缺的区域则主要集中在中东部和沿海地区，能源需求区域和供给区域之间的距离超过 1 000 千米。

采用传统的分布式供电，是很难解决电力配置不均的问题的，只有发展跨区域的长距离电力输送，才能缓解电力失衡的问题。结合目前已经建成的特高压线路网的数据，特高压交流电输电线路的输电能力不会小于 5.0×10^6 千瓦，如果是直流输电的话，输电能力更是能够高达 7.0×10^6 千瓦。如果通过这组数字读者对新能源还难以有一个具象的概念的话，那么可以再给你们列一组数字。

以特高压输线电路为例，每日输电能力 5.0×10^6 千瓦就相当于每天将 2.5 万到 6 万吨的煤从山西运到湖北，这个量有多大？这相当于给湖北又建了一个葛洲坝发电站。从经济角度来看，西北地区的煤炭发电价格为 200 元每吨，如果将这些煤炭运输到华东、华南地区，那么发电价格会上涨到 1 000 元每吨，折算之后，每千瓦时的电能所需要的燃煤成本大约在 0.3 元。如果在煤炭产地附近建立坑口电站，之后由特高压输电线路将电能输送到华东、华南地区，那么每千瓦时的成本大概只有 0.085 元。在传统火力发电上，特高压可以有效降低输电成本，促进能源的均匀分配，而在新能源方面，难储存、难消纳的问题更需要特高压电网的帮助。

新能源消纳的解药

刚才提到的特高压电力输送也是解决新能源电能消纳问题的办法之一。比如，在风力发电中，“三北”地区是我国风能发电的主要区域，但是当地的经济发展水平远远落后于华东、华南，这就使得这些地区的电能消纳能力很低，受输电能力和储电能力的限制，新能源的利用率也被迫下降。全国新能源消纳预警中心数据显示，以光伏发电为例，2019 年，全国各地弃光率最高的是西藏、新疆、青海、甘肃等地区，均高于 4%，西藏更是高达 24.1%，而这些地区均是光能充沛的地区。

因此，我们必须要通过特高压输电网络，扩大电力消纳范围，将新能源发电融入国家大型电网，使新能源消纳能力得到显著提升。

可以说，输电网络也是网络的一种，网络的节点数和范围决定了整个网络的价值。因此，特高压网络的覆盖范围越大，越能发挥出它的潜力。

以湖南省被寄予厚望的特高压输电线路——±800千伏祁韶（酒泉—湖南）特高压直流输电工程为例，该特高压工程配套电源规模高达1 580万千瓦，其中包括火电600万千瓦，风电700万千瓦，光伏发电280万千瓦，新能源送电占比超过60%。然而，这个工程在运转10个月之后，累计向湖南输电量只有90亿千瓦时，与其规划400亿千瓦时的送电量形成鲜明的反差。这个特高压输电线路发挥受限的原因有很多，其中之一就是甘肃电网存在着一定的电力安全约束。这个原因就体现出我们的特高压建设还存在着与下一级电网的匹配问题。另外，还有一个原因是原定400亿千瓦时的输电，湖南并不一定能完全消化，此时，区域性的特高压建设的弊端就显现出来了，如果能够将这些多余的电量输送到湖北、江西等省份，那么就可以真正发挥这条线路的作用了。可见，特高压只有具备一定的规模，将分散的点串联成一个有机的网络，并且与上层规划和下层地方合理衔接起来，才能更好地起到消纳新能源的作用。

欲能源创新，电网必先行

目前，全球都在倡导清洁能源，不断地提升风力、水力、光伏发电站的科技水平，但是强大的电能获取能力只有通过同样高效的输送能力才能将这些大自然的力量真正为人所用。

以德国为例，2013 年，德国整体可再生能源在发电中所占的比例已经超过 25%，而与新能源发电大步向前形成鲜明对比的是，直到 2012 年底，德国才建成了两条连接东部到西部和南部的高压输电线路，当时还请到了德国总理默克尔和时任德国副总理罗斯勒去剪彩。这个电网的扩建计划搁置了一些时间，直到遇到了新能源并网发电比例增加，濒临电网瓶颈的时候才被迫加快了速度。许多德国政客也在各种场合承认，德国在电网建设决策上存在一些失误，对于新能源尤其是电网运营的专业性研究不够。

在新能源时代，电力短缺已经转变为了电能过剩，电能如何配置和运输成为各个国家的“老大难”问题。

中国问鼎世界第一

通过前面的介绍，读者应该已经基本了解了特高压的优势和特点。推进能源创新，协调区域能源结构，发展特高压是大势所趋。

特高压对经济的撬动成效显著

在分析特高压在我国走过的发展历程之前，有必要先了解一下特高压建设所归属的电网投资对于我国经济发展的重要性。众所周知，基建投资一直以来都是我国拉动经济增长的重要手段之一，作为其中重要的一部分，电网投资同样具有巨大的经济带动作用。根据国家电网公司的数据，“十三五”期间，包括特高压工程在内的电网工程总规划投资达到了 2.38 万亿元，带动电力投资 3 万亿元，年均拉动 GDP 增长超过 0.8 个百分点。在这些电网规划建设中，特高压对经济的带动作用尤其显著。以锡盟一泰州和上海庙一山东两条直流特高压项目为例，这两个项目直接带动电源等相关产业投资约 1 185 亿元，增加就业岗位多达 3.3 万个，每年拉动 GDP 增长 152 亿元。暴发于 2019 年年底的新冠肺炎疫情对整体经济短期影响比较大，通过新基建推动经济稳增长，对冲疫情风险，带动产业链全面复苏也是电网建设的重要任务之一。特高压输电网络线路长、投资额大、输送能力强，对于经济的撬动效果比较直接与显著。

在分析了特高压的宏观作用之后，结合我国的一系列提振经济、稳增长的宏观政策，再匹配科技升级的步伐，我们就可以更好地理解我国特高压的建设历程了。

早在2005年国家发改委就下发了《关于开展百万伏级交流、±80万伏级直流输电技术前期研究工作的通知》，但2006年发改委下发的《关于开展交流1 000千伏、直流±800千伏特高压输电试验、示范工程前期工作的通知》，才正式开启了我国特高压建设时代。因而，通常我们将2006年作为我国特高压建设元年，把2006年至2009年看作我国特高压的起步阶段，在这个阶段，我国特高压输电网络建设主要以直流为主，从2006年第一条特高压线路开工到2009年第一条线路投运，初期探索仍然比较谨慎。之后进入到第二个阶段，即2010年至2013年，可以看作一个较为全面建设的阶段，在这个阶段，核准施工项目数显著上升，交流电项目比重有所增加。

如果说前两个阶段都还处于前期摸索的话，2014年之后，我国的特高压建设正式驶入了快车道。之所以2014年能够显著提速，除了前两阶段积攒的宝贵经验和科技的发展等因素，政策的扶持同样创造了一个良好的条件。2013年国务院发布了《关于加强城市基础设施建设的意见》，明确指出优先加强供水、供气、供热、电力等基础设施建设，相匹配的还有通过稳健的货币政策进行扶持。此后就迎来了我国特高压建设的第一个高峰，从2014年到2016年，为了应对经济下行的压力，基建投资成为经济稳健增长的重要支撑，央行连续降准降息，宽松的货币环境成为基建投资的沃土。同时，国家能源局发布《关于加快推进大气污染防治行动计划 12 条重点输电通道建设的通知》，跨区送电项目上马，特高压身兼重任，自此开始了特高压“四交四直”的工程，后续又提出了“五交八直”的建设规划。

在经过了上一个阶段的迅猛发展之后，2017 年，我国的特高压建设被按下了“暂停键”。在这一年，特高压项目核准明显放缓，国家电网数据显示，该年内交流和直流特高压线路均没有工程开工。再加上为了防范金融风险，促进经济健康发展，“去杠杆”成为我国宏观经济运行的重要逻辑主线，抑制经济泡沫也成为最重要的任务。在这一年里，市场利率明显上升，投资成本显著增加，货币信用持续收缩，受此影响，基建投资资金来源受阻，双重压力之下，基建投资与电网投资呈断崖式下跌。

2017 年壮士断腕般的“去杠杆”明显降低了我国宏观经济运行的风险，有效遏制了系统性风险的滋生，然而作为代价，经济下行压力更加明显。众所周知，在经济学中，支撑 GDP 增长的是“三驾马车”，即投资、消费和进出口。在这一年里，国际贸易摩擦频发，贸易保护主义抬头，全球经济增速放缓，并不乐观的外界形势再加上居民和企业的现实约束，让我们不得不再次加码投资这驾“马车”来带动经济。2018 年 9 月，国家能源局发布《关于加快推进一批输变电重点工程规划建设工作的通知》，指出要在 2019—2020 年，核准开工 5 条直流和 7 条交流特高压输电工程。同时在该年年底，中央经济工作会议首次提出新基建的概念，明确将特高压、5G 基建等作为“新型基础设施建设”。我国的特高压建设在经过了 2017 年的短暂修整之后，正式迎来了第二个发展高峰期。

利好政策频传

政策的支持和核准口径的放开，给了特高压良好的宏观建设环境，而与之相匹配的一系列货币政策“放水”更是给特高压建设提供了充足的资金支持。2018 年面对经济下行压力，定向降准引导市场利率下行，增加再贷款和再贴现额度共 4 000 亿元，2019 年更是三次降准，大力开展中期借贷，方便向市场投放流动性。同时，地方专项债新政出台，地方财政终于告别一穷二白的窘境，财政节奏有所前移。诸多因素共同作用，让特高压建设的“春天”就此到来。根据国家电网的数据，2018 年核准特高压线路 5 条，开工 5 条，2019 年核准 2 条，开工 3 条，2020 年预计核准 7 条，开工 7 条。

2019 年 9 月，世界上电压等级最高、输送容量最大、输电距离最远的直流输电工程准东—皖南±1 100 千伏特高压直流工程正式投运，多个世界之最彰显了我国特高压技术已经处于世界前列。2018 年，我国特高压直流工程单极年平均强迫停运次数已经降至 0.2 次，这个数字是十年前的 1/5。

2020 年特高压建设步伐将延续前两年的高效。开年受到新冠肺炎疫情影响，消费和进出口均受到不同程度的影响，以特高压为代表的新基建投资将依然需要发挥其经济带动作用。

2020 年以来，相关部门接连出台多项政策。2020 年 3 月，中央政治局常委会提出“加快推进国家规划已明确的重大工程和基础设施建设”。2020 年 3 月初，国家电网印发《国网 2020 年重点工作任务》，计划 2020 年核准 7 条特高压线路，最低开工 3 条等。与此同时，一系列稳健的货币政策和适当的刺激经济措施也为特高压建设添了一把火。为了应对国际形势的变化以及疫情的短期冲击，央行近期定向降准，市场贷款利率显著下降，包括常备借贷便利等货币政策工具的出台力保市场流动性充裕。金融市场的对外开放以及外资负面清单的缩减，使基建也可以吸收国外资本的力量，内外兼修共同打造我们的新基建蓝图。

特高压成为“走出去”的新名片

我国的特高压建设已经走过了十余年的历程，如今，特高压已经成为“走出去”的新名片。正如中国能源研究会能源经济专业委员会副主任吴忠瑚所说，我们已经全面掌握了特高压的核心技术，特高压交直流设备国产化率均超过 90%，在国际市场上已经打破了跨国公司的长期垄断。

技术领先是“走出去”的前提

公开资料显示，国家电网公司累计申请特高压专利 679 项，其中已经获得授权 379 项。建设完成了特高压交流试验基地、直流试验基地、高海拔试验基地、工程力学试验基地和大电网仿真、直流成套设计研发中心，已经逐步形成功能齐全、综合指标均居世界领先水平的大电网试验研究体系。通过自有产权研发，我们已经研制出代表世界最高水平的特高压交流全套设备和直流关键设备，在此过程中，创造了一系列世界纪录，目前已然形成批量生产能力，推动我国电工装备制造业迈入国际先进行列。

在特高压输电中，需要一系列的关键设备，中国在这些关键设备的生产制造上也掌握了领先世界的技术。

一般来说，特高压主要需要换流阀、换流变压器、平波电抗器、直流滤波器和避雷器等设备，其中，在较为核心的换流阀和换流变压器上，我们的制造技术在国际范围内都处于领先水平。

换流阀是特高压输电中的重要核心装备，多组换流阀按照设定的程序触发之后可以实现换流器电压、电流及功率的控制与调节。如今，我国已经成功研制出世界首个特高压柔性直流换流阀，实现了开关器件、电容部件集成的功率模块单元，之后，再将这些单元像搭积木一样搭建成一个 800 千伏的大型换流阀塔。可以说，这项创举一举打破了西门子等公司对这一技术的长期垄断。

除了换流阀，换流变压器也非常重要。特高压输电中，经常会遇到需要交、直流电转换的情况，换流变压器就是整个直流输电系统的心脏，它的作用就是将送端交流系统的电流送到整流器，或从逆变器接受电流送到受端交流系统。用通俗的话来说，它的任务就是完成交、直流电之间的转换。目前，我国已经具备自主研发±800 千瓦特高压直流换流变压器的能力，创造了单体容量最大、技术难度最高、产出时间最短的世界纪录，克服了变压器的绝缘、散热、噪音等技术难题。

特高压“走出去”，已经在路上

特高压输电技术，中国标准正在崛起。实际上，比单纯技术输出更高一个级别的输出，是标准的输出。技术输出是标准输出的基础保证，而标准输出则是长期技术输出的支撑。中国标准的输出，意味着中国在特高压领域已经有了更强的话语权。数据显示，我国目前一共制定了特高压输电国际标准 14 项，国家标准 50 项，行业标准 73 项，企业标准 189 项，全世界几乎都在使用中国的这一套标准。并且，中国还提出了全球能源互联网构想的蓝图，这个全球能源互联网包含特高压电网、泛在智能电网和清洁能源，而在这三个子类别里，中国在世界范围内都处于领先的地位，未来中国在世界能源供应领域将会更具权威性，更有话语权。

借用国际电工委员会（IEC）主席克劳斯·乌赫勒的话，中国的特高压输电技术已经在世界上处于领先水平，中国的特高压交流电压标准将向世界范围推广。电气与电子工程师协会（IEEE）秘书长詹姆斯·普兰德加斯特更是表示，中国的特高压技术在世界范围内都是独一无二的。

早在2009年1月，我国就已经获得了菲律宾国家输电网特许经营权40%的股权。此后，我们的特高压输电技术逐渐渗透到葡萄牙、澳大利亚、意大利、希腊等7个国家和地区的骨干能源网，成为这些国家整体输电网络至关重要的组成部分。如今，我国已经基本实现了特高压输电的全球布局，中国特高压正在成为其他国家电网建设最为信赖的品牌之一。

2014年，我国的特高压技术首次真正走出国门。2014年7月17日，时任国家电网公司董事长刘振亚与巴西国家电力公司总裁科斯塔签署了巴西美丽山特高压输电项目合作协议，这是我们第一个特高压海外建设项目，也是中国在外投资的第一个特高压输电项目，更是美洲第一条特高压直流输电项目。根据协议，国家电网公司和巴西将会进一步共同分享在特高压电网建设、运营和管理方面的经验，深入开展沟通和交流，为美丽山特高压输电项目提供人员、资金和技术等全方位的支持，致力于推动美丽山特高压输电项目的成功建设和实施。

该项目的任务是要将巴西第二大水电站——美丽山水电站（装机容量 1 100 万千瓦）的电能输出，这个项目使得巴西北部的水电资源可以直接输送到东南部的负荷中心。2017 年 12 月，该项目正式建成投运。这条贯穿巴西南北的电能高速公路，横跨了 4 个州，输送距离长达 2 076 千米，输送容量更是达到了 400 万千瓦，可以完成输送美丽山水电站超过 1/3 的电能，满足 2 200 万人口的年用电需求。整个项目的建设，仅仅历时 44 个月，这也充分体现了中国速度。

引用中国驻巴西前大使李金章的话，美丽山工程是中国国家电网公司和巴西合作的成功典范，它是“一带一路”倡议下深化国际产能合作的重要成果，进一步推动了中巴全面战略伙伴关系。得益于这项工程，巴西也正式成为美洲第一个拥有特高压直流输电技术的国家。该项目优化了巴西的整体电网结构，提高了巴西电网的安全稳定性和供电可靠性。

该项目不仅仅具有单纯的经济意义，还具有深层的政治意义。党的十九大报告曾明确指出，要积极促进“一带一路”的国际合作，努力实现政策沟通、设施联通、贸易畅通、资金融通和民心相通，创建国际合作平台，打造全球命运共同体，增添共同发展新动力。

未来，随着我国特高压技术走出国门的步伐越来越快，这将成为继核电、高铁之后中国出口的第三张名片。

智慧电网催生能源市场新模式

前面我们简单地提到了特高压对于新能源的作用，本节将进一步分析为什么新能源需要特高压。

传统能源向新能源过渡阶段需要特高压

首先，新能源的源头，即风力发电、水力发电等电站在我国的分布是不均匀的。我国幅员辽阔，资源分布呈现明显的地域差异。风力供给充分的地区普遍在西北，水力供给充分的地区主要在西南，光能分布在北部地区。然而，我国电力的主要需求地区则集中在东南沿海地区。这就涉及电能大范围的转移问题。传统高压输电线路损耗高，占地面积广，造成了许多无谓的资源浪费，而特高压则因为其走廊窄、电热损耗低等优势，可以高效配送和输出我们辛辛苦苦转换出来的清洁能源。

解决了新能源的配送和输出问题之后，最严峻的问题就是新能源的消纳。实际上，解决消纳的问题分两步，其一是储存，其二依然是输送。储存是将电能高效地储存起来，减少储存损耗，随用随取；输送则是将新能源在更大范围扩散，全网统筹，避免单个区域的消化不良。储存的问题不是这里讨论的重点，因为它并不属于特高压的范畴，本部分更为关注的是如何让新能源这块蛋糕被电网更好地吃下去。

在当前的新能源之路上，能源紧缺问题的关键不在源头，而更多是在中间环节。风能、光能、水能等新能源，综合利用率非常低，可即便如此，现阶段仍然有很高的弃风率、弃光率等，这就说明新能源的供给是极其充足的。那么为什么前文提到的祁韶（酒泉—湖南）特高压输电线路会遇到麻烦？原因就在于湖南消化不了那么多电能，而且下级区域网络也不好匹配，这就像一个吃惯了中餐的孩子猛然让他去啃带血的牛排一样。这就需要大力发展特高压建设，避免单条特高压线路的单打独斗，形成一个更大范围的特高压供电网，实现电能更大范围的高效配送，甚至在未来，随着我国基建输出步伐的加快，还可以进行能源出口，这样就可以有效解决新能源的消纳问题。

智慧电网将为特高压保驾护航

极高的配电电压和较大的输电网络，是特高压高效的保证，它们就像特高压能够横行天下的两把利刃，然而，这两把利刃却是双刃剑，在赋予了特高压神通广大的同时，也增加了电网的风险①。

首要的就是电网潮流控制风险。什么是电网潮流呢？它也被称为电力潮流。在电力系统运行时，由于电源电势的激励作用，电流或者功率从电源通过系统各元件之后流入负荷，分布于电力网的各处，这就称为电力潮流。在一般配电网络中，负荷节点越多，就越难应用传统潮流程序分析，而且配电网络运行中也会有大量的谐波源，会面临电压闪变等污染，这些都会增加电网配送的风险。同时，对于一个本身稳定的供电网络来说，突然增加某一类的大电源，比如新能源并入，就会导致区域电网的运行负荷出现不规律的波动，从而造成短时间内的电网整体失衡。

其次是电网失稳风险。从更宽泛的概念来说，电网潮流控制风险也属于电网失稳风险，不过这里我们更多地关注故障这一角度。一般来说，特高压电网在运行过程中，很容易出现结构本身的运行负荷过高的问题，从而超过线路的承受能力，导致线路自身功率失衡，最终造成电网失稳。实际上，祁韶（酒泉—湖南）特高压输电线路之所以一直没有全力开动，很大一部分原因就出于这个方面的安全考虑。通常来说，特高压电网失稳可以分为两类，一类是内部故障，一类是外部故障。内部

① 冯晓瑜．新能源背景下加快发展特高压电网论述［J］．智能城市，2019，5（24）：49－50.

故障难以控制，一般是因为天气等因素导致电路老化速度加快，出现结构性的电网失稳。外部故障则是因为特高压的输送电量过大，装置负载过高，而导致电网失稳。对于特高压线路，这个风险是值得重视的。

再次是装置稳定性风险。前面已经介绍过，特高压线路分为两类，一类是直流特高压，一类是交流特高压。区域电网普遍是交流电网，跨区域电网和当地电网匹配所需要的整流器、扰流器等一系列重要元件都需要具有相当高的稳定性。输电过程中，因为特高压具有更高的电压等级，所以相应的稳定装置也更重要，否则一旦出现失稳情况，将可能影响整个串联系统的稳定。另外，继电器也是很重要的一个方面，继电器保护设备如果在运转出现问题时保护失效，或者是出现了拒动情况，那么将会引发一系列的连锁反应。

正是这一系列的风险，才让特高压建设进程一度受阻。如今，我们已经迎来了5G时代，在科技的帮助下，这些风险都将得到有效控制，一场由特高压引领的能源革命即将到来。

特高压引领能源革命

前文已经介绍了特高压对于新能源的帮助，它能够解决新能源分布不均、消纳能力弱、输出困难等问题，有助于提升新能源在国家能源中的地位，弥补能源缺口，降低传统能源资源消耗，提升国家能源效率。因此，这一部分将分析特高压结合5G等科技之后，如何为国家整体智慧电网贡献力量。

从上一部分提到的特高压电网所存在的风险入手，摆在特高压面前的第一个风险是电网潮流风险。越复杂的配电网络，就会有越多的负荷节点，而配电网络中也存在着大量的谐波等污染，这是掣肘特高压能力发挥的关键点。实际上，之所以困难，是因为在这大量的负荷节点中，它们之间并没有建立什么联系，而是各自为战，没有形成一个完整的控制体系。这一点在过去是很难解决的，然而，在即将迈入的物联网时代，去中心化的庞大负荷节点网络将可能成为现实。

5G的扁平化网络架构以及高速的信息通信，让这些负荷节点之间的即时通信成为可能，再加上传感器的技术升级，构建一个实时感应电网潮流的监控网是可以实现的。在收集了大量的电网数据信息之后，所有信息会经由5G网络传输汇总到数据中心，在这里借助大数据和案例库，结合人工智能技术，迅速反应制定实时应对方案，合理调整各节点负荷，这样一整套网络将具有智能感应、智能管理的功能，仿佛拥有了一个属于自己的大脑。

第二个风险是电网失稳风险。从原理上来说，电网失稳风险和电网潮流风险是非常相似的，正如前文所说，我们这里暂不讨论内部故障，即线路自身老化问题，因为这一点依靠材料的不断革新是可以解决的。而外部故障，即电路负载过大所导致的电网失稳风险，则可以依靠科技的帮助得到解决。与解决电网潮流相类似，我们依然可以通过设置在电网各个节点的感应器来时刻感知电路负荷变化，一旦数值超过安全限度，则会预警，并且会根据预定的应对方案来调整输电计划。

应对装置稳定性风险的办法则是让这些装置会“说话”。一直以来，我们处理电网元件故障的办法都是在亡羊补牢，即等元件出现故障，直到影响区域电网运行的时候才去进行故障排查。如今，供电稳定对于产业发展来说越来越重要，许多数据中心、通信网络一旦断电，所带来的损失是巨大的。因此，如果能够将“亡羊补牢”转变为未雨绸缪，那将极大地降低停电所带来的负面影响。比如，在每一个元件上都安装传感器，时刻感应电路负荷、温度等数据，出现异常时及时通报处理，并迅速切换备用电路，紧急抢修。

实际上，把解决上面三个风险的办法归结在一起，就是目前 5G 的一个应用场景，也是有助于特高压大面积应用的重要技术，即馈线自动化①。

馈线自动化有两个方面的含义：一方面是指在供电系统正常运行时，对于用户的自动检测、数据反馈和运维优化，这就

① 盘和林，贾胜斌，张宗泽 . 5G 新产业：商业与社会的创新机遇 [M]. 北京：中国人民大学出版社，2020.

是“未雨绸缪”，将风险防控前移；另一方面则是为了更及时地“亡羊补牢”，当系统存在故障时，进行迅速识别、故障隔离，并在短时间内自动转移和恢复供电。

在馈线自动化系统中，有以下几个特色，而这正是保证特高压电网稳定、高效运行的关键。

首先是多单元联动，前文提到了，在这个网络中，传感器非常重要，专业语言称它们为 FTU（Feeder Terminal Unit），中文翻译为配电开关监控终端，这些终端就像整个电路监控网的一只只眼睛，时刻监控异常情况，并借助 5G 通信网络汇报信息。5G 的扁平化架构，将数据平面和控制平面相分离，这就可以让这些单元的规模更加扩大而且容易修改增删，再加上高速度的数据传输，让这一只只眼睛更加“敏锐”。

其次是低时延反应。仅仅有一只只敏锐的眼睛还不够，更快地排查故障、更及时地让电网恢复正常才是整个馈线自动化系统效用的体现。5G 的超高速通信，让数据传输和命令下达的整个过程更加快速。当故障发生时，感应器件要先将信息迅速反馈至系统终端，由控制层基于数据与信息进行判断处理，之后再将处置命令反馈给下一级单元。目前，电力系统故障定位和隔离的时间需要长达 2 分钟，而如果用 5G 的话，根据 5G 的时延数据，那么仅需要 100 毫秒就可以定位和隔离。

可以说，特高压电网让新能源入网指日可待，也让电能跨区域配置成为可能，而当 5G 等科技与之相结合，为其插上馈线自动化的翅膀之后，整个特高压电网的可靠性将得到显著提升，一个更加稳定、安全、高效的供电网络将会呈现在人们面前。

第四章　城际高铁和轨道交通，吹响交通强国号角

改革开放以来，中国城市化率大幅跃升，在高速铁路系统和雄厚的人力资本的基础上，中国已然形成了五大超级城市群，新基建更是成为治愈“城市病”的一剂良药。

城际交通伴随大城市群的发展而产生，并随着高铁和轨道交通技术的进步而不断演进。在新一轮技术创新驱动下，以5G、大数据、云计算等为代表的新一代信息技术也引领城际高铁和轨道交通走向数字化转型之路。

作为智慧城市建设的重要组成部分，智慧交通依托数字技术手段实现城市交通信息的互联互通，推动城市管理朝精细化、智能化方向发展，为建设智慧城市奠定了基础。

打造超级城市群

不管是东方还是西方，经济发展的引擎都在大都市圈中。改革开放以来，中国城市化率的跃升，大都市人口聚集带来的增益，无疑推动了整个宏观经济的发展。在快速发展的高速铁路系统和雄厚的人力资本支撑下，中国形成了五大超级城市群。

尽管大城市也会带来很多问题，例如在当前新冠肺炎疫情的冲击下，受影响最大的也是大城市，但国家随之推出的新基建计划，正是为了改变这种状况。

城市化 **2.0**：超级城市群

改革开放以来，中国的工业化与城市化齐头并进，成就斐然，城市化率从 18%跃升至 60%，人均居住条件和基础设施大幅改善。不过，城市化模式在近年来遇到了瓶颈，包括交通拥堵、污染、高房价等大城市病逐渐严重，生产率增长也显著放慢。此外，“去全球化”趋势在全球各地逐步涌现，加之国内人口老龄化趋势严重，给中国的产业链优势和经济增长前景带来挑战。

应对上述挑战的关键在于进一步推动城市化 2.0，释放经济发展潜力。中央财经委员会在 2019 年 8 月 26 日召开的第五次会议上曾指出，经济发展的空间结构正在发生变化，中心城市和城市群正在成为承载发展要素的主要空间形式。可见，为避免区域间发展的不平衡，在不违背客观经济规律的前提下，需要对区域政策体系进一步加以完善。相比落后地区和三、四线城市，中心城市和城市群等区域具有经济发展的优势，城市群的扩大势必会引发大规模的人口和资源的流动，此时，增加这部分区域的经济和人口承载能力就显得尤为必要①。

积极拥抱新技术、奋力打破旧桎梏，通过建设连接紧密的超级城市群，打造智能城市，改善城市承载能力，可以促进经济要素和人员的自由流动和聚集，激发不同行业间的协同效应，从而进一步释放生产力。

城市群指以中心城市为核心，向周围辐射构成城市的集合。超级城市群，是指比城市群经济辐射力更强的城市群。全国现有五大超级城市群，即长三角城市群、京津冀城市群、粤港澳大湾区、长江中游城市群、成渝城市群。

超级城市群的力量在这次新冠肺炎疫情中也得到了生动的演绎，为了奋力夺取疫情防控和经济社会发展双胜利，各大超级城市群协同作战，在疫情得到控制的基础上，打响复工复产“主动仗”，推出多个新基建重点项目，多地经济逐步恢复生机

---

① 邓骞．中国五大超级城市群格局形成［J］．科技智囊，2017（8）：29—31.

和活力。各地“抱团式”战“疫”的实践与经验，进一步凝聚了城市群的共识，也将城市群一体化发展向纵深推进。

在超级城市群的发展方面，中国拥有全世界里程最长、速度最快的高速铁路系统，同时具备雄厚的人力资本后备军，注定将走在世界前列。

自 2008 年以来，中国高速铁路迅猛发展，高速铁路网规划由“四纵四横”快速客运网扩充为“八纵八横”高速铁路网。经过 10 余年的高速发展，截至 2019 年底，中国高速铁路已建成通车里程超过 3.5 万公里，占世界高速铁路通车总里程的 3/4。如果说高速铁路是国家经济发展的“动脉”，在高铁干线网基本建成后，接下来的重点任务就是建设“毛细血管”，也就是城际铁路。

雄厚的人力资本更成为超级城市群的强大后备军。2013—2018 年间，中国每年有大约 700 万大学生毕业，组成了规模庞大的人才储备库，数百万高校毕业生和快速发展的职业培训满足了高附加值制造业和服务业的人才需求。由于过去城市化进程中各种优质资源向中心城市集中，超级城市群集聚了大量的就业机会和公共资源，大量的人才储备将成为超级城市群发展的人力资本源泉，人才的输入能够进一步推动超级城市群的经济发展。

公共交通助力城市群一体化

城市群一体化交通网是推动交通强国战略和城市群发展的重要支撑，城市化 2.0 及相关基础设施建设将成为中国经济的重要发力点①。城市化 2.0 依托大型城市搞都市圈，推进城市群一体化。以“点”带“面”，通过核心大型城市与周边城市群一体化规划，带动了整个区域均衡化发展。所谓城市群一体化，包括区域内公共交通一体化建设、产业规划一体化布局、各种教育医疗资源一体化共享等。

城市群一体化发展的关键是时空观念的转换加上优质资源从核心城市这个“点”向城市群这个“面”的扩散。其中，时空观念的转换代表着未来衡量距离的不是空间概念而是时间概念，便捷发达的一体化公共交通建设就是打破空间局限性的“金钥匙”。假如你从一个大城市的东城区到西城区空间距离只有 20 公里，但是通行时间要一个小时（地铁或者公交车），同样，你从卫星城市到核心城市空间距离有 200 公里，在城际高铁和轨道交通的帮助下，换乘后你可能也只需要花费一个小时就能在卫星城市和核心城市之间通行，也就是说，在未来，同一大城市内的通行与都市圈内卫星城市到核心城市的通行这两

---

① 熊丽．城际轨道：新空间蕴藏新机遇［N］．经济日报，2020－04－26（004）．

者是没有区别的。

可见，城际高铁和轨道交通是实现核心城市与卫星城市人群双向流动的重要途径。

城际高铁，全称城际高速铁路，是指在人口稠密的都市圈或者城市群中规划和修建的高速铁路客运专线运输系统，属于高速铁路的一种类型。作为我国新兴的轨道交通类别，城际高速铁路兼有城际铁路和高速铁路的特征。

城际轨道交通，是指以城际运输为主的轨道交通客运系统。城际轨道交通属于轨道交通的一个新兴类别，介于铁路和城市轨道交通之间，主要用于解决城际交通问题。城际轨道交通凭借人均能耗低、承载量大、互通互联等诸多优点，成为助力绿色出行、创建智慧城市、缓解拥堵等的重要手段。

近年来，我国高速铁路系统迅速扩张，“八纵八横”干线网建成，作为交通系统“毛细血管”的城际高铁和城际轨道交通成为联结超级城市群中的核心城市和卫星城市的重要通道。这一通道的建设可以促进公共交通一体化，人们在城市间通勤时通过简单换乘，使主城区通勤时间与卫星城市到主城区的通勤时间趋于相等。公共交通一体化可以适应城市群产业和人口转移的需要，进而推进城市群的均衡发展。

“城际”二字暗藏玄机

都市圈和城市群的发展使得城市边界愈加模糊，此时城际交通的建设更是集聚了城市间的人口和资源，城际轨道交通与城际高铁的融合，成为城市群内卫星城市到核心城市通勤的“利器”。

在城市群和新基建的助力下，新冠肺炎疫情下的“城际”关系也经受住了考验。“城际”交通伴随大城市群的发展而兴起，并随着高铁和轨道交通技术的进步而不断演进，智慧交通的发展更是便利了市民的“城际”出行。但与国际大城市群的发展相比，我国的“城际”联结仍有很大的发展空间。

城际交通联结大城市群

城际高铁和城际轨道交通是联结城市群的重要交通方式。所谓城际高铁和城际轨道交通，就是指城市之间的快速客运专线。随着都市圈和城市群的发展，城市的边界越来越模糊，城际高铁与城际轨道交通的融合也使得轨道交通和铁路系统的关联日益紧密。

五大超级城市群崛起后，城际高铁成为城市群内的“城市”交通工具，城际轨道交通再与城际高铁融合，成为城市群内卫星城市到核心城市通勤的“利器”。这一“利器”使得越来越多的上班族尽享出行的便捷。比如，从江苏昆山乘坐高铁只要 20 分钟左右便可到达上海，再转乘地铁到达上班地点，轻松实现跨省通勤。

作为城市群客运出行的骨干交通方式，城际高铁和轨道交通既支撑着城市群的紧凑发展，也引导和带动了城市群经济、人口和资本的紧凑发展。

2019 年年底，一场突如其来的新冠肺炎疫情，使城际交通的运行受到了影响，复工复产后，城市间的通勤也遇到了难题。但城市群的集聚使我们经受住了考验，“抱团式”战“疫”是城市群应对和解决危机的法宝。疫情当前，特事特办。为了解决上班族跨省通勤的难题，上海市嘉定区经与江苏省昆山市、太仓市交通管控组沟通，2020 年 2 月 18 日起，向跨省通勤人员发放通勤证。此后一段时间，跨省上班无须反复隔离，长三角地区又恢复了以往的热闹节奏。城际交通联结的大城市群成功“抱团”，也维护了城际交通的平稳运行。

随着城际高铁和轨道交通的迅速发展，我国城际高铁和轨道交通网络化趋势不断推进，但与国际上其他大城市群的发展相比仍稍显落后，主要体现为城市群节点城市、次中心发展先天不足，跨城交通建设落后。在这种情况下，就需要同时发挥城际高铁和轨道交通的作用，快速推进都市圈融合。

在城市群发展中，城际高铁和轨道交通的建设应当具有相当的超前性，这也是我国交通领域发展的短板所在。在换乘过程中付出的时间、距离和金钱成本偏大，客观上制约了市民的使用。由此看来，未来的城际交通联结，需要更多考虑到便利性和人性化，在轨道交通网与其他交通网之间建立理想化的零换乘思想。可见，在城际交通联结城市群这一环节上，我们还有很大的发展空间。

按下经济发展“快进键”

2019 年 9 月，中共中央、国务院正式印发《交通强国建设纲要》，提出到 2035 年基本建成交通强国，基本形成“全国 123 出行交通圈”①。2020 年 4 月 20 日，国家发改委举行新闻发布会，明确将智能交通基础设施纳入新基建，以此支撑传统基础设施转型升级。

在众多的传统交通基础设施类型中，轨道交通中的城际高速铁路和城际轨道交通成功“脱颖而出”，成为新基建的重点方向，这不仅仅在于“城际”引领了城市群的发展，更在于其对整个宏观经济发展的促进。

在大城市群的基础上，城际高铁和轨道交通的发展将会促

① 中国城市轨道交通协会．中国城市轨道交通智慧城轨发展纲要［J］．城市轨道交通，2020（4）：8—23.

进人员、技术、资本要素充分流动，按下经济发展的“快进键”，增强中国经济发展的韧性。城市群作为区域发展的增长极，发达的经济水平和优质的公共服务资源对人口具有较强的吸引力。进入21世纪以来，由于核心城市人口密度过大，“大城市病”逐步显现，城市群内外圈层落差大，核心区辐射带动效应并不明显。伴随着交通网络的日益完善和城市产业的转型升级，成熟的都市圈内圈层辐射带动外圈层发展的作用逐渐增强，外圈层承载内圈层人口和产业转移的必要性日益突出，城际高铁和轨道交通的发展将成为人口和产业转移的一条重要途径。

城际高铁和轨道交通在未来数年内，将成为稳投资、稳增长的一股重要力量。和所有基建一样，城际铁路建设投资巨大，可以直接拉动经济增长。其中的土建成本、车辆成本以及相关的配套设施，就要占总成本的50%～70%，剩下的就是信号、通信、机电等成本。此外，城际高铁和轨道交通建设发挥的作用时间较长，从前期的建设施工到中期的通信信号系统、车辆设备，再到后期的运营维保，仅从建设施工到通信信号系统及设备通车就需要4～5年的时间。建成后的城际高铁和轨道交通不仅能带来产业链的延伸，还能带动核心城市外的卫星城市的进一步发展。

城际高铁和轨道交通的发展，还将提升城市群和都市圈的互济能力，提升资源共享水平，这在应急状态下可以发挥重要作用，对于未来应对各类风险也意义深远。在此次新冠肺炎疫情中，城际高铁和轨道交通便在战“疫”中扮演了重要角色。疫情伊始，地铁站内陆续出现红外测温装备，利用科技手段全方位对进站乘客开展“无接触式”温度检测，拉开了城市轨道交通科技防疫的序幕。随着疫情防控工作的开展，实名乘车、健康码、车厢拥挤度提示等相继成为各地城市轨道交通运营的标配手段，做到了全方位的安全保障。

当然，要实现城际高铁和轨道交通的一体化运营，还存在不少适应性问题。例如：城际高铁与地铁线网功能与通道规划统筹不足，城际高铁与地铁线网互联互通存在障碍，城际高铁与地铁车站管理及票务模式差异明显，线网资源共享不足等。研究并解决这些问题后，城际高铁与轨交调度中心的任务模式会产生重大转变，而拥有完善模块化设计的调度室就能够顺利地实现调度任务的调整和布局的转变，显著降低布局调整的成本并且迅速实现功能区域的切换。

智能化便利城际出行

2020 年 4 月，中国城市轨道交通协会发布的《中国城市轨道交通智慧城轨发展纲要》，将智慧城轨建设作为交通强国建设的重要支撑。随着云计算、大数据、物联网、人工智能等新兴信息技术的应用，技术的创新和进步会进一步推动城际轨道交通的发展，这是毋庸置疑的。

与普通铁路不同，高铁运行速度更快、技术含量更高、故障影响更大、环境要求更严，对于安全保障、运行效率及服务质量等都提出了更高的要求。同时，随着大数据、人工智能技术的广泛应用，高铁向智能高铁转型也有其必要性和可行性。而城际高铁作为新兴线路，已率先实现智能化。2019 年年底正式通车的京张高铁，就融合了我国一系列先进技术。电子客票一证通行、刷脸进站等新技术，大大便利了乘客的出行；自动驾驶和智能行车系统也保证了行车的安全和稳定。

城际轨道交通有大量新技术的应用，包括轮轨的新材料应用、实时供电充电的模式、自动运行和控制系统等。结合新基建的其他几大领域，将 5G 融入运控体系中，可以大大提高系统的响应性能和运作能力。5G 能有效应对轨道交通多业务通信的需求，处理列车运行控制系统数据和管理数据。此外，5G 与大数据技术的结合还可为轨道交通客流管控、联动调度等提供运营支持。基于人工智能的人脸识别技术，可以解决实名制身份识别和登记、安检排队等问题，实现快速进出站管理，甚至无感通行。至于大数据的引入，则几乎在城市轨道交通建设和运行的每一个过程都得到了体现。

相信在不远的未来，多个大都市圈会探索“城际＋地铁”

一体化运营模式，整合城际铁路和地铁的运营管理，制定互联互通的技术标准，推动城际铁路网和城市轨道交通线网一体化，实现区域内互通互联、便捷换乘、一票通达的便利出行。

引领新一轮交通革命

在新一轮技术创新驱动下，传统基础设施的数字化改造和智能化升级已是大势所趋，以 5G、大数据、云计算等为代表的新一代信息技术深刻地改变着城市的方方面面，也引领城际高铁和轨道交通走向数字化转型之路，开启了轨道交通变革新时代。

激活上下游产业链活力

以信息基础设施为代表的新基建拉开了数字经济的序幕，成为我国经济高质量发展的新引擎。新基建作为助力我国经济结构转型的重要抓手和前瞻布局，也是补齐传统基建短板的关键手段。在新基建浪潮下，作为传统基建的城际高铁和轨道交通正在加速数字化转型，开辟新的发展空间。

城际高铁和轨道交通建设能够推动城市化进程，并带动区域间经济协调发展和资源共享，引领城市群发展，其构建的多维立体化交通网增强了地面和地下空间的使用价值和使用效率。

轨道交通的资源集聚效应明显，能够促进人员、物资等各要素和服务在区域间、城市间高效流动，实现跨区域资源有效配置，为城市可持续发展奠定坚实基础。

城际高铁和轨道交通作为交通基础设施，具有显著的正外部性，对城市经济具有直接和间接的拉动效应，能促进区域间工业、运输业、建筑业等相关产业的发展，在形成一定经济规模后，还能对房地产、广告、旅游、电子商务等其他行业产生巨大的辐射效应，例如轨道交通建设对周边的住房和商业房地产价值有溢出效应，会带动沿线城市土地升值和房地产业的繁荣①。

从民生角度来看，就业是民生之本，此类新型交通基础设施建设能够创造更多就业岗位，从而多角度拓宽就业渠道，带动就业结构优化升级，尤其会增加第三产业和数字经济领域的人才需求。经济结构转型会带来产业结构的调整，进而带来就业结构的变化，在轨道交通行业向信息化、智能化发展过程中，技术研发岗位将呈现增加趋势，低技术、传统重复性强的岗位将被逐渐淘汰。

从产业角度来看，城际高铁和轨道交通的辐射面广，涉及的上下游产业链众多，包括勘测与测量、设计咨询、原材料加

---

① 张铭洪，张清源，梁若冰．高铁对城市房价的非线性及异质性影响研究[J]．当代财经，2017（9）：3—13.

工等上游产业，工程机械、土建施工、机械设备、电气设备、智能化系统等中游产业，以及运营维护、应用运输服务、增值服务等下游产业。

城际高铁和轨道交通基础设施建设，在推动交通行业规模有序扩张的同时，能够持续激发上下游产业链的运作活力，促使整体技术创新和良性互动，对行业提质增效有着巨大作用；还能增加产业投资机会，促进产业结构高级化，为上下游产业链带来新的发展机遇。比如，推进交通领域新基建会直接刺激智能化系统等装备制造业市场规模的扩大。目前我国轨道交通装备业作为高端制造的代表，发展势头良好，坚持创新驱动，自主研发水平高，依托数字化、信息化技术平台，未来在新基建战略部署的利好下，将有力推进中国迈向制造强国之路。同时由于“一带一路”倡议的实施，国际基建合作也日益深化，我国轨道交通装备业将引领高端装备产业走向世界。

助力交通强国建设

改革开放以来，以中国高铁为代表的中国铁路实现了突飞猛进的发展，用短短十几年的时间便处于世界领先地位，并以其超长运行里程、超快运营时速、超高科技水平成为走向世界的中国名片。

2019 年 9 月 19 日，我国发布了《交通强国建设纲要》，明确提出到 2035 年基本建成交通强国的目标，基本形成“三张交通网”和“两个交通圈”，其中要建设城市群一体化交通网，推进干线铁路、城际铁路、市域（郊）铁路、城市轨道交通融合发展。

此次将城际高铁和轨道交通纳入新基建重点建设领域之一，无疑为推进交通强国建设按下了“快进键”。交通领域下的新基建，不仅让交通运输行业经历了一场前所未有的深刻变革，还是助力我国由交通大国迈向交通强国的关键举措。交通基础设施的智能化升级，将进一步完善一体化交通出行综合信息服务体系，支撑现代化交通运输体系建设和交通强国建设。

现如今我国铁路科技屡创佳绩，高质量发展成效显著，铁路建设投资规模达到历史高位。有关数据显示，到 2019 年，全国铁路固定资产投资连续六年保持在 8 000 亿元以上[①]。目前城际高铁和轨道交通市场存在较高的投资潜力和投资价值，其中城市轨道交通运维服务市场规模在 2022 年有望突破 900 亿元[②]。城市化进程在不断加快，城市轨道交通建设的需求也在日益增长，随着交通新基建的快速部署，大批城市轨道交通项目即将快速投入运营，给轨道交通运维服务市场创造更大的市场机会。

① 国家铁道局发布《2019 铁道统计公报》[EB/OL]. [2020－04－30]. http://www.gov.cn/xinwen/2020－04/30/content_5507768.htm.

② 赛迪顾问：2019 年轨道交通市场数据 [EB/OL]. [2020－03－16]. https://www.sohu.com/a/380591287_378413.

2020 年 3 月 12 日发布的《中国城市轨道交通智慧城轨发展纲要》详细描绘了我国交通强国建设的发展蓝图。纲要提出智慧乘客服务、智能运输组织、智能能源系统、智能列车运行、智能技术装备、智能基础设施、智能运维安全和智慧网络管理八大体系，并力争通过“两步走”实现智慧城轨建设的战略目标。

城市轨道交通与新兴信息技术的深度融合将成为交通行业未来发展的方向，智慧城轨的发展理念也与新基建的内涵相吻合，在大数据共享的基础上，生产制造、运输、旅客服务等各环节应用服务都将通过云平台实现智能化运作。

中国城市轨道交通协会副会长兼秘书长宋敏华表示，目前我国的城轨交通行业信息化智能化建设已初具规模，智慧线路、智慧车站等建设已呈燎原之势，未来将遍及全行业。

过去的轨道交通行业因其规模大、投资回报期长等特点，一直采用政府主导的投资模式，现如今的新基建坚持以市场导向为主的投资模式，将探索多元化的投融资体系，调动社会资本的投资积极性，为轨道交通行业注入新活力。随着交通强国战略的继续实施，城市化进程不断加快，未来轨道交通市场将迎来新的发展机遇，新基建的推进也将激发出交通行业高质量发展的强大动能。

科技开启交通变革新时代

响应国家建设网络强国和交通强国的号召，各地政府都开始搭乘新基建的快车，利用5G、大数据、物联网等数字技术对我国交通基础设施进行数字化改造，这一举措将推进整个交通运输体系的更新迭代，实现需求驱动向技术驱动的转变，构建现代化交通运输服务体系。

一个大城市交通运输体系的顺利运转离不开现代信息技术的支撑。信息化技术在优化乘客出行体验、解决城市拥堵问题、建立应急安全管理信息平台等方面都发挥着重要作用，监控系统、ETC收费系统、视频检测系统等都是交通行业信息化建设重大成果的充分体现。不过我国的交通信息化建设还存在很多阻碍。例如，大量数据资源因缺乏统一的信息化数据管理库，聚合难度大而不能得到有效利用，信息资源整合和共享程度还不够高。此外，还存在诸如一些技术壁垒难以克服导致工作效率低下、缺乏跨区域协同沟通体系等问题。

新基建浪潮下，将形成以数字化为核心的交通基础设施，以5G为代表的新技术也将加速交通领域的数字化转型，在技术层面上破除交通信息化建设的种种局限，弥补交通基础设施发展的短板。

5G作为最新一代的无线通信技术，对轨道交通的影响是重大而深远的。5G 专网的覆盖，加快了高速铁路的全面信息化和智能化发展，可实现车辆瞬态速度检测、路段全景检测、路面质量远程监测与诊断等多种应用场景需求。其中 5G 凭借其高可靠、低时延等特性，为交通事故远程无接入数字取证提供了技术支撑。5G 专网系统将超高清摄像机追踪的车辆速度、事故情况等指标数据快速传输到大数据分析平台，平台通过智能分析找出事故车辆之后会联动摄像机进行数字取证。5G 所具备的大带宽、低时延、高速度等优势将极大提升高速铁路网的安全运行水平。

5G 商用信号目前已逐渐覆盖地铁、公交、高速公路等交通领域，在提升市民出行体验的同时，也优化了轨道交通上刷脸支付、智慧安防等一系列智慧应用，助力轨道交通实现全面数字化运营。

随着交通运输行业数字化水平的不断提升，交通大数据时代已是大势所趋。大数据作为实现交通运输体系互联互通的重要载体，能够实现信息资源的共享开放。借助云计算、大数据等技术手段，能够实现路况信息采集自动化、信息发布网络化、信息处理及时化、应急管理数字化，使管理更精细、决策更科学。在大数据支撑下，研究人员可以通过搜集居民出行调查数据、车辆 GPS 数据等一系列交通数据构建数据分析模型，对沿线道路出行人群进行轨迹分析，为城市道路交通规划提供决策依据，通过合理优化公共交通线路来疏解城市群的通勤压力，从而进一步提升交通运输行业的治理能力和服务水平。

必须明确，真正意义上的数字化转型不单单是技术上的跨越，更重要的是思维高度的提升。我们需要用全新数字化思维去统筹规划交通领域的布局和建设，摆脱传统思维下的管理困境。无论是传统基建还是数字化赋能下的新基建，都需要长远布局，加大科技创新力度，不断突破技术瓶颈，提升自主研发水平和核心竞争力，促进交通新基建的高质量、可持续发展。

只有把握新基建背景下技术赋能交通行业的发展逻辑，利用数字化赋能提升协同效率，不断创新行业数字化应用，才能真正实现交通领域的数字化革新。

智慧交通的魅力

近年来，“智慧交通”一词频繁出现在大众视野。智慧交通不仅让人们出行更加便捷，还成为构建城市美好生活的重要力量。

智慧交通，就是在智能交通系统（ITS）的基础上，将云计算、人工智能、物联网、互联网、大数据等技术充分融入交通运输领域，通过建立实时动态的信息服务体系，实现人车路的有效协调，提升交通系统运行效率和管理水平。

作为智慧城市建设的重要组成部分，智慧交通依托数字技术手段实现城市交通信息的互联互通，推动城市管理朝精细化、智能化方向发展，为建设智慧城市奠定了基础。

数字技术赋能智慧交通

智慧交通不是一成不变的，它会伴随着生产形态和社会形态不断地演变和进化，还会引发交通需求和交通供给的深刻变化。现如今，知识和信息密集型的生产形态也对应着个性化的综合交通需求①。

作为交通运输和信息技术深度融合的产物，智慧交通广泛运用于各大城市交通领域，通过数据共享进行公共资源的调度和优化，并对交通态势进行预测和研判，提升了城市处理突发和应急事件的能力，并能通过优化交通线路来提升车辆运行效率，促进节能减排，有效缓解了交通拥堵、交通污染等一系列“城市病”。

谈到智慧交通，不可避免地要提起车路协同，它是利用路测单元（RSU）和车载单元（OBU），通过微波来接受和反馈信息，全方位实现车车、车路的动态实时信息交互。路测单元

---

① 蔡翠．我国智慧交通发展的现状分析与建议［J］．公路交通科技（应用技术版），2013（6）：224－227.

和车载单元，可以实时感知车、行人和道路的状况，实现缓解道路拥堵、提高交通安全、提升道路使用效率等目标，形成安全、高效的智慧交通体系。

车路协同系统现应用于匝道控制、自动驾驶、智慧公交、智能停车等多个场景，为智慧交通提效增速。车路协同的更多场景落地需要强大的数据融合能力和超低时延的支持。4G 网络难以满足瞬时海量数据的实时传输要求，也不具备低时延的网络环境；5G 则为其提供了很好的技术保障，其低时延、高稳定、大带宽的优势能实现车端、路端、云端的高效连接和实时共享，确保车辆在复杂路况下也能安全运行。

在自动驾驶中，需要超低的端到端时延，高可靠、快速接入的网络环境才能立刻获得并传输车辆周围的路况和突发状况。5G 能够将采集到的车内信息快速传输至后端，通过大数据和云计算，优化车辆运行路线和车速，同时辅助司机做出精准的自动驾驶决策，在紧急情况下快速预警。

智慧高速公路也是智慧交通的重点。通过大数据分析、云计算等技术，建立基础设施监测体系、路网运行感知体系、应急保障体系等一系列智慧服务体系，实现数据跨行业、跨部门高度共享，对高速公路进行智能化的实时感知和预测，有效降低高速公路事故交通风险。探索面向车路协同的智慧高速公路体系，以提升道路运输效率和运营安全。

同时，智慧交通也离不开大数据和人工智能的参与。大数据技术能够充分挖掘交通信息数据的价值，并通过云计算实现信息资源共享，打破“信息孤岛”。人工智能识别技术能够对车辆信息进行准确读取和识别，并上传至处理中心用于分析和决策。比如传统的红绿灯系统采用的是固定的时间间隔，容易出现交通拥堵现象，而智慧交通则能通过大数据分析不同道路的车辆密度和数量等信息，智能调控红绿灯时间，提升车辆运行效率。

“智慧”让出行更便捷

一条条纵横交错的铁路网、公路网、地铁线路勾勒出城市交通脉络，刻画出我国交通运输体系的宏伟面貌。随着城市交通体系逐渐向智能化、多元化格局发展，城际高铁和轨道交通也成了城市化进程中不可或缺的重要组成部分，不仅缩短了城市间的通行时间，还拓展了城市内部通勤可达到的空间。

随着数字技术、人工智能的不断深化发展，交通体系迎来一次次革新与进步，出行方式也不断更迭。在交通不发达的过去，人们往往要通过公交、铁路等多种交通工具、多次换乘才能抵达目的地，现在能够通过便捷的换乘系统极大提高出行效率。正在构建的以轨道交通为主的一体化综合城市运输体系，将更好实现交通功能转换的连续性、高效性，为人们出行提供更好的交通环境。

要实现智慧交通的全面落地，离不开先进信息技术的有力支撑，最近兴起的 5G 智慧交通枢纽便是最好的例证。

智慧交通枢纽能够实现多种交通方式的互联互通和高效协同，利用客流预测算法进行客流量实时统计，对人流和车流进行精准动态预测，统筹管理，实现对车辆的智能调度。该系统在高峰期也能精确疏导人流，使资源得到有效利用。各运营部门也能根据实时信息快速响应，实现行为识别预警、刷脸乘车等功能，在为旅客提供更好出行体验的同时，也为交通设施场景的数字化带来无限可能。

智慧交通让我们迎来了客票电子化时代。自 2020 年 4 月 29 日兰州至乌鲁木齐高铁实现电子客票后，全国高铁和城际铁路逐步实现了电子客票全覆盖，不再出具纸质车票，大大改善了旅客的出行体验，提高了人们出行的幸福感和安全感。

从过去纸质车票时代烦琐的购票、取票、退票和改签，到电子客票在各地试点，再到现如今的“无纸化”电子客票全覆盖，车票形式的变迁见证了中国铁路走向数字化、信息化和智能化的进程，电子客票顺应智能时代发展的潮流，开启了智慧出行的新时代。

新冠肺炎疫情期间，电子客票自主退改签、“一证通行”无接触进出站、刷脸进站、智能机器人、网上订餐等功能都彰显了铁路智能化服务的巨大优势。依托数字化技术的智慧交通改善了乘车环境和服务质量，为人们提供了智能化的出行体验。

智慧公交同样也是智慧交通的应用领域之一。通过智能技术，可以实时共享车辆位置、油耗、驾驶状态等数据，与交通信号控制系统实时联动，在云平台进行数据处理和共享，实现运营调度的智能化、车辆信息的可视化，并提供电子站牌、车载录像、到站预测等功能，让乘客准确知道到站时间和换乘信息，大幅降低了乘客的等待时间，也提升了公交的运行效率，极大改善了城市公共交通乘车环境。

不光5G智慧交通枢纽、智慧公交和电子客票，ETC收费、无人车、自动驾驶卡车、电子停车指引、电子自助付费、智慧路侧停车、智慧停车场、立体停车库等，无一不体现出“智慧”给人们出行带来的便利。智慧交通不仅实现了智能化、信息化与传统运输服务的深度融合，还让人们的出行方式变得便捷而不忘细节、智能而不失温度。

在智慧交通蓬勃发展的今天，我们应充分发挥智慧交通的核心优势，利用数字化技术赋能，为构建城市交通数字化体系提供坚强保障。发展智慧交通，不仅提升了城市交通管理体系的智能化、数字化水平，更是踏入智慧城市2.0时代的关键一步，未来“智慧+”将融入城市治理、社会生活的方方面面，持续提升居民的生活质量和城市治理现代化水平。

第五章　充电桩，让新能源汽车跑得更欢快

数千年来，人类对于如何更好地出行提出了一个又一个新奇的想法，在这个过程中，人类也开始逐渐摆脱双脚的限制，甚至摆脱引力的限制。人类对于自由梦想的追求催生了交通领域许多重大发明和革新，汽车或许是其中最为重要的一个。

对于现代人而言，汽车是不可或缺的物件，它扩大了我们日常生活的半径，加速了商品、服务的运转速度，提高了生活质量。同时，汽车产业作为国民经济的重要支柱产业，在创造就业、实现经济增长方面也居功至伟。朝窗外看看，不知何时我们也成了“车轮上的国家”。

新能源汽车成为时代潮流

“车轮上的国家”并不是个贬义词，但不能否认的是，汽车在带给现代社会便利的同时也带来了诸多不利的影响，其中最为重要的是对环境的破坏，加之汽车产业在国民经济中的重要地位以及我国汽车产业现存的诸多劣势，自 2001 年起，我国便正式启动了“863”计划电动汽车重大专项并一直持续至今。

在政策端、供给端以及需求端的共同作用下，国内新能源汽车发展迅速。2018 年，我国新能源汽车销量突破 100 万辆，达到 125.6 万辆，九年内复合增速达到 87.5%。从新能源乘用车市场来看，我国已连续四年占据全球第一。随着我国新能源发展进入新时期，我们有必要回过头去探寻过去发展中存在的问题，用更开阔的视野去畅想未来、规划未来。

新能源汽车有哪些

在 2001 年我国启动“863”计划的时候，对于新能源汽车是什么，大家还没有一个全面的印象，更像是摸着石头过河。2009 年，工业和信息化部才制定了相应的规则，在出台的《新能源汽车生产企业及产品准入管理规则》（以下简称《规则》）中，新能源汽车被定义为使用非常规的车用燃料作为其动力来源（或使用常规的车用燃料、采用新型车载动力装置），结合车辆在动力控制和驱动方面的先进技术，形成技术原理先进，具备新结构、新技术的汽车。经过十余年如火如荼的发展，基于当前市面上的车型，我们可以对新能源汽车进行一个大致的梳理。

1. 纯电动汽车（BEV）

这是一般意义上的新能源车，也是未来最有发展前景的车型。纯电动汽车完全使用电力作为汽车的动力来源，不同于以往燃油车内燃机式发动机，其采用蓄电池为驱动系统供电，利用电动驱动的电动机取代内燃机，将电能转化为动能，相应地，蓄电池组代替油箱成为新的动力组成部件。现阶段，纯电动汽车已经较为普及，特别是在网约车和公交车领域。从社会角度来看，纯电动汽车因为不消耗传统化石能源，所以符合了“零排放”的标准，自然属于环境友好型交通工具。并且，电动机对内燃机的替换也让发动机的声音大大减小，从而减少了噪音的污染。从个人角度来讲，购车补贴与税费减免使得电动汽车在价格上有一定的优势。相比汽油，电力价格较低，能源成本上的节省也吸引着长距离行驶的车主前往购车。另外，电力驱动下随开随走、随刹随停的特点也让其在市中心的行驶过程显得更加顺畅。从乘客角度来说，乘坐这类汽车较为舒适，因为纯电动汽车简化了传统汽车的动力系统和内部结构，相较传统燃油汽车来说其内部空间较大。当然，更简化的设计也便于汽车的保养和维修。

不过，当前纯电动汽车发展依旧面临能源的技术难题，如蓄电池的储电能力不足、充电等待时间过长等。这也解释了为什么网约车和公交系统可以迅速采用电动车：前者因为行驶距离长，油电成本较为容易平衡；后者则是通过采用较为统一的标准，能够显著减少充电设施不匹配造成的充电难问题。

2. 混合动力汽车（HEV）

顾名思义，混合动力汽车拥有两套动力系统，能够相互切换或同时工作为汽车提供动力。混合动力汽车应该是近几年发展最快的一种新能源车，因为在当前这个阶段，混合动力汽车更能够迎合市场的需求。其一，混合动力汽车有害气体排放有限，相比传统汽车是一大优势。其二，双动力切换的机制使其能够在一些多停多启路段使用电力驱动系统，避免了能量的损耗。其三，因为采用双动力系统，混合动力汽车实际上没有电池续航短的问题，两套驱动系统是并联状态，能够最大限度地延长动力系统寿命。其四，由于当前纯电动汽车还存在一些短期难以突破的技术问题，混合动力汽车靠着其相对成熟的技术也适宜当前社会经济的发展，即具有技术与成本上的相对优势。混合动力汽车相当于用折中的方法在传统燃油车向纯电动汽车的过渡时期为我们提供了可选择的车型。

3. 燃料电池汽车（FCEV）

这种汽车的动力来源是化学反应，而非燃烧反应，即通过燃料间的化学反应产生能量，继而转化为电能，驱动汽车行驶。具体而言，这种汽车不使用传统意义上的煤炭、石油、天然气，而是利用氢氧化学反应，因此，燃料电池汽车同纯电动汽车一样，没有任何尾气污染，并且其电能转化率可以达到 50%以上。可不要觉得 50%很低，即使是发电站那样的规模发电，传统能源甚至是核能的发电效率都远低于此，也就是说不仅无污染，还效率高。

除此之外，燃料电池的续航能力也非常出众。2014 年丰田公司推出的名为 Mirai 的燃料电池汽车，其续航里程最高可达 650 公里左右，这与当前续航最长的纯电动汽车不相上下。同时，燃料电池汽车的燃料补充也相对更为便捷，充满氢气仅需花 3 分钟的时间，和普通加油时间基本相当，这比动辄 5 小时以上充电时长的电动汽车显然更加吸引人。这种集各种优点于一身的汽车本身造价也并不高，就拿上面提到的丰田的汽车来说，其售价不过 40 万元人民币左右。但燃料电池汽车的发展依然存在一个很大的外部制约因素，即“加油站”建设成本过高。燃料电池的“加油站”是加氢站，其建设成本是普通加油站的 5 倍，只有燃料电池汽车形成一定规模后，加氢站才有利可图。而且目前国内燃料电池汽车相关技术和安全性还需要较长时间的检验。

4. 氢发动机汽车

与燃料电池汽车类似，氢发动机汽车也是采用氢气作为能源，但与燃料电池汽车不同的是，氢发动机汽车采用内燃机作为其驱动器，也就是使用的是燃烧反应而非化学反应。燃烧反应替代化学反应使氢发动机汽车虽然无污染且技术要求低，但能量转化率却低于燃料电池汽车，并且，上述加氢站的问题同样存在。

除了以上几种目前较为主流的新能源汽车，《规则》还提到了二甲醚汽车。当然，理论上来讲，新能源汽车动力来源还有很多，但就当前的国内技术的发展而言，电力驱动还是最主要的发展方向，相较来看，电动汽车发展的技术最为成熟，且制约较少。

为什么要发展新能源汽车

政策上来看，我国 2001 年便启动了“863”计划电动汽车重大专项，构建了“三纵三横”的新能源汽车开发布局，之后又于 2004 年、2005 年分别发布《汽车产业发展政策》与优化汽车产业结构、促进发展清洁汽车和电动汽车政策措施。可以说，我国很早便做好了新能源汽车的发展规划，而今天我们也看到了这样的未雨绸缪让我国新能源汽车，特别是电动汽车的发展走在了世界前列。

但我们会问这样的问题，在燃油车发展依旧不是那么充分的时候布局新能源汽车是否有些为时过早，或者说是否有特殊的原因？是的，国家发展新能源汽车有着长远的考量，这里我们可以分三个方面来进行说明，一是能源方面，二是环境方面，三是经济方面。

1. 能源方面

石油作为战略资源，对一个国家的经济、社会发展至关重要。然而，我国作为石油消费大国，石油开采并不能满足国内的需求，石油的对外依存度较高，2016 年，中国石油对外进口依存度达到 65.4%，到了 2018 年，更是突破 70%，这个水平已经远超 50%的警戒线。数据显示，交通部门消耗的石油占总消耗量的 61%，占终端能源消费总量的 28%，汽车成品油的巨额需求无疑是其中的大头。以发达国家的经验来看，我国汽车保有量还会随着我国经济的进一步发展不断提升，未来，每千人汽车拥有量还有很大的增长空间，汽车保有量的上升无疑会让我国本就居高不下的石油对外依存度再向上攀升。因此，从能源安全的角度来看，降低对外依存度是未来发展的一个方向，发展新能源汽车显然是一个重要的选择。

2. 环境方面

从工业革命以来，人类对于化石燃料的消耗以惊人的速度对环境造成着破坏，联合国环境署最新报告《迈向零污染地球》指出，全球范围内每年约有650万人因空气污染而死亡。同时，联合国环保组织的调查显示，目前城市中的空气污染50%来自燃油汽车的废气排放，而汽车拥有量最集中的欧美国家的一些城市，60%的空气污染源来自汽车废气。这让我们不得不开始反思，汽车为我们带来便利的同时，付出这样的代价是否值得？是否存在一种解决办法，使我们既享受到汽车的便利，又能够减少对环境的污染？首先我们能想到的就是进行能源的革新，据相关部门的测算，传统动力汽车排放的废气中，有害物质能达到上百种之多，如果将这些有害气体称重，一辆汽车一年的排放量将比汽车本身还重，而对应的电动汽车或燃料汽车则基本上不会产生污染。当然，在生产电力或制氢时会不可避免地形成污染，但不同于私家车的污染难以防治，电力或制氢生产的规模效应不仅提高了生产效率，同时也大量节省了治污成本，从而降低了污染。

当然，我们大可不必被上面的数字吓倒，生活中我们确实看到了空气污染带来的危害，但新闻报纸上那些令人惊骇的数字还是有环保主义者放大的因素。不过，既然新能源汽车能够改善当前的情况，那我们又有什么理由去拒绝它呢？随着全球合作的加深，环境问题最终还带来了国家间的博弈。可以发现，国际上关于环境问题的会议越来越多，不少国家为了发展而规避减排义务还承受了很大的舆论压力，我国作为一个负责任的大国，需要在减排和发展中寻求一个平衡，新能源汽车就是其中的一个选项。

3. 经济方面

其实，不管化石能源多么紧缺，或是环境问题多么严峻，寻求经济增长还是发展新能源汽车最关键的因素。如果让人类在环境保护和经济增长两者间做出选择，人类一定会毫不客气地放弃前者，幸运的是，新能源汽车是具备经济发展意义的一个选项。

发展新能源汽车的经济意义表现为两个方面。一是产业转型升级。“十三五”规划纲要明确提出要实施制造强国战略，其中两个重要的内容就是推动传统产业改造升级和支持战略新兴产业发展。2015 年，李克强总理在全国节能与新能源汽车产业发展推进工作座谈会上指出，我国要加快发展节能与新能源汽车，有效促进产业转型升级。这当中，更深层次的思考还在于，发展新能源汽车也是我国弯道超车的最好机会。我国的传统汽车产业基础薄弱，短时间内难有大的突破，在生产过程中往往受制于人。作为工业大国，我国必须要有完整的产业链条，新能源汽车相对来说是一个新的领域，横向来看各国基本处于同一个发展起点，我国提前布局就有可能实现弯道超车。当然，从整车角度来说我们还存在较大差距，但至少以新能源汽车为抓手，可以让工作更好地得以开展。

二是真正实现汽车强国。2014 年，国家主席习近平在上海汽车集团考察时强调，发展新能源汽车是我国从汽车大国迈向汽车强国的必由之路。汽车强国的意义在于汽车对于相关产业的巨大拉动作用。我们可以将汽车产业链分开来看：首先，产品研发涉及电子、机械等行业；其次，零部件采购涉及橡胶、石化、钢铁等行业，生产制造更是涉及行业众多，汽车的零部件有数万之多，粗略估计，一台车的制造关联 100 多个产业的发展；最后，销售服务还涉及金融行业。汽车行业的产业相关度之高可见一斑。据中国统计信息网的测算，汽车工业产值与相关产业的直接关联度是 1∶2，间接关联度则达到 1∶5，这也是为什么汽车工业的强弱实际上也代表了整体工业实力大小。如此高的关联度使得政策支持有着很大的联动效应和乘数效应，对汽车行业进行扶持将能撬动成倍的社会投资。如果将各行各业比作一篮子的商品，那么汽车业便是提篮子的把手，汽车行业的繁荣将带动相关产业的繁荣。

汽车行业对于经济的拉动作用还体现在稳就业上。汽车行业的产业关联特点使其每增加 1 人就业，会带动相关产业增加 8 人就业。这在经济增长速度放缓、经济下行压力加大的今天显得尤为重要。

可以看到，发展新能源汽车，不仅有助于缓解能源依赖现状，还能保护生态环境，最重要的是能够助力国家未来可持续发展。因此，我们应以新能源汽车这个战略新兴产业为突破口，尽快抢占新时期的经济增长制高点，实现国家的更好、更快发展。

如何发展新能源汽车

根据中国汽车工业协会数据，2019 年，新能源汽车产销分别完成 124.2 万辆和 120.6 万辆，同比分别下降 2.3%和 4.0%，虽然有所下降，但相比汽车行业总体来说，表现依旧稳定，新能源汽车连续两年销量百万以上。截至 2019 年底，全国新能源汽车保有量达 381 万辆，占汽车总量的 1.46%，其发展还有很大的空间。与 2018 年底相比，增加 120 万辆，增长 46.05%，增长幅度依旧可观。其中，纯电动汽车保有量 310 万辆，占新能源汽车总量的 81.19%。

2019 年 12 月工信部发布《新能源汽车产业发展规划(2021—2035 年)》(征求意见稿)，规划到 2025 年新能源汽车销量占比达 20%，有条件自动驾驶智能网联汽车销量占比 30%；到 2030 年，新能源汽车销量占比达 40%，有条件自动驾驶智能网联汽车销量占比 70%。

其实，从当前的发展速度来看，实现规划目标还存在一定的难度，但如果解决好新能源汽车发展路上的主要障碍，新能源汽车将迎来真正的春天。

首先，当前城市建设无法匹配应有的汽车消费需求。数据显示，在2019年第1期北京市个人普通小客车配置指标摇号中，普通小客车指标共有6 412个，普通小客车指标申请个人共有3 135 548个有效编码，也就是说将近500个人抢一个指标，中签率仅为千分之二；在摇号政策下，2019年个人新能源汽车指标54 000个，而当前参加北京新能源汽车摇号的人数达到了大约44万。同时由于轮候政策，个人和单位指标现已用尽，如果继续实行当前的分配规则，新申请者需要等待至少8年。

也就是说，目前市场存在着一个明显的矛盾，明明需求很旺盛，但实际的产销却不能与之匹配，因此，在全国很多城市还在采取一定限购措施的背景下，即使国家政策对新能源进行大力度的补贴，也很难对行业有大幅的改善，而这种矛盾的根源便在于城市交通建设规划的滞后。其实，城市规划的文件与现实发展的矛盾已凸显了这个问题，2005年年初，国务院批复了《北京城市总体规划（2004—2020年）》，规划2020年北京市常住人口总量控制在1 800万人的目标。然而，2010年第六次全国人口普查结果显示，北京市常住人口为1 961.2万人，提前10年突破了原本规划的目标。2019年，北京市常住人口更是达到了2 153.6万人，保守的人口规划必然造成城市建设无法满足过剩的人口需求，自然也制约着新能源汽车的发展。

其实不仅仅是交通，由于城市规划的相对滞后，城市发展步伐也开始减缓，甚至倒退，特别是像北京、上海这样的城市，目前人口规模的快速增长让很多城市居民不仅不思考城市自身的问题，反倒开始排挤外来人口。因此可以说，发展问题是全局问题，要想实现新能源汽车的快速稳定发展，城市交通建设是极为重要的。

其次是新能源汽车成本问题。这是个技术问题，就像计算机刚刚发明出来时，人们很难想到，短短数十年，计算机成了个人必备的电子产品，技术进步带来的成本下降让每个消费者都拥有了属于自己的个人电脑。回过头来看新能源汽车，很明显会发现，与传统燃油车相比，配置几乎相同的新能源汽车成本能高出 1/3 以上，其中的缘由便是，对于纯电动汽车而言，电池及动力总成系统的总成本要远高于燃油车。当然，前面提到的混合动力汽车在成本上具有一定优势，但我们想强调的是，新能源车的发展方向一定是零排放，因此混合动力只能是过渡车型，而不能成为一种主流车型。

技术降成本是一个方面，但也不能忽视管理问题，我们专注技术的同时还应注意产业协同与规模效应。一百年前，福特的流水线将福特汽车的制造时间急速缩短，使其生产成本直线降低，这便是技术外的降成本措施。在分工日渐细化的今天，如何协同高效地完成一项任务，如何更好地实现合作共赢，也是值得思考的关键问题。

最后但却最关键的是充电配套设施的不足，这也是本章将讨论的重点内容。纯电动汽车作为新能源汽车发展的主力军，其动力来源是电力，而根据中国电动汽车充电基础设施促进联盟的统计，截至 2016 年 12 月，我国公共类充电桩的建设、运营数量共 14.1 万个，而电动汽车整体保有量达到 109 万辆，车桩比高达 7.7∶1。欧洲、美国、日本等主要的电动车消费国家/地区的车桩比也均在 4∶1 以上。近几年，虽然充电设施不断完善，我国车桩比还是在 3∶1 以上，根据《电动汽车充电基础设施发展指南（2015—2020 年）》的要求，到 2020 年，我国车桩比将达到 1∶1 的合理水平，当前的车桩比水平离这一目标还有很大的距离。充电设施的短缺相当于你在路上开车，却很难找到加油站。截至 2019 年，中国境内加油站总量达 106 556 座，并且，根据经济发展情况、人口密度的不同，我国加油站分布也较为合理，主要集中在东部经济发达地区，其中山东、河北、河南、广东、四川加油站数量位于国内前列。

在充电设施不足的同时，新能源汽车相比燃油汽车在加装“燃料”方面还存在另一个劣势，即燃油汽车加油时间成本较小，加满一箱汽油只需要 2～3 分钟的时间，而新能源汽车，以纯电动车为例，通常快充也要 1 个小时以上，慢充更是要 5 个小时以上，这也是为什么燃油汽车保有量达到 2.6 亿的今天，我们并没有听到加油站不足的抱怨。

受制于以上各种因素，新能源汽车必定要经历一个较长周期的发展过程，而在这个过程中，充电桩将发挥重要的作用。虽然我们一般意义上讲的新基建主要集中在七大领域，但实际上，不少专家认为，新基建是没有固定的范围的，特别是在科技迅速发展的时代，基建的意义将不仅包含实体设施，更包含着“软”基建，比如前瞻性的城市建设规划。未来，新能源汽车的发展绝不是解决了技术问题就万事大吉了，更多的是要社会整体的配合，就现阶段而言，最好着手的，最易见效的，当属充电桩的建设。

充电桩是入口，更是基础

随着新能源汽车的快速发展，电动汽车逐渐成为人们买车的一个选择，经过多年的发展，作为其配套设施的充电桩也从“充电设施”变为了“基础设施”。

很长时间以来，我们都认为基础设施是公路、铁路、桥梁这类具有很强公共属性的东西。随着时代的发展，基础设施的内容也在不断扩充，边界不断扩大。而今，我们认为，只要是为社会生产和居民生活提供公共服务的物质工程设施都属于基础设施。因此，“充电设施”向“基础设施”的转变看似只是字眼的变化，但其更深层的意思在于明确了汽车行业未来的发展方向！

充电桩常识

充电桩是将电网的电能转化为新能源汽车电池内电能的装备，可以安装在公共停车场或私人停车位上，简单来讲，就是新能源汽车的“加油站”。

当然，类似于加油站有汽油、柴油，充电桩也有分类，目前，市面上主要按照充电方式分为直流充电桩和交流充电桩两种，因为两者最直观的差别体现在充电时长上，因此又被形象地称为“快充”和“慢充”。

“快充”直流充电桩内置转换器，可以将电网中的交流电转换为直流电后直接对电池进行充电。车主将充电插头与新能源车体上的充电插座相连后，车内电池管理系统就会与充电桩进行信息交互，包括进行绝缘检测、发送辨识信息、确认充电需求等，信息交互与匹配保证了充电桩可以为各种品牌、型号的新能源汽车充电。

“慢充”交流充电桩则没有直接充电功能，它只是一个电力供给设备，只有借助新能源车内的“车载充电器”，才能将交流电转换为直流电为车载电池充电。

“快充”充电桩的功率大、速度快，充满电只需要 20～150 分钟，而“慢充”则需要 4～8 小时。与高效率相伴的是高成本——直流充电桩的成本可以达到交流充电桩的 10 倍以上，并且，“快充”对于电池的损耗也相对严重，专业数据显示，在经历了连续快充循环和连续慢充循环之后，“快充”会导致电池容量下降。因此，有人将“快充”和“慢充”形象地比喻为“注射葡萄糖”和“吃饭”。显然，通过咀嚼、消化吸收能量的方式对身体更健康。

充电桩的发展目标及现状

2014 年，我国新能源汽车销量达到 7.4 万辆，比 2013 年的 1 万多辆足足翻了 4 倍有余，作为最重要的互补品，充电桩行业也伴随着新能源汽车市场的爆发自然兴起。2015 年 11 月，国家发改委等 4 部门就联合发布了《电动汽车充电基础设施发展指南（2015—2020 年）》（以下简称《发展指南》），制定了“到 2020 年，新增集中式充换电站超过 1.2 万座，分散式充电桩超过 480 万个，以满足全国 500 万辆电动汽车充电需求”的总体目标，掀起了一股“建桩狂潮”。

根据充电联盟发布的《2019—2020 年度中国充电基础设施发展年度报告》，2015—2019 年的短短几年间，我国充电桩保有量从 6.6 万个增加到 121.9 万个，同一时期新能源汽车保有量也从 42 万台增加到 381 万台，车桩比从 6.4∶1 降至 3.1∶1。其中，公共充电桩从 5.8 万个增加到 51.6 万个，年复合增速超过 70%，私人充电桩从 0.8 万个增加到 70.3 万个，年复合增速更是超过 200%。

从全球范围看，无论是新能源汽车保有量还是充电桩保有量，我国均居首位。虽然建桩量和车桩比均有显著改善，但与《发展指南》中制定的目标尚有差距，与荷兰、德国、法国等欧洲国家也有差距。

充电桩被纳入新基建重点领域

像很多新兴产业一样，充电桩行业的发展也兴起了“跑马圈地”的模式，过去几年间，各方资本都忙着进场，充电桩数量上升极快，但建点布局不合理、商业模式不科学等问题，导致用户充电难与建成充电桩闲置率过高并存，多数企业还没尝到瓜分市场蛋糕的甜头，就不得不倒闭退出。2017 年，我国有大约 300 家企业制造充电桩，到了 2019 年，已有五成企业退出，另有三成还在盈亏平衡线附近徘徊。然而，就在充电桩行业看似要进入寒冬之时，新基建的到来给充电桩行业带来了阵阵春风。

受新冠肺炎疫情的冲击，中国经济在 2020 年第一季度经历了罕见的负增长，但每一次危机在给社会和经济造成冲击、暴露短板的同时，也犹如催化剂，倒逼着各行各业的改革。可以看到，新冠肺炎疫情期间，企业数字化转型速度明显加快，各种新模式、新业态纷纷出现，不管是规模以上企业还是中小企业，都在想方设法化“危”为“机”，而政府也希望借助这个机会，最大限度释放中国经济的发展潜力。

2020 年 3 月 4 日，中共中央政治局常务委员会召开会议，提出要“要加大公共卫生服务、应急物资保障领域投入，加快 5G 网络、数据中心等新型基础设施建设进度”。一时间，新基建一词的热度持续上升，引发了社会各界的强烈反响。事实上，早在 2018 年底的中央经济会议上，就出现了“新型基础设施建设”的身影，包括我们常常说到的 5G、人工智能、工业互联网、物联网等。疫情催化之下，新基建在 2020 年初被正式提上日程，成为投资焦点。

媒体报道中一般将新基建概括为七大重点领域，包括 5G 基建、特高压、城际高铁和城际轨道交通、新能源汽车充电桩、大数据中心、人工智能、工业互联网，不过，需要提醒的是，新基建的内容究竟是什么似乎并无定论。2020 年 4 月 20 日，发改委对新基建正式定调，给出了更为广泛的范围，新型基础设施主要包括三个方面的内容：一是信息基础设施。主要是指基于新一代信息技术演化生成的基础设施，比如，以 5G、物联网、工业互联网、卫星互联网为代表的通信网络基础设施，以人工智能、云计算、区块链等为代表的新技术基础设施，以数据中心、智能计算中心为代表的算力基础设施等。二是融合基础设施。主要是指深度应用互联网、大数据、人工智能等技术，支撑传统基础设施转型升级，进而形成的基础设施，比如，智能交通基础设施、智慧能源基础设施等。三是创新基础设施。主要是指支撑科学研究、技术开发、产品研制，具有公益属性的基础设施，比如，重大科技基础设施、科教基础设施、产业技术创新基础设施等。可以看到，这个定调意味着新基建的范围非常广，但针对性很强。

政府端助推、企业端发力与资本加持

无论是七大重点领域还是三个主要方面，充电桩作为新能源汽车的配套设施，无疑是新型基础设施建设的重点项目，将明显受益于新基建的启动。具体来看，新基建的启动将从政府端与企业端共同推动充电桩行业的发展。

政府端主要体现在政策支持。可以看到，近年来，国家政策对于充电桩项目的支持力度明显加强。2020 年以来，北京、上海、山东、成都等地纷纷出台地方政策，支持公共充电设施的建设。同时，各地政府也会在规划下不遗余力地进行竞争。不过，为政绩而建设可能会造成效率低下，因此要用好社会资本的力量。

企业端也没有让人失望，国家电网和南方电网先后宣布2020年以及后续数年将对充电桩进行大手笔的投资，金额或将高达数十亿到上百亿；国内动力电池龙头企业宁德时代与福建百城新能源成立合资公司，入局新能源充换电设施建设运营，预计未来可以快速形成大功率超级快充网络；蚂蚁金服全资子公司上海云鑫创业投资有限公司入股简单充（杭州）科技有限公司，以33.33%的持股比例成为第二大股东，继续扩充智慧出行生态圈；大众汽车集团零部件公司与上海度普新能源科技有限公司已签署合作协议，计划在国内生产灵活储能快充桩；华为宣布推出旗下 HUAWEI HiCharger 直流快充模块；充电桩头部企业特来电也宣布，正式获得约合13.5亿元人民币的A轮投资。

具体而言，2019年11月底，广汇汽车与国网电动汽车成立的合资公司在上海揭牌，规划2020年完成43万个充电桩的布局；上汽集团、比亚迪、蔚来、小鹏等新能源车企也已经开始自建充电桩或已加入充电桩运营业务。不仅是车企，恒大、碧桂园、万科、融创等地产商也开始布局充电桩产业，作为其物业的配套服务。此外，特斯拉进入中国市场后，也着手布局超级充电桩。

可以发现，一方面，各大知名企业纷纷入局充电桩行业，不断进行投融资操作；另一方面，具体的充电桩规划方案也陆续实施。充电联盟公布的数据显示，截至2019年底，全国充电桩运营数量位居前三位的企业分别是特来电、星星充电和国网新能源，分别运营着14.8万个、12万个与8.8万个充电桩。位居第一位的特来电在新能源汽车充电市场的占有率约为40%，累积充电量38亿度，从2016年到2019年的复合增长率达到160%。除去三家巨头，其他充电桩企业的市场占有率都没有超过5%。

从新能源汽车与充电设备的发展前景与发展规划来看，虽然充电桩行业还有极大的市场，但头部企业的“马太效应”已经显现。另一项数据也同样说明了问题，据六棱镜平台的不完全统计，从2005年至2016年，全国涉及充电桩相关概念的企业注册数量逐年攀升，2016年达到顶点，到2019年新注册的公司已经降低到几十家，充电桩领域或将提前关闭窗口期，未来几年将是头部企业角逐市场的关键期。

仍待提升的充电体验

我们也要看到，尽管充电桩行业近些年来发展迅速，数量快速上涨，车桩比几年内降至3.1∶1，但充电桩从根本上来讲带有服务业的性质，因此决定充电桩是否有未来还要看其给予用户的体验如何。

中国汽车流通协会发布的《2019年新能源汽车消费市场研

究报告》，对新能源汽车消费者关注因素做了统计，无论是纯电动车现有用户还是预购 20 万元以上纯电动汽车的用户，都对充电桩的普及程度以及充电速度两个因素极为看重。另外，对于小区是否能安装充电桩、不同车型充电接口是否统一、充电桩安装是否免费、家和办公地点附近是否有充电桩等问题也都十分关注。因此，抛开充电体验空谈数量是没有意义的。然而就目前的情况来看，居民的充电体验并不好。

根据统计，往往是以下几个场景影响着用户的充电体验。

1. 充电桩不可用

试想，当你的汽车电量即将耗尽，按照导航好不容易找到一个充电桩，满心欢喜开车前往，然而靠近一看，充电桩停车位上停放着一辆燃油车，或是当你兴冲冲地取下充电枪，却发现并不能正常使用，这样的无力感一定让你心生不快。有数据统计，在新能源汽车用户占比最高的十座城市中，主要有四类因素造成充电桩不可用，其中最常见的是带有充电桩的停车位被燃油车占据，这一比例占到 36%。随着机动车保有量的上升，有限的车位数量让停车难的问题愈加突出。不少找不到车位的燃油车车主，便盯上了新能源汽车的充电车位。除此之外，新能源汽车也可能构成占位，最常见的情况是“充短停长”，电动车车主充完电不开走或忘记开走，同样影响其他车主的使用。

当然，为解决占位问题，一些城市已经采取了一些措施，比如北京市就在《机动车停车条例》中明确提出："非电动汽车不得占用电动汽车专用泊位。违反规定的，由公安机关交通管理部门责令改正，依法给予处罚。"还有一些停车场在充电桩停车位安装了智能地锁，只允许新能源车预约充电使用，或者对新能源车和燃油车停靠实行差异化收费。但是考虑到燃油车占用的根本因素还是因为停车位不足，因此明确处罚措施、安装地锁等只是一种治标不治本的办法。停车位的高效利用是一项系统工程，需要更加科学、动态的设计方案。

2. 充电桩故障

数据显示，十大热门城市中，约有21%的公共充电桩发生故障。不管故障原因是充电桩行业早期"跑马圈地"式的扩张重量不重质，还是企业只重投放不重后期维护，充电桩故障率高确实是令供应商和桩企头疼的问题。就充电桩而言，一方面其本身就容易发生故障，另一方面，故障发生后，后台也不能及时发现并维修，这就造成了用户充电困难以及充电桩使用效率的降低，不仅影响用户体验，还影响桩企利润转化。不过，业内也有在这方面有所建树的企业，华为的 HiCharger 充电模块，针对故障问题，利用传感器和算法，通过实时监控自己的运行情况，及时提醒运营商前来维护或维修，实现提效率与降成本。

3. 充电桩不兼容

数据显示，新能源汽车发展前十的城市中有13.33%的自主品牌充电桩相互不兼容。由于充电桩产业链条长，上中下游分别对应设备生产商、运营商以及最终用户，加之行业门槛不高，生产商和运营商众多且分散。目前，国家尚未出台关于充电桩制造的统一标准，导致每一家生产厂商的制造标准都存在差异，这就造成使用过程中的兼容性不足问题。生产端的标准不统一在运营端也有所体现，不同运营商在各自区域内运营，各自搭建平台对接用户，且不说重复投入的运营成本和浪费的数据资源，仅从用户手机里同时下载的多款充电平台 APP 就能看出来其中的不便。

充电桩利用率低

充电桩的运营模式可以大致分为三种，分别为自建并自营、与投资方共建以及仅销售设备。如果企业自建充电桩并自己运营管理，主要收入来源于电费、服务费和少量广告费，成本主要由电费、折旧费用以及后期运维费用组成。其中，服务费是充电桩企业主要的利润来源，而服务费的多少与车主充电量直接相关。如果充电桩企业采取与投资方共建模式，则可以获得充电设备销售收益、一部分服务费以及剩余收益的分成。如果企业仅销售充电桩，则只获取充电桩销售的利润。

由于还没有触及最终的消费市场，我们暂且不谈仅销售充电桩的企业的盈利，但要想让充电桩最终在市场上获得利润，从前两种模式来看，服务费一定要上得去，简单说就是充电桩被使用的时间要足够长。要使用到什么程度才能实现盈亏平衡呢？我们先来算一笔账。

我们拿成本较高的公共直流桩为例，其设备成本较大，往往在2万元以上，加上配电和土地成本，固定成本可以达到5万元。通过贷款的方式，我们计贷款利率为6%，设备折旧为10年，运维成本为造价的10%。那么按照目前的电费计算，充电率需达到8%～10%才能够实现盈亏平衡。然而，从目前的城市充电桩使用情况来看，达到8%～10%并不容易。据上海充换电设施公共数据采集与检测市级平台的统计，2019年上海市公共充电桩中，狭义公共充电桩、公共专用桩、小区专用桩、单位专用桩、物流专用桩充电利用率分别为1.47%、7.54%、2.80%、1.33%、1.16%，可以看到，它们远未达到盈亏平衡点。

在很多地方，充电桩在漫长的一天中几乎无人问津，而在另一些地方，却又有很多用户需要充电时找不到充电桩。这不仅给新能源汽车用户出行造成麻烦，也导致桩企盈利困难，并且，原本出于环保目的发展起来的新能源汽车，最终反倒成了资源浪费的始作俑者。从充电桩行业的发展历程来看，从2016年社会资本的大量涌入，到2017年充电桩企业数量达到高峰，再到2019年过半的企业倒闭退出，这个行业见证了多数资本在前期满怀希望地进入，却在初期的高额投资与后期的低现金流中遗憾退出，不只是小企业，即便是该行业的龙头，也都曾面临亏损。

那么，在充电桩利用率低下的同时依旧强调数量是否显得本末倒置呢？我们认为并非如此。其实，在发展的初级阶段，往往存在这样的结构性难题，一方面充电桩不够用，另一方面却是充电桩整体利用率低，但造成这两个现象的原因却有所不同，前者是整体的问题，而后者是布局的问题。

怎样判断充电桩市场的容量？一般使用国务院办公厅 2015 年 10 月发布的《关于加快电动汽车充电基础设施建设的指导意见》中所提到的发展目标，即大约为 1∶1 的车桩比，再加上新能源汽车的发展态势，以此判断充电桩的市场缺口还很大。如今，现有充电桩利用率低已经导致桩企盈利困难，而随着新基建带来的投资热潮，充电桩行业的竞争势必更加激烈，盈利只会变得更加困难。

除了上述利用率低与市场存在缺口这个矛盾点，充电桩行业还存在第二个矛盾点，即抢市场与重运营维护，充电桩企业在入局初期的目标往往是抢夺市场，重数量的建设理念导致很多企业建桩设桩缺乏规划，后期运营维护工作跟不上，而运营水平又直接影响用户体验，导致充电桩利用率低、利润率低，就愈发不能支持后期的运维成本，企业在不断地融资、不断地烧钱状况下黯然出局。

充电桩，不只是充电

充电桩行业亟待整合。充电桩这种基础设施必然也会逐渐体现出与其他公共物品类似的特征，在规模效应的驱动下，赢家通吃或许将是市场格局的最终呈现方式。其实，这种格局在当前就已颇具雏形，2019 年，充电桩市场上的几大巨头已经占据了九成以上的市场份额，并且还有进一步强化的趋势。当然，整合不是最终的目的，得运营者得天下，合理规划充电桩的布局，利用大数据等技术引导新能源汽车高效充电是解决充电桩行业众多矛盾点的方向所在。

是充电桩，更是数据端口

新基建是在新冠肺炎疫情席卷全球的背景下提出的，主要目的是提振经济，给社会生产带来便利。新基建不会再走传统基建项目规模扩张的老路，而是以数字化信息网络为核心，带动交通、能源等基础设施实现数字化转型。

如果你简单地把充电桩看作一个把电网电量转化为新能源汽车电池电量的充电设备，就大错特错了。充电桩在给新能源汽车提供奔驰的动力的同时，也给汽车提供了多重运行数据，更给庞大城市的有序运行提供了宝贵的资源。

新能源汽车离不开充电桩，这种充电刚需决定了充电桩能够便利地获取及时而广泛的信息。最直观的信息就是充电过程中的电压、电流、功率以及温度信息，当发现充电异常时，便会触发安全预警。因此，企业可以利用充电桩运行过程中的数据来合理地调配电力，通过大数据技术对充电设施不断进行完善。特来电便是这一措施的先行者。特来电的大数据云平台，通过对充电过程进行安全监控和防护，不仅防止了多起重大事故的发生，还不断地积累处理经验，更好地进行充电桩的设计。

上升到城市层面，如果可以同时整合不同平台的监测数据，便可以对整个城市的电动车保有量、用电充电量、用电区域分布、行驶里程等数据进行监控，以此科学引导并协助桩企合理布局，提高充电桩运营效率，提升现有用户使用体验，促进新能源汽车的推广。充电桩是电量输送的节点，是能源交易的节点，是车辆数据交互的节点，如果能将电网数据、电池数据、车辆数据、环境数据全面覆盖、互联互通，将会产生不可估量的价值。

是充电桩，更是桩桩联网

随着 5G 时代的来临，我们开始畅想各式各样的连接，从互联网到物联网，从物联网到车联网，在网联化、智能化不断提速的今天，充电桩也将带来桩联网。我们不必把桩联网想象得特别复杂，其实就是在车联网的基础上加入了充电桩这一设施，从而形成用户、车辆、充电桩之间更好的交互和匹配。

当然，这个过程并不是一个简单的过程，就我们刚刚提到的充电桩标准各异，便会形成一定的阻碍。因此，在整个联网过程中，桩联网底层必须能够做到标准化，并且数据流要与当前的用户、车辆网络相匹配，其中将涉及人工智能、大数据等多方面的技术。

国内最大的新能源汽车第三方充电 SaaS 服务平台的掌舵人，云快充创始人、CEO 田波表示："充电桩跟加油站不同，加油完全是一个物理性动作，但充电是一个信息交互的过程，通过数据和技术驱动桩联网与车联网智能融合，实现数据流、资金流、信息流'三流合一'，这才是充电桩的新基建。"正如田波所言，只有实现了"三流合一"，才能让充电桩建得用心，桩企干得开心，用户用得舒心，更具体的，未来充电桩的布局将会更合理，带给新能源汽车用户更便捷的充电体验。同时，在大数据、云计算以及人工智能的加持下，用电规划、充电提醒、道路安排都将更加智能，而桩联网也让所有这一切可以完全由用户端发出指令，可以说，桩联网朝着交通大融合又迈进了一步。

是充电桩，更是新商业风口

充电桩行业不会像油企一样成为资源行业，相反会成为智能的服务行业，毫不夸张地说，我们还不足以想象充电桩的未来，但我们至少希望在当下进行一番畅想，为那个即将到来的时代做一些准备。

1. 以充电桩为节点的城市规划

之所以说充电桩能成为新基建的重要一环，正是因为充电桩具有很强的公共属性，就像每几个街区就有一个加油站一样，充电桩将成为未来城市规划的新节点，而充电桩所记录的数据也为城市规划提供了新的参考，其内含的数据价值将得到进一步的发掘。

2. 以充电桩为核心的新型停车位建设

随着充电桩数量的迅速增长，停车场也将迎来新的商业周期，或许现在的停车场更多是作为商场或小区的配套设施，而今后停车场将自立门户，成为独立运营的商业个体。而停车场的竞争也将带来更好的停车体验和更合理的停车布局。

3. 以充电桩为网络的电能供应

根据日常的生活习惯，人们往往会选择晚上 6～10 点为电动车充电，从而形成电力使用的高峰，不利于电力的使用和运输。未来根据充电桩进行的电力运输将使电能供应开始走向精准规划的时代。

第六章　大数据中心，数字经济的血液库

扫码支付、线上教育、远程医疗，数字化的浪潮奔涌而至，正改变着我们生活的方方面面，在这个信息化的社会，居民生产生活的点点滴滴都正在被数字所定义，被数据所阐释。大数据时代的到来在带来数据爆发的同时，也凸显了数据的价值所在，数据即资源，数据即金钱，当数据被摆在了前所未有的高度之时，也催生了对于信息基础设施建设的要求，其规模和质量都将对数据价值起到直接影响，也决定了数字经济这一全新经济形式的发展高度。发展信息基础设施建设，既是大势所趋，也是必然选择。

溯源：大数据的发展史

自从人类文明开始以来，数据就从来没有缺席过人类历史的发展，《周易·系辞下》曾记载“上古结绳而治，后世圣人易之以书契”，这便是“结绳记事”一词的最初由来，也是关于数据二字所能找到的最早联系。

数据的开端与发展

早在文明之初，人类对数据就有着共有的需求，结绳记事作为一种在当时方便、快捷的计数形式，除了在中国古代的典籍中可以看见，在世界其他地区的文明中也有所提及。古代印第安人甚至将其发扬光大，创造出了更为完善的计数方法，他们以主绳为载体，侧面结出颜色各异的各种小绳，用来代表事项，如黄色代表金子、白色代表银子、红色代表战争等。除此之外，不同绳结也有着不同的数据含义，如一个单节代表 10，一个双节代表 100。更令人惊叹的是，古代印第安人在每个地区还设立了专门教授居民学习结绳方法、统一结绳含义的结绳官，从而保证这种数据计量方式的可靠性。

实际上，无论是古代的华夏文明还是印第安文明，在信息闭塞的环境下不约而同地选择了以结绳记事作为日常生活中重要的数据统计形式，显示了当人类文明发展到一定阶段时对于数据的依赖和对数据处理的要求。随着历史的发展，人类的生产力水平不断提高，社交活动逐渐增加，需要记载的数据量也成倍增长，结绳记事这种最古老的数据记录方式已经难以满足社会的需求，通过在树干、龟甲等硬物上刻画图案成为更直观的记载方式。再后来，文字的诞生为数据的记载提供了更加规范的方法。

结绳、图画、文字，这些都是人类早期记录数据的主要方式，不过即便是文字的使用，也并没有让数据记载的复杂性有本质性的改变，直到数字的出现。

数字的出现也可以看作历史进程的必然，同样是在不同区域文明无法交流的古代，数字却先后出现于各种文明之中，栖息于尼罗河流域的古埃及人是十进制象形文数字的创造者，两河流域的苏美尔人创造了六十进制的巴比伦数字，中美洲的玛雅人创造了玛雅数字，而身处黄河流域的华夏文明最晚在商代也已经有了甲骨文数字。

尽管不同文明都是结合各自地域的使用习惯创造了数字，不过随着世界不再封闭，不同地域文明开始交流，统一数字计量方式也就成为大势所趋。阿拉伯数字凭借其简便、易懂的特点，逐渐为全世界各地民众所接受，成为全球通用的数字。

自数字诞生以来的几千年时间里，人类从来没有放弃过对数字的使用，也没有出现更好的记录方式形成对数字的替代，反倒是数字在今天被赋予了更多的记录意义，尤其是在 20 世纪，随着电子计算机的出现和二进制的大规模使用，简单的数字 0 和 1 成为记录世间万物的根本，任何事物都可以通过数字的形式来表达，也可以通过数据的方式来进行存储和处理，这种过程，我们称之为数字化。

大数据的发展与现状

1. 发展现状

电子计算机的出现给人们记录万事万物的方式方法带来了质的飞跃，在电子计算机和科学技术的发展过程中，人们对数据的存储和处理能力不断增强，数据量也愈发庞大，尤其是近年来随着互联网的应用日渐广泛，数据更是呈指数级增长，呈现在世人面前。

早在 2011 年，国际数据公司（IDC）就对未来的数据量增长情况进行了预测，其发布的报告显示，当年全球的数据总量为 1.8ZB，而在未来的数年间，数据量会保持着每两年翻一番的速度增长，也就是说，在最近的两年中，人类社会生产生活所产生的数据量相当于在这之前曾经存在的所有数据量。根据 IDC 的预测，到 2020 年，全球的总数据量将会达到 35ZB，然而当 IDC 在 2018 年立足当时、回首过去时，还是发现自己曾经的预测略显保守了，于是在其当年发布的报告中，上调了曾经的预测，称到2020年全球数据总量将会达到44ZB，这一数字足足比35ZB高了25%。

数据的快速增长在方便人们记录万事万物的同时，也带来了存储、处理的难题，“大数据”的概念应运而生。早在1998年，美国硅图公司（SGI）的首席科学家约翰·马西在一次国际会议的报告中提出“随着数据量的快速增长，必将出现数据难理解、难获取、难处理和难组织等四个难题”，并用“大数据”（big data）对这种即将出现的挑战进行了描述。

2011年6月，麦肯锡咨询公司在其发布的大数据报告中直言“大数据时代已经到来”。在报告中，麦肯锡详细分析了大数据当时的技术发展与应用领域，并对未来大数据可能产生的影响做出评估。2012年，大数据一词已经被愈发普遍地提及，在当年的达沃斯世界经济论坛上，《大数据，大影响：国际发展的新可能》报告被发布，其中指出数据已经像货币或者黄金一样，成为一种新型的经济资产。同年，牛津大学教授迈克尔·舍恩伯格的著名畅销书《大数据时代》正式问世，并引发了商业领域对于大数据的思考。

2013年被称为中国的“大数据元年”。阿里巴巴在2012年年设立“首席数据官”之后，于2013年1月1日提出了数据化运营的理念；坐落于贵阳的中关村贵阳科技园也于2013年9月正式揭牌，不仅拉开了贵州大数据发展的序幕，更是奠定了贵州在日后作为国家大数据南方中心的重要地位。在社会各界都逐渐认识到大数据即将对人们的生活产生颠覆性改变之时，中国政府亦对大数据给予足够的重视。2014 年，大数据首次被写入《政府工作报告》；2015 年，“互联网＋”作为重要概念被国务院总理李克强在《政府工作报告》中提出，8 月，国务院印发《促进大数据发展行动纲要》，标志着大数据的发展首次被上升到国家战略层面；此后，全国多个省市区分别根据自身情况发布关于重视和促进大数据发展的有关文件，各大高校也通过设立大数据技术的相关专业加强学术研究和人才培养。

2020 年 4 月 9 日，《中共中央国务院关于构建更加完善的要素市场化配置体制机制的意见》（以下简称《意见》）对外公布，《意见》根据要素类型的不同，分类提出了土地、劳动力、资本、技术和数据五个要素领域在未来改革的方向，而这也是数据作为一种生产要素首次正式出现在官方文件中，其意义可见一斑。

咨询机构 IDC2019 年发布的报告预测：在整个 2019 年，大数据与商业分析解决方案在全球市场的整体收益将会达到 1 896.6亿美元，同比增长 12.1％；同时在 2019—2023 年的五年时间里，全球大数据市场的整体收益将会有超过 13％的年复合增长率，其总收益也将在 2023 年突破 3 100 亿美元。中国方面，在国家政策的大力支持和多方技术的研发应用下，大数据市场也将会保持稳定增长的态势。根据预测，在已经过去的2019年，中国大数据市场的收益已经接近百亿级别，达到了96亿美元，而在未来五年的年复合增长率将会达到23.5%，远远超过同期预测的全球平均水平，可见，中国的大数据市场未来可期。

应用方面，当前在中国已经有不少关于大数据的应用成功落地，如通过大数据实现精准营销、智能推送、远程服务以及政府实现智慧政务等。不过，就目前大数据应用的深度来说，仍然处于较为初级的阶段，根据应用层次的深浅，大数据应用可分为三个阶段：

一是描述性分析应用。描述性分析应用是大数据应用的初级阶段，简而言之，就是在海量数据中找寻、总结、提炼出数据应用主体所需要的数据内容，再通过一定的处理将数据可视化、具象化，然后呈现在人们的眼前。如在企业工作中，公司将各种数据以图表的形式向员工进行传递，从而让员工对企业状况以及业务内容有具体的了解。

二是预测性分析应用。预测性分析应用是大数据更深一层的应用，它不仅需要在海量的数据中提取所需要的数据，更要对这些数据进行分析，找寻数据所代表的事物的深层联系，并以此作为依据，对未来事物的发展趋势做出预测。在新冠肺炎疫情中，各大机构都曾通过大数据模型对疫情感染增长拐点等数据做出预测，取得了较好的结果，为疫情防控提供了参考。

三是指导性分析应用。指导性分析应用建立在描述性分析应用和预测性分析应用的基础之上，是当前大数据技术正在研发的主要内容和攻克的难题。在对数据进行分析、预测之后，指导性分析应用还将对不同的结果进行对比和优化，力争通过已知的数据实现最优解。当下热门的无人驾驶便是大数据指导性分析应用的重要内容，结合高精地图的数据以及车身所拥有的大量传感器、摄像头所传输的实时数据，无人驾驶汽车能够对瞬息万变的车况、路况做出快速且可靠的处理，以此来不断修正车辆的行进路线，在保证安全性的前提下实现自动驾驶。

在当前的大数据应用中，描述性分析应用和预测性分析应用被政府和市场使用较多，而指导性分析应用使用较少，其原因在于指导性分析应用的落地往往需要更好的大数据处理技术以及其他相关的高新技术支持，不过目前这种应用方式也正在政府和企业的大力研发下不断向前发展中。如无人驾驶技术已经接近商用落地的阶段。以无人驾驶研发领域居于领先地位的特斯拉为例，2020 年 1 月 16 日，特斯拉在其官方微博上宣布，目前旗下已经拥有了 60 万辆搭载了“完全自动驾驶硬件”的车辆，这些车辆不仅能够在面对复杂的内外部环境时进行路线和车速的实时调整，还能每天创造出 2 000 万英里的数据作为其内载“超级大脑”学习和成长的材料。

其实除了特斯拉，中国国内也有不少企业在无人驾驶的研发中居于世界领先水平。作为国内高新技术企业的龙头，同时也是世界范围内最为熟悉5G的企业之一，华为曾经表示，虽然不会造车，但是会发挥芯、端、管、云之间的协同优势，帮助车企造车，并指出，就现阶段而言，华为在无人驾驶的技术研发与掌握方面并不比特斯拉逊色。

大数据应用的三个阶段反映了人类对事物认知的过程，即先了解现状，再预测未来，最后进行策略选择。随着层次的深入，对技术的要求也就越来越高。大数据技术的出现，让大数据应用于各行各业成为现实，但就目前来说，大数据技术研发及其应用还有着诸多的理论和技术难题需要去解决和突破，更深层次的大数据应用也依然需要在技术的不断发展中去实现。不过，随着云计算、区块链等一系列高新技术的发展和5G的应用，大数据技术必将在未来迎来新的突破，更好地服务于人们的生产和生活。

2. 大数据与数字经济

数据量的爆发是信息技术发展的必然结果，大数据应运而生，成为新一阶段信息技术发展不可忽视的重要内容。如今，大数据已经较为广泛地被应用于各种产业中，2019年底召开的第六届中国国际大数据大会发布了《2019中国大数据产业发展报告》，数据显示，截至 2019 年底，我国的大数据产业已经突破了 8 000 亿元，有望在 2020 年底突破万亿大关。

大数据产业的蓬勃发展也带动了数字经济这一经济新形式的发展，数字经济时代最为明显的特点便是信息技术从以往辅助经济发展的助推剂，摇身一变成为引领经济发展的主引擎。根据中国信息通信研究院发布的《中国数字经济发展与就业白皮书（2019 年）》，我国近年来的数字经济呈现出快速发展的态势：2018 年我国数字经济的规模达到了 31.3 万亿元，同比增长超过 20%，占 GDP 的比重达到 34.8%；产业数字化规模超过 24.9 万亿元，同比增长 23.1%，占 GDP 的比重达到 27.6%。

数字经济的异军突起也可以看作互联网发展进入下半场的必然。在过去二十多年的时间里，互联网的出现与普及颠覆了人们的生产生活，将其称为一场经济社会的革命也毫不为过。如今，以 2C（to Consumer）为主要特征的互联网上半场即将落下帷幕，而以 2B（to Business）为主要特征的互联网下半场正在开启，与重点面向消费者提供社交、购物、娱乐等服务的互联网上半场不同，互联网下半场更是一种由供给侧开始的变革，即互联网将会更多地面向产业，尤其是以制造业为主的工业，并将构建以工业大数据为要素的工业互联网。

实际上，在信息技术的迅猛发展下，新一轮的工业革命正在进行中。早在 2013 年德国汉诺威举办的工业博览会上，为全面提升德国工业竞争力的工业 4.0 理念就已经出现，其主要内容是提升制造业的智能化水平、建立智慧工厂等。在本轮工业革命的大趋势下，我国也于 2015 年提出了《中国制造 2025》，旨在全面部署实施制造强国的国家战略。在此背景下，2018 年 7 月，我国工业和信息化部印发了《工业互联网平台建设及推广指南》和《工业互联网平台评价方法》；次年 1 月，工信部印发了《工业互联网网络建设及推广指南》；3 月，“工业互联网”被写入《政府工作报告》。

所谓工业互联网，其本质和核心依然是从互联网思维出发，通过开放化的、全球化的网络信息平台，将生产全流程的各个环节联系起来，使其数字化、智能化、网格化，从而大幅提升生产效率。

虽说工业互联网在数字经济的浪潮下已是大势所趋，但比起体系已经较为完备的消费互联网，工业互联网还面临着诸多挑战。一是需要满足不同产业、不同企业的个性化需求，比起消费互联网中消费者共性需求的满足，这个难度更大；二是工业互联网门槛较高，相较于消费互联网的从无到有，工业互联网更是一种对现有生产方式的改造，因此也对相关产业和企业的技术、资金、人才等各方面都提出了更高的要求；三是工业互联网已经不再是“赢家通吃”的格局，而是在细分领域需要有更多的领军企业出现，同时也对企业内部的组织架构提出了更高的要求。

工业互联网的实现，互联网是平台和基础，大数据是要素和动力，数字技术是核心。在当今这个国际竞争日趋激烈的年代，只有掌握了工业互联网这一新时代下工业革命的关键，才能让企业和产业在未来的产业大变革中脱颖而出，成为助力数字经济、推动宏观经济发展的新引擎。

3. 大数据发展的瓶颈

自从大数据发展被纳入国家战略之后，大数据在我国已然受到了足够的重视，不仅中央政府对大数据发展进行统筹协调，而且各地方政府也因地制宜，根据不同地区对技术的掌握程度，制订符合当地情况的大数据发展计划，并通过出台有关文件来助力数字经济的发展。不过，即便是当前我国的大数据发展在世界范围内尚属较好水平，仍然还有一些短板需要补齐。

（1）亟待构建大数据法律体系

大数据治理体系的缺失表现在多个方面，最主要的原因在于大数据的火热是近年来才刚刚出现的，不可避免地会出现大数据相关法律法规更新不及时，没有形成完备的关于大数据安全的法律体系，只有在部分法律条文中偶尔有关于数据管理、数据安全的内容的情况。然而，数字时代下数据的使用已经或多或少地出现了一些现实问题，如多年前的“棱镜门”事件给全世界敲响了数据安全的警钟，再比如近年来频繁出现的酒店信息泄露、商家利用大数据杀熟等，无论是哪种方式，显然都侵犯了当事方的利益。

大数据时代，数据即资源，正所谓“天下熙熙，皆为利来”，数据背后所代表的利益在当今时代下可以无限放大，这也就导致了各种投机分子和不法分子将目光投向了数据领域。想要尽可能地减少甚至杜绝此类事件，除了个人需要加强在数据方面的自我保护意识，企业在使用数据时要守住道德底线，更重要的便是需要完备的法律体系对所有使用数据的行为做出规范，对各类数据的收集、处理和使用情况设置法律红线，规范数据使用，再通过监管机构对各类主体进行监管，对于任何越过红线的个人和企业，都要按照法律规定给予相应的处罚。

（2）数据共享与开放程度不够

在各行各业数字化的背景下，我国政府实际上已经掌握了大量的数据资源，然而由于不同政府部门之间的数据无法共享，或者复杂的流程限制了数据共享，导致政府部门在拥有大量数据的前提下没有发挥出便民的作用，比如经常能够在新闻中看到居民或企业在办理业务时被要求出具“奇葩证明”的情况，其原因就在于不同政府部门之间的数据没有实现共享，最终的结果就是让居民或企业来回奔波，效率低下。

“最多跑一次”是近年来在政府政务改革中提出的新理念，

其本质在于打破各部门之间现存的“信息孤岛”现象，将不同部门之间的碎片化数据进行整合和共享，提升政府部门的运转效率，避免政府部门资源与建设的浪费。

杭州是“最多跑一次”改革较为成功的城市。基于大数据和区块链技术，杭州市在2019年公布了其首条政务区块链底层系统——“政务服务链”。在考虑到大数据以及区块链技术的特点之后，杭州市首先以“可信身份认证”作为这条政务服务链的试点业务，而之所以提出“可信身份认证”，主要是因为互联网的快速发展使得居民业务的办理逐渐由线下转移至线上，通过线上平台进行居民身份认证越来越普遍。不过线上认证的方式同样存在着个人信息安全的问题，区块链能够以“上链”的方式对个人信息进行处理和加密，在提高信息安全性的同时，也方便了政府部门和居民在需要使用居民的个人信息时方便提取，有效提升了政府的办公效率，也减少了居民在不同部门之间的奔波。

（3）大数据应用融合有待提升

当前我国的大数据技术已经取得了不错的进展，但是在大数据技术与相关产业和应用的融合方面，仍然存在着很大的不足。以服务业为例，国家统计局的报告显示，2019年，服务业占国内生产总值的比重已经超过五成，达到了53.9%，不过，其中只有很小的一部分企业完成了数字化转型，剩余还有95%

左右的企业没有实现数字化，而与之相对的是，消费者对于数字化线上服务的需求正在日益增长。

当然，我国大数据应用融合不够深入主要缘于现阶段存在的一些问题，比如，信息基础设施建设不到位，数据挖掘和处理难度较大，缺乏有效的行业引导和支持，企业数字化转型壁垒较多，等等。在互联网进入下半场之际，依托大数据的工业互联网热度空前，但也存在着“雷声大、雨点小”的弊病，而想要解决当前大数据甚至数字经济发展的这些难题，政府和企业就必须通力合作，不论是技术研发还是技术应用，都给予足够的重视，再从细微处着手，从而一步步实现数字中国的建设目标。

国家大数据中心的战略布局

进入 21 世纪以来，经济全球化的趋势愈发迅速，信息技术也在飞速发展，市场环境因此发生着日新月异的变化，为了在竞争日益激烈的市场中生存下来，实现企业的发展和国家经济的增长，就必须要整合全球经济资源，尤其是在数据已然成为一种极为重要的生产要素之后，提升企业和国家的信息化水平，有效利用数据所能产生的强大生产力是实现经济发展和社会进步的重要途径，因此，数据中心作为处理数据和传输数据的重要平台，无论对于企业还是国家而言，都有着非凡的意义。

我们为什么需要大数据中心

尽管大数据的概念在最近十年才逐渐变得火爆，不过自从电子计算机进入人们的生活以后，随着互联网的快速发展，数据已经作为一种新的信息形式为人们所熟知。在 2000 年之前，数据的价值虽没有被过多挖掘，但许多后来的数据挖掘、分析和处理等技术，已经有了理论和技术基础，非结构化数据亦大量出现。进入 21 世纪，数据的价值逐渐被发现并放大，科技、商业等领域对数据的使用愈发频繁，各国政府也开始逐步将数据使用上升至国家战略层面，非结构化数据也进入了快速发展期。2013 年被称作世界的“大数据元年”，从那时开始，大数据及其相关技术步入高速增长期，大数据也实现了由研发向应用的过渡，开始展现出更大的价值。

当前，不断信息化的社会对数据量的要求越来越高，大数据应运而生。为了实现对大量数据的收集、存储、分析和计算，就必须建立具有专业能力的数据中心来进行数据处理。现阶段，已经有不少企业在面对愈发庞大的数据处理需求时建立了自身的数据中心，但这种企业级的数据中心只能满足企业对于日常生产活动的需要，在大数据时代的产业变革和升级中无法支撑企业业务的转型升级。政府方面，以我国为例，虽说当前我国已经有了以北京中心基地、贵州南方基地和乌兰察布北方基地为代表的三大中心以及八个城市组成的节点共同作为国家大数据中心，但在不断发展的大数据时代，这样的配置仍显不足。

大数据时代背景下，对数据中心提出了新的要求：其一，是对非结构化数据处理的要求。在大数据时代来临之前，全球数据也经历了快速增长的阶段，但彼时的数据多是结构化数据，如个人、移动终端等结构化的内容。在大数据时代，非结构化数据或半结构化数据爆发式增长。所谓非结构化数据，简而言之就是数据的结构不规则或不完整，具有一定的碎片性。这种数据类型在如今的增长速度比以往任何时期都要快，而由于其非结构性，处理的难度也相应增加，这就要求新型大数据中心必须具有与之相匹配的技术从而实现高效率运转的目的。其二，是对数据处理时效性的要求。在大数据时代来临之前，一方面由于数据量的增长和累积有限，另一方面由于数据处理技术的制约，导致此前数据中心在对数据的处理时间上可能都是以日、周甚至月为单位，不过这样的“悠闲”在大数据时代来临之后被打破了，非结构化数据的爆发对数据中心处理数据的速度和时间都提出了更加严格的要求，尤其对于企业来说，数据信息瞬息万变，在愈发激烈的市场竞争中，如若不能实时根据数据所展示的信息和分析的结果进行经营和战略调整，那么消费者也必将会用脚投票，转向商品和服务更好的企业。

新基建与大数据中心

在信息技术快速发展和互联网高度普及的情况下，新技术和新应用逐渐渗透到社会的方方面面，这些技术和应用在方便人们生产生活的同时，也对能够支持技术和应用发挥出全部功效的基础设施建设提出了更高的要求。

在2018年的中央经济工作会议上，“新型基础设施建设”首次被提出，并将5G、人工智能、工业互联网、物联网定义为新基建，随后，新基建又被中央反复提及。新基建受到决策层的如此重视并不难理解，在21世纪前二十年即将迎来完结之时，数字化生活正朝我们奔涌而来，尤其是随着5G浪潮的袭来，万物互联已经在向人们招手，万事万物的数字化不再是科幻小说对未来的幻想，而是将成为不久之后的现实。要知道，21世纪初，全球数据的增长量不过是每天100GB，时至今日，这一速度已经达到了每秒5TB，数据核爆的背后带来了数据价值的攀升和数据处理难度的提升，这对信息基础设施建设也提出了更高的需求，也就是说，信息基础设施的数量和质量已是决定数字经济发展的重要基础。

2020年3月4日，我国再次强调“要加快新型基础设施建设进度”。4月20日，官方表示新基建包括了信息基础设施、融合基础设施和创新基础设施，并首次明确了新基建的七大领域，其中大数据中心赫然在列。

1. IDC 的发展历程

作为当前被公认的新基建的重要方向，若是按照服务对象，数据中心可以被分为互联网数据中心（IDC）、企业数据中心（EDC）和国家数据中心（NDC），就现阶段而言，IDC 是大数据中心发展的重点所在。

互联网数据中心（Internet Data Center，IDC），是为有互联网需求的用户提供集中存放计算、存储和网络设备的场所。IDC 所能提供的互联网基础服务丰富，如能够高效迅速接入的互联网宽带、稳定的电力供应源、适宜的现实存储环境等。

纵观数据中心的发展史，从 20 世纪 90 年代开始，互联网逐渐在全世界普及，此时的数据中心主要以主机托管的形式存在，为网络与通信提供宽带、通信设备等信息基础设施。在这一阶段，数据中心主要由电信运营商提供。20 世纪 90 年代中期到 21 世纪初期，数据中心的管理方式变成主机托管与网站托管并存的形式，并可以提供诸如数据存储、安全管理和网络互联等服务。从 2005 年开始，大数据中心逐渐具备了雏形，在这一阶段，数据中心的功耗不断降低，并呈现出大型化、虚拟化、综合化的特点，其功能不仅面向各类传统业务，也包括在此期间不断更新的各种新型网络应用，实现了按需服务。

数据中心兼具软硬件，亦可以将其看作地产属性与 IT 属性的结合。地产层面，数据中心首先需要楼宇作为场地存放大量的数据机柜，这也要求数据中心有配套的电力、消防支持，同时，实时高强度运转的数据机柜对整个场所的制冷和变电等功能也提出了一定的要求。IT 层面，除了大型服务器这样的硬件设施，操作系统、云平台愈发明显地成为数据中心成长的关键。随着大数据时代的到来、新兴技术的不断崛起和数据要求的不断增加，未来的数据中心也将更加侧重于 IT 软件的研发与应用。

从 IDC20 多年来的发展中，我们可以清晰地感受到互联网的普及与新兴技术的出现。流量增长是数据量爆发的基础。要知道，早在 2011 年，中国的互联网用户数量“才”5.1 亿，而到了 2018 年，这个数字已经达到了约 8.3 亿。网民基数的增长直接促进了数据量的增长。2011 年时，由互联网产生的流量不过 5.4 亿 GB，虽然这个数字已经比以往任何时期都要高，但是到 2018 年，互联网流量已经暴增至 711.1 亿 GB。也正是由于网民基数的激增带来的流量红利，为数据中心的发展提供了基本的市场环境。

大数据时代的来临带来了数据服务的大量需求，而新兴技术的发展则实现了这种需求。过去，由于数据存储、处理能力的限制，很多数据在使用方面都面临着用完就弃的结局，而在大数据技术的支持下，这些数据能够被一直存储在云端，并用来分析和测算。云计算和人工智能等技术的发展使数据成为一种资产，无论是结构化数据还是非结构化数据，在技术的处理下都能够得到妥善的存储和使用。在技术和数据的共同作用下，政府的管理行为和企业的商业行为都能够得到数据分析结果的实时指导。尤其是对于商家而言，数据分析结果能够为从生产到销售的各个环节提供最符合当前市场情况的指导与建议。越来越多的互联网企业和云计算需求也在客观上催生了 IDC 行业需求的增长。以发展的眼光来看，云计算行业的需求量大，增长稳健，对数据中心建设后的市场作用明显。根据中国信息通信研究院的预测，中国国内的云计算市场在 2020 年和 2021 年都将继续保持 25%的年增长。

此外，5G 商用时代的来临和万物互联的美好愿景，为数据中心的发展带来了机遇。相比 4G 网络，5G 网络的峰值速率、流量密度和连接节点均出现了明显的增长，让万物互联不再只存在于对未来的畅想中，而是在可见的将来就能够实现。可以肯定的是，一旦万物互联真正走进我们的生活，大量的互联网元件和节点增加，其带来的数据增长量和增长速度都将是以往任何时期无法比拟的。

根据中国信息通信研究院的统计，2019 年，中国 IDC 行业的总体市场营收已经超过了千亿元规模，达到了 1 132.4 亿元，而在未来，随着 5G 的普及、新兴技术的发展以及国家信息发展战略的支持，IDC 行业，或者说大数据中心的建设将迎来更加光明的前景。

2. 新基建与数据中心

随着 5G 商用的逐渐普及，数字经济的蓬勃发展带动了产业数字化、智能化的加速转型，建设大数据中心，不仅能够创造并刺激全新的信息消费市场，为我国的经济增长提供动能，而且有着重要的战略意义。有关数据显示，当前中国仅拥有全世界 8%的数据中心机柜，相比起我国庞大的互联网用户数量所产生的数据量和数据处理需求，这一比例明显偏低，可以预见的是，在未来，各国之间的经济竞争很大程度上会是数字经济的竞争，因此大力发展大数据中心对于我国来说很有必要。此外，考虑到现阶段我国大数据中心发展存在的不足，以及我国信息技术的快速发展，数据中心在我国还有着极为广阔的发展空间。

Synergy Research 最新的研究结果显示，就全世界的数据中心机柜而言，美国占 40%，而中国、日本、英国、德国和澳大利亚总计才占 32%。不过可喜的是，在众多的超大规模数据中心提供商中，除了微软、亚马逊、谷歌等声名在外的传统互联网巨头，也有中国的阿里巴巴、腾讯、百度这样的“后起之秀”。

作为新基建的重要内容之一，大数据中心所囊括的技术甚广，云计算、人工智能、区块链等新兴技术皆在其中。通过对互联网、物联网以及企业和政府海量的结构化信息和非结构化信息进行分析和处理，大数据中心可以迅速而准确地为用户提炼出有价值的信息。现阶段大数据中心或许还无法发挥出其自身所蕴含的全部价值，但可以肯定的是，未来的世界必定是一个高度数字化的世界，移动通信技术的更迭换代将使各行各业和人们的生活真正进入“万物互联”的时代，高科技产品和服务遍地开花，诸如无人驾驶、远程医疗、超高清视频、VR/AR 等应用都将产生远超当前的庞大数据量，想要对其进行存储以及更加深入的处理和分析，就必须要靠大数据中心来实现。同时，云办公和智能制造的愈发普及将会加速推动企业的数字化进程，政府打造智慧城市的目标也需要大数据中心的支持。

此外，推动大数据中心建设的意义还不止于硬件本身的建设，上下游产业也将被带动起来，产生协同效应。大数据中心所在产业也包含了上中下三条产业链。其中，上游产业即基础设施建设，包括计算机设备、宽带、电力、土建等多个环节；中游产业是 IDC 托管/增值环节，主要有运营商、云厂商和第三方服务商等；下游产业则是大数据中心的应用，主要是大数据中心与各个行业的融合，互联网、金融、制造、医疗等行业都涵盖其中。

也就是说，重视我国大数据中心的建设，其意义不仅在于数据本身，还将辐射众多的相关产业，形成产业联动。以大数据中心的电力供应设备电源系统为例，它不仅是大数据中心建设的基础，也是5G和新能源充电等其他新基建项目的基础，其所包含的UPS（不间断电源）和HVDC（高压直流输电）两类电源解决方案都乘着新基建项目的东风得到了快速发展，尤其是HVDC解决方案有着运行成本低、负载率高、能耗低等优点，故成为大型数据中心供电的优先选择，而在新基建愈发受到重视的背景下，该行业也将因此迎来更大的变革，目前已经有机构预测，保守估计数据中心电源市场每年将会新增100亿元左右。

数据中心的建设及管理

坚持数据优先是大数据中心建设过程中专家和建设者需要秉持的原则。大数据时代的来临增加了数据的多样性，如今，消费者的各种公开信息都能为企业和商家所获得并使用，通过对这些数据进行收集、分析和处理，它们可以更加了解消费者的偏好，从而设计、生产并向消费者推销产品。

数据优先原则

说起数据优先，当前火爆的网络购物就是最典型的例子，各种线上购物 APP 已经从当初只是提供商品然后让消费者按照自身需求根据关键词进行检索，发展成了如今的只要透过大数据的计算结果，就能在首页向消费者智能推送，大幅节省了消费者的选择时间，提高了消费者的使用体验。毫无疑问，信息爆炸时代，数据扮演着重要的角色，这种重要性不仅体现在企业之间愈发激烈的市场竞争中，也体现在政府建设美好社会的愿景中。考虑到数据在当今生产生活中的重要地位，大数据中心的设计和建设人员必须清醒且正确地认识到数据的价值所在，并根据实际情况选择与之相适应的数据架构模式。

重视数据治理

大数据时代的到来带来了数据量的爆发和数据类型的增加，数据所蕴含的价值被推到了前所未有的高度，数据安全也因此成为愈发重要的问题。大数据中心想要发挥自身所应有的效应，就必须高度重视数据治理，维护数据安全。以企业为例，企业中的不同部门和不同系统之间的数据不同，数据类型存在着差异，其内在原因是数据之间的编码、口径大相径庭，这种现象的存在不仅造成了“数据孤岛”，极大地影响了不同部门和系统之间数据的传输，同时也会在一定程度上增加数据处理和使用的安全隐患。

因此，在进行大数据中心的建设时，要始终将数据安全放在首位，重视数据加密、数据安全防护等技术的研发和应用。具体来说，可以增加防火墙，对重要性较大的数据进行加密等。此外，还可以使用智能监控系统，对大数据中心收集、存储、分析和处理数据的各个环节加以监控，实时关注数据使用过程中可能出现的各种问题，防患于未然，从而保护数据安全。

加强应用融合

更加深入地挖掘业务项目或业务数据所蕴含的价值是大数据中心的功能之一，也是大数据中心实现经济效益的主要途径。通过向企业、政府等提供高质量的数据服务，帮助其实现不同数据类型应用的整合，大数据中心才能实现自身的可持续发展。如大数据中心在建设之时，可以采取 Hadoop（分布式系统基础架构）的数据结构，将不同的数据类型相融合，辅以企业的商业智能系统，将以往在交易平台、决策平台的数据整合到同一个数据中心，实现资源和功能的整合，从而提升大数据中心的应用价值。

目前，在大数据中心的建设和应用过程中，仍然存在着一些瓶颈，如相关的新兴技术尚需继续完善，大数据中心的可靠性、可扩展性和可运维性等问题也亟待解决。不过随着时代发展和技术进步，这些问题终将迎刃而解。在未来，越来越多的生活和生产场景都将迎来数据化、数字化。大数据中心以数字为纽带、以市场为导向，将愈发频繁地在高科技场景中充当重要的支持角色，成为建设数字中国和智慧城市战略布局中不可或缺的关键力量。

第七章　人工智能，新时代的新引擎

曾经有这样一位“先知”，它的学习速度是人类的一万倍，仅仅需要 10 个小时就可以学会唱几百万首流行歌曲，更神奇的是，它还曾经成功预测了《我是歌手》总决赛的最终歌王归属。曾经有这样一双“眼睛”，它遍布在城市错综复杂、成千上万的路口，通过这双“眼睛”，它可以告诉你几分钟以后的路况信息，更能向你提供最优化的路线，而这个预测的准确率高达 90%。曾经有这样一个“大脑”，它能够高速记录会议演讲全程，速记准确率超过第 50 届国际速记大赛全球亚军姜毅。用一个名称来概括它们的神通广大，那就是“人工智能”。

人工智能的前世今生

目前，对于人工智能的一个通行定义为，人工智能是研究、开发用于模拟、延伸和扩展人类智能的理论、方法、技术及应用系统的一门新的技术科学。随着人工智能的快速革新和发展，它不再仅仅是这层表面的含义，我们将从两种分类、三个层次等维度来深度剖析人工智能的丰富内涵，让读者对人工智能的认识不再仅仅停留在人类智能的延伸这个层面。

人工智能究竟是何方神圣

人工智能的分类有两种方法：一种是根据使用用途，人工智能可以分为专用人工智能和通用人工智能。另一种是根据内涵，人工智能可以分为类人行为的人工智能、类人思维的人工智能和泛人工智能。其中，类人行为的人工智能，是基于模拟人们行为的结果；类人思维的人工智能，是基于模拟人类的大脑计算等运作方式；泛人工智能，则不再停留在模拟人的某些动作和器官上，甚至不再停留在模拟人这个层面。

我们将人工智能进行深度解剖，可以将它分为三个层次：第一个层次是基础层，这一层主要提供算力，一般包含人工智能芯片、传感器、大数据及云计算。目前人工智能芯片的生态搭建已经比较成熟，中国在基础层起步较晚，实力还较为薄弱。

芯片是这一层的核心。根据对人工智能芯片的需求类别，一般分为训练芯片、推理芯片。从技术架构来看，人工智能芯片分为通用性芯片（GPU）、半定制化芯片（FPGA）、全定制化芯片（ASIC）和类脑芯片四大类。训练芯片也被称为通用类AI 芯片，它面向人工智能企业和实验室的研发阶段，是基础中的基础。美国等科技企业在这方面占据了领导地位，包括英伟达的 GPU、谷歌的 ASIC 等。

第二个层次是技术层。技术层是将基础层的元件和科技有机地结合起来，主要依托运算平台和数据资源进行海量的识别训练和机器学习建模。通常来说，这一层次的开发更多的是面向不同领域的应用技术，包括语音识别、自然语言处理等。在这一层面，我国已经具有了一定的影响力，阿里、百度均有深度布局。而且，除了一些传统的科技互联网企业，计算机视觉、自然语言处理技术和语音识别也吸引了一大批优秀的企业，商汤、旷世、科大讯飞等独角兽企业是其中的佼佼者。

下面对几个典型的技术应用做一个简要的介绍。计算机视觉实际上就是让计算机代替人眼来对目标进行识别、跟踪和测量的机器视觉，它的应用场景主要在智能家居、AR/VR 等。自然语言处理技术使计算机能够理解文本词汇的含义，理解某个词语在语句、篇章中的意思，它通常被广泛应用于搜索引擎、知识图谱中。语音识别通过信号处理和识别技术让机器自动识别和理解人类口述的语言并转换为文本和指令，被广泛应用于智能电视、智能汽车、语音助手等场景。机器学习是一个能够模拟人脑进行分析学习的神经网络，主要应用场景包括智能安防、公共安全等。

第三个层次是应用层。应用层是将上一层比较成熟的技术综合利用，这是人工智能技术针对行业、应用人群提供的产品、服务和解决方案。如果说基础层的核心能力是算力，技术层的核心能力是技术开发及输出，那么应用层的核心能力就是商业化的解决方案。在这一层里，企业要将人工智能技术集成到自己的产品和服务中，寻找到特定行业或者场景的切入点，比如智能金融、智能安防、智慧交通等。应用层的企业数量在我国人工智能各个层次中占比最大。

从 AI 1.0 到 AI 3.0

1. AI 1.0：简单的逻辑器

通常来说，我们将 1956 年看作人工智能元年。因为在这一年的 8 月，美国达特茅斯学院召开了一次学术会议，在这次会议上，人们希望将人工智能作为一门独立科学，确立起研究任务和发展路径。参加这次会议的摩尔、麦卡锡等都是人工智能领域的开拓者。

之后50年里，人工智能得到了快速发展，但并没有真正迎来代际的改变，一直停留在简单的神经网络这一层面。比如，1956年IBM设计的具有自学习、自组织、自适应能力的西洋跳棋程序，1957年艾伦·纽厄尔和赫伯特·西蒙等人编制的逻辑理论机器等。这些程序和机器虽然表现出一定的智能水平，但是依然停留在一个设定好的框架内，人工智能的理论基础和技术发展并没有取得实质性的突破。这些比较早期的逻辑器、感知器，只能做简单且专业面非常窄的任务，一旦遇到复杂的环境就无能为力。

在短暂的快速发展后，人工智能的前进步伐出现了停滞。正如人工智能先驱明斯基在其著作《感知器》中指出的，当时的人工智能在数学基础上仍然存在漏洞，神经网络尚不存在有效的学习方法。

20世纪80年代专家系统的成功，以及当时第五代计算机的蓬勃发展，使人工智能走出阴霾。1980年，卡内基梅隆大学为美国数字设备公司（DEC）制造了一个专家系统，这个系统显著优化了公司的经营，为公司每年节省了4 000万美元的开销。受此影响，许多公司纷纷与高校展开人工智能方面的合作，这很大程度上为人工智能的发展争取了大量的经费，也得到了社会上的广泛支持。几乎与此同时，1981年，日本新一代计算机技术研究所提出了研发具有人工智能的第五代计算机的构想，总投资预算高达8.5亿美元，得到了富士通、夏普等许多知名企业的配合，在它的带动下，其他许多国家也纷纷投入到人工智能领域的研究中，这一类型的计算机被命名为“人工智能计算机”。在此期间，人工智能领域有一系列的成果涌现：日本早稻田大学研制的Wabot-2机器人可以与人沟通、阅读乐谱并弹奏；约翰·霍普菲尔德在1982年发明了一种能够模拟人类记忆的循环神经网络Hopfield；恩斯特·迪克曼斯指导建造了第一辆无人驾驶奔驰汽车；等等。1986年，鲁梅尔哈特和麦克利兰提出了著名的BP（Back Propagation）神经网络，证明人工智能开创者明斯基关于多层网络不存在有效学习方法的论断是错误的。

在这个短暂的春天之后，由于个人计算机的普及以及人工智能计算机研发的失败，人工智能的发展再次陷入停顿。刚才我们提到，正是卡内基梅隆大学给DEC做的专家系统引爆了这个昙花一现的美妙夜晚。同样，当IBM开发的第一代个人计算机开始走向社会的时候，专家系统遭到了冷遇，相关支持经费也被迫削减，人工智能的研究步伐再次出现了停滞。

很快，随着摩尔定律以及其他数学工具的完善，人工智能迎来了1.0版本的繁荣期，开始越来越具有实用性。在这期间，IBM于1997年研发了“深蓝”，它成为第一个击败人类国际象棋世界冠军的电脑程序，燕乐存和约书亚·本吉奥发表了关于神经网络用于手写识别和反向传播的论文，辛西娅·布雷泽尔打造了一款可以识别和模拟人的情绪的机器人。

2. AI 2.0：具备学习能力

AI 1.0 版本更多是在仿生，无论是模拟人类还是模拟动物，它所接受和展现的都是已经存在的事物，当 AI 迈入 2.0 时代，这个强大的人工智能大脑终于具备了学习能力。辛顿提出了深度学习神经网络，之后，李飞飞和普林斯顿大学开始建立起一个大型的注释图像数据库，目的在于帮助视觉对象识别软件进行研究。2009 年，谷歌开始研发无人驾驶汽车，并于 2014 年在内华达州通过了自动驾驶汽车测试。2016 年，谷歌的阿尔法狗战胜了围棋世界冠军。

3. AI 3.0：开始进行深度学习

在 AI 2.0 版本的最后，已经开始出现人工智能战胜人自身的情况，而当 AI 3.0 时代到来后，人工智能大脑的学习能力会更强，那么超越人脑将成为常态。在深度学习的基础上，一系列智能硬件以及基于硬件开发出来的智能应用，逐渐开始融入人们的生活，包括智慧金融、智慧交通等。接下来，我们将详细介绍为什么深度学习能够让 AI 迈入 3.0 时代。

深度学习是人工智能未来崛起的关键

什么是深度学习？深度学习与表层学习最大的区别，就是不再是简单的信息收集，而能够进行更深层、更复杂的信息处理。深度学习就是能通过模仿人脑的信号处理方式来实现信息处理。

这个时候我们就不得不来说一下人脑的视觉系统是如何处理信息的。人脑视觉系统的信息处理是分层的，从低级的 V1 区提取边缘特征，再到 V2 区的形状和目标部分，最后再到更高级别的整个目标、目标行为等。可以说，底层是高层的基础，高层是底层特征的组合，层级越高就越抽象，更能体现人的意图，超脱于事物本身的客观特征。而深度学习，就是借鉴这个信息处理的过程，对信息进行分类处理，通过对事物进行特征提取和分类，深度学习事物的实质，并且通过构建具有更多隐藏层级的机器学习模型和海量的训练数据，来学习更有用的特征，进而最终提升分类或者预测的准确性。

当深度学习得到进一步发展之后，其背后的新算法模型能够取得更好的特征提取效果。比如，深度置信网络（Deep Belief Network）通过构建学习模型和大量的训练数据来帮助计算机学习更有用的特征，目的就是去模拟人的学习神经网络。刚才提到过，之前很多人工智能都是建立在 BP 算法上，而深度学习的算法则与之有很大的区别，它能够实现先天无监督的学习训练，之后将这些参数储存作为有监督学习的 0 值，即初始值。

随着 AI 感知技术的提升，感知效果也得到了显著增强，这也有助于深度学习技术的革新。比如语音识别，目前准确率已经超过 95%。可能读者还不太理解这个百分比的意义，它的提高实际上意味着一种质变，质变的含义是人机交互的效率甚至可以媲美人与人之间的交流效率，这对于人工智能来说是一个巨大的进步。

在深度学习开源平台领域，国外的 TensorFlow 和 PyTorch 占据了较大的市场份额，国内也出现了国产自主可控的开源平台，如百度飞桨（PaddlePaddle）、华为 MindSpore 等。

探秘人工智能

人工智能发展到今天出现了一个很有意思的现象，业内人士较为保守，而公众却较为乐观，造成这个现象的可能原因是在各类电影、电视剧中，类人机器人已经非常普遍，人们幻想着有《我，机器人》中那样一个机器助手，幻想着有《超能陆战队》里大白那样一位医疗朋友，更幻想着能有《西部世界》女主角那样一个女朋友。

遗憾的是，科幻终归是科幻，我们目前离真正类人机器人的距离还很远，在探索人工智能的 60 多年里，人类对于机器人如何具有意识的研究还很有限，目前更多的应用还局限于一些特定的场合。

这一节，我们就来探秘真实的人工智能。

机器学习

机器学习是人工智能中最重要的概念之一，也是当前很多人工智能应用的底层技术。前文也曾说道，机器学习之所以能有今天的发展，源于数据和算力的突破性发展。不过，由于机器学习的发展还存在很多局限性，很多时候，为了提高智能程度，往往让机器仅学习一个固定的模型，从而不具备很好的通用性，但就某些领域的应用现状来看，机器的表现比较令人满意，特别是金融、法律等较多涉及文本分析的工作领域，已初具商业化规模。

从技术的角度来说，机器学习是一个模拟的问题，也可以说是一个解决最优化的问题，然而只有凸优化性质的问题较好解决，但现实却很少有符合凸优化性质的问题，因此还有待算法上的突破。

机器学习的另一个发展方向是从监督学习向非监督学习演进。简单来讲，监督学习就是给计算机输入大量的有标签的数据，让计算机认识哪些数据匹配哪些标签，之后根据形成的模型来识别新数据属于何种标签；非监督学习则是输入大量的不含标签的数据，让计算机自身对数据进行分类，之后根据已有数据的分类方式对新数据也进行同样方式的分类。显然，非监督学习具有很强的预测能力。此外还有强化学习，它更接近自然的学习过程，通过奖惩的方式不断训练，让机器形成一套行为模式。

语音处理

通过前文，我们已经发现，现在所谓的人工智能，不过是利用机器协助人类完成一些工作，比如收集甚至是处理问题，从而让人类腾出更多的时间从事决策工作。

要求机器达到类人级别还是非常困难的，但要求人工智能的发展具有人的特性却是符合直觉的，即从收集信息的感官入手，继而进行更为深层次的分析工作，直到最后可能形成自己的意识。

人工智能的一大应用场景便是“听”，专业的说法叫语音处理。虽然“听”从动作上来讲，像是一个纯输入的过程，但实际上，从听到语音到大脑有所反应才是一个完整的听的过程。因此，一个完整的语音处理系统也是如此，既包括前端的信号处理，也包括中间的语音语义识别，还包括最后的语音输出环节。

可能不少人会觉得这个环节听起来一点儿也不智能，确实，我们习惯了大脑的语音转换，因此并不会感觉这个过程有什么困难，但如果详细分析一下语音处理这个过程存在的困难，可能不少人就会明白，大脑着实是“最智能”的存在。想象这样一个场景：在一个酒会上，你端着酒杯和一位朋友在聊天，周围嘈杂的环境丝毫不影响你辨认出你对面这位朋友的声音，但如果你突然间刻意地想去听旁边其他人的谈论，你又会听不到你朋友的声音，这时，突然门口有位朋友叫你的名字，你又能一下子捕捉到这个声音，大脑容许你在这三个声音当中随意切换。

但机器却不行，机器只能收集当时整个房间的所有声音，所有的声音都是无差别的，这里便是语音处理的第一难，难在人声检测、回声消除、唤醒词识别、语音增强等。语音处理的第二难自然是语音识别。语音识别包含特征提取、模型自适应、声学模型、语言模型以及动态解码等，通过这个过程便能实现刚刚酒会上人脑的操作，能够识别特定的人和特定的词（酒会例子中的名字便是特定的词）。语音处理的第三难自然是语音输出。机器的声音难以做到完全模仿人类，毕竟机器是一个一个字或词输入，虽然有了大数据，也难以穷尽人类所有的表达方式。因此，在语音处理上，当前应用最广的是语音搜索、语音翻译、机器朗读等，至于对话，我们后面再讲。

计算机视觉

探秘了人工智能听的环节，下面再讲一下视的环节。生活中，视觉处理给人最深刻的印象应该是手机的人脸解锁和机器的人脸支付，但其实不然，计算机视觉已经运用在生活的方方面面，比如手机的照相机、照片处理软件、花朵识别软件等，都有计算机视觉的加成，这也是为什么现在手机商不时会宣传自己相机的人工智能技术，声称用手机也能拍出单反的效果，这都是人工智能的功劳。可能到这儿，你就明白了，人工智能其实并不是什么类人机器人，更多的是扮演助手的角色。

具体来看计算机视觉，它分为图像处理、识别检测、分析理解等。最简单的是图像处理。为了不让问题变得复杂，还以例子来进行说明。假如你在参加一项找图像活动，主持人让你在面前的照片里找到哪张照片上有法国斗牛犬，这时候，你会迅速地找出符合要求的图片，并且从整个过程来看，你仅仅是浏览了一张一张的图片，一切都显得简单而自然。

而机器识别图像会经历这么一个过程：首先得识别这是张照片，对其进行一定的处理，得到数字化的照片形式，在此基础上对照片上的事物进行分割，之后分别对照片上的要素进行分析，如果有符合条件的要素，那么这张照片便符合要求。（可以发现，大脑总是在一瞬间干了上述所有的事情。当然，现在还不好说人脑是否也经历这个过程，只是反应时间让人不易察觉。）由此便诞生了人脸检测识别、OCR（Optical Character Recognition，光学字符识别）等。

刚刚的识别过程涵盖了图像处理和识别，但还没有触及图像理解，图像理解其实就是机器根据一定的规则文本，去处理图片、识别图片，形成文字和图像的交互。从这个意义上来讲，计算机视觉可以在某些特定的场合代替人类的眼睛，比如近年来经常发生的犯罪嫌疑人被监控摄像头识别便是计算机视觉的一个应用。未来，计算机视觉的发展也会更趋智能，有望根据一定的指令自主学习，适配于更多的应用环境。

自然语言处理

对听和视理解后，下一步就是说了，这便是自然语言处理。自然语言处理在日常生活中也较为常见，近几年大火的智能音箱就是其应用的一大场景，当然，像小度音箱、小米小爱、华为小艺、苹果 Siri、微软小娜等也涉及自然语言处理。不像听和视那样部分场景缺乏交互性，自然语言处理的关键点便是交互，相对于前者，人们更容易理解后者的发展难度。家里有智能音箱的朋友应该知道，平日里与智能音箱的交互都需要一个开头，即“小度小度”“小爱同学”“嘿！Siri”“小艺小艺”等，一个共性的问题便是难有音箱能够做到持续性聊天。这就引出了自然语言处理的几大应用场景，其一是闲聊，其二是问答，其三是命令。

首先是闲聊。当前，人们对于类人机器人的最大愿望在于能否自然而流畅地与人交流，但遗憾的是，目前的人工智能聊天并没有很强的人性特点。以初代的智能音箱为例，声音的机器感很强，说出的话完全没有语气可言，从而很难让人有闲聊的体验。当然，谷歌在发布会上曾展示过谷歌助手，你可以使用谷歌手机与谷歌助手进行聊天，因为是文字的聊天，我们可能会感觉更加自然，并且由于谷歌的大数据积累，助手也确实具有了一定的反应能力，对于人类语言的识别比较到位。闲聊其实最能反映人工智能在自然语言处理上的能力，因为闲聊既包含了基础的自然语言识别问题，同时也要求回答带有情感，简单说就是不把天聊死。当然，即使是人类也很容易把天聊死，我们对机器要有起码的宽容。

其次是问答。问答相较于闲聊要简单，因为闲聊机器要具有人的属性，但问答则不需要，机器只需要扮演一个没有感情的助手即可（当然，如果有感情那自然更好）。当前手机语音助手和智能音箱都可以完成简单的问答任务。比如，你问今天天气怎么样，助手就会为你查询周边的天气情况，通过语音合成表达出来。不过看似简单的任务还是存在与闲聊同样的识别问题，当然，如果说闲聊属于困难级别，那么问答就是简单级别。不过，问答的任务完成度不仅在于简单地说出答案，更在于将提问所需的附加答案也一并给出，给人更加精准的感受。

最后是命令。这里的命令并不是指类似于问答一样的你问我答式命令，而是一种任务型命令，就像电影《钢铁侠》中的机械臂，史塔克会根据情况给出不同的指令，机械臂就根据指令进行相关的操作。但现实中我们的命令偏于简单，拿当前的智能家居为例，我们最多是让音响放音乐、让窗帘拉开、让电灯亮起来或是让电饭煲开始蒸米饭等。

未来，这三种不同的自然语言处理系统也终将走向统一，不管是问答还是命令，机器的表现会更像一个普通人，能够用带有情感的语句给予你反馈。

集合体

当机器能够听到外界的声音，能够看到外界的画面，能够说出人类需要的话，可以说其已经基本具备了智能机器人的要素。随着机器学习的不断发展，人工智能在语音识别、计算机视觉以及自然语言处理等领域发展得愈来愈快，不管是传统产业还是现代服务业，人工智能的运用越来越普遍，包括农业的智能种植系统、工业的智能机器臂，甚至是金融行业的投资顾问、风险评估业务，城市的安防、交通领域等。

那么从分类的应用到集合的应用距离还有多远呢?

第一要看底层的基础设施。当前的人工智能其实与大数据是分不开的，毫不夸张地说，人工智能不过是从海量的数据中找出一定的规律，从而显示出智能的样子，因此数据是人工智能最基础的要素；有了数据还要有一套训练逻辑，那就是算法。当然，与算法同步的还有算力，不过算力偏于硬件，算法偏于软件。算法的重要性不言而喻，它其实相当于人脑的逻辑思维能力，只有在强大的算法加持下，人工智能才能被有效、合理地加以运用。

第二要看发展方向。发展方向对于形成最终的集合体非常重要，如果发展方向不对，那么有可能事倍功半。什么样的发展方向才是正确的呢？目前来看，首先是要平衡数据、算力、算法。拿自然语言处理来说，假如我们能够收集到世界各地的所有交流方式，机器人自然能够具备正常的交流能力，但这将带来数据存储的灾难，以及算力算法的瓶颈，特别是，如果要求集合体能够具备这样的功能，可能需要有几栋楼那么大的体积。其次是模型的精简。模型精简不只是算法上更合理的设计，同时还有处理方式的设计。5G 网络下边缘计算似乎能够对此提供一定的帮助。结合边缘计算和云计算，设备能够根据不同的任务难度进行合理的任务划分，达到模型的精简。最后是探索机器决策，即探索出一套能够理解事物并自行决策的机器。这也将是最难的一个问题，不仅要求计算机科学的相关知识，还涉及生物学、人文社科等相关的知识。

人工智能应用领域及场景

通信技术的发展和互联网的普及推动了人工智能的兴起。现阶段，人工智能技术的广泛应用正在使人类社会的生产生活发生着颠覆性的改变，成为新一轮工业革命和产业升级的重要驱动力。

当前人工智能的应用领域及场景已经逐渐渗透到产业链的各个环节之中，同时也遍布各个行业。从计算机通信到制造业，从金融业到医疗服务，借助大数据时代带来的丰富数据资源，人工智能正在这些行业中为居民生活、企业生产甚至政府治理提供着巨大的支持。

不过，正所谓“隔行如隔山”，鉴于行业之间存在着壁垒，不同行业的生产内容也存在着极大的不同，故人工智能技术在不同行业中的采用和扩散速度也是不同的。著名咨询机构麦肯锡公司就曾经在其出具的人工智能报告中提出，行业数字化程度的高低决定着人工智能技术应用和发展速度的快慢，数字化程度较高的行业往往率先将生产与人工智能技术相结合，故具有先行优势，而人工智能技术也因大量被采用而在该领域获得了更多研发资金和更大研发力度的支持，从而促进了人工智能技术的发展。下面我们将对人工智能技术在不同领域中的应用场景做个大致介绍。

人工智能在金融领域中的应用

金融行业是现阶段人工智能技术应用最为普遍也最为深入的行业。该行业中采用人工智能技术的主体不仅包括金融机构以及为金融机构提供人工智能技术服务的公司，而且包括各种新兴的金融业态和金融监管机构。对于客户而言，能够切实感受到人工智能技术应用的服务主要是智能投顾、智能风控和智能营销。

1. 智能投顾

“不要将鸡蛋装在同一个篮子里”，诺贝尔奖得主詹姆斯·托宾的这句在20世纪还不太被人重视的话语，到今日却成为投资者进行资产配置时所必须遵循的信条。然而，人类有限的精力和学识难以真正掌握资产配置的窍门，于是，随着科技的发展，人们逐渐将资产配置的重任交予了机器。

智能投顾又被称为机器人理财，主要是指将人工智能技术导入传统金融的投资顾问服务中，根据客户的具体需求，运用云计算等技术对大数据进行分析，最终形成具体的投资建议反馈给投资者，在增加投资可靠性的同时提升服务效率。

智能投顾在中国的真正兴起是在2017年左右，当时，大数据技术与计算机算法逐渐兴起，金融行业随即便开始思考通过机器代替人类进行投资组合。与传统的投资顾问相比，智能投顾能够真正实现“理性经济人”的假设，只关注资产配置组合是否能够获得与风险相匹配的收益，而不会受到外物的影响。

人工智能技术加持智能投顾之后，其带来的主要改变在于资产配置的可靠性增强，通过利用传统量化模型和机器学习算法，人工智能能够为投资者带来定制化的投资方案，同时，人工智能自我学习的特点使其能够在不断变化的市场环境中始终找到最适合的投资方案，以动态的资产配置来应对多变的市场环境。另外，智能投顾还会帮助投资者在诸如账户开立、信息获取等方面获得更好的服务。

不过就目前来说，智能投顾更多的还是采用理论下的投资组合构建和投资经理主观建议相结合的方式，没有真正实现“智能”，其中最大的原因就是科技尚不够成熟。而随着近年来人工智能技术的不断突破，智能投顾也将迎来颠覆性的改变，在未来，智能投顾将会真正实现在人工智能自主学习和大数据处理等技术运用下的资产配置，在降低人工成本的同时提升配置效率。

2. 智能风控

所谓智能风控，一方面是指在大数据整合风险数据之后，由人工智能对不同风险进行自主学习，随后设置相应的风险应对方案；另一方面则是通过人工智能的辅助确定金融机构管理的标准化流程，实现智能管理。

2008 年全球性金融危机爆发，我国商业银行不良贷款率直线上升，虽说这一指标在随后的几年出现了一定的下降，但是在 2014 年之后，以国有四大行为代表的商业银行不良贷款率和不良贷款规模又呈现出较为明显的上升趋势。除了全球经济环境改变导致金融风险增加这一原因，传统风控体系的不足亦是导致不良贷款增加的主要因素。

人工智能技术的介入将对金融机构的风控体系起到良好的促进作用，以商业银行的贷款业务为例，若将整个贷款流程分为贷前、贷中、贷后三个环节，那么智能风控在不同环节中都将发挥自身优势，对风险进行有效控制。

贷前环节涉及对客户的背景调查，人工智能通过对海量数据的处理，抓取客户的消费习惯与消费水平，能够对客户的信用状况有初步的认知。贷中环节智能风控通过对客户的现场表现及微表情等细节捕捉，判断客户是否具有贷款的真实意愿，并对贷款现场的相关音频及影像资料进行存储与分析。贷后环节关系到客户是否能够按时还本付息，智能风控将对每一笔贷款进行实时追踪，一旦客户违约，将会立刻启动催收系统，从而提升工作效率。

3. 智能营销

大数据和人工智能的出现将现代营销，尤其是网络营销活动变得更加简单。通过对消费者留下的消费数据进行处理和分析，大数据和人工智能能够对消费者的需求和偏好进行捕捉，并且人工智能的自主学习能力能够在消费者的每一次浏览和购物行为之后做出迅速反馈，最终以商品智能推送的形式呈现在消费者的眼前，降低了推销的人工成本，提升了营销的效率。

具体到整个营销环节，在对消费者进行智能营销之前，大数据和人工智能就已经抓取了消费者的相关信息，从而对其消费特点和模式进行分析，形成具体可行的营销方案，并根据不同的分析结果将客户分成不同的客户群体，这种分类方式甚至可以具体到个人，随后再向每一位客户进行精准营销，按需推荐。在进行营销过程中，除了对客户进行商品和服务的推荐，还涉及获客环节，其原理与精准营销一致，即对客户的需求进行深入分析后，通过引流精准获客。

人工智能协助政府数据治理

在人工智能技术运用于政府数据治理之前，电子政务、线上政府等形式就已经在人们的生活中普及，虽然这些政务形式在互联网愈发普及的背景下的确在一定程度上方便了人们的生活，然而其实质不过是将以往的线下业务搬到了线上。而人工智能技术的出现与应用，真正促进了政府政务朝着“智慧政务”的方向转变。

在实际应用方面，一方面，大数据和人工智能技术的结合使用极大地增强了政府对海量数据的存储和分析能力，尤其是对非结构化数据的整合与处理；另一方面，智能办公形式的出现将会是自动化办公系统的一次升级，为整个管理与业务流程真正赋予“智慧”。当前，推动政府治理的智能化已经是全世界各个国家所努力的共同目标，如美国政府采用的“整体政府和互动政府”、新加坡的“一站式 7×24 不间断 100%的在线政府”以及韩国的“政府 3.0”模式都是发达国家对于智慧政府的探索。在我国，对于善用数据治理，打造智慧政府和智能城市，各大城市及相关部门也做出了各自的探索。上海市提出2020 年要建成贯穿数据全生命周期的大数据资源平台，构建大数据生态体系；杭州市于 2019 年已经启用了以区块链作为底层系统的政府服务链；山东电力的“一链办理”也取得了卓著的成果。

未来，技术成熟以后，政府以大数据和人工智能技术作为基础进行数据治理的案例只会越来越多，社会生产和居民生活也必将因此大受裨益。

人工智能与智慧医疗

1. 智慧医疗兴起的背景

人类文明的不断发展带来了社会医疗水平的不断提升，自从 20 世纪中期以来，科学技术进步带来的丰厚研究成果推动现代医疗水平实现了跨越式发展。在认识到了科技在医疗水平提升方面的重要作用之后，基于当前的时代背景，如何更好地利用新兴科技辅助医疗成为医疗领域正在思考的命题。

人工智能技术的兴起对于现代医疗有着极为重要的意义：一方面，我国作为人口大国，在人口老龄化的大趋势下，医疗资源将会愈发具有稀缺性，现有的医疗资源将愈发难以满足不断增长的医疗需求，医疗人员的压力也会越来越大，而人工智能技术的应用，将会有效地缓解医疗人员压力，提升人工服务质量，并且在某些业务上，人工智能甚至可以完全代替人力。另一方面，人工智能技术将会有效提升临床医学的稳定性和精确性，尤其是在进行长时间的外科手术时，人工智能可以高负荷运转的特点能够有效避免人工手术长时间操作带来的疲惫感与心理压力，采用人机结合的形式将使医护工作者在面对长时间、高强度的手术时也能够保持工作效率，从而大幅提升医疗质量。

2. 人工智能在智慧医疗中的应用方向

外科手术是人工智能技术在现代医疗中应用的主要领域，尤其是在微创手术方面，人工智能有着巨大的潜力。比如在进行心脏微创手术时，人工智能技术能够帮助医生对患者心脏状况有更为全面准确的认知，帮助医生更好地完成心脏成型、二尖瓣置换等高难度手术，同时，由于微创手术伤口较小，对患者而言恢复也会更快。

医疗康复方面，人工智能可以根据患者的身体信息和预后情况全方位地为患者制订最适宜的康复计划，指导患者进行复健等康复活动，并对此进行动态调整，缩短恢复周期，减少痛苦。另外，对于患者术后的身体状况，人工智能会进行实时检测，一旦患者出现了任何健康指标上的问题，人工智能都将在很短的时间内完成分析测算，有针对性地为患者提供康复或就医建议，从而帮助患者康复。

临床护理方面，人工智能的介入将会极大地提升护理效率。人工智能机器人的应用完美符合护理工作 24 小时候不间断的特点，是对患者饮食起居照顾服务的一次升级，亦是对护士工作压力的一次释放，护士的护理负担降低，意味着将会有更多的时间对患者进行高质量的护理。同时，人工智能对患者身体指标的检测满足了动态和实时的要求，通过对不同身体指标数据的综合分析和处理，人工智能在护理阶段起到充当患者个人医师的作用，在疾病有发作风险之时向病人、护士和医生进行预警，大大提高了护理效率。

第八章　工业互联网，智能制造为时不远

随着新基建一词逐渐被人们所熟知，新基建的重要组成部分——工业互联网作为信息技术和工业深度融合发展的产物，在以“信息技术加速创新”“技术渗透融合”为突出特点的新一代产业变革中发挥着巨大作用。尽管工业互联网的概念提出由来已久，并且随着工业 4.0、中国制造 2025 这波浪潮，越来越多的工业互联网平台浮出水面，但是大多数人对工业互联网的理解依旧是模糊的。工业互联网的出现给传统工业带来了哪些改变？全球工业互联网的发展现状如何？我国在这一领域取得了哪些进展，将来如何发展？诸如此类的问题都将在接下来的篇幅中给出答案。

传统工业迎来颠覆式创新

改革开放以来，我国制造业发展迅速，产业规模早在 2010 年就超越美国跃居世界第一，凭借多年发展，我国目前已成长为一个体系健全、门类完整的制造大国。但随着全球经济放缓，我国也同样面临着经济下行压力，再加上部分发展中国家已实现了制造业的快速追赶，制造业作为我国经济发展的中坚力量，值得我国政府始终保持关注，此时采取重塑制造业优势的战略，实现传统制造业的转型升级也势在必行。

传统制造转为生产服务型

目前，我国传统制造业的转型之路依旧道阻且长，树根互联 CEO 贺东东曾经说过："中国制造企业三十几万家，其中 97.4%的企业是中小制造企业。"对于这些中小制造企业来说，几乎都面临着信息化、智能化程度不高的问题，同时又缺乏资金、技术和人才来完成数字化转型。

与此同时，大批量的重复生产模式逐渐难以满足消费者对物质产品日益增长的个性化需求，再叠加人力成本和原材料成本不断上涨等多重因素，传统的中小制造企业在盈利模式上面临的挑战愈加严峻。除此之外，制造企业的供应链也难以做到有效协同，信息化程度较低导致信息发布和传递速度较慢，上下游信息严重不对称。这些现状逼迫传统制造企业不得不进行创新转型，尤其是向生产服务型转变。

以生产制造为主营业务的传统制造商向生产服务转型，除了上文提到的迎合顾客日益增长的个性化需求，还具有如下优势：首先，企业的利润空间更大，盈利能力更强，企业提供服务获得的收入要比单纯的生产销售获得的收入更加稳定；其次，有助于企业长期健康发展，因为“产品＋服务”模式能够提高客户对品牌的忠诚度和增加产品黏性；再次，综合的生产服务商能够促进厂商与消费者之间的良性互动，客户对产品的定制化需求能够为产品改良增益。

传统制造业的服务化趋势促使企业转向挖掘市场的潜在需求，一些头部企业也从设备优势走向了流量优势，譬如国内最早进入工业互联网平台的三一重工，就早早开启了对平台的研究与应用，并将平台面向社会全面开放，帮助企业的价值创造模式由单纯的产品供给向“产品＋服务”模式转化，以迎合制造业的定制化趋势，并为我国制造业将来在国际舞台上站稳脚跟提供支撑。紧随其后的腾讯云、阿里云等在工业互联网领域也竞相占位，这些新型网络服务提供商主要通过与传统制造巨头强强联合的方式来为智能制造提供解决方案。

由此可见，工业电商的出现为传统制造企业打破原有的生产模式和路径依赖、实现转型升级提供了突破口。在工业互联网平台上，原先低效、冗长的产业链被精简，供需双方间的中介环节大幅减少，降低了交易成本，减少了资源浪费，信息不对称的情况也得以改善，使得供需双方可以更为精准便捷地进行匹配。

随着市场已由卖方市场逐渐转为买方市场，传统制造企业要想随时间与市场变化依旧保持长久竞争优势，就需要与时俱进，利用信息技术做支撑，来释放生产、销售和服务能力，优化市场运营，运用“以用户为中心”的思维方式建立起以终端市场为中心的制造模式，提高厂家对消费终端的掌控力，把握买卖双方的供求关系。如今，工业互联网平台正在成为面向企业产品全生命周期和全产业链的数字支撑体系，我国应深入推进“互联网+”，形成实体经济与工业互联网相互促进、共同发展的良好局面。

工业互联网驶入快车道

数字浪潮下，工业互联网是缓解我国经济下行压力和加快新旧动能转换的关键抓手，是互联网从消费领域向生产领域、从虚拟经济向实体经济拓展的核心载体，更是当今各国竞相争夺的未来产业发展制高点，其重要性不言而喻。我国高度重视工业互联网的发展，近几年来，围绕着顶层设计、项目试点、集群发展等方面，做出了很大努力，经过多年发展，我国工业互联网已取得一系列显著成果，从概念层面的普及阶段发展到落地实践阶段，逐渐驶入“快车道”。

我国工业互联网现阶段有如下特点：首先，覆盖广、可靠度高的工业互联网网络体系正在加速构建当中，初步形成了能力多样、特色鲜明的工业互联网平台体系，并已经具备技术创新、平台评测、平台管理等公共服务能力。与此同时，国家、地方和企业三级联动的安全监测平台也在不断构建完善当中。其次，在此次新冠肺炎疫情倒逼下，工业互联网已经为助力抗“疫”、保工复产贡献了一份力量，火神山、雷神山医院的拔地而起就是最好的例子。“中国速度”再一次让世界为之震惊的背后，是工业互联网平台对工况进行实时监测，根据数据分析及时提供故障预警，为保证施工现场各种设施的高效作业提供了后台支持。此外，工业互联网平台还助力救援物资对接，带动产业链企业协同复工复产。种种贡献既为工业互联网将来在我国的发展提供了实践经验，又加速了各类企业对工业互联网的接纳程度。再次，在国家发改委首次明确新基建的范围后，工业互联网作为重点领域之一，各地区都将其当作未来的重点项目进行投资，仅2020年度的计划投资总额就接近8万亿元。中国信息通信研究院预测，2020年，我国工业互联网产业经济规模将达3.1万亿元，占GDP比重的2.9%。

我国经济正处于由高速增长向高质量发展的转轨时期，制造业既是我国实体经济的主体，又是高质量发展的起点，早日实现制造业的转型升级，并将这一起点逐步拓展到交通、农业等领域，从而实现实体经济领域的数字化、智能化升级是当务之急，而工业互联网的存在恰好为优化经济结构、转换增长动能提供了新支撑。工业互联网通过实现跨厂区、跨企业、跨产业的互联互通来促进生产资源和服务资源的集成共享，推动各类企业以及各类产业的融通发展，最终为经济高质量发展和改善民生提供重要依托。

我国工业互联网的发展起始于 2018 年，当年市场规模就已经达到 4 501 亿元，次年市场规模扩大到 4 800 亿元，较上年增长 6.64%。随着工业互联网领域成为我国政策的新焦点，在政策利好与“两化”融合双重驱动下，工业互联网概念逐渐升温。我国 A 股市场中共有 84 家上市公司是工业互联网概念股，这些公司的核心业务主要包括下列几类：通过“互联网＋政务服务”的新模式来打造智慧政府的电子政务业务，以云计算等相关信息技术为核心打造的产品和服务，工业互联网技术在智慧工业、智慧军事以及智慧城市等领域的应用，等等。

任何一家平台开发公司要想在工业互联网平台领域取得真正的成功，必须拥有很强的信息技术能力，并在工业制造能力方面有深厚的技术沉淀，还要同时兼顾平台上各家制造企业在生产流程、工艺特点、供应渠道以及商业模式上的个性化特征。这些问题都对打通工厂之间的隔阂、建造一个通用的工业互联网平台提出了很高的要求。在这个困难面前，虽然众多企业都知道工业互联网平台蕴藏着巨大商机，但是迄今为止尚未有任何一家工业互联网平台在该领域处于绝对领先的地位。相信在不久的将来，随着平台建设的逐步完善和技术进步，这一局面终会被打破。

工业数据开辟数字经济新蓝海

数据是数字经济发展的关键资源，也是工业互联网的“金矿”。如果说互联网的大规模推广意味着实现了人与人之间的互联，那么工业互联网时代则致力于将人、数据和智能机器连接起来。如果只是将工业企业内外部人与人之间进行互联，则不包含在工业互联网的范畴之内。这一点也给工业互联网平台提出了考验，因为不仅要收集人的数据，还要收集机器的数据，并且要将二者有效结合起来。如此看来，工业互联网的出现极大地开拓了网络空间的边界，同时还极大地丰富了数据资源的种类，不断开辟数字经济新蓝海，拓展经济发展新空间。

随着通信技术和数据采集技术的升级，收集工业生产全流程的各种要素资源，并将其数字化、自动化、智能化已并非难事，而这一系列操作恰好实现了工业数据的充分流动，打破了

“信息孤岛”，再借助云计算、大数据、人工智能等新兴技术对工业生产过程中所需的技术、资金、人才、物资等所有要素进行泛在连接与整合，帮助我们管理生产流程以及采购、物流和销售流程，以此来构建数据驱动的网络化工业生产制造体系和服务体系，从而有效实现传统产业的效率提升和成本降低，推动制造业转型发展。

工业互联网的应用还将传统制造企业的供应链由原先集中于某一地区扩大到全球范围，帮助企业适应全球化时代的发展要求。工业数据的产生与流动使我们有能力将生产流程分解为若干个模块，企业可以使用产业分工和业务外包的方式，让这些模块在全球范围内的优质工厂中并行设计与制造，产品的生产周期得以缩短，企业能够更加及时地响应市场需求变动。可见，供应链范围的扩大能为企业整合到更多渠道的资源。与此同时，企业由于缓解了自身资源和能力的约束，能够朝着更加专业化的方向发展。最后，企业与全球供应商建立起合作关系，还能够增强抵御风险的能力，更好地应对外部市场环境的变化。

借助工业互联网的热潮，工业应用软件也将迎来一波发展机遇。作为工业互联网平台连接用户的桥梁，工业应用软件是接下来一段时间里的重点培育对象，工业和信息化部在 2018 年 5 月印发的《工业互联网 APP 培育工程实施方案（2018—2020 年）》中，就提到了将培育 30 万个面向特定行业、特定场景的工业 APP 作为主要目标之一。目前已有不少工业应用软件在新冠肺炎疫情期间为企业复工复产和疫情防护提供了便利，这些软件可应用于异地协同研发设计、生产设备检测等生产流程，还可以用于供销管理、产品服务等经营管理环节，此外在疫情防护、健康情况统计领域也可以看见它们的身影。

工业从人工控制到电气控制，再到工业互联网控制，是一个逐渐进化的过程，生产效率在此过程中不断提高，而工业互联网的引入则实现了从量变到质变的飞跃，让工业生产效率迈上了一个新的台阶。工业互联网在我国的逐步推进，将让越来越多的制造企业看到它在促进资源优化配置和产业链紧密协同上做出的贡献，也会让更多犹豫不决的企业加入工业互联网浪潮当中，借助工业互联网平台实现工业生产与销售服务的融合和智能决策。企业的信息化、网络化、智能化改造将不断催生我国制造业的新业态、新模式、新产业，助力制造业向高端迈进。

全球产业链的分层现状

产业链一词主要用于对分工的描述。产业链是产业分工的结果，也是分工的依据。早期是指同一个国家产业内不同环节和领域间的价值创造与分配，后来逐渐延伸到国与国产业间的生产制造分工协作。

全球产业链的形成

全球产业链是指在全球范围内为实现某种商品或服务的价值而连接生产、销售、回收直至处理过程的跨企业网络组织，它包括所有参与者和销售活动的组织及其价值、利润的分配。由于在全球产业链当中实现某种商品或服务的价值是在不同的国家和地区完成的，产业链运行过程中不仅会受到产业内部关系的影响，而且会受到各国宏观政策等外部关系的影响与制约。过去几十年中，得益于全球化进程，世界各国的产业链都逐渐深入参与到全球产业链当中，各国之间也根据自身的要素禀赋进行了产业调整。

从技术层面来看，全球产业链的形成得益于交易成本的降低和中间品的标准化与可贸易。这两个因素使全球化分工获得了进一步发展的动力，越来越多的国家为降低要素成本和提高生产率，将原先在一个地区内完成所有设计生产工序的产品分解为若干个工序和任务，再将这些生产模块或者零部件外包到具有成本优势与高生产率的地区，最后对产品零部件进行组装，从而形成全球范围内的产业链条。

由此可以看出，经济一体化进程加速了全球产业链的形成与发展，而全球产业链的形成与发展反过来又促进了贸易发展和经济增长，让国与国之间的经济联系更为紧密。这一点还可以从20世纪80年代各国经济增长情况加以印证。世界各国由于自身要素禀赋和技术水平存在差异，通过与其他国家相互比较的方法找出本国具有“比较优势”的产品，采用国际化分工与贸易的方法来获取利益，并由此成为各国经济增长的主要动力之一，产业链条也相应地在各个国家和地区间形成和不断细化调整。总而言之，产业链范围的逐渐扩大最终造就了全球产业链的形成，也促成了人才、资金和技术在全球范围内的自由流动，使资源得以更加高效地利用，促进了全球市场的深度融合。

产业链分层给我国的启示

目前，全球产业链分工主要由消费国、资源国和生产国三元素构成，中国、德国、日本等国属于生产国行列，俄罗斯、中东石油国、澳大利亚则属于典型的资源国，消费国主要由美国和欧洲各国组成。

消费国主要负责全球化的统筹与组织，作为分工体系的顶端，需要向全球提供输出需求和流动性、制度、技术方面的标准与协议。以美国为例，在政治层面的输出是联合国，在金融经济层面的输出是全球货币体系，在贸易层面的输出则是世界贸易组织，由此构成了全球化生产与协作的顶层设计。

再来看生产国，历史上第一代生产国是拥有良好工业基础的德国与日本，随后第二代生产国是亚洲部分国家和地区，但是这些国家和地区在产能和效率上都逐渐难以满足全球化大生产的需求，中国后来居上，凭借低廉的生产成本和高素质的工人队伍成为第三代生产国。

在这种分工模式下，发达国家逐步将自身低端产业转移给发展中国家，本国保留技术、人才、资本等优势，并集中力量进一步发扬扩大，发展中国家尽管在产业转移的过程中实现了较快速度的经济增长，但也在国际分工中被锁定在中低端环节，因此越来越多参与国际产业链分工的发展中国家开始想尽办法促进产业优化升级，改变本国在国际分工中所处的不利局面，而这一有效方法在新贸易理论中被揭开了面纱，该理论认为无论是承接产业转移还是参与国际分工都不会是一成不变的，通过技术创新可以实现一国主导产业从低附加值向高附加值的升级，从而改变自身参与国际分工的地位①。

由此各国开始通过加大研发投入、鼓励技术创新等方式加速本国产业转型升级，争取在全球产业链中获得更高的分工地位。而随着数字经济这一全新产业趋势的出现，我国数字经济产业在历经多年发展后，如今已日趋成熟，数据资源与数字经

① 邓洲．基于产业分工角度的我国数字经济发展优劣势分析［J］．经济纵横，2020（4）：67—76.

济产业规模都处于全球领先位置。因此，及时加速数字经济与制造业融合发展，创造更多新产业、新业态，培育复合型人才，会在将来成为我国的竞争优势来源。

从“中国制造”真正走向“中国智造”

在新一轮的科技变革和产业变革下，全球制造业也迎来了巨大的发展机遇，信息化、智能化的工业发展趋势将会引导我国从制造大国走向制造强国。而工业互联网作为新一代信息技术与工业系统全方位融合的产物，是我国实现从制造大国向制造强国转变，达成智能制造目标的基础设施，也是各国制造业群雄逐鹿的新战场，世界各国都高度重视工业互联网的发展。

“中国智造”究竟是什么

数字时代的来临正在改变我们身处的世界，并深刻影响着全球制造业的变革方向，为提高本国工业竞争力、巩固领先地位、在新一轮工业革命中占得先机，各国都针对自身工业发展的未来方向提出了国家级别的工业革命战略规划。

德国最初提出了“工业 4.0”的概念，作为欧洲的老牌工业强国，这一概念提出后便得到了学术界和产业界的大力支持。紧接着美国也对即将到来的新一轮工业革命做出了回应，首先是 PCAST（美国总统科技顾问委员会）接连发布报告，要求加强美国先进制造业布局，然后由通用电气公司正式提出工业物联网革命的概念，并与 AT&T（美国电话电报公司）、思科、IBM（国际商业机器公司）和英特尔一起成立了工业互联网联盟。中国也随之提出了“中国制造 2025”战略，该战略着眼于工业和制造业的转型升级。伴随着“中国制造 2025”的推进，我国由制造大国向制造强国的转型将逐步展开。

与传统制造业不同的是，智能制造主要是将最新的数字化和信息化技术运用到工业生产的各个流程当中，通过云计算、物联网、大数据、人工智能等新兴技术将各环节产生的数据进行分析整合，从而更加高效、精确地做出有关决策，以实现生产要素在企业内部各业务流程、生产流程和资金流程之间的优化配置，以及企业间的优化配置。有人将智能制造定义为把人的智能提炼出来嵌入芯片中，从而赋予机器一定的自主能力。

目前智能制造已在许多企业中成功实施，我们耳熟能详的有德国的西门子公司，该公司通过数字化转型，不仅实现了产品的数字化设计与生产，还使产品产量和合格率都得到了有效提升。可以说智能制造相较于传统制造，无论是在产品的设计、生产、质量还是在企业整体运营、管理效率上都拥有巨大优势，这些优势能够帮助企业缩短产品生产周期，进而提升产品上市时间，为企业抢占市场份额提供有力支持。

尽管目前我国的工业体系庞大，同时还拥有体量最大的互联网产业，但“中国制造”距离“中国智造”依旧有不小的距离。据统计，近年来我国企业设备数字化率仅为44.8%，其中数字化设备的联网率只有39%，大大落后于欧美国家。另外，我国制造业多由基础设施薄弱、设施陈旧落后的中小企业构成，缺乏国际领先的跨国企业引领者，要实现“中国制造”向“中国智造”的跨越，还需要聚集全产业的力量一齐推动。但值得肯定的是，制造企业的互联网化是我国从“中国制造”真正走向“中国智造”的关键一步。

“中国智造”的基础设施：工业互联网

我国工业互联网的起步时间与国际差距不大，当前正处于难得的发展机遇期，从目前来看，我国工业互联网产业联盟内聚集了上百家单位，包括工业企业、信息通信企业、投融资机构、高校科研机构等，而且工业企业与互联网企业间的相互接受程度也比较高。但工业互联网究竟为何在我国制造业发展中起到越来越关键的作用，并且能够作为智能制造的基础设施，还要从以下几方面来一一阐述：

首先从工业互联网的范围来看，它既可以很小，小到仅仅远程控制一个工业设备的开关，或者更新一下设备程序，也可以很大，大到让整个国家甚至全世界的所有企业进行高效协同的生产合作。当然这中间还包含着很多层次，比如一个部门内部几台设备和几个人之间的协同运转，再到企业内部各部门之间所有人力物力的连接，再到产业链上下游企业之间以及各条产业链之间的相互协同。工业互联网将生产运营涉及的各部分环环相扣，将相关企业、消费者以及监管单位等都连接在一起，最终形成资源聚集、协同参与的制造业生态。

另外，工业互联网在应用方面也呈现出新的特征。在云计算、大数据等新兴技术加速发展下，面向企业内部，已实现了设备、生产线、工厂和运营的紧密联系，为企业打造出数据驱动的智能生产力，具体来说，就是提高能源使用效率，简化运营流程，改进生产过程，实现提质增效。面向企业外部，则将原本封闭的工业体系联通，打通全要素、全产业链、全价值链，及时获取客户体验与满意度等相关信息，以此实现产品设计、生产和服务创新，获取更加丰厚的售后和服务利润。最后是通过工业互联网平台，集聚产业链资源，打造数据驱动的生产运营能力，企业间竞争也朝着平台化的生态体系竞争发展，企业自身也加快了迈向数字化、智能化的步伐，进而推动数字化的工业生态和商业服务生态成型。

工业互联网在实际部署时依赖的主要硬件终端设备为各类传感器。通过为工业设备安装传感器，可以实时感知被监测设备的工作状态，并将监测数据传送到存储设备中，进而在服务器中进行分析决策、精准执行，从而实现更大范围、更高效率、更加精准的优化。瑞士的世界级企业 ABB 集团在使用智能传感技术后，大大缩短了故障停工时间，延长了设备的使用期限，减少了能耗使用。他们通过将电机与云服务器相连接来对电机的运行情况进行监控，并在云端对实时收集来的数据进行分析，然后对发现的问题及时预警，及时处理。

在软件设计方面，工业互联网的软件当中加入了工业知识与自动化流程，通过将工业知识写入软件，软件嵌入芯片，再将芯片放入设备，并嵌入物理系统，最终实现“人智”向“机智”的转变。

值得强调的是，工业互联网与各行各业都联系紧密，它的应用也并不意味着物力会全面取代人力，相反，它将员工从大量的简单重复劳动中解放出来，给员工提供更大的发展创新空间。

当然，在工业互联网发展过程中还面临着一些亟须解决的问题，比如同行业内工业互联网平台存在一定的割据性，平台提供的服务尚且停留在初级阶段，仅以设备侧和工厂侧为主，尚未包括全周期排产等。

此外，在安全性方面，平台开发企业往往更加看重眼前效益的提升，而容易将短期内难以看见收益的安全部署问题抛之脑后，这种忽视令人担忧，尤其是在工业互联网平台上，传统工业体系的安全问题与网络空间的安全风险交织，数据安全保障措施不到位，会严重影响工业企业上云的积极性。而这种数据安全保护，需要平台和上云企业双方的共同努力，既需要平台有先进技术，又需要企业本身有安全可靠的软硬件环境，因此，只有集中产业力量，再加上政府引导，才能够建立起可靠的工业互联网安全保障体系。

尽管我国工业互联网网络体系正在建设当中，工业互联网平台已经逐渐成型，工业互联网安全监测平台正加速构建，但“中国制造”真正走向“中国智造”是一项长期而又艰巨的任务，而非短期内能够一蹴而就。就我国现状来说，很多工厂尚未实现网络化改造，网络技术也大多由国外主导，我国暂时难以掌握话语权，这些都是亟待解决的问题。

另外，工业互联网平台的发展模式也远比一般商业模式复杂，跨厂区、跨企业、跨产业的互联互通对平台企业提出了更高要求。在此过程中，国家的政策推动应起到关键作用，制造企业还需要深化对工业互联网平台的认识，加速技术创新与商业模式的融合，把智能制造与国家发展目标联系在一起。总而言之，我国作为制造业大国，目前又正处于制造业转型的关键时期，工业互联网作为工业发展的必经之路，仍然任重而道远。

新兴技术助力“中国智造”

目前我国工业互联网的发展正聚焦于行业特点，积极探索创新新模式、新业态，将互联网应用领域由虚拟扩展到实体、由生活延伸至生产。值得注意的是，我国围绕工业互联网的网络、平台和安全三大体系，对工业互联网的多个方面进行深入研究和探索，并逐步构建起多层次的工业互联网产业生态，在此过程中，新一代信息技术功不可没。

首先，对于拥有遍布全球各地的工厂车间和成千上万台机器设备的大型制造企业来说，缺少云计算技术的应用无法对如此庞大的系统进行全面管理。云计算技术可以为企业与企业之间、工厂与供应链之间，甚至工厂与消费者之间的数据共享提供更加强大的运算能力和存储空间。运用云计算技术能够让更多的企业员工参与到企业生产运营中来，让更多的消费者便捷地对产品进行个性化定制。

其次，工业互联网中产生的海量数据尽管让生产设备之间、供应链之间的泛在连接成为可能，但海量数据的收集、管理和分析也给平台开发企业提出了挑战，而大数据技术能够对所有流程中产生的数据进行存储分析，并对其中的数据价值进行挖掘，再将人工智能引入工业制造体系当中，让人工智能代替人力来完成各项工作，甚至最终达到工况的自动感知、技艺的自动学习，以及系统的自动组织，实现“中国智造”所要达到的最高目标。

最后不得不提到的是，5G 普及对于“中国智造”的实现来说是不可或缺的。5G的超大带宽意味着更高的连接速度和更低的网络时延，这在采集生产设备监控数据时可以发挥出无可比拟的优势。另外，在远距离通信的应用上，比如说机器加工的远程控制，5G既能够缩短时延，又可以更好地满足加工精度的要求。除此之外，5G在接入层也更加兼容，能够让以前许多受限于网络接入的场景变为现实，可以说，5G平台能够在工业互联网的许多应用场景下得到很好的发挥运用，工业互联网也会借助5G这个东风而飞速发展。可以设想，在5G建设落地后，人们想要购买一辆个性化配置的汽车，只需在屏幕前进行定制，汽车厂家就能按照顾客要求快速生产出来。

有学者评价工业互联网时代是继早期工业革命后又一个大大提高人类生产力的时代。这一时代也为实现“中国制造”向“中国智造”跨越提供了契机，对于我国制造业来说，尽管目前尚缺乏工业巨头的引领，但我国拥有工业互联网的最大市场，具有占世界25%的工业总产值，这些足以成为我们赶超先进国家的资本。尽早推动新一代信息技术与制造技术的联动发展与创新突破是提高我国制造业发展速度和发展质量的必经之路，我们是否能抓住这个转型升级的机遇，加大新兴技术的研究与应用是关键。

重构全球产业链

前文曾经提到，全球产业链的形成推动了贸易发展与经济增长，但与此同时，也有人指出它带来了巨大的社会成本，其中可能是由从事全球贸易的跨国公司与其母国的利益相矛盾所带来的，譬如说在给别国增加就业机会的同时减少了本国的就业机会，这种情况容易在国际分工发生结构变化时出现，国际分工出现结构变化自然会导致就业机会在各国间重新分配，从而使跨国公司与母国的利益发生冲突。

美国在这一点上表现得尤为明显。一方面，全球化分工使其将低端制造业进行外包，由此导致就业机会流失，本国工人不得不接受较低的工资，甚至是退出制造业部门，进入其他就业领域，造成美国的制造业空心化愈加严重。另一方面，从事创新研发的专业化工作岗位增加，而劳动市场上供过于求，导致高新技术人员的工资溢价极高。种种原因造成美国目前制造业回流的呼声越来越高，也使部分人开始反思目前全球化进程是否已经过度，世界是否更需要一种较为适度的全球化。

引发全球产业链重构的因素

此次新冠肺炎疫情的全球蔓延，不可避免地让各个国家重新审视本国的产业链政策，并做出一定调整，选择构建一种更加独立完整的产业链来减轻自身产业链环节缺失带来的危害。疫情的催化让这种逆全球化的呼声越来越高，令部分人担忧的是，这种调整是否会在未来减少对我国产能的依赖，给有“世界工厂”之称的我国带来冲击。

我国目前是世界第一制造业大国，“世界工厂”之称就是最好的佐证。而我国之所以能够担此重任，与长期以来的人口红利优势、完备的基础设施、招商条件优惠和巨大的消费市场等是分不开的。与此同时，这一称号也给我国带来数不清的利好，比如说丰富的就业岗位、持续不断的投资以及经济的高速发展。

我国作为世界产业链中的重要一环，外商若想要在此时割裂与我国的合作，必须在短期内重新构造出独立的产业链和工业体系，但这一设想对于任何一个国家来说都并非易事，以美欧这样的发达国家为例，由于长期发展互联网、金融等虚拟经济，自身去工业化严重，此时号召制造业回流，恐怕响应者寥寥无几。

麦肯锡全球研究院发布的《中国与世界：理解变化中的经济联系》的报告，提到了 2000 年到 2017 年间中国与世界的经济联系变化。这份报告显示，中国在贸易、科技和资本三方面对世界经济的依存度有所降低，相反，世界对中国经济的综合依存度指数却在上升。这足以说明我国经济由外贸拉动为主的增长模式向内需驱动为主的增长模式转型颇见成效，我国与世界经济之间的联系也已经发生了结构性变化，我国产业链已成为全球产业链中不可或缺的一部分。因此，对于全球产业链重构的呼声我们无须过于担心，但是面对全球产业链调整带来的消极影响，我国应及时采取措施应对。

传统全球产业链体系弊端渐显

进入 2020 年，因为新冠肺炎疫情的冲击，全球经济的萧条和大面积企业停工停产的状态使人们开始意识到，传统的全球产业链分工体系在面对全球性危机时是如此脆弱，牵一发而动全身，原本不同地域协同生产、促进资源优化配置的优势瞬间转变为供货阻断、物流停滞的劣势。在这种情况下，部分人提出的逆全球化，本国封闭制造、自力更生的想法并不理智，尽管全球化风险将来可能还会发生，但这并不意味着要对原本的全球化模式进行全盘否定，一些学者对此重新思考并做出调整，提出发展水平分工与垂直整合相结合的产业链集群思路，以此来避免本国的产业链断裂。

在水平分工下，全球各地各类企业凭借自身优势加工处理跨国公司的产成品与半成品，以达到跨国公司产品成本的降低和资源的优化配置。而在产业链集群下，尽管依旧是让不同的优势企业负责各部分的生产，最后再集成总装，但是产业链上的企业应选择相距不远而非遍布全球各地的优质企业，尽量降低运输成本和物流时间，从而最大限度地避免突发事件的冲击，以此提高产业链抵御风险的能力。

产业链集群也为产业数字化转型奠定了基础。产业在某一地区集聚必然会吸引一部分新兴技术企业，从而加速传统企业与信息技术融合，为该产业创造出崭新的生产销售模式。而产业链集群的外部环境要比传统水平分工的外部环境更为宽松，不仅需要低关税、零壁垒，更要求营商环境的国际化、市场化。因此，要想形成产业链集群，我国还需在宏观政策上做出进一步努力，推动进出口贸易平衡发展，放宽某些特定领域的市场准入条件，加大对外开放的深度和广度。此外还要给我国传统制造业数字化转型升级创造机会，加速构建国家战略性新兴制造业或支柱产业从研发设计到物流金融等产业配套的全产业链集群①。

重构全球产业链还有三个因素需要注意：首先，要保证本国的供应安全，对于一些战略必需品，需要更倾向于自主生产，各国也应顺应供应链区域化的大方向，积极打造区域性产业链集群；其次，缩短产业供应链，保证各类资源和能源的有效供应，保证面对突发事件时能够从容应对；最后，在全球货币量

① 黄奇帆．疫情之下的全球产业链重构：发展水平分工与垂直整合相结合的产业链集群［J］．中国经济周刊，2020（7）：24－29．

化宽松普遍化的背景下，仔细审视本国流动性，确保资金流顺畅。

工业化即将进入一个以数字化的知识和信息作为关键生产要素、以网络作为重要载体、以信息通信技术作为工具的崭新的发展阶段，对于各国来说，及时掌握这些新兴技术并加以应用，能够在新一轮工业革命中占得先机，而没有把握住发展机遇的国家则可能继续在国际分工中处于劣势，并进一步拉大与其他国家的差距。

未来的世界将朝着多元化方向发展，这将使供应链、产业集群、贸易关系等都发生改变。随着我国人口红利逐渐丧失，原材料价格波动，贸易摩擦接连发生，种种不利情况都给正处于转型升级关键时期的我国提出了巨大挑战。在这种背景下，我国能否在新一轮的科技变革和产业变革中抓住机遇，在未来全球产业链重塑时占得更有利的分工地位，是一个值得思考的问题。可以确定的是，唯有坚定不移地推动工业互联网在我国落地实践，加快企业数字化、智能化改造的步伐，主动抢占发达国家的产业链，做大我们的蛋糕，才有可能扭转不利局势，让我国在全球化竞争当中立于不败之地，让民众享受到国家发展的红利。

第九章　新使命　新担当　新未来

基础设施建设对一个国家经济社会发展的重要性不言而喻，从传统基建到如今的新基建，形式不断变迁，但对社会经济强大的支撑作用不变。

在现代化强国愿景下，新基建已站在风口，担当起稳经济、稳投资的重要角色，不仅承接着为实现“新发展理念”提供系统支撑的新使命，还赋予了中国未来发展的新契机。新基建通过将信息技术与基础设施建设深度融合，构建现代化基础设施体系，开启了一个科技引领经济高质量发展的新未来。

新基建将带来哪些改变

中国基建已成为中国走向世界的一张硬核名片，被称为

“基建狂魔”的中国，其飞速的工业化历程自然得益于其超前的基础设施建设。新基建的加速推进，将为中国经济高质量发展注入数字动能和强大潜力。

对于一个国家的长远发展来说，新基建带来了无数个崭新的经济增长点，赋予企业转型升级的契机；对于民众而言，新基建带给人们衣食住行各个方面的改变和新的发展空间，显著提高人们的生活质量，给人们的生活以美好希冀。

新基建在改变经济社会格局的同时，还带来新消费、新产业、社会治理等方面的根本性变革。

新基建提振新消费

暴发于2019年年底的新冠肺炎疫情给一大批行业按下了“暂停键”，实体消费、服务消费等传统消费受到巨大冲击。与此同时，疫情开启了“宅经济”的新热潮，催生了“云教育”、在线医疗、在线娱乐等一系列新消费业态的崛起，市场消费被新型消费、升级消费等新消费形态重新定义，线下服务纷纷向线上转型，以网络购物、线上消费为代表的新型消费展现出强劲的活力。

随着疫情防控形势的持续向好，服务行业、消费行业也将迎来补偿式消费的行业升温，线上线下继续深入融合孕育消费新模式。消费需求的变化不仅带来了消费模式的变迁，而且创造了新供给、新市场，驱动着新产业、新商业的崛起。

我国正处于经济转型发展阶段，同时新型消费特征十分明显，消费对经济的拉动作用愈发明显。国家统计局数据显示，2019 年，最终消费支出对经济增长的贡献率达到 57.8%，内需作为中国经济的“压舱石”，连续六年成为我国经济增长的第一引擎。2019 年，我国居民人均消费支出为 21 559 元，同比增长 8.6%，居民消费升级已是大势所趋，拓宽消费领域成为发展的必然，品质消费、个性化消费表现出巨大的潜力。

创新是新消费的核心驱动力，以科技创新为内核的新基建开启了崭新时代，引领新消费的产生和发展，重构生产、运营和零售的消费价值链，横向和纵向拓展消费领域和空间，是未来的消费发展趋势。5G 网络、大数据中心等新型基础设施的建设正好可以培养适合新消费发展的土壤，让新型消费市场壮大起来，进一步挖掘消费潜力，有助于回补消费，促进消费升级。

新基建作为新消费的依托和支撑，能够为新消费的发展提供 5G、大数据、人工智能等新基建设施，从根本上为消费新业态提供集约智能、绿色高效的硬件保障和平台基础，提升消费者的用户体验，创造更多的投资机会，并进一步推进消费扩容提质。

新基建带来了数字化、网络化、智能化等新技术的广泛应用。新技术又给新消费带来“加速度”，加速消费结构升级和消费迭代，通过创新消费模式，激活消费市场，激发消费潜力，使国家经济进一步发展。在新基建的推进中，多种新型消费应用场景持续涌现，在提升民众生活品质的同时，为经济发展注入强大动能。

新冠肺炎疫情之下，各地电子消费券的发放，点燃了人们线下消费的热情，让消费市场回暖升温的同时也让更多商家在逆境中突围，在危机中寻求商机。相比于2008年金融危机时的纸质消费券，电子消费券依托广泛的用户基础、完善的消费生态，先后在各类大型线上平台出现。这种新型电子消费券能够适应丰富的消费场景，联动线下商户，带给消费者更便捷的服务体验，更好地起到拉动消费的作用。同时，网络平台所具有的大数据优势能够实现消费券差异化的精准发放，充分发挥其拉动消费的乘数效应。

此外，通过进一步加强数字基础设施的建设，新基建的发展能够扩大和升级信息消费。新冠肺炎疫情期间的线上医疗、在线教育、无接触配送、网络游戏等消费业态的井喷式发展，不仅让社会公众体会到信息化服务的便利，也让广大商家看到了新市场、新契机。新基建使得“信息＋消费”充分融合，拓展了人们的数字生活新空间，激活了信息消费活力。以5G和数据中心为核心的新基建，能够拉动5G手机、宽带、8K电视等个人信息消费，在一定程度上消除了数字鸿沟和“信息贫困”。借助新基建机遇，充电桩市场的快速发展也能带动新能源汽车的消费浪潮；通过挖掘数据价值，二手车评估、用户画像等增值数据服务市场也获得了快速发展。

相较于传统基建，新基建的赋能性更强，跨行业融合速度更快，能够通过技术创新激活消费潜力，提升消费韧性，在后疫情时期成为消费回补升级和经济稳健发展的有力支撑。

新基建能为消费新业态的发展创造出更好的技术环境和硬件保障，以及更大的创新空间，发挥其数据技术优势，从根本上提升消费质量，释放潜在社会终端需求。反过来，新消费的发展能为新基建明晰发展方向，开辟新的投资风口。只有新基建与新消费同频共振协同发展，合力探索新的发展路径，才能共同拉动我国疫后经济反弹。

新基建助推产业创新升级

新型基础设施建设的步伐不断加快，新技术加速应用，众多产业正在进行数字化和智能化的改造。新基建通过创新商业模式赋能产业发展，为产业转型升级提供了重要支撑。

新基建的覆盖范围广阔，涉及行业领域众多，具有很大的拉动效应，能够带动上下游产业链的发展，并催生新的产业形态，延伸产业链并创新产业链布局，同时创造出更多的就业机会，加速赋能产业转型发展。

在新基建的推进过程中，传统产业正在发生颠覆、迭代和升级，同时新兴产业悄然萌芽。在新技术的浪潮里，过去的传统行业迈入新的发展轨道，利用人工智能、大数据等手段赋能，对产业上下游进行改造融合，实现企业的降本增效，提升供应链数字化水平。

从需求端来看，企业通过创新商业模式和融合发展，创造新需求、新业务，颠覆或变革现有市场，重构企业定位；从供给端来说，传统企业通过调整产业结构降低生产成本，利用大数据为生产供销精准匹配，打通上下游产供销环节，实现智能仓储和战略成本管理。

此次新冠肺炎疫情加速了企业的数字化转型，新基建则为企业提供了一个优良的平台基础和技术支撑。人工智能、5G、大数据等核心技术的快速发展，使得传统互联网加速向产业互联网转型，推动传统产业数字化进程，丰富平台经济生态，赋能传统实体产业转型升级。

不同于劳动密集型的传统基建，新基建所涉及的领域属于资本密集型产业，能够加速智能生产，让生产决策更加智能化、精准化，还能为广大企业提供高新技术服务，支持企业尽快实现数字化、智能化转型，有助于行业整体技术水平和运行效率的提高。

高铁和轨道交通、特高压等领域的新型基础设施建设，能够激活众多创新业态，推动智能制造的进程，带动衍生行业的繁荣发展，激发传统行业的新动能。随着5G、人工智能、大数据中心、工业互联网等数字基础设施的深入应用，数字经济在各个领域渗透程度更深，数字产业的价值和潜力得到进一步发挥。

在新基建浪潮下，更多行业乘势搭上“5G快车”，寻求发展新机遇。5G作为未来数字经济的高速公路，成为传统经济和数字经济的桥梁，催热5G产业链，可以带动整个产业链的发展。人工智能技术能够快速高效处理数据，提高生产效率，通过降本增效为产业赋能；还能与5G结合，创造新需求和新的价值增长点。大数据中心为工业互联网、人工智能等其他领域的新基建提供算力载体和通用支撑技术，成为传统产业数字化的新引擎。工业互联网则重构了工业生产体系，协同上下游产业链，实现数据互通和信息共享，全面提升企业信息化、数字化水平，实现供应链协同和智能制造。

新基建重点着眼于供给侧改革，为产业结构升级打下坚实基础，有望成为产业数字化转型发展的新基石。依托于新基建，在高新技术和产业发展实现深度融合后，我国的产业结构和产业水平将进入更高的发展阶段。

社会治理数字化转型之路

新基建不仅能加速消费新业态发展，推动产业结构升级，还能在新型政务、城市管理、社会治理等多个领域发挥举足轻重的作用。

现如今，社会生产生活正朝着高度数据化、信息化和智能化方向发展。人工智能、物联网、大数据等新型基础设施正在快速地应用于社会治理领域和城市格局中，帮助各地政府解决交通、政务等各方面的治理难题。

新基建将加速基于数据驱动的社会治理、城市管理和公共服务的创新升级，促进交通运输、城市安全、医疗、教育等公共数据资源的有效流动，打造更为智能化的社会治理应用场景。在大数据时代，城市管理者能够通过广泛分布的城市神经元感知器件和社会治理类感应设备，快速感知社会事件，并将其转化为大数据，利用人工智能进行分析。例如，将失踪人员模糊特征输入人像大数据系统，就能快速排查辖区监控信息，通过人脸识别和地理定位寻找失踪人员；通过对气象和城市交通等数据的分析预判，能够为城市日常管理和未来规划提供决策支持。

新基建在提升社会各个领域的数据化水平的同时，也在不断深化信息基础设施在社会治理方面的利用效率，提升社会管理者的科学治理能力，改变着社会治理的逻辑和内涵。

此次新冠肺炎疫情的发生就是对国家治理体系和治理能力的一次考验。在抗击新冠肺炎疫情期间，新基建发挥的作用效果明显。各级政府、有关部门依托信息技术创新了社会治理体系，改进了治理流程，利用大数据采集实现了精细化管理。借助大数据、物联网等多项技术，基层人员能够实时监控辖区，掌握居民出入动态，通过线上通行证实现了“无接触”社区服务。创新推出的“健康码”也让各类公共场所实现了人员精细化管理。这些都是智慧防疫的表现手段。

得益于新型基础设施的大力建设，社会治理开始向精准预测、智能决策的数字化转型之路迈进，社会信息化程度也在不断加深。

党的十九大正式将数据列入新型生产要素，与土地、资本、劳动力、技术等传统要素并列为要素之一，这对于提升社会数据资源价值、推进政府数据开放共享具有重大意义。作为生产要素参与分配的数据，未来将推动大数据在各个领域更深层次的应用和大规模的推广，打破城市信息资源的部门壁垒，实现跨层级、跨系统的数据利用和整合。

由此可见，社会治理模式的高度数据化极大地提高了人们的生产效率和生活质量，但我们也不能忽视信息基础设施的安全隐患和信息浪费问题。

目前我国数据要素市场还处于起步阶段，在开放共享和数据安全方面还存在诸多障碍。数据应用的基础是数据安全，开放数据共享还需要严格的法律制度进行规范和约束。随着数据要素市场的稳步发展和新型基础设施的不断建设，社会治理会逐渐由“数字化”转向“智慧化”，形成新的治理模式和发展范式，推进国家治理体系现代化进程。2020 年“两会”期间，全国人大常委会的工作报告中就提到，备受关注的《个人信息保护法》和《数据安全法》已经在制定中，这是继 2017 年 6 月 1 日《网络安全法》实施后的又一次重要立法准备。

新基建提升经济增速

在全球疫情面前，世界各地出现一股逆全球化的趋势，投资也呈断崖式下跌，各国经济面临下行压力。2020 年一季度，我国 GDP 增速为－6.8％，在这种局势下，新基建有望成为后疫情时期逆周期调节的重要抓手，创造新的就业平台和投资机会。随着疫情形势的逐渐好转，新基建对于推动经济高质量发展的新引擎地位正逐渐凸显。

新基建作为投资的重要组成部分，能够在短期内发挥稳定经济增长的作用。国家统计局数据显示，2019 年我国基础设施投资同比增长 3.8％。预计未来新基建的直接投资额超 10 万亿元，可以带动相关投资额超 17 万亿元①，投资增速明显快于整体基建增速，这将成为我国稳经济的“强心针”。

---

① “新基建”发展白皮书［EB/OL］.［2020－03－30］. http：//www.360doc.com/content/20/0330/13/29585900_902641067.shtml.

相较于铁路、公路等传统基础设施，新基建兼顾补短板和促创新的功能，它既包括与创新发展有关的云计算、大数据、5G等新型数字化基础设施，也包括与供给侧改革有关的城际高铁和轨道交通等领域，可以补充传统基建的短板和不足，推动数字经济与传统基建的深度融合。

新基建涉及我国众多产业，覆盖了我国社会经济发展的方方面面，在我国经济中占据至关重要的地位，决定了我国经济社会发展的未来。大力推进新基建，能够带动整体投资水平的回升，同时也会减少疫情给经济增长带来的负面影响，为中国经济注入新鲜血液，推动各行各业经济转型发展。

从长期来看，加快发展新型基础设施将给数字经济按下"加速键"，助力社会加速进入"云时代"。以人工智能、5G等新兴产业为代表的新基建将站在投资风口，赋能新经济，拥抱创新发展机遇，开启万物互联的智能时代。

新基建不仅能巩固我国的数字经济发展基础，带动中国经济的高质量发展，还能为全球经济提供长期的高质量供给和智能制造，为全球企业带来广阔的发展空间。

在高新技术快速变革、国际形势深度变化的背景下，新型基础设施建设不仅是调整我国产业结构的重要手段，也是促进我国经济快速发展的新引擎，更是支撑我国长远发展的重要基础。

现如今，新基建成为我国扩内需、稳经济的重要发力点，也是赋能产业转型、转向高质量发展的关键引擎。随着我国技术水平和创新能力的持续增强，新基建发挥的作用会越来越显著，将与新产业、新消费、新制造协同共振，成为中国经济新旧动能转换的多维创新驱动力。

数字化赋能新基建

我们已进入互联网数字化时代，万物互联、数据互通、人机智联成为未来城市的象征。无数企业纷纷投入数字化怀抱，释放数字化潜力，在数字化社会转型过程中，新基建的巨大优势日益显现。

新基建的核心是为产业数字化转型、智能升级、融合创新和经济高质量发展提供基础支撑。数字化赋能下的新基建，开启了数字经济蓬勃发展的新局面，持续推动我国由网络大国向网络强国迈进。

从 2015 年的“互联网＋”行动计划，到 2018 年我国把实施网络强国、加快建设数字中国作为发展的重大战略，再到现如今吹响的新基建号角，我国时刻把握数字经济的机遇，瞄准科技前沿，奋力前行。

数字新基建打造新引擎

新一轮科技革命和产业变革正在加速酝酿，我国作为互联网大国也迎来了更加广阔的发展空间。信息化、网络化、数字化在社会、经济、文化等各领域的作用越来越显著，成为提升国家综合竞争力的强大引擎。

从最初的即时通信、SNS社交，发展到今天的计算机超算、人工智能技术，由PC互联网过渡到移动互联网，从1G“进化”到5G，伴随着互联网技术的发展，“互联网＋”深入生产的各个环节，彻底融入社会生活的方方面面，日新月异的互联网技术开辟了一条中国经济高质量发展的新路径。

中国互联网络信息中心（CNNIC）发布的报告显示，截至2020年3月，我国网民规模为9.04亿，互联网普及率达64.5%。日益庞大的用户基础为数字经济的发展创造了巨大的需求市场。报告还显示，2019年我国数字经济规模已达31.3万亿元，位居世界前列，占国内生产总值的比重为34.8%。随着新基建的全面布局，数字产业的价值和潜力将得到进一步发挥。

我国在网络基础设施建设上长远布局，循序渐进实现了数字化、智能化在各行各业的深度覆盖，通过数字化赋能新型基础设施，推动产业结构高端化和产业体系现代化，为构建数字经济时代提供了强大支撑。

新基建时代，我国5G网络发展势头正猛，三大运营商积极布局，不断加快5G平台建设速度，预计2020年在已建设的超过16万个5G基站的基础上，还要建成55万个基站。5G基站的全面部署也会带动5G终端、5G承载网产业链的增长，拉动5G设备需求的提升，创造超万亿的市场规模，同时带动应用创新，引领全球产业数字化转型升级。

大数据中心作为云计算的基础设施，也被称为信息时代的"诺亚方舟"。在万物互联的时代，各行各业都源源不断地产生海量信息和数据，构成数字经济的血液，为新兴产业的发展提供数据支撑。大数据中心能够对海量数据信息进行获取、存储和专业化处理，为精准决策提供参考。大数据中心已越来越广泛地应用于交通、卫生、通信等各行业和技术领域，满足不同行业数据融合和数据交互的需求。

工业互联网作为新型基础设施建设的重要组成部分，融合了工业化、信息化和智能化，以数据驱动产品全价值链、全要素展开互联互通，形成一条以产品为核心的数据流，构建出高价值业务场景，从研发、制造、销售和服务各环节加速企业数字化进程。5G作为工业制造变革的核心变量，通过高可靠、低时延、万物互联等特点大幅提升产业数字化水平，拓展工业互联网应用的广度与深度。

人工智能技术作为数字经济发展的战略抓手，现已融入人们的日常生活，广泛应用于社会生产的各个领域。人工智能通过“大数据+深度学习”实现人机融合，给交通、教育、医疗等行业带来深刻变革，为城市管理和社会治理提供智能服务。我国《新一代人工智能发展规划》指出，到2025年中国人工智能核心产业规模将超过4 000亿元，带动相关产业规模超过5万亿元。未来的人工智能将创造巨大的需求市场，推动数万亿的数字经济产业转型升级。

特高压、城际高铁和轨道交通的成熟和完善，需要依托数字资源，创新更多智能应用。以高铁为例，传统铁路行业与数字化、智能化深度融合，依托5G、人工智能、大数据等新技术，从智能制造、智能装备和智能运营出发，构建全生命周期一体化管理的智能化高速铁路系统，创造更高效、安全的“数字化高铁”，让我们充分感受到数字经济带来的红利。

在新基建战略布局下，数字技术将和实体经济深度融合，为社会各行各业的转型升级赋能，催生新产业、新业态和新模式，发挥信息化对经济社会发展的引领作用，充分释放数字经济的乘数效应，助力经济社会高质量发展。

开启数字经济新变革

新基建对于我国信息技术体系来说是一次深远的变革，既能缓解新冠肺炎疫情对中国经济的冲击，也为未来的数字化转型铺路，奠定坚实基础。

新基建在推动复工复产、促消费稳经济、保障就业等方面发挥了至关重要的作用。如果说疫情使得很多企业出于“自救”被迫选择数字化，那么新基建则加速助推了行业的数字化进程。

从企业角度来说，数字化赋能大数据、人工智能、5G等新型基础设施的发展，打造行业化、产业化的生态数字平台，同时企业借助数字化应用创新业务模式，实现网络化协同、智能化生产，拓展数字化运营场景。不同于以往的企业转型，数字化转型意味着对传统业务模式和商业模式进行重塑，实现组织经营的完全数字化。

以5G、大数据等新技术为核心的新基建，在带动上下游产业飞速发展的同时，成为推动数字经济发展的新动能，给社会、经济、文化和法律环境都带来了深远的影响。新基建在保有传统基建投资带动增长的优势的同时，还发挥着前沿布局牵引的作用，连接更多产业链和价值链，创造出巨大的投资市场。

当前，我国在5G、大数据、人工智能等前沿科技领域不断取得重大突破，其核心技术的自主创新能力不断加强，科技研发投入产出持续提高，有望引领我国数字经济规模的快速崛起。

随着“互联网+”与产业的加速融合，数字经济为中国经济带来了更广阔的发展空间，成为中国经济发展的新引擎。伴随着数字化进程，新基建势必会推动各个行业和领域继续向纵深发展。

新型基础设施建设正在不断夯实网络强国、数字中国和智慧社会建设的强大基础。大力推广新基建，是通往数字经济新时代的必由之路，也是深化供给侧结构性改革的强大动力。在新一轮基础设施建设中，我国的经济发展水平和社会发展形态将进入更高的阶段。

机遇与挑战并存

在信息化浪潮的推动下，进入数字时代后，全球企业纷纷开启了数字化转型之路，我国的新型基础设施建设既面临巨大的市场机遇，同时也面临着来自国际环境、网络安全、体制规划等方面的诸多挑战。

一是国际环境问题。受全球疫情蔓延影响，经济下行压力增大，全世界范围内的社会和经济都受到巨大冲击。我国 2020 年一季度 GDP 出现负增长，投资、消费、生产等指标都有较大幅度下滑。新基建有望在稳增长、稳投资和稳就业中发挥重要作用，以数字化驱动产业转型升级，通过基础要素的改进来推动供给侧结构性改革，为未来的经济社会发展奠定基础。

二是网络安全问题。网络安全是国家安全和建设网络强国的后备保障。目前新型基础设施缺乏配套的安全管理系统，数字化转型过程中面临的网络安全威胁持续攀升，海量数据的处理过程中可能会面临信息泄露的问题。在享受数字基建带来的便利的同时，应加强网络安全建设，及时构建安全可控的信息技术体系，制定相关法律，完善技术标准，扎实推进产业数字化转型。

三是投资效率问题。现如今，政府主导加快推进新基建投资，将新基建作为实现经济平稳有序发展的重要举措。数字经济产业的蓬勃发展让新基建迎来发展的契机，会带动庞大产业链的发展和数万亿规模的投资。不过资源过度向新基建领域倾斜，可能会出现资源过剩和投资泡沫化问题。在构建多元化融资渠道、刺激投资积极性的同时，还应提高社会资源配置的效率，形成良性投资循环。

四是统筹规划问题。新基建的强势崛起离不开数字经济下的发展红利，更离不开良好的政策环境和顶层设计。及时修订完善的指导意见和标准规范，通过长远的战略部署支持新基建的发展，能更好发挥新基建对经济的引擎作用。另外，还要统筹协调传统基建和新基建的关系，强化新基建的整体优化和协同融合。

顶层设计引领高质量发展

顶层设计，是指运用系统论的方法，从全局的角度，对某项任务或者某个项目的各方面、各层次、各要素统筹规划，以集中有效资源，高效快捷地实现目标。这原本是一个工程学术语，现如今成为新的政治术语。

发挥新基建引领作用

俗话说，顶层决定底层，高端决定低端。在统筹规划新基建的步骤中，顶层设计至关重要。好的顶层设计，不仅能够发挥全盘统筹的规划功能，还能够起到方向上的引领作用，为后续的发展走向提供指导意见。

新基建作为数字经济基础设施的有力支撑，有助于稳投资、扩内需，助力经济实现高质量发展，发挥着稳定中国经济的新引擎作用。新型基础设施建设意义重大，它是我国立足当前、着眼未来的重大战略部署。

基础设施建设对我国的社会经济发展不光起着支撑作用，还起着先导作用。基础设施在我国的重要地位，决定了顶层设计既要适应当下发展形势，又要符合未来发展眼光。随着社会的不断发展，新基建的设计需要为经济发展和社会进步提供有力支撑。

新基建的顶层设计不能是虚无缥缈的“空中楼阁”。通过统筹规划进行顶层设计，首先应明确推进新型基础设施建设的重点，科学把握新基建的发展方向，基于经济社会发展的格局，分别制定短期和中长期战略规划。发展新基建不应脱离国情，应立足于服务“一带一路”建设、网络强国建设、数字中国建设等国家战略，为我国引领经济新常态、实现高质量发展提供长久动能，发挥战略协同的叠加效应。其次，应根据区域经济发展基础和产业结构状况，合理规划新基建重点区域和重点行业，明确区域布局，不能搞“大水漫灌”，而要“精准滴灌”，充分发挥新基建的投资效益和资源利用率。根据不同区域的信息化建设状况，推进不同规模的新型基础设施建设，以匹配当地互联网和产业发展基础。再次，应推进新基建的试点示范效应，学习借鉴先进地区的经验技术，加快产业成熟和设施完善进程，搭上新基建“快车”。合理准确把握上述原则，能从源头上化解积弊，从根本上化解日积月累的深层次矛盾，有利于改革的纵深推进。

在新型基础设施建设的推进过程中，其应用广度和深度不断拓展，部分领域将实现从无到有的跨越，新旧动能也在加速转换。经济社会的数字化转型既是社会进步的内容和标志，也是经济社会发展的必然要求。

统筹多元主体协同发力

新基建的顶层设计离不开地方政府的支持和社会的参与，以及企业的自身规划。从政府角度来看，应加快出台与新基建配套的财政金融政策和产业政策，加强统筹规划，根据区域特点和行业需求，合理调整和变动资金扶持政策以适应新的投资需求，由中央到地方，分别从国家、省、市层面引导和扶持重点地区的新型基础设施建设，加快投资成果的落地。此外，政府还应及时完善有关法律法规、规章制度、行业管理等方面的政策协同，在大力推进建设的同时加强监管力度，防止出现过度投资、无效投资的现象，充分发挥政策的支持和引领作用，为新基建的长远发展保驾护航。

对于企业来说，应该加大在数字经济背景下的顶层设计，聚焦新基建相关领域的未来发展，制定相应的管理制度和运营模式以适应新基建的推进，以数字化赋能企业的管理、运营、生产、销售等环节。加大企业层面的顶层设计能拓展行业发展空间，为企业数字化、智能化转型提供有力支撑，更好地实现数字经济的变革。

从社会角度来看，应放宽市场准入机制，激发市场活力，为新基建的发展营造良好的发展环境。同时，好的顶层设计，需要满足人民日益增长的社会需求和参与度。在创新环境下推进新基建，需强调知识和技术共享，发挥市场在资源配置中的关键作用，通过制度保障引导社会资本和公众的共同参与，围绕新基建打造共建共享的生态机制，使数字经济更好地造福民众。

新基建有技术新、模式新、产业新和领域新等特点。新型基础设施依托人工智能、5G、大数据等新技术，既包括集成电路、数据中心等有形的硬件，又包括操作系统、网络平台等无形的软件，并且技术呈快速迭代升级趋势，朝数字化、网络化和智能化方向演进。同时，新基建涉及的工业、农业、能源、医疗等行业更具协同性和融合性，要通过数字化加速产业转型，不断衍生出新业态、新模式，并赋能铁路、交通等传统产业，催生智慧城市、智慧政府等全新应用领域。

这些特点决定了全面推进新型基础设施建设，思维模式要新，理论逻辑要新。首先，新基建本质上是以数字化为核心的基础设施，既是基础设施建设，又包含数字经济，具有鲜明的技术特征，决定其发展方向需要与数字经济的发展方向相协同，发展节奏需要与数字经济快速迭代的节奏相匹配，才能充分发挥新基建对经济的规模效应和乘数效应。

其次，新基建衍生出的新业态、新模式也决定其顶层设计不能照搬过去，应适应新基建的数字化特征，突破原有的思维定式，以超前思维部署新基建的发展布局，把握数字经济带来的发展红利，抢占数字经济时代的风口，确保供给与需求相适应，处理好短期利益和长期利益之间的关系，建立突出技术引领发展的体制机制，坚持规划先行，有计划地推动和引领新基建的健康平稳发展。

只有做好新型基础设施建设的统筹规划，才能为经济复苏和发展培养新动能，同时为“十四五”规划打好坚实基础，通过优化经济结构、转换增长动能来建立现代化经济体系。

统筹协调新基建与传统基建

我国是基础设施建设大国，高铁总里程和高速公路总里程均居世界第一。但我们要明确一点，目前我国人均基础设施水平只相当于发达国家的20%～30%，与发达国家还存在较大差距。同时，目前我国在基础设施建设方面还存在区域发展不平衡的问题，基础设施建设领域尚存在较大的发挥空间。

我国经济已由高速发展转向高质量发展，现有基础设施体系已经不能完全适应我国高质量发展的需要，传统基建对经济的拉动作用正在逐渐弱化。新基建的加大投入有利于加快我国经济转型升级的步伐，激发新的经济增长活力，同时调整经济结构。因此，大力发展新基建对新经济的发展有着重要意义。

新基建与传统基建缺一不可，统筹协调好二者之间的关系，齐头并进，才能更好发挥投资对经济的拉动作用。既要加大对新型基础设施建设的投入力度，又不能松懈传统基础设施的改造升级，补齐基建的短板和漏洞，统筹推进传统基建和新基建，协同构建集约高效、经济适用、智能绿色、安全可靠的现代化基础设施体系。

新基建为传统基建“补短板”

基础设施建设对于一个国家经济社会发展的重要性不言而喻。随着经济社会发展水平的提高，基础设施的形式不断升级演变，持续为经济发展和社会进步提供有力支撑。新时代下的基础设施体系必定承载着新使命，包括为实现新发展理念提供系统支撑，以及带动传统基础设施体系转型升级。

被称为“铁公基”的铁路、公路、水利设施、桥梁等传统基础建设施建设是促进社会生产发展和提高民众生活水平的重要手段，能够拉动固定资产投资，促进就业，调整原有经济结构和生产力的地区分布，在整个国民经济中占有重要地位。

我国经济已进入高质量发展阶段，优化调整产业结构布局、加快新旧动能转换迫在眉睫，推进新型基础设施建设自然势在必行。新基建不仅能引领数字经济产业发展，抢占未来发展高地，还能为传统基建“补短板”。

短板不仅代表着现存的不足和漏洞，还意味着增长空间和机遇。补短板就是找准痛点，抓住发展的突破点，精准发力，打开新的发展空间。

“补短板”指的是利用云计算、大数据、物联网和人工智能等技术进行数字化改造，为传统基建项目提供相应的信息平台，通过布局智慧交通、智慧城市等应用场景来提升其数字化和智能化水平，补齐传统产业创新发展能力的短板，支撑传统基础设施朝着数字化、网络化和智能化方向发展。

新基建不仅能补传统基建的发展短板，为传统基建创造新机遇，还能创造出更多新兴产业，催生出更多产业变革。新基建具有技术更新速度快、带动效应强、覆盖领域广等特性，其发展能够加速传统基建乃至全行业的数字化赋能进程，整体优化基建投资结构，对产业上下游发展起到较强的杠杆带动效应，有效推动新旧动能接续转换。

新基建与传统基建加速融合

就目前来看，新基建的整体投资规模不及传统基建，短时间难以完全承担起稳定经济的重任，还需经过一段时间的蓄力才能充分发挥其创新驱动能力。新基建顺应了数字经济发展的潮流，是在现代化强国愿景下面向未来的战略布局，具有巨大的发展潜力，成为经济社会数字化转型的关键依托。

推动数字化建设离不开产业结构的调整和优化。以科技创新为主导的新基建能够加速产业结构的调整和优化，同时匹配中国经济转型的方向，推动经济迈入从传统要素驱动向创新驱动转变的新阶段，带动各行各业数字化转型。

新旧基础设施体系的跨越不是一蹴而就的，还需要较长时间的磨合、改造和更新，是一个逐步累积和发展的过程。相比传统基建，新基建的涵盖范围更广，符合数字经济发展的大趋势，但传统基建的支撑作用依然强劲，渗透于各行各业，不会退出历史舞台。

新基建的推进也需适应科技发展的节奏，遵循事物发展规律，不可盲目走投资刺激的老路，也不可过度超前于技术创新步伐。新基建的发展要与技术水平相匹配、相契合，为数字经济发展提供基础依托，而科技创新反过来又会促进新基建的快速发展。

新基建大致可以分为三种类型：第一类是人工智能、数据中心、5G 等基于新一代信息技术的信息基础设施；第二类是深度应用人工智能、大数据等新兴技术，进行传统基础设施的数字化改造，进而形成的融合基础设施，如智慧能源基础设施等；第三类是科教基础设施、产业技术创新设施等支撑科学研究、技术开发和产品研制的具有公益性质的创新基础设施。

第二类融合基础设施，在传统基础设施建设的基础上融入数字科技，进一步挖掘富有潜力的传统基建项目，利用互联网等新兴技术赋能传统基建，实现“1+1>2”的叠加效果。

如果说传统基建为社会生产和经济发展提供了支撑保障，那么新基建则为产业结构调整和经济高质量发展提供了新引擎，开辟了新领域，带来了市场新机遇。新基建和传统基建是相辅相成、相互促进的关系，新基建的发展并不会降低传统基建的作用和地位，反而会持续促进产业结构的升级，让传统基建发挥更强的支撑作用。

新基建的快速布局，得益于技术的飞速迭代升级，更离不开传统基建创造的坚实基础。未来的基础设施建设领域，将由传统基建托底，新基建持续发力，扮演引领发展的重要角色，“以新带旧”，“一业带百业”，实现跨行业融合创新的发展模式，为中国经济打造竞争新优势。

从“补齐农村基础设施和公共服务设施建设短板”到“加强新一代信息基础设施建设”，再到现在的“加快 5G 网络、数据中心等新型基础设施建设进度”，国家战略层面上对基础设施建设领域的规划设计，充分彰显了超前布局基础设施建设的重要意义，也体现了统筹协调稳步推进新基建和传统基建的根本逻辑。只有统筹好新基建和传统基建的关系，才能协同提升我国基础设施的现代化水平，深化供给侧结构性改革。

科学布局与优化资源配置

改革开放以来，我国的综合国力显著提高，科技实力和生产力水平等各方面都取得重大突破。同时也应看到我国社会发展不平衡的现状，在经济发展、社会治理、民主法制建设等领域存在一定的结构性问题，资源配置方面依然面临严峻挑战。

在数字化时代，以创新驱动发展的新型基础设施建设能够有效缓解此类问题，通过快速集聚人才、技术、数据等高端要素，实现优质资源要素的互动耦合，弥补人均资源不足、资源分配不均的短板，以科学布局助力经济高质量发展。

人才驱动引领创新驱动

当今时代，人才是实现民族振兴、赢得国际竞争主动权的战略资源。习近平总书记在党的十九大报告中提出，要坚定实施人才强国战略。因此，我们应充分发挥人才资源的引领和支撑作用，深刻认识和把握人才强国战略的重大意义。

在数字经济浪潮下，新业态、新模式不断涌现，无数新兴产业聚集发展，成千上万个新岗位随之诞生。数字经济不仅能保就业，还能促就业，在优化就业结构方面发挥重要作用。随着新基建的加速落地，5G、人工智能等相关领域的岗位呈井喷式增长，将进一步发挥数字经济吸纳高端人才就业创业的主力作用。

创新驱动的实质是人才驱动。新基建的势头突飞猛进，以其鲜明的科技特征和广阔的发展前景，吸引了大量高端人才，为人才的培养和发展创造了良好的条件和环境，产生和聚集了一大批高端人才，并充分发挥其创新引领作用，在新一轮产业变革中占领制高点，增强新型基础设施建设的创新驱动能力，同时也高度契合人才强国战略的核心要义，确保人才强国战略的有效实施。

以5G、大数据中心、人工智能为代表的新兴信息基础设施建设，能够鼓励科技创新，加大高科技人才培养力度，充分释放人才创新创业活力。以特高压、城际高铁等为代表的融合基础设施建设，能够创造大量新兴就业岗位，吸引高端人才，推动人力资源结构朝现代化、高端化方向发展。

社会经济的高质量发展离不开高质量人才的有力支撑。在后疫情时期，新基建的发展还需要大量的高端人才储备，以及相匹配的人才培养体系。我国科研人才规模位居世界前列，但在创新型科技人才领域还面临着结构性不足的突出矛盾，领军人才、顶尖人才数量匮乏，据有关部门测算，目前中国人工智能人才缺口超过500万，供需比例严重失衡。

推进新基建的发展亟须搭建与之相适应、相匹配的高端人才培养体系，这对于人才队伍的规模、结构和质量提出了很高的要求。优化人才结构的关键一点在于改变“规模化、批量化生产”的人才培养模式。目前一些地区和部门的人才培养机制较为单一，不能很好满足培养高质量和高水平人才的需要，教育模式和培养体系与创新实践存在脱节现象。

未来在基础教育方面，应突出创新思维的启发式培养，强调在互动实践过程中培养学生的思维创新能力。有关高校也应积极发力，强化校企合作，推动“产学研”深度融合，加快人工智能、数据分析等新兴专业的设置，围绕未来产业变革和技术发展方向布局，为人才培养搭建技术技能创新服务平台，深化教育模式改革，培养大批与新兴产业模式相匹配的创新型、复合型和应用型技术人才，以适应数字化发展的需要。

技术的更迭会催生大量的新岗位，大批旧岗位也会被时代所淘汰，不同岗位的市场供需平衡会被打破，在经济调整过程中不可避免地会出现摩擦性失业，对就业市场造成短暂的冲击。在推进新基建的过程中，传统行业在进行数字化改造时，人力资源结构会因经济发展和结构转型而不断调整，以适应未来需求的变化。

人才资源应适当超前布局，以培养适应未来科技创新发展的高技术人才，实现岗位和专业的精准对接。人才供需预测是资源布局中必不可少的环节之一。据工业和信息化部印发的《产业人才需求预测工作实施方案（2020—2022 年）》，主要目标是到 2022 年，技术先进、动态监测、预测科学、开放共享的产业人才大数据平台要基本建成，能够有效支撑新一代信息通信技术、高端装备制造、生物医药、新材料等“两个强国”重点领域的人才需求预测工作。

此外，新基建能够在一定程度上调整和优化人才队伍结构，带动就业结构的升级，强化高技术人才的培养力度，长期来看有利于人才资源在空间格局及行业分布上趋于平衡，以人才驱动引领创新驱动，实现创新引领高质量发展的最终目标。

合理优化资源配置

不光人才资源需合理配置，知识、技术、管理、土地和数据等要素都应超前布局、合理配置，以确保新基建的部署取得显著成效。

技术要素是新基建的核心。5G、人工智能、工业互联网、云计算等新一代信息技术赋能新基建朝数字化、智能化方向发展，为中国转型发展带来强劲动力。然而技术要素受到时空和资源禀赋的制约，存在空间差异，区域技术创新与经济发展往往还存在“马太效应”①。针对此类现象，在新型基础设施建设过程中，应加大技术要素的投入力度，尽量将要素资源配置空间分布合理化，制定差异化、针对性的扶持政策，以带动落后地区的经济发展。

新基建发展的关键在于资源要素的合理配置和统筹规划。新基建重构原有的生产要素结构布局，还培养出新的生产要素——数据。随着经济社会各领域的数字化转型高速发展，数据的价

① 金晓彤，黄蕊．技术进步与消费需求的互动机制研究：基于供给侧改革视域下的要素配置分析［J］．经济学家，2017（2）：50－57．

值和地位不断跃升，对提高生产效率具有显著的乘数效应，现已成为推动我国经济高质量发展的新动能。数据作为一种新型生产要素，是新基建的核心驱动力，能与其他生产要素深度融合，将有助于数据中心等新型信息基础建设的深入推进。

数据作为国家重要的基础性战略资源，在推进治理能力现代化、推动数字基础设施建设方面发挥着重要作用。如何有效提升社会数据资源的价值就显得非常有意义。数据治理是激活数据要素潜在价值的关键着力点，通过完善数据治理体系，搭建起统筹协调机制，形成数据分析、共享、融合和协同的数据价值流动，释放出数据价值。

同时，要引导各类要素协同发展，使市场在资源配置中起决定性作用，尤其要完善数据要素市场化配置，促进资源要素的自由流动和合作共享，加速要素转移，通过市场价格、市场竞争来实现要素资源利用率最大化。

新基建的进程应适当把握节奏和速度，应建立在有限资源总量的基础之上，始终遵循市场需求导向，把握市场机遇和政策利好，促进要素的优化配置，引导资源要素优先向重点地区、重点领域流动，充分激发技术、数据等要素的潜力。

探索创新投融资体系

为适应数字化转型升级趋势、加快经济高质量发展，从中央到地方，目前都在密集部署新基建推进项目。加快 5G、数据中心、工业互联网等新型信息基础设施建设，可以助力新经济新业态逆势增长，有效推进我国在后疫情时期的经济复苏发展，为经济转型升级提供重要驱动力。

在加快新型基础设施建设步伐中，需找准投融资模式，提升资金利用效率，不能走过去“投资刺激”的老路，应积极探索政府财政和社会资本互补的创新投融资体系，破除基建投资的掣肘。

放宽市场准入，激发多主体投资积极性

新型基础设施建设具有明显的科技属性和产业融合创新的特点。与传统基建相比，新基建的投资规模大、溢出效应明显，符合产业转型升级要求，这就决定其投融资模式应丰富多样，以适应不同类型的融资需求。

我们应针对风险收益类型和投资周期，对新基建项目和投资区域进行细分，确定不同的投资主体，并探索新的投融资模式。例如，城际高铁和轨道交通属于融合基础设施，是在传统基础设施基础上进行数字化改造，具有投资风险较低、投资成本大、投资回报周期长等特点，过去的主要投资方式是以政府投资为主，现在可以尝试采用政府和社会融资合作模式，鼓励民间优质资本进入铁路建设领域，构建多元化投融资渠道，调

动社会资本在轨道交通行业的投资积极性。

相比传统基建，5G、数据中心等新基建的投资周期较短，预期投资收益率较高，可以适当下调项目资本金比例，扩大信贷对新基建项目的支持。并且根据不同地区的资源禀赋和经济条件，估算各地区的融资成本和投资期，因城施策，选择相适应的融资方式。例如，西藏、青海、新疆等西部地区的财政赤字率较高，基建项目的财政补贴有限，相应的融资成本也会因此提高，应提倡多元化融资模式，在给予政策扶持的同时也应合理规避投资风险。

新基建投资区域的选择应与当地的经济发展水平和产业布局相契合。例如，在发展速度较快的发达地区，数字经济发展水平和信息化程度普遍较高，在新基建领域具有较强的技术和资源优势，此时应加快推进新型基础设施建设项目在该地区的投资力度，聚焦重点领域的高技术创新产业，并通过数字化赋能传统产业，带动投资区域的产业水平和产业结构进入更高发展阶段。推进新基建能够提升区域发展水平，为增强区域竞争力提供完善的基础设施支持，以迎来更广阔的发展空间。

由于对技术水平和投资规模要求较高，新基建应改变传统基建由政府投资为主的固有模式，融资模式也应更加灵活。应放宽新基建投资市场的市场准入，降低民间资本和外资参与基建的门槛，破除招投标、信贷融资等领域的隐形壁垒，适当扩大投资主体范围，吸引社会资本和民营企业参与新基建投资，使资金来源更加多元化，由此进一步提高投资效率，形成市场化、多元化投融资体系。

此外，不仅要放宽市场准入，还应营造公平竞争的市场环境，激发民间资本等各类主体投资新基建项目的积极性，挖掘社会资本在基建融资中的潜力，解决新基建项目来源单一、资金不足的问题。

在新基建投资过程中，一个重大的问题就是防止过度泡沫化。新基建的投资规模十分庞大，投资前景广阔，应做好统筹规划，制订新基建年度投融资计划，优化资金投向。还应规避传统基础设施建设出现过的盲目投资等问题，避免一哄而上，不走“投资刺激”的老路，防止产能过剩和低水平的重复建设。

加强政府引导，构建多元化投融资体系

新型基础设施属于公共物品的范畴，具有正外部性，离不开政府投资，更要靠社会资本的投入。目前基建投资的大部分项目还是传统基建，新基建还存在体量小、投资不足等问题，亟须构建多元化投融资体系，才能加快新基建推进步伐。

2020 年 4 月 28 日的国务院常务会议指出，要创新投资建设模式，坚持以市场投入为主，支持多元主体参与建设，鼓励金融机构创新产品强化服务。这是决策层首次明确新基建的投

资模式。

政府投资比重过高，容易对社会民间资本产生挤出效应，也会提升地方政府的债务水平，不利于新基建投融资体系的长期发展。当然也不是说政府要减少对新基建的投入力度，除了重点项目的核心技术研发和重点领域规划，还需要大力引导社会和民间资本投向新基建领域。

在政策方面，应加快出台配套扶持措施，针对新基建项目实施积极的财政政策，利用增加低息融资、设立新基建专项贷款等政策性金融工具，鼓励和引导金融机构加大对新基建的支持力度。还应设立国家新型基础设施投资基金和融资专项基金，重点扶持新型基础设施建设项目，并完善国企和民企之间的投资合作机制，为投资建设提供更多便利。同时，应通过政府引导基金等方式吸引市场资本参与，形成市场化运作模式。

政府还应对新基建的进程进行规划，保持适度超前，但不可过度超前，清晰认识现存技术和资源，有效促进新基建项目投资的有序推进，避免出现新基建与城市发展相脱节、建设规模过于集中等问题，在优化投资结构的前提下提高财政资金使用和配置效率，准确把握投资节奏，有序推进新基建。

政府在新基建过程中，不仅是管理者和领导者，还承担着参与者的角色，在前期统筹规划、投资布局以及招商引资等方面，应充分发挥政府的调动和引领作用，还应与其他投资主体协同发力，探索多渠道融资模式，合作发展实现双赢。

新基建项目不同于传统基建，信息化程度更高，偏向技术创新，参与主体较多元化，高新技术企业的参与度也会更高。针对 5G、数据中心等具有数字技术属性的基础设施建设，应积极吸引高新技术企业参与投资，通过实施推广高新企业低税率等配套扶持政策，给予高新技术企业在上市、融资等方面的支持。

此外，还应充分发挥资本市场的作用。积极推动新基建领域的高新技术企业上市，引导机构投资者抓住新基建这个投资热点，通过在资本市场上融资或并购获得建设资金，加大重点项目的投资力度，助力核心技术突破，如此，受到资本加持的高新企业也能迎来广阔的发展空间。

发展新基建，重点是处理好政府与市场之间的关系。新基建与市场关系密切，应吸引市场化主体参与新基建的规划设计，还应积极转变新基建的资金扶持方式，积极推进财政资金和社会资本的协同互动，更多规范使用 PPP（政府和社会资本合作模式）、风险补偿等市场化方式，引导更多金融和社会资本投入新基建领域，缓解地方政府负债压力，充分发挥财政资金的杠杆撬动作用以及市场在资源配置中的决定性作用。

目前，与新基建相关的科技类 PPP 规模占比较少，国家层面还需出台相应的法律法规来监督和规范 PPP 项目的发展，防控地方政府潜在的债务和财政风险，并大力扶持新基建 PPP 模式的落地，这不仅能激发民间资本参与新基建项目的热情，还能有效降低地方政府的财政压力，政府和企业将形成合作关系，共同发展达到双赢。

在新基建浪潮下，预计未来与新基建相关的 PPP 项目模式有望得到大规模采用，推动建立政府财政和社会资本互补的创新投融资体系。

新基建 REITs 丰富融资渠道

近年来，公募 REITs（房地产投资信托基金）成为行业关注的焦点。2020 年 4 月 30 日，中国证监会、国家发改委联合发布《关于推进基础设施领域不动产投资信托基金（REITs）试点相关工作的通知》，标志着境内基础设施领域公募 REITs 试点正式起步。此次基础设施 REITs 聚焦于新基建、交通、能源、仓储物流、环境保护、信息网络、园区开发等七大领域，其中 5G 网络建设、数据中心等属于基础设施 REITs 重点支持范畴。

推进基础设施公募 REITs 对深化金融供给侧改革，提升资本市场服务实体经济的能力具有重要意义。REITs 在国外运行较为成熟，在海外资本市场上占有重要地位。有关机构统计，截至 2019 年底，美国 REITs 合计 219 只，总规模达 1.33 万亿美元，年收益率相当可观。我国基础设施建设存量市场巨大，诸如铁路、公路等基础设施都具有大量的存货资产，预计潜在的公募 REITs 市场规模未来可达万亿元量级。

基础设施建设的资金投入量大、回收周期较长，推行基础设施公募 REITs，能够通过资产证券化的方式有效盘活存量资产，尤其是聚焦重点区域、重点行业、优质项目的存量资产，缓解基础设施投资压力，同时降低投资门槛，丰富基金种类，有利于社会资本参与进来，也有助于化解地方政府债务风险。新基建 REITs 还为企业开辟了新的融资渠道，有助于企业降低财务杠杆，提升企业估值，激活企业活力，让企业充分发挥其经营优势，实现快速扩张。

我国的基础设施项目具有稳定的现金流，投资收益预期可观，适合长期投资，能够为投资者提供资产持续增值的投资机会。新基建也因其收益率高、成长前景稳定、规模大等特点，成为 REITs 优质的底层资产。像 5G 基站、数据中心、充电桩、城际高铁和轨道交通等新基建都具备长期、稳定的现金流，能够作为发行公募 REITs 的基础资产，为广大投资者提供品类繁多的投资选择，对于改善投资者的投资组合结构也有显著推动作用。

同时，基础设施 REITs 的实施还有利于满足广大居民资产配置的多样化需求，引导储蓄转化为稳定权益类投资，降低实体经济杠杆，为对冲未来资产贬值和通胀建立起有效的风险防范机制。

此次公募 REITs 的破冰将极大助力我国新基建项目的快速发展，为新基建投资建立起稳定的回报体系。预计未来随着相关法律法规的完善，以及更多利好政策的驱动，新基建或将迎来广阔的投资空间和新的发展。

参考文献

[1]“新基建”版图绘就 2020 交通基建规划全盘呈现 [J]. 建设机械技术与管理，2020 (2)：68—78.

[2] 燕绥 . 2020 新基建分类排行榜 [J]. 互联网周刊，2020 (8)：54—58.

[3] 本刊编辑部 . 从“基建狂魔”到“交通强国” [J]. 中国公路，2019 (19)：3.

[4] 本报评论员 . “两山”医院速度折射基建能力积淀 [N]. 经济日报，2020—04—30 (001) .

[5] 李迅雷，徐驰 . 以“新基建”推进国家治理现代化 [J/OL]. 人民论坛・学术前沿：1—5. [2020—05—22]. https：//doi. org/10. 16619/j. cnki. rmltxsqy. 2020. 30. 008.

[6] 翟尤 . 新基建助力数字经济发展 [J]. 张江科技评论，2020 (2)：11—13.

[7] 金迈平 . “新基建”为中国经济注入新动能 [J]. 现代国企研究，2020 (5)：26—33.

[8] 杨军，李俊达，程永志 . 5G 与垂直行业结合的综合解决方案研究 [J]. 通信与信息技术，2019 (6)：43，58—59.

[9] 董宏伟，程晨，袁卫平，徐济铭 . AI 与 5G 的共生之道 [J]. 中国电信业，2020 (4)：58—61.

[10] 冯晓瑜 . 新能源背景下加快发展特高压电网论述 [J]. 智能城市，2019，5 (24)：49—50.

[11] 盘和林，贾胜斌，张宗泽 . 5G 新产业：商业与社会的创新机遇 [M]. 北京：中国人民大学出版社，2020.

[12] 邓骞 . 中国五大超级城市群格局形成 [J]. 科技智囊，2017 (8)：29—31.

[13] 熊丽 . 城际轨道：新空间蕴藏新机遇 [N]. 经济日报，2020—04—26 (004) .

[14]《智慧城市发展纲要》编制组 . 交通强国 城轨担当：《中国城市轨道交通智慧城轨发展纲要》正式发布实施 [J]. 城市轨道交通，2020 (4)：7.

[15] 张铭洪，张清源，梁若冰．高铁对城市房价的非线性及异质性影响研究[J]．当代财经，2017（9）：3－13.

[16] 蔡翠．我国智慧交通发展的现状分析与建议[J]．公路交通科技（应用技术版），2013（6）：224－227.

[17] 邓洲．基于产业分工角度的我国数字经济发展优劣势分析[J]．经济纵横，2020（4）：67－76.

[18] 黄奇帆．疫情之下的全球产业链重构：发展水平分工与垂直整合相结合的产业链集群[J]．中国经济周刊，2020（7）：24－29.

[19] 金晓彤，黄蕊．技术进步与消费需求的互动机制研究：基于供给侧改革视域下的要素配置分析[J]．经济学家，2017（2）：50－57.

人工智能

国家人工智能战略行动抓手

腾讯研究院　中国信息通信研究院互联网法律研究中心　著
腾讯 AI Lab　腾讯开放平台

政府与企业人工智能推荐读本。

人工智能入门，这一本就够。

2017 年中国出版协会“精品阅读年度好书”，中国社会科学网 2017 年度好书，江苏省全民阅读领导小组 2018 年推荐好书。

5G 时代

什么是 5G，它将如何改变世界

项立刚　著

一本把 5G 讲清楚的书。

看懂科技新趋势，发现未来新机遇。

国际电信联盟秘书长赵厚麟作序推荐，工信部、中国移动、中国联通、华为、高通中国、爱立信、英特尔、GSMA 等机构的领导专家联袂推荐。

5G 新产业

商业与社会的创新机遇

盘和林、贾胜斌、张宗泽　著

中国工程院院士邬贺铨作序推荐，著名财经作家吴晓波、万向集团副董事长肖风、著名财经金融评论家余丰慧、著名金融评论家莫开伟倾力推荐。

本书厘清了 5G 一系列基本概念，清晰介绍了全球各国 5G 博弈现状及中国目前所处的位置，重点介绍了 5G 与前沿技术如何融合，如何赋能科技变革，5G 将催生哪些新产业，以及 5G 如何改变产业场景和消费场景，展望了后 5G 时代竞争与合作的发展趋势。

5G 大数据

数据资源赋能中国经济

盘和林、邓思尧、韩至杰　著

5G 大数据如何颠覆传统、推动创新？

做好准备，迎接新一波数据红利！

京东集团副总裁沈建光作序推荐，“秦朔朋友圈”发起人秦朔、盘古智库创始人易鹏、著名大数据专家涂子沛、著名经济学家管清友、国研新经济研究院执行院长朱克力联袂推荐。

本书从数据的前世今生讲起，清晰介绍了 5G 与大数据的融合，提出了 5G 大数据时代的方法论，并重点介绍了 5G 大数据在农业、工业、金融、社会治理等领域的应用。

图书在版编目（CIP）数据

新基建：中国经济引擎 / 盘和林，胡霖，杨慧著．
—北京：中国人民大学出版社，2020.9
ISBN 978-7-300-28317-3

Ⅰ.①新… Ⅱ.①盘… ②胡… ③杨… Ⅲ.①基础设
施建设—研究—中国 Ⅳ.①F299.24

中国版本图书馆 CIP 数据核字（2020）第 121628 号

新基建
中国经济新引擎
盘和林　胡霖　杨慧　著
Xinjijian

出版发行	中国人民大学出版社		
社　　址	北京中关村大街 31 号	**邮政编码**	100080
电　　话	010－62511242（总编室）		010－62511770（质管部）
	010－82501766（邮购部）		010－62514148（门市部）
	010－62515195（发行公司）		010－62515275（盗版举报）
网　　址	http://www.crup.com.cn		
经　　销	新华书店		
印　　刷	德富泰（唐山）印务有限公司		
规　　格	148 mm×210 mm　32 开本	**版　　次**	2020 年 9 月第 1 版
印　　张	8.875 插页 2	**印　　次**	2020 年 9 月第 1 次印刷
字　　数	157 000	**定　　价**	69.00 元

THE BUY SIDE

A Wall Street Trader's Tale of Spectacular Excess

痛与爱的交易生涯

我在对冲基金的5 840天

〔美〕特尼·达夫（Turney Duff）◎著
艾博 ◎译

中国人民大学出版社
·北京·

华尔街交易员穷奢极侈的写照

我想写一本真实的书，所以书中的地名和人名我都尽量用真的。但是，考虑到隐私，并且我不想让某些高尚和不太高尚的人难堪，于是我改动了一些细节，用了化名。本书最后一页列举了我使用的假名。书里的故事和对话都是靠回忆写出来的，有些时候我浓缩了一下，只写了主要内容。我也尽量把时间顺序搞对，但我还是有可能颠倒一些事情的先后顺序。除此之外，本书就是我能记住的我在华尔街生活的点点滴滴。

序

2003年10月，晚7：30，纽约

我们准备好了。穿过翠贝卡的时候，天色已经开始暗下来。我们的鞋踩在鹅卵石上，发出了响声。在这个点儿，到布卡步婴儿用品店买东西的人已经被周六狂欢的人潮所取代。我和室友们还有我的小圈子——六男三女，全都衣着靓丽，好像要去走红地毯。他们模仿着我的每一个动作，像黑夜里跟随着我的一群小鱼。我们往西百老汇大道和运河街走着，脚步渐渐加快了。我穿着一件法兰绒衬衫，袖子已经扯掉；下身是我最爱穿的牛仔裤，已有年头了。我戴的眼镜是淡蓝色的墨镜，镜片外沿镶满了假珠宝。

运河酒吧的老板马科斯站在门口等着我们的到来。一见到我，他笑开了，嘴咧得老大。“这些是我的人。”我说着，用大拇指朝身后那堆人一指。门外的红绒围绳一拉开，我们就跟马科斯走了进去。里面几乎空无一人，但不会空太久了。马科斯笑得那么欢是有原因的。他叫我“翰姆林魔笛手”——黑夜之王。很快，那帮忠于我的华尔街新人，会把这个酒吧挤满。

八点钟。运河酒吧门口已经排上了长龙，队伍有一百多人。八点半。人数增加了一倍。门终于开了，犹如盛满香槟酒的大理石水池阀门被拧开。身着阿玛尼和普拉达的红男绿女们蜂拥而入。我站在门口，充当迎宾员。我的脸颊上多了一个又一个口红印。偶尔，会有人给我一个小礼物——买方就有这么个好处。一位叫布莱恩的朋友，塞给我 10 粒摇头丸。我才不吃呐——呃，要不就来一两粒吧。我把它们塞进口袋，把它们当作派对人情挺好用的。如果我看到哪位朋友的瘾上来了，我就可以走过去，挤眉弄眼地说："薄荷糖吃吗?"他一开口，我就扔一粒进去。今晚，无底线。

今晚的一切都是我安排的：酒吧、乐队还有贵客名单。发邀请函的是另一个我：克里夫兰·D。这俱乐部刚新装修过，全纽约最好的音响正播着爱丽略的《Work It》，充分展示出这首歌巨大的震撼力。如果有人还傻傻地以为今晚不过是华尔街的普通聚餐，请个高价 DJ 或者请个诸如"欧曼兄弟"或"外国人"这样的怀旧乐队就完事了，那么这种想法会随着摇滚歌手丽莎·杰克逊的出场而烟消云散。当她唱完《紫色细雨》，又开始唱《按我的门铃》，每个男人的下体似乎都被她牢牢捏住。而她，只不过是今晚的前戏。

九点半。夜已疯狂。酒如水流。大家随着音乐摇摆，觥筹交错。我走向吧台，就几步路的距离，走了五分钟还没走到。我跟谁说话都不会超过几秒钟，随时有人拉我的腰背，或者搭上我的肩膀。远处有人挥舞着一根荧光棒，有人举杯向我致意。好像全华尔街的人都来了，至少举足轻重的人都来了。每家交易公司都来人了：买方交易员、卖方交易员、投资银行家、收取固定手续费的交易员，等等。

舞台上，一个叫"天然顽皮"的组合用嘻哈风格重新演绎着杰克逊五兄弟的《ABC》。才唱出几个音节，全场立即都疯狂了。多条旋转频闪器疯狂地照在那些以拳击空的人的脸上。"天然顽皮"的主唱是嘻哈歌手崔奇，他抓着手麦，在台上前后变换着脚步。气氛热度很高，非常高。舞台的前方是一片涌动的人潮。摇摆的身体越靠越近，前面的人想要抽身绝不可能。音乐演奏没有停歇，气氛越来越热烈，此时崔奇把麦移近了嘴边。“都是跟克里夫兰・D来的?”他说完就把麦伸向台下。“是的，你知道的!”台下吼道。

我站在舞台边上，任贝司的低音狂震我的耳膜。我也跟着吼：“和谐的军队。大卫扔了一颗炸弹。”我跟着崔奇一起唱着，似乎那歌是出自我的口。我们已经不分彼此。我面前这四百名宾客跳着、唱着，使出了吃奶的力气。他们超性感、超迷人、醉醺醺、高智商、强有力、不缺钱。他们如同胜利归来、正在狂舞庆祝的部落武士。我知道这家酒吧今年的收入一定会上亿——都是华尔街说的“该死的”钱。而今夜，这些金融界的天才们都掌握在我的手心里。

之后，狂喜渐渐消退，我的心里冒出一股莫名其妙的不安。就在那个膨胀欲炸的瞬间，一道鸿沟出现，我突然惊醒：我刚刚三十四，这个派对就是我的生日庆典。然而，我还应该庆祝点什么其他的东西。不知咋的，我怎么就莫名其妙地成了搞对冲基金交易的了？这可是华尔街炙手可热的工作。我正处于事业的巅峰，既没有常春藤MBA的背景，也没有过人的头脑（我面前的这些男男女女才是这方面的天才），但我是华尔街的成功骄子，我证明了这里的名言：收盘以后发生的事情，跟开盘期间发生的事情，同样重要。在办公室灯光熄灭之后，我的光芒才在黑夜里绽放。

但是，我想着我的成就，我老觉得哪里美中不足——我的快乐蒙上了阴影。我无法描述……我就站在那里，在舞台边沿，看着这片可由我掌控的人潮，我却感觉一片空虚。并且，这是长久以来的第一次。这一次，我觉得没有什么能够填补我的空虚。

目　录

第一部分

开端·入戏

缅因州的大雪

摩根士丹利的私人客户服务处

《特尼通讯》

买方——“法老的采购员”

“悄悄话先生”

龙舌兰与可卡因

1

1984 年 1 月，缅因州，肯尼邦克

下雪了。我的老家位于野生动物保护区的边缘。蓝灰色角屋的屋顶上，有着 2 英尺厚的积雪。从厨房雾蒙蒙的窗户看出去，四十四岁的老爸在昏暗的光线下，在车道上铲着雪。他比二十多岁的年轻小伙子都健壮。他就像是年轻的威廉·沙特纳，穿好了行头，准备给 L.L. 比恩牌的衣服拍广告。雪花落在他身上和地上。他机械地拿着铲子挖着，铲着，送着。他的节奏感超好，没有一次失误，没有一次停顿。挖、铲、送，挖、铲、送。他口里呼出的气遇冷成了白烟。他身旁是那辆 1977 年的绿色福特 LTD 旅行车，排气管也跟他一样呼着白烟。他一边清理车周围的积雪，一边让车子预热。老爸正在一寸一寸地从积雪里清出车道。挖，铲，送。

我坐在厨房里长长的木桌边，吃着麦片。挖、铲、吃，挖、铲、吃。木地板和白灰墙不断吸收着火炉里燃烧的木柴释放出的热量。厨房是我家最暖和的地方。

我穿着带有波士顿大学标志的毛衣，那是姐姐克里斯丁给我的礼物，她在那儿读大一。她此时在厅里跟大姐德碧看电视，大姐读的是缅因州立大学。她们都是回来过寒假的。我最小的姐姐叫凯莉，达夫家的小女儿，坐在我对面写着家庭作业。我双手捧起碗，放在嘴边。我从碗的上沿看着凯莉。她目不转睛地盯着她面前的课本。我这几个姐姐都遗传了老爸的固执，还有家传的小巧完美的鼻子，就像是整形手术广告上的一样。凯莉刚开始读高中，她是胜利归来的女王。她还是 800 米赛跑州冠军。达夫家的孩子都继承了老爸的体育天分。我呼呼地喝着甜牛奶，把圈形的麦片吸入嘴里。凯莉抬起头看着我，投来一个略带轻视的目光，转瞬即逝。她觉得我很惨。她知道我不想跟老爸去。我朝她笑了笑。

老妈坐在餐桌的另一头，做着十字绣，偶尔呷一口葡萄酒。她的十字绣还得过杂志的奖呐。她齐肩的头发已是灰白，高尔夫球衣外面套着围裙。“你最好别让你老爸看到你晚饭吃麦片。”她说。我一仰头，把剩下的牛奶和圈形麦片倒进嘴里。

“我真不想去。”我说，用手背擦了擦嘴。老妈也知道我不想去，也帮我说过几次话，但是老爸的意志坚定，不可动摇。到了这个份儿上，他的意志就像是最高法院的终审判决，就连半米厚的积雪也无法阻挡他。挖，铲，送。

老爸认定了，我是当高中摔跤选手的材料。今晚，尽管风雪这么大，尽管我不停地抗议，尽管老妈和所有的姐姐都跟我站在同一战线，尽管我才上初二，老爸已经决定了，他要带我去高中部体育馆练练，让教练看看我的能耐。

老爸本人曾经是个摔跤明星。时隔多年以后，如今在他老家宾夕法尼亚州黎巴嫩山那儿的人，还对他当年的壮举津津乐道。至少有三所大学愿意给他奖学金。但是这三所大学都没有机械工程学专业，那是他的第一志愿。因此，他的摔跤梦不得不屈从于事业的选择。

但今天，他也不像是想通过我来重温他高中时期的辉煌往事——至少我是这么认为的。部分原因是，他想通过摔跤让我变成条汉子。我有三个老姐还有老妈惯着我。老爸说，摔跤垫上的火热、更衣室里的气味能够让我强硬一点。最重要的是，他不想让我和他重复他和他老爸之间的关系。虽然老爸是高中摔跤明星，也是撑竿跳高纪录保持者，但是我爷爷从来就没去看过我老爸比赛。老爸觉得摔跤是我们——达夫家的男人——的共同语言。老爸深谋远虑，但是只欠东风：我不想玩摔跤。

我想当厨师。朋友的妈妈有一次把我带进“白谷仓客栈”，那是肯尼邦克最豪华的餐馆。大厨从厨房里走出来的时候，所有顾客都向他行注目礼。我特喜欢这种被人注意和与众不同的感觉。如果当不了厨子，那我当个骗子好了。我太喜欢电影里那些骗子的角色了。六年级的时候，我想勒索一个叫凯莉的女同学。我威胁她，如果她不在图书馆里*BBM*杂志的第13页放一块钱，我就在下课的时候告诉所有人她的男朋友是谁。她报告了老师，然后我就惹上麻烦了。但是现在，我想上拉斯维加斯的内华达大学或康奈尔大学，去学酒店管理。我想什么都由我来管。我想帮别人度个完美假期。再说了，这好像也不太难。也许，我只是不想步老爸的后尘罢了。

对他来说，凡事没有捷径，没有快钱可赚。他做的每一件事都经过妥善分析，计划周详、滴水不漏。他不会存有侥幸心理。他知道镇上哪家加油站最便宜；他看电视上预告最准确的天气预报。每年夏令时开始的时候，他凌晨两点钟起来把屋里每个钟表都调到正确的时间。虽然我跟他名字一样，也有罕见的蓝绿色（有时转灰）的瞳仁，还有达夫家标志性的鼻子，但我跟他一点都不像。他想给我灌输勤劳工作、守纪律的思想，想让我过井然有序的生活，但我每次都顽强抵抗。他想让我更像条汉子。他想让我更像他。就是因为这个，我此时才坐在厨房里，心里没着没落的。

车库的门开了，又关上了。我知道那是他。“车准备好了。”他向全家宣布：“走吧，特尼。”我点了点头，朝老妈瞥了一眼。我要让她看到她儿子眼里的痛苦。她挤出一丝同情的微笑，而我也知道我别无选择了。

路上只有我们的车。我们静静地一言不发，任飘雪像棉花团一样砸在挡风玻璃上。真是要命。我们冒着生命危险去体育馆练摔跤。来个人，杀了我吧。说不定我们会滑到路旁的沟里，动弹不得。我的运气怎么就那么“好”呢。忽然，我看到前面有车灯照过来，是黑色的雪佛兰克尔维特。还能有谁。当看到纽约的车牌，我百分百确定了。我们以 10 英里的时速擦肩而过，我看到司机浓密的大胡须。“那是塔克舅舅。”我说。

“他是八小时前出发的。”我们擦肩而过时老爸这么说。我知道现在是不可能掉头回家了。我特喜欢塔克舅舅来家里。他每次都会教我一招扑克牌的把戏。他三十二岁，有的是钱，到处走，生活棒极了。他明天就会带我大姐二姐去滑雪。我一直看着他的车，直到刹车灯消失在风雪之中。车子还没走到第一个“停”的标志，还差 100 英尺老爸就开始减速，因为路口必须完全停车。此刻老爸不看路了，转过来看着我。“知道吗？你很小的时候，还不会爬，你就已经会拱腰了。”他说。

“知道。”我说。他说过 800 遍了。他接着解释，在摔跤的时候，拱腰有多重要。他说，如果被仰面压住了，拱腰是唯一不被压死而输掉比赛的方法。他仰着脖子给我做示范。我知道该怎么拱腰，在摇篮里我就会了。

“肩膀得绷紧，用脖子撑着身体。”他继续唠叨着。我转过头，看着窗外。“是教练请咱们去的，咱就过去看看。”老爸说着，已经感受到我的不高兴。

体育场的地上放着一大块蓝色的摔跤垫子。我一边跟着老爸走到移动看台边上，一边掸掉头上的雪。我朝场地上看过去，到处都是人，慢跑的，做拉伸动作的，有几个已经在摔了。如果之前我不知道自己还没开始发育，这时候我就真的知道了。这些家伙块头真大，有几个都长出胡子了。我的感觉比来之前更糟了，心慌得更厉害了，肚子里的黑洞在不断扩大。我不想玩摔跤。教练注意到我们了，老爸微笑示意。

教练跟我们挥手，让我们过去。他四十岁出头，不高，但很健壮。他穿褐色的裤子、蓝色的衣服，胸前有着“肯尼邦克摔跤队”字样，脖子上还挂着个哨子。他伸出肥大的手跟我握了一下，说他是教练。我强颜微笑，说见到他很高兴。

“怎么，你喜欢摔跤?”

我身体的每一个细胞都在高喊着不喜欢，但我知道，如果我敢这么说，老爸一定宰了我。我点点头，说：“还行。”还好，教练转过去跟老爸说话了。他们开始用摔跤术语交流，有如高手过招。听他们讲着什么“反手扳头”还有什么“上位身后锁臂”，我真想吐。但是，老爸脸上出现的喜悦之色却是平常少见的。他就像个气球，每一个摔跤术语都把他充得更大一点。

接着，不知怎的我就戴上了摔跤头盔，穿上了专用鞋子，但我坚决不穿那件背心，我穿那件波大的毛衣就可以了。不知是谁递给我个保护牙齿的东西。此时，我还没站上那个摔跤垫子。站在我对面的是一个叫布莱恩的高一学生。他比我大一岁，但我初中时候就认识他了。他竟然也在摔跤队，我有点惊讶。从没见他玩过什么体育项目。他应该是理科类型的——他是班上唯一会用电脑的，而且老玩“阿塔利”或者什么其他电子游戏。我看得出，他挺紧张的，当然不是因为我这娇小的 5.4 英尺的身高，还有 110 磅轻量级的体重。他是怕输给我这个初中生。他的队友们开始给他喝倒彩了，他们也开始给我加油。他输了就全完了。如果他被我打倒了，他的队友们肯定得生吞了他。教练的哨子已经响起。

虽然我有老爸的摔跤基因，但是我没有他的技术。我只懂得拱腰，就这么多。我想着，只要我不被按死，大家就都有面子，我也就算交差了。布莱恩朝我走过来，我们的双手搭上了，开始使劲想把对方撂倒在地上。我立刻可以感觉到，他的速度没我快。他还在讲究正确的姿势和位置。趁他还在讲究那些，我滑到他身后，抱住他的腰，把他扔到了地上。布莱恩还没来得及反应，我已经把他的背按到地上了。教练开始拍打垫子数数。在一旁观看的一小撮摔跤手同时发出了“哇”的声音。比赛结束。感谢上帝——可以回家了。但是教练心里还打着其他的算盘。他要我跟一个高二的人比划比划。现在来围观的人多了十多个。我用更短的时间把他也干掉了。

我应该输掉才对的。我的第三个对手是马克，他已经高三了，他想成为他哥哥那样的选手——全州摔跤冠军。观众们不再看好我了。让我这个初生牛犊干掉两个普通队员也就算了，他们可不希望他们的队长也被我灭了。他的手臂搭上我的肩膀，我把它挡掉了。他要拉我的腿，我也及时缩回来了。我们顶上了，头顶着头，耳朵贴着耳朵，接着我们同时跌倒在地上。我以为我能找到杠杆点，可以压住他，但是我们来来回回僵持了一分钟。突然，我知道我找到杠杆点了。我感觉到他的手臂没有劲了，我决定乘胜追击。我抓住他牢牢固定在地上的那只手臂，我想把它给弄倒。此时我听到他的狞笑。忽然间，我感觉自己像是卡通漫画里从山上滚下来的人物一样。我的身体以我从未经历过的方式被纠缠在一起。我的肢体还处于"麻花"的状态，就已经听到教练拍着垫子，说我输了。我花了一秒钟才把自己"解开"。

从那之后我再没碰过摔跤。我老爸也没有食言，他只是在我高一的时候又提过一次，以后就再不提了。我摇摇头，他就懂了。我没去摔跤，却打起了老爸说我身材不适合打的橄榄球。他越说我不行，我打得越拼命。我想上大联盟当明星，我要镇上的报纸把我的名字登上头条——后来还真的上了头条。我上高三的时候被评为最有价值球员和全能球员。我的比赛老爸一场也没有落过，他甚至说我超出了他的期望。对于这个评价，我只有一种解释：他对我的期望太低了。

当我们回到家里，车子驶入积雪的车道，在塔克舅舅的克尔维特车旁边停下，我立刻跳下车，冲进去找他。老爸拿起铲子，把车道上剩下的积雪继续清理完。我还没进门，就能听到那熟悉的声音：挖、铲、送，挖、铲、送。

2

1994 年 1 月，缅因州，肯尼邦克

十年过去了，同样的车道，同样那么多的积雪，只不过那辆绿色的车换成了 1987 年的福特探险者。老爸的车每隔 10 年或者开满 20 万英里就会更换。房子也重新油漆过，还是同样的颜色。最后一包行李打包好了，我看着出租车车身上的大龙虾图案，上面写着“美国搬运大冒险——缅因州”。我瞄了一眼我朋友杰米，他正跟我父母聊着。我们都身高 5.9 英尺，深色头发，胡子拉碴的。经过一个冬季，我们的皮肤都跟面粉一样白，我们也都穿着牛仔裤，戴着棒球帽，穿着杰克鲁牌的夹克衣。我们两个人一起住再合适不过了。他的东西几乎都搬好了，这次他来是来帮我的，陪我一起走。

俄亥俄州立大学新闻系的导师在我毕业六个月之后，打了通电话给我。他问我想不想去纽约工作，我得去纽约。12 月份的时候，我盲投了 30 多份求职简历给各家报纸杂志还有公关公司，但杳无音讯，所以我决定要直接找上门。租来的小货车已经可以上路了。老妈给我来了个紧紧的拥抱，搞得好像我要上战场似的。老爸伸出冰冷的手，跟我握了一把。他的握手无可挑剔，坚实有力，同时还直视我的双眼。他也是这么教我的。

“祝你好运。”他说。如果这辈子我可以第一次跟老爸拥抱一下，此时就是机会。我小时候他一定抱过我，但我没印象了。应该是他来拥抱我，我想着。我放开他的手，打破了那个尴尬的局面。我们出发了。

雪还在下。十个钟头之后，我们把行李搬进了纽约第85街和哥伦布大道交界处的公寓。有三个人同住这个公寓。杰米的朋友约翰占了那间大卧室。他是搞投资分析的，每礼拜干80小时的活儿。小一点的那间归杰米。我呢，就睡在杰米的小房间和客厅之间的那个最小的房间的沙发上。我每个月交400块的房租。木地板、白墙壁，都不错——就是小点儿。没问题，我心想。明天我就找份工作。

可我连工作的门都找不着。很明显，《体育画报》杂志社不喜欢不速之客。我说我要上去做个自我介绍，大楼保安眯起眼睛，朝我靠近了一点儿。“没，我没有预约。”我承认道，“我就想来亲自投一下简历，顺便看看能不能跟谁聊聊。”

“寄过来。”那人说。

回到家里，我决定打电话试试。我琢磨着，如果打给公关公司，我应该直接找公司总裁。没人给我回电话，一个都没有。这么折腾了几个礼拜，我最终来到一家猎头公司的办公室。我坐在桌子旁边，听桌子的主人说了好几次“临时工”这几个字。真晦气。这办公室够旧的，墙也够脏的，地毯斑斑驳驳的。那儿有四个女的，每个人都哭丧着脸，躲在堆得高高的文件后面。那个头发梳得老高、穿紫色套装的达琳叫我跟她走。我是从报纸上找到她的，然后就约来面试了。她把我带到一张小桌子前面，桌上空空的，只有一台打字机。

“坐。”她一边说着，拿起一张纸。“你有一分钟时间打字。”

我看了看那张纸：某某人叫波比，想买一辆新车，写了好几段话。我跟达琳打电话的时候，她没说还得考打字啊。我往打字机里卷了一张空白的纸。我把那张关于波比的纸端端正正地放在一个像乐谱架那样的东西上面。达琳盯着她的手表看着时间。

“开始!”她喊道。

高中一年级的时候，我选修过打字，还有在大学里读新闻系的时候我也打过字，但是，我打得不快。而且，我也疏于练习。刚开始我打得很慢。我想慢慢打，别打错了。我打完第一句，然后检查了一遍，看看有没有打错。该死。在“dealer”和“ship”之间我留了一个空格。

“时间到!”达琳在我身后说道。

“真的假的?”我说。那是我这辈子当中过得最快的一分钟。她看了一眼我打的那一句，然后跟我说我没通过。我抬起头，用我小狗般既可爱又萌萌哒的眼睛看着她。这招通常对我老妈管用。

“不好意思。”她没有一丝丝的同情。“帮不了你。”

她竟然没送我到电梯口。她一转身坐回到她的座位，我抓起外衣就走。

在公寓里，我一个人坐着。杰米和另一位室友约翰都在上班。回来的路上，我顺道去盖普公司拿了张工作申请表。至少那里的人还挺友好的。但我决定把这东西放在衣橱里面，我不想让两位室友看到，也不想在盖普公司工作。但我需要有份工作。我打电话给老妈寻求安慰，她叫我打电话找舅舅帮忙。这10年间我只见过塔克舅舅两回，在两个姐姐的婚礼上见的。我只知道他跟他第二个老婆搬到旧金山去住了。他还在金融界干。他把大胡子剃了，卖了克尔维特，换了一辆海军蓝的奔驰560SL，还给它起了个名字——“博斯基”。给车起这个名字是因为他的最大客户是伊凡·博斯基。电影《华尔街》的人物哥顿·盖柯至少是受了他的启发而创作出来的。由于塔克舅舅的原因，华尔街对我来说一直是个充满魔力的地方。但是我从没有动过去那里工作的念头。他肯定认识一些成功的、有影响力的人物，新闻界的应该也有。我写下了他的号码，跟老妈说了再见。

塔克舅舅听到电话第一声就接了电话。“交易部。”他说。我说我是他外甥特尼。他觉得有点惊讶，但还是很高兴听到我的声音。他等我开口说事儿，但我没有计划好要说什么。我的喉咙直冒火，大脑也一片空白。我很努力地想说明我的情况，于是在“嗯、啊、这个、那个”还有沉默之间，我告诉他我在找工作想让他帮忙。

“了解了。”他说。

我还想解释得更详细，但说来说去就那几句。

“过十分钟再打过来。”他说。我还没说我想干哪类工作呐。我放下电话，坐在那个沙发——我的床——上面。二十分钟之后，电话响了。“这星期你得去面试十次。”他说。

“什么工作?”我问道。

“就跟他们说你想搞销售。”他说。

杰米做完法律助理的工作回家，我跟他说起我舅舅给我安排的这事儿。我们坐在沙发上吃着比萨，杰米告诉我一些关于大卫的事情。大卫是杰米在哥伦比亚大学的朋友，来过这里，所以我认识。“那小子，他去高盛公司面试了。”杰米说。他就这么把话悬在半空中，等着我的反应。但我怎么知道高盛是啥玩意儿啊，听起来好像什么高级百货公司。

“他会去那里工作吗?”我问。

“不会。”杰米说，摇着头。“搞砸了。他要跑到布拉格去打职业篮球。”也挺不错啊，我想。至少比卖女士香水好。

几星期之后，我身穿“费莱尼地下室”季后店的西装站在了世界金融中心三号的前面。我身后是高耸入云的世贸中心双塔楼。现在是早上 8 点 45 分，西装革履的人群鱼贯经过我的身边。我鼓起勇气，进入大楼的前门。前台保安给我要见的人打了电话，然后告诉我坐电梯上八楼。到了八楼，前台的小姐微笑着把我领到一个有窗的等候室，里面摆着不少时尚的现代桌椅，桌上放的是《华尔街日报》和其他财经杂志。她问我要喝些什么，我谢了她说不用了，然后挨着一个金属皮椅的边缘坐下。五分钟之后，一个四十出头的男人进来了，他身材不高，但很健硕，发际线已经在消退，但头发仍是黑的。他穿深色的裤子，白衬衫的袖子挽了起来。领带挂在脖子上，看上去像是已经工作好几个小时了。

“麦克·布伦尼。”他自我介绍，用力跟我握手。

很明显他已经喝足了咖啡，讲话速度每分钟一英里。他操纽约或是新泽西口音，讲得飞快，我感觉有点听不听懂他的话。我觉得他是在跟我讲雷曼兄弟公司的历史，然后他问我有兴趣干啥。

“销售。”我说，“我想搞销售。”

我舅舅肯定有很多东西没跟我讲，但这个答案似乎已经够了。他点着头，带我走到一个巨大的开放式的大厅，里面有很多长条桌子，桌子上放着电脑和电话。这是交易部的大厅，里面大概有一百个人，大多是年轻人，他们要么在交谈，要么在讲电话。他们释放着巨大的能量。我那已经加速跳动着的心，开始猛烈地冲击我的胸腔。麦克带着我穿过一条通道，让我坐在两位年轻的交易员中间。

“体会一下，看看我们干些什么。”他拍着我的后背跟我说。虽然我认识麦克才几分钟时间，我真不想他就这么走了。但是，其中一位交易员的微笑让我的恐惧消失了。

“你在哪儿读的书?”这位穿着醒目的年轻交易员问我。他看着我，电话还夹在脖子和肩之间。“俄亥俄州。”我答道。他却按了电话座机上亮着的灯，向电话那边一阵“狂轰滥炸”，说他要看看布里斯托·玛雅斯。“啥时毕业的啊?”我觉得我好像是打扰他工作了，但他似乎可以一心两用，那边讲着话，这边还能对我表示兴趣。突然，他从椅子上跳了起来。“布里斯托开 14 块半，2—5—0。”他朝 20 英尺外的一个交易员喊着。我一头雾水，但我很喜欢这感觉。

开盘钟声响了，一片有序的混乱。大家都喊叫着，在键盘上猛敲股票代码。一位交易员坐在椅子上在过道里滑行，还得避开别人拉的 20 多英尺长的电话线。有人把揉成团的纸投入纸篓。他们有的坐着，有的站着，每个人都要求获得注意。有些人同时接着两部电话，同时还对交易厅里的其他同事喊着什么。这里的一切动作似乎都是经过精心设计的，很像《西区故事》里的打斗场面。

几分钟之后，我面前的那位年轻交易员给我拉了一部电话，让我听听他们在讲什么。“我按这个灯的时候，你也按你的灯。”他说。我就这么听他跟一个又一个的客户联系，都是纽约证券交易所的；还有他跟同事们的讲话。我一点儿都听不懂。他们好像是在讲暗号，而且是以光速在进行。不过，就在这说天书般的对话之中，有一个对话的口气跟别的有稍许不同。电话那头的那家伙说的是关于飞机票和预定拉斯维加斯酒店的事情。很明显那是在安排某某人结婚前狂欢派对的事情。他们电话讲到一半，面前的交易员才想起我也在听他们的对话。他用手遮住听筒。“呃，这个你就不用听了。”他说。于是他接着跟朋友聊，我则四下张望。我真想跟眼前这些人打成一片。这里能量这么足，这么强，气势这么浩大，完全把我震住了，我也要加入。

麦克打断了我的思绪。他带我去见大老板唐纳德·克鲁克斯，他跟我击掌，然后问了几个简单的问题：上哪个学校？打橄榄球吗？但他没有问我是不是能胜任这份工作。我仔细回顾，我在华尔街的所有面试中都没有人问过我，是不是有资格在金融界工作。

我之后又有八次面试机会，在美林公司、KBW 公司、杰弗里斯公司、史密斯·巴尼公司、UBS，还有其他好多大牌公司。这些公司的等待室都非常新潮，经理们的衬衫袖子都是卷起来的。这些公司都有雷曼公司那样的气场。但是，每个面试都好像是走过场而已。塔克舅舅介绍的那些讲话像机关枪的人拿了我的简历说要保持联系。

接着，我又去了 33 楼，摩根士丹利的交易厅。经理拿了我的简历，差不多要跟我说要保持联系的时候，他桌上的电话响了。“37 楼有人想见见你。”他说。

37 楼的那位自我介绍她叫史戴芬妮·韦迪尔。她应该有四十岁，即使真有的话，那也算是风韵犹存。她头发乌黑，身着黑色职业套装，看上去有点像电影《几个好人》中的黛米·摩尔。她带我上了电梯，又上了四层楼。

“我太喜欢塔克了，”她说，“我们是老朋友了。”我们一边朝她办公室走，一边聊着。她的桌子很整洁，文件夹一摞一摞的，但井然有序。她桌上有几样东西：一个柚子大小的橡胶球，一个印着笑脸的黄色减压球，还有一些筷子。我还看到她和 O.J. 辛普森的合影——看上去像是在交易厅照的。她不知道从哪里冒出来一句话，说她错过了昨晚那集《梅洛斯小宅》。惭愧啊，我本人也是该剧的粉丝。昨晚我看了，所以我跟她剧透说，希德尼搞鬼，要找一个妓女来勾引罗伯特，还要用录影机把整个过程录下来，再让麦克把录影带寄给简——超级好看。史戴芬妮用手猛敲着桌子。

“真的假的？”她说。

搞定。

大约 20 分钟之后，她告诉我说，她手头还有两大堆简历，都是申请她要处理的职位的。“第一堆有这么高。”她说，手的位置高出桌面几英尺。“另一堆有这么高。”她说，手放低了几英寸。她接着说：“你的在第二堆。”二十四小时之后，她打电话给我说那工作是我的了。

几天之后正式上班。此时，我决定要走回公寓。我口袋里有 22 块钱，富可敌国啊！我往西走，朝阿姆斯特丹大道走去。我记得第 86 街和百老汇大道交界的地方好像有个电影院。独自一人的时候，我总想躲起来。能有两小时的时间盯着银幕、躲进别人的世界里，夫复何求！我想看惊悚片，不过其他片子也没有问题。我走到阿姆斯特丹大道的时候，看到一个酒吧。那儿有个叫“拉昆酒店”地方，外面的广告牌上写着：“全天供应扎啤，一杯2块。”我把所有的钱都掏了出来，快速地算了一下：不加小费可以买11杯，加小费可以买八九杯。于是，拉昆酒店以它的魔力轻轻把我拉了进去。几杯啤酒也能让我躲起来，而且效果比电影好。前两杯感觉就像肮脏的洗澡水，但第三、四杯酒感觉就正常了。就在这个时候，我注意到一个中年男子在酒吧的另一头看着我。他穿着一件棕色的西服，看上去洗过无数次了，几乎都闪闪发亮了。他还戴着丑陋无比的杂色领带，穿着丑陋无比的鞋子。看上去他也喝了不少了。他看到我在看他，我连忙避开他的眼睛，但是太迟了。他拿起他的扎啤，滑到我身边的椅子上。红万宝路烟就扔在我的面前。

“来一根。”他说。

“我不抽烟。”我说。

“你不抽烟?”他问道。我摇摇头。“在这城市住久了，你就会抽的。”他说。

如果我喝第一杯的时候他过来跟我套近乎，我一定会转过身去的。但我已经四杯下肚了，感觉飘飘然了。他看上去像个“拉里”，我心想。此人歪下巴，头发从中间往两侧分。他问我从哪儿来。

“克利夫兰生的，不过在缅因州长大。”我说。

“缅因州!”他说着，眼珠子直转。我静静地坐着，想等他告诉我为什么我的老家缅因州让他这么激动，但他什么都没有说。他却问我几岁了。我说了。他一听就摇头，说才二十四岁，这太不公平。最后，他问我做什么工作。

“我下礼拜开始就要在摩根士丹利工作了。”我说，“这是我第一份工作。”

“哇!”他吹了一声口哨，“厉害！你肯定是天才，要么有什么关系。”“拉里”又点了一根烟。“听我说，孩子，”他说，“我在尚司兄弟公司做过——听说过吗？”

“没听过，”我说着，喝了一口啤酒，“我对华尔街还不太了解。”

“华尔街的人是一群浑蛋，不折不扣的浑蛋，”他说，“我被他们搞死了。”“拉里”把烟灰弹在地上，又猛抽了一口。“我得给你提个醒儿，孩子。”他的话伴随着一团烟吹到我的脸上，“如果你要在这行混，你得记住三件事。”看着“拉里”就像是在看一部很难看的电视剧。我真想转台，但是他又有一些东西吸引着我的注意力。我微微点了点头。“第一，记住，一定，我说的是一定，感恩节之后那一天一定得上班。只要做半天，你就会感觉自己像是个英雄。”我向吧台示意再来一杯啤酒。“拉里”注视我的眼光开始让我不耐烦。他探过身子，“第二，”声音较低，还是伴随着一团烟雾，“所有的10—5—W你都得拿到。”

“所有的啥？”我都不太敢问。

“爱斯基摩人。”他说。我真被搞糊涂了。“跟他们保持密切关系——生意是他们在掌控的。当然了，美林、摩根、蒙哥马利等等，有一大堆像你我这样的人。”我看着他，怀疑自己听错了，我和他一点儿都不像好不好。“你觉得高管层是谁，谁在那里掌控着？是10—5—W。”

“10—5—啥？”我问道。

“字母表第十个字母是啥？第五个呢？”我掰着手指头算着，J、E，JEWS？犹太人？我生长的地方没有犹太人，也没有黑人。种族歧视只有电影上才看得到。我把面前的啤酒一饮而尽，把剩下的两块钱放进口袋。我转身正要走，感觉他的手搭上了我的肩膀。

“等等，”他说，“我还没告诉你第三件事呐。”我回头看着他。他的眼睛是冰冷的，他的牙齿是乱糟糟的，而且跟校车一样的黄。他猛抽了一口烟，吸得真用力，脸颊都陷进去了。“收入第一，”他用香烟指着我，“能做到这个，就没人能动得了你。”他喷出烟雾，把自己藏在烟雾的后面。“就这么简单。”他说。我逃到街上，心想电影院到底是在哪个方向。

3

1994 年 2 月

有一张椅子是空的。会议室 A 在大楼的内侧，所以没有窗子。会议室里的这七女二男，几乎都是和我差不多的年纪，在那张光滑的椭圆桌子周围，在黑椅子上舒舒服服地坐着。那些女的个个魅力四射，看上去精明能干的样子。大多数笔记本电脑已经被打开，有几个笔帽已经被拔下来。另外两个男的看上去比较放松一些。他们的穿着跟我一样，廉价西装和领带。我在那张空椅子上坐下，抬起头看着史戴芬妮。给我面试时候的笑容已经不复存在。她的表情严肃，几乎是在生气。她让这沉默慢慢渗透整个空间。那两个男的感觉到了什么，坐直了一点儿，盯着我们的老板。“欢迎来到私人客户服务处。”她说。我舅舅跟我说，“私人客服”是我能进的最靠近交易桌的职位了。这些服务人员负责“高净值”私人客户资金，不是大机构的资金。他们是负责零售的，但他们的客户不是大街上的阿公阿婆。他们只负责资金量为 1 000 万、2 000 万、3 000 万美元以上的客户。“我知道你们几个当中有人已经在摩根士丹利干了几个星期了，还有的人呢，”她的眼光直视着我，“今天是第一天。”她开始在房间里踱着步子。“我的工作就是把你们训练成世界上最好的销售助理。”她稍停了一会儿，接着她开始笑了起来。“同时，我还得负责你们不会哭。”我四下看了看有没有谁在笑，没有人在笑。她又开始严肃起来——好像她有个笑穴，可以随时开关。她还是围着我们，慢慢地在绕圈。

“你们知道我在这家公司干多久了吗?”她问道。这次她是直直地看着另一个男的。“二十年。想知道我为什么能干二十年吗？我这就告诉你们。因为摩根士丹利可以做，别的公司也可以做。”好像她是在为亨利·摩根和哈利·士丹利发言，“你只有一次机会离开摩根士丹利。”

她又停了一下，让大家仔细体会体会她的话。我看到有两个女的在本子上把这句话记了下来。我觉得这不是我混的地方。我想去的是交易厅，那里的人好像快活无比，这里太严肃了。她又开始绕圈了。我觉得我们好像在玩幼儿园的丢手绢游戏。“你们当中大多数人都要先在场上漂一漂。”她说。她走到我的身后。“去年的 MBA 培训课程是我们举办过的最大的一届，他们很快就会需要销售助理了。你们有些人可能会找到职位，有些人却只能找到回去的路。”我觉得她随时会把手绢扔在我身后。“所以，你们在漂的时候，得干出些成绩来，让那些交易员觉得你行。要不要让你们当助理，他们说了算。”

之后的五分钟，史戴芬妮说道，你们需要通过两次考试——第 7 级和第 63 级，学会使用电话和电脑，阅读研究报告，还要认识邮件分发室和后勤办公室的人。我尽量理解吸收她讲的话，但我觉得我不是海绵。我朝那两个男的看去，他们好像很有信心，甚至都有点骄傲了。看上去他们的状况跟我的感觉完全不同。我开始萌发一个念头：或许我真的不是这块料。

这会儿轮到我们自我介绍了。我的同事们一一发言，个个都像是名人榜上有天赋的人才，他们毕业的学校都是普林斯顿大学这类排名前十的大学，杜克、斯坦福、哈佛都有。我之前从没有因为我上的大学而感觉羞愧。我热爱俄亥俄州立大学，我觉得那是全世界最棒的大学。但是，当我自我介绍说："我是特尼·达夫，缅因州肯尼邦克来的。我上的是俄亥俄州立大学。"最后面的那个男的，读弗吉尼亚大学的那个，叫道："巴克爱（七叶树鸡）!"

"是俄亥俄州立大学，不是俄亥俄州。"我说。

"是俄亥俄州的迈阿密。"有人插嘴道。不过他们都搞错了。

"在雅典。"我说。"短尾猫？绿加白的那种?"

大家都看着我，一脸的迷惑。大家的目光本来就像是聚光灯，现在更像是警察的手电筒，直照进我的眼睛。我希望在第二部分的互动单元可以挽回一下自己的颜面，因为第二部分要介绍自己有趣的事情。"我喜欢写作。"我说。我觉得这帮人肯定会对这个感兴趣的，他们说的兴趣也很类似，不过是：高中年度畅销书，最爱的宠物，而那个弗吉尼亚来的马屁精对史戴芬妮说他喜欢用自己的账户炒股票。于是，我的话如石沉大海，有如冰淇淋圣代上面放着的一粒肉丸。我都能感觉到额头上冒汗了。史戴芬妮笑了，但我不知道那是出于同情还是她喜欢看我受罪。

"好了，各位，"她说着，开始带我们往外走。"我带你们去看看餐厅在哪里。"我落在队伍后面，跟杜克大学毕业的那个女的一起走。

"啥叫'漂'啊?"我小声问她。

办公室几乎跟整个街区一样宽，长度像个橄榄球场。所有交易员和助理都用开放式的办公桌。桌子六人一组，整个办公室都是桌子。每张桌子看上去都一样，有电脑、电话、收发信函文件夹、一个键盘，还有家庭照片、名言警句还有其他纪念品等。交易场上随时都有二三百号人。大多数都是三四十岁的男的，还有二十几岁的女的。交易场的最外圈是办公室，里面的男人们都五十多岁了，一脸的严肃相。

我后来明白了，所谓的"漂"，就是每天都得来上班，哪个组缺助理，你就得漂到哪里去帮忙。每天早上的第一件事就是向史戴芬妮报道，然后由她来分配当天哪里需要我们。这职位比临时工好那么一点点。这样做的好处是，当我们漂了一段时间之后，某个交易员或者某组交易员喜欢你，那么他们就会要求你在他们组留下。

上班的第二天，我就被叫去把 18 页纸的债券价格用传真发给客户，我也照办了。但是客户打电话给交易员说他没收到。我又发了一遍。这回，客户又打来电话，说他收到 36 张白纸——我把纸张放反了。那个交易员一整天没跟我说话。几天之后，我被叫去帮某个组接电话。电话是这样操作的：电话铃一响，我就拿起听筒。接着，我得记下交易场发送过来的信息，然后我站起来对身后的两个交易员和三个助理喊话。这比在两个空罐头中间拉一条线那样的土电话稍微进步一点点，但那时候已经是 1994 年了，我们还在这么干。第一次电话铃响的时候，我拿起听筒，里面传来的声音开始哇啦哇啦讲个不停。我奋笔疾书，想记下对方讲了些什么。我还没搞清楚状况，对方电话已经挂了。我盯着那张纸看着。上面写着：弗雷德行长言辞老套乏味。这咋整啊？我愁死了。交易员们和助理们都看着我；我假装还在继续写着，这样我就不用对他们说里面的内容。但我知道迟早都得面对他们，所以我站起来，拿着那张纸，做诗歌朗诵状。“弗雷德行长，”我铆足了所有的勇气。“言辞老套乏味。”大家集体鼓掌。接着这组人发出一阵狂笑。我也想跟他们一起笑，但是我的脸烫烫的，我知道一定红得跟什么似的。最后，第一助理走到我桌前。

“我想，他们可能说的是‘联储主席言辞鸽派’。”她说。看得出她在尽量控制自己的表情。“不过我也可能说错了。”

我在交易场漂的那些日子里，就像是重复着浪漫喜剧里面的蒙太奇画面——男主角一次又一次约会不成功的窘态。发狂的交易员毫无目标地大喊大叫；一组交易员想要某个辣妹当他们的助理，不想要一个傻蛋；南美交易员的那些不会说英语的客户；女交易员恨我以及所有男性工作人员；正在经历离婚的交易员整天哭个不停（他让我下班后跟他共进晚餐，听他诉说前妻的故事）；有交易员不跟我直接讲话而只会跟我通电话，而且总是压低声音，因为他认定我是俄国间谍，想来偷取机密；我非常想跟一位交易员一起工作，但是他已经有两个助理了。我只想找到一个小组，但是随着日子一天一天过去，好像我永远都找不到。

如果我的私人生活能够控制得好的话，我的工作应该可以更顺畅一些，但我控制得不好。纽约这个城市让我摸不到头脑。比如说，西百老汇并不是百老汇大街西端的延伸部分。我还经常搭错地铁跑到布朗克斯。非常奇怪，我掏出 20 块钱的钞票来付钱，无论是开出租车的，还是送外卖的，都没有零钱可以找给我。我家那个地铁站外面的那个无腿人士，可能就是用我给他的钱买了一双假腿，因为我看见他已经在打篮球了。出太阳的时候雨伞一把两块钱，下雨的时候一把十块钱。你孩子上哪家幼儿园是身份的象征。你不能说“圣诞快乐”而只能说“节日快乐”。在年终的时候，你送棒棒糖给门房当作礼物，他们可不会很高兴。35 频道的一些深夜电视节目真的非常有意思。“肉类包装区”的“女孩子”问我要不要个约会的伴儿，但“她们”却不一定是女的。你上错了巴士，司机一点都不当回事儿。酒吧一直开到凌晨 4 点。第 23 街还不算市中心。

我适应了挺长一段时间，终于在 1994 年 12 月的时候，一切好像峰回路转了。首先，史戴芬妮叫我到会议室见她。我没做错什么事情，但我还是有点焦虑。在发年终奖之前，大家都会有些焦虑。不管你是在那种财力雄厚的大公司，还是在“有今天没明天”的联合基金，在华尔街，这样的情景已经重复了成千上万次。你的名字被叫到了，全交易场的人都看着你，准备看你的命运如何。走在前往办公室的过道上，那感觉就像走上了红地毯的新娘，又像经历多次挑战又再度走向角斗场的角斗士，我的血液里澎湃着期待与恐惧。通常空无一人的会议室，此时坐着你的老板或者老板们，铁青着脸。他们穿的是“奖金日”那天穿的最好的衣服，最正规最保守的那种。虽说已临近圣诞节——我是说就要放假了，他们都还没显露一丝丝要庆祝的样子。

史戴芬妮说公司决定给我一笔两千块钱的奖金，还问我对此满不满意。我努力想挤出一点笑容，但是，我突然觉得喘不过气来。当时的情绪把我冲击得不知所措。两千块可不是小数目。我的头前后伸缩着，我的嘴巴想说出“谢谢”这个词。我的样子看上去好像是不太喜欢她的提议，因为她接下来说：“三千怎样?”她说得那么快，我胸中的空气都被挤出来了。后来我一直想，如果我当时再紧张一点，我可能会得一万块钱奖金。当天稍晚的时候，我跟其他阿漂们一起在邮件分发室里，比较着奖金数目——我后来才知道这是大忌，我发觉我是唯一一个多得了一千块钱奖金的人。从今以后，只要有人跟我提奖金，我就得耸耸肩装作毫不在意。

几个月之后，我又得了一个大好处。史戴芬妮要我去她的办公室。我朝她办公室走去，我追随几个星期的那两个交易员——安迪和卓西——已经坐在里面了。安迪的脸色很好，戴着厚厚的眼镜。他从来就只会吹嘘他有钱，而且会直言不讳。

“嘿，安迪，昨晚尼克斯队的比赛怎样?”

“噢，太棒了。我去‘花园’的路上，给出租车司机小费之前，我让他先拐到帕克大街我的公寓那里，我先去拿了坐垫。”他会这么说。

卓西肤色犹如古铜，也带类似的眼镜。他人太好了，几乎都不适合来华尔街工作。因为卓西性格温文尔雅，安迪老欺负他。不过，总的来说，他俩是公司里最有人气的员工。他们有最好的密报，他们得到的条件最好，不管他们想要什么资源，统统会得到满足。“我们想让特尼来我们这个组。”安迪告诉史戴芬妮。

90 年代中期的时候，高净值部，如摩根士丹利的私人客户服务处，进行了一些大的变动。以前，交易员主要的工作是帮客户进行交易。交易员要听命令进行佣金交易来产生利润。改动之后的新模式是获取“托管资产”，即帮客户管理1 000万、2 000万，甚至1亿美元这样数量的投资并收取管理费。虽说帮私人客户进行交易的收入仍然在我们公司的收入中占相当大的比例，托管资产却是可以赚大钱的业务。安迪和卓西想大张旗鼓地多筹集资金来赚取管理费，但是他们需要有人在办公室里负责私人客户的交易。其实，这应该是安迪的想法。他是小组里的头头，是人上人。他觉得我可能是成为好徒弟的材料。当他说他们想给我这个职位的时候，我的心脏怦怦直跳。我回想起我的第一次面试——在雷曼兄弟公司交易厅的面试。虽然现在的情况有所不同，但是我真的就要当交易员了。

但对我来说，更重要的是，有了固定职位，我就会涨工资了。五万美元，这是我漂着的时候的两倍，那可是可以改变命运的钱啊！我再也不用每周四跟杰米借钱买地铁硬币上班了，也许我可以开始搭出租车上班了。那得有多么奢侈啊！每天可以多睡20分钟，不用担心地铁班次取消，不用一直站到下车，也不会有人踩到我的脚。也许这个周末我得去布鲁克斯兄弟公司买一套新西装。还有，星期一的时候，我要拿一瓶胡椒博士饮料，还要在报刊亭买一份《华尔街日报》。我会把公司的地址告诉出租车司机，然后好好地坐车上班。我感觉我已经算是事业有成了。

我的桌子——现在可以这么叫了——就在安迪的隔壁。所有的桌子都是连接在一起的，包括盖尔和米歇尔那两个助理的桌子。盖尔已经是两个孩子的妈妈了，棕色的爆炸头，脸蛋红红的。对于工作的各方面，她是门儿清，她还知道所有的八卦新闻。她已经在公司干了有些年头了。米歇尔跟我年龄差不多，非常性感（但是她故意穿得邋里邋遢，还戴个厚厚的眼镜想遮掩一番）。她聪明得吓人，还是我所见过的最注重细节的人。我肯定会跟这两人相处得非常融洽。卓西和安迪对我要加入他们的小组也非常兴奋，对我也好得不得了。接着股市开盘了。

安迪开始对我滔滔不绝地说了一大串数字：“ITG，1/2买进50 000，

5/8 买进 25 000，3/4 买进 25 000。给我平均数。”他说。我手里连一支笔都没有。啥？他看得出我是傻眼了，所以他又重新说了一遍，但是更快了。米歇尔通过眼角的余光看见如此混乱的局面在上演，就在纸上写下了什么东西。我还在努力记忆安迪说的东西，米歇尔递给我一张纸。上面写着：1/2 买进 50 000，5/8 买进 25 000，3/4 买进 25 000。字体美极了。但我还是不知道要怎么做。我开始用 50 000 乘以 1/2，25 000 乘以 3/4，但我不知道 5/8 是个啥。我用 5 除以 8，接着我考虑要保留几位小数点。安迪吼了过来：“我现在就需要知道平均数。”我还在进行多步骤的演算，米歇尔又递给我一个纸条。

那天晚上我回家，我想着，如果我回到肯尼邦克，申请当个高中橄榄球队教练，日子会怎样。这个想法没什么雄心大志，但却很安全，但我才不会辞职呐。我这辈子都不会放弃任何东西，至少我不会放弃想要的东西。也许是我想起可以回到肯尼邦克高中，这让我灵机一动。我准备了一张速查表，上面全是分数和小数点，上午一上班我就把这个表贴在抽屉里面。真搞笑。读书那会儿我认为分数是最无聊的了，而现在，它却成了我生命中最重要的东西。如果我知道我现在会搞这个，当初我就会好好学数学了。

凡事得慢慢来。我每天都有进步，六个月之后，我可以眼睛都不眨就对安迪和卓西喊出平均数。我跟其他助理一样快了——呃，可能还没有米歇尔那样快吧。

1995 年，我在摩根士丹利工作的第二年，我职业生涯中最大的改变出现了。每个人的桌上都有电脑可以连接互联网了。互联网带来了机会也带来了恐惧。我们周遭的世界开始飞速发展，过去五天才能结算好的交易，现在只要三天就可以了。互联网的好处是，技术和电子邮件让我与别人一样处于同一起跑线，甚至还让我稍稍占了点优势。

如今我写电子邮件来解决麻烦问题。也许我的手指在键盘上飞奔，激发了我沉睡已久的写作想象力。驾驭文字的能力有时候还是非常有用的。比如说，有一个表格叫作“取消与更正单”。如果交易出了差错，我们需要用这个单子来进行更正。如果你每个月出现三次操作更正，那么，办公室后面的那些行政人员就会对第四次更正收取 50 美金的费用。如果每个月我出错太多，就会被扣钱了，安迪和卓西就会对我很不满意。有一天，我要发这个月的第四张更正单了，我在电邮的主题栏上打入“个人广告”几个字。接着，我写道：“单身白人男销售助理，运动员体格，寻操作员配合取消与更正。须爱美食烹饪，喜欢看电影和海滩漫步。”立刻有操作员回复。这次的更改单没有收我钱。当下我立刻领悟：社交技能在华尔街的重要性不低于从常春藤学校取得的 MBA 证书。

我在私人客服处渐渐如鱼得水，三年时间也很快飞逝。但是，丝毫没有让我下交易场的迹象。我每个月都会到交易场上逛荡一两回，跟大家打声招呼，仅此而已。我就想让他们记得我是谁。如果有机会出现了，至少他们会想起我。我想在塔克舅舅时代的华尔街里畅游；我不想当另一个安迪。交易场不像私人客服处那么死板。那里时尚高雅，到处都是我这个年龄的年轻人。我确实也做一点儿交易，但我主要做的是行政方面的事儿。我决定要找史戴芬妮帮帮忙。

当我已经走进她的办公室，轻轻拍了拍她办公室敞开的门，她问我：“啥事?”她身上一如既往地穿着黑色的套装。如果她需要临时去参加葬礼，这身打扮绝对可以。她想对我微笑，但我已经走进了她的办公室，这让她觉得不舒服。

“呃，我就想，跟您聊聊。我已经来公司三年了，我一直以为我是要下场交易的。”她站了起来，走过我身边，把门关上。

“帮你找个新岗位可不是我的工作。”她说。我觉得我的脸刷地一下变得火辣辣的。“如果你不想在这儿干了，我这里有几百份求职信可以让我找个替补的。”

“您给我这份工作我心存感激。”我说，“但，就是……”

“就是啥?”她问我，“你想让我挥挥我的魔法棒，让你管理数百万美元的账户？自己找机会吧。”我得开始危机处理了。我说我完全明白。“你得与众不同吧。”她说，口气也缓了一点儿。“机会不是等来的，是创造出来的。”这话好像是绣在枕头上的某人的名言，但从她口里说出来，充满了骄傲的语气。我觉着这是个可以让我稍微体面地下台的机会。我得让她知道，我很注重团队精神——她也喜欢强势。

“您说的对，”我说，“谢谢您对我的鼓励。”我站了起来，走过去打开了办公室的门。“这门您是想让我开着还是关上?”我问。

“开着。”她说。

我走出去几步，听到她说：“跟马特·德萨沃或者大卫·司莱恩混混。请他们喝喝酒。”说完她自己哈哈笑了起来。“看你的了。”

我还真没想过要和德萨沃和司莱恩一起混。这俩人是交易场的经理，他们的位置比我熟悉的社交圈要高一层。

1996 年 7 月

我身边美女如云。西堤酒吧就在公司的街对面，是大家最爱扎堆的地方。最近我才开始下班后跟同事们泡酒吧的。我也还真不习惯华尔街这种穿西装打领带来泡酒吧的方式。要我说，最好是穿牛仔裤，地上撒满锯末也没问题。西堤酒吧其实是个餐馆，但我必须承认，弧形曲线的吧台设计，隐私的空间，确实非常有特色。这里的酒杯超级大，服务生倒酒也毫不吝啬。平常的晚上，我们服务处有 10～15 个女的来这里泡吧，交易场有5～10个男的来这里泡吧。这地方不是什么秘密地点。六小时恋情通常是从这里开始的。

此时我就在酒吧里，身边是德瑞雅和可琳。她们是我们服务处负责组合投资的。德瑞雅是安德瑞雅的简称。她的蓝眼睛似乎可以看穿人心，两个门牙之间有条缝，让她显得格外性感。她也几乎和我一样天真无邪，她只看到别人的好，我太喜欢跟她一起玩了。我们常常欢声笑语。她的助理是可琳，眼睛比德瑞雅更蓝。橄榄油色的皮肤，乌黑发亮的头发。男人们都像飞蛾扑火一样朝她扑去。今晚，她的“电压数”已经高涨。

满是人头的吧台边上，隔着我几个座位的地方坐着大卫·司莱恩，华尔街没人不认识他。他身高6英尺，浑身是肌肉，那是职业橄榄球员的身材。但他的棕色短发却给他一个娃娃脸的感觉。不能以貌取人。头发丝那么小的事情也可以让他火冒三丈，这在交易场无人不知。他是场外交易的负责人；整个交易处都是他管的。他发起火来（好像他随时都在发火），便会嘟囔着跟别人讲话。如果哪次交易不称他的心意，你几乎都可以看到他两耳冒烟。关于司莱恩的一件趣事，有好几个版本。不知道是他在吃着薯条，别人一直打扰他不让他好好吃，还是有人不给他吃自己在吃的薯条，或者是他在对电脑屏幕发火，这都不重要。所有版本的结局是一样的：他把电脑键盘扯了下来，扔得远远的。我怕大卫，所有人都怕大卫。但是，当可琳叫他过来的时候，我想起了史戴芬妮说的那句话。

司莱恩屁颠屁颠地来到可琳面前。可琳帮我做了介绍，他就侧头对我点了一下，眼睛还是只看着她。我以前见过他，不过他肯定不记得了。我坐在吧台的椅子上，等着机会想插上一句半句的。我知道我得做些什么，或者说些什么。我滋滋地吸着饮料。

吧台另一头，坐着我的同事菏泽和诺拉，她们俩都和德瑞雅和可琳一样迷人。菏泽是那种反叛的金发拉拉队队长型——一切都得听她的。

诺拉则带点南美混血的魅力。我朝她们招了招手。我打小跟三个姐姐长大，我完全知道怎么跟女性打成一片，这是与生俱来的功夫。私人客服处每个女的我都认识，知道她们在哪里长大的，甚至对于那些有男朋友的，我都知道他们叫什么名字，我也知道怎么让她们微笑。她们清一色都是美女，我看得出这是华尔街招工的要素。

“这是大卫。”我对菏泽和诺拉说。就这么简单，我和大卫就被这酒吧里最美的女人们给围住了。

“你们想来点啥喝的吗?”我问道。我可以感觉大家都注意到了我的存在，就连大卫也开始感觉到我站在他的身边了。“菏泽想要隆胸，”我说，“大卫，你觉得呐?”菏泽笑着拍了一下我的肩膀，然后笑着把她那对诱人的B罩杯挺了挺。大卫的下巴都要掉了，他的表情就是在说，这小子真敢说。但他的眼睛却不断睁大，不断闪烁。我可以感觉我的股票涨了。我又呷了一口喝的。

“我看这大小正好。”他说。

菏泽立刻说：“我想升级到D罩杯。”她双手还比划着D罩杯的大小。大家都狂笑起来。我让德瑞雅和诺拉把她们的胸也挺一下，但她们不干。我帮大家买了一圈喝的，还叫过来其他几个女的，安吉利亚、丽姿，还有得克萨斯州来的几乎身高6英尺的美女罗伦。我跟她们共事几乎三年了。应该是在这个时候，我发现自己真的如鱼得水了。我觉得自己掌控着一切，能够随心所欲。如今回头想想，我当时真是无知。我怎么可能在工作上出人头地嘛。跟她们比，我经验不足、交际不广、学位不高。但是，一杯好酒在手，我跟别人一样能够呼风唤雨，可能还比别人干得更出色。不知谁说再去另一家酒吧，我立刻兴致大发。

“那就拿上你们的外套吧。”我说。

我们一行七个人，大卫和我，再加上五个女的，跳上了两辆出租车。我告诉出租车司机地址：第10大道和第17街交界处。我肯定，大卫和可琳会觉得那地方没问题，但其他女的可能会觉得很恐怖。那是我最喜欢的酒吧之一，几乎每周末我都去。我们的车先到了。德瑞雅、洛伦还有可琳和我下了车。我站在一个大木门前等着，门上贴满了摩托车店、酒和黑帮的广告贴。街角的地方没有路灯；唯一的照明是这家酒吧的霓虹灯。我们已经到了"肉类包装区"的边缘。第17街黑乎乎的，就像条小胡同，在外面就能听得到酒吧里面人潮澎湃。绣着红岩石的黑色旗帜挂在窗口上方的西边，好像随时都有掉下来的可能。那些女的问我要带她们去哪儿。

"到了就知道了。"我说。

几分钟之后，菏泽、诺拉还有大卫从另一辆出租车上跳了下来。我推开那酒吧的门，德夫勒帕的歌声扑头盖脸地涌了出来。"要加糖吗?"歌词唱道，"一块还是两块?"摩托车党、派对女郎、牛仔们一起对唱着。

人山人海。这个算是中型酒吧，里面灯光昏暗，只有啤酒广告的霓虹灯散发出红红蓝蓝的亮光。吧台后面贴了更多的广告、汽车车牌号、哈雷戴维森的标志、呼啦圈、明信片、灯笼，还有从一个大镜子上面垂下的胸罩，很多胸罩。空气浑浊，充斥着发酸的啤酒的味道。吧台后面有两个女吧员，穿着暴露的皮上衣、牛仔裤、黑色的大靴子。喇叭里炸出"往我身上撒点糖"这句歌词的时候，一个女的躺上吧台，把衬衣拉到脖子那里，露出漂亮的"维多利亚的秘密"牌粉红色上托型胸罩，吧员则把威士忌酒倒在她的肚脐眼上。吧员的领班看到我，招手让我过去。她在我嘴上猛亲了一口，然后跳上吧台，跨坐在那个客人的身上，把客人肚脐眼那里的威士忌酒吮吸干净。人群更疯狂了。他们高举百威、蓝带和滚石啤酒，泡沫四处飞扬。喇叭放出的歌声震耳欲聋。大家唱着。在人群的怂恿下，两个女吧员开始亲昵起来。我叫了八瓶长颈百威啤酒，转过身给我的那些同伴们递过去。我看到那些女的个个嘴巴张得老大，一脸难以置信的表情。大卫轻轻地跟我碰了碰酒瓶。

1997 年 6 月

我被叫到史戴芬妮的办公室。我是不是捅什么娄子了？她板着个脸，好像出什么问题了。她让我坐下，接着关上了门。我知道我捅什么娄子了。我可能要被炒鱿鱼了。

摩根士丹利公司里最近闹耗子了。公司发了几份电邮，提醒大家下班后不要把食物留在桌子上。我的同桌米歇尔对老鼠是害怕之极。上星期有一天她去买午饭的时候，我钻到她的桌底下。那地方太小了，所以我只好掀开桌下面那个黑黑的铁盒子，爬到那个隐藏电脑线、电话线的地方。我勉强能把自己塞进去。米歇尔买午饭回来，把鞋子脱了。果然如我所料。她的脚趾甲涂成了粉红色，闪闪发亮。我打赌，周末的时候她一定穿得性感十足，脚上穿着露脚趾头的高跟鞋。我用拇指和食指在她脚上捏了捏。接下来就出现了我听过的最高分贝的尖叫，她跳上桌子不停地尖叫，她的午餐飞向空中。史戴芬妮可能就是要跟我谈这个事情吧。每个人肯定都听到了那尖叫声。

史戴芬妮的眼里似乎能射出道道利箭。她拿起电话，拨了个号码。“嗨，约翰，我就跟你确认一下咱们谈过的事情。”她说。

我真不太喜欢听那调调。不过，她放下电话，严肃的脸竟然来了个 180 度转弯，成了个笑脸，露出一口白牙。“我要你搞一个派对。”她说。我愣了一秒钟才知道我没有闯什么祸。接着，史戴芬妮开始跟我说，目前交易场里大家士气低落。于是交易部拨了 3 000 块钱想搞个活动，给大家打打气。

“交给我。”我说。搞派对可是我的专长，在大学里就修这一门的。我回到办公桌前，我想起史戴芬妮那个电话可能是打给大老板约翰·斯特劳斯的。他是我们部门的头儿，我的老板的老板，是“食物链”的最上层。我都怀疑他知不知道有我这号人存在。我对他心存敬畏。他就像是个将军，不过却总愿意冲在第一线。他是个顾家的男人，是个有原则、有价值观的人。略微发白的头发让他看上去更稳重、更有分量。

我定下了一家酒吧，在第73街和第3大道交界的地方。那地方有个窄窄长长的房间，里面有个长长的木吧台，墙上露着砖，还有一台点歌器。这看上去什么都不是，但后面却有一个巨大的露天空间。我亲自去了一趟，打了两个电话，写了三封电邮，整晚的安排就定下来了。现在我要做的就是让派对大获成功。我知道史戴芬妮和约翰·斯特劳斯也会参加。我可不想在全办公室最重要的两个人面前一败涂地、颜面全无。我想出一个好计划。星期天的时候，我跟中学的老朋友克里斯·阿立那碰了面。他比我早来纽约，在NBA公司中城区主办公室上班。他的电脑上有我想用的文字处理软件。我跟他在第5大道的圣帕特里克大教堂的边门碰面，他的办公室就在对面。我们穿过大厅，朝他的办公室走去，我跟他说起我来的目的：我要出一份刊物。我坐在克里斯办公室的电脑面前，一个空白的画面出现在我眼前。我最喜欢空白画面了——我就想把它填满。

我搞这份刊物的目的就是想要让大家因为这个派对而心潮涌动，我也想把里面的文字写得好玩一些。时间、地点、人物、缘起、干什么等等细节就把第一页给填满了。我又多画了一个香槟酒瓶，一些节庆的彩带，还有一个目录——调调大家的胃口。我知道，相比于那帮同事们，我没有什么内幕交易或有深度的事情可以说，这些事情他们比我清楚多了。我的刊物绝对得像超市收银机边上那些杂志那样诱人，得像茶水间里的八卦。想到这里，我思如泉涌。第一则故事的名字是：“什么？你想当个色情明星?”八小时之后——一晃即过的时间——我写完了最后一条。把想写的都写完了，最后的工作就是要给这份刊物起个响亮的名字。在最上方，我用超大超粗的字体打上“特尼通讯”几个字。

我决定等到星期二再发出去。我想在比较接近派对的时候发出去，这样他们就不会忘记这件事了。星期二的早上，我比平时早30分钟起床，我想早点到办公室打250份《特尼通讯》。我想用稍微大一点的纸张来打印，这样它看起来就更像一份刊物或者一份小型报纸。我让邮件收发室的人教我怎么打印。我决定在午餐时间发。那是最佳时间——我不想让他们在那个时候还沉浸在早上的工作中，那个时间不用再理会客户的要求了。

正午时分，我看着那一大堆的《特尼通讯》，心里开始发毛：我这样做对吗？我做出这档子事儿，有50%的可能会把自己搞得像个小丑。如果大家笑话我怎么办？我站起身来，心里的恐惧更深了。这比传发我的商业研究更难，那样的专业内容也总会有人挑刺儿找毛病。办公室八卦新闻会有什么效果呢？我是怎么想出这破东西的？

我眼前是跟整个街区一样长的办公室。虽然大多数的交易员和助理们还在干活儿——打着电话，认真看着电脑什么的，有些交易员已经把午餐端上来了：纸袋装的外卖、沙拉，还有三明治。我深吸一口气，昂首阔步走了出去。我把《特尼通讯》一份一份送了出去。我在每张桌子前停留片刻。比较容易的做法是交给那些助理们，因为他们我全认识。那些交易员的脸上浮现出有点怀疑的表情。我想，他们都以为那是跟摩根士丹利有关的公司事务，推出的新产品介绍什么的。但是，我每发出一份，就越发觉得扬眉吐气。我告诉自己，我啥也不在乎。我就要这么干。

就在这个时候，我听到身后传来了第一个笑声。

我回头看见一个助理指着《特尼通讯》给组里的另一个同事看。我看着，确定他们都是在会意地微笑。接下来，我看到另一组的人在开怀大笑。几步之外，又有笑声传来。接着，一个交易员朝我走来，跟我要了一份。

在我把《特尼通讯》发给每一位交易员、助理、行政人员还有那些搞投资组合的人之后，我开始给外圈的办公室发，那是玻璃房的经理层办公室。我蹑手蹑脚地走进每个办公室，先露出我非常礼貌的微笑，然后把通讯放在他们桌上。我走到整个楼层最大的转角办公室的时候，朝里面瞄了一眼。谢天谢地，里面没人。我不知道如果约翰·斯特劳斯在里面，我有没有胆子进去放一份。我进去放下一份，飞奔着跑了出来。

回到我桌子的时候，我回身看着整个交易场，好像大家都在看通讯，都在笑着。那天下午，助理们和交易员们对我好评如潮。更重要的是，似乎大家都期待着派对快点到来。《特尼通讯》一炮打响。

没过多久，我听到不远处传来一个熟悉的声音。“特尼在哪儿?”那人问道，“特尼的座位在哪儿?”约翰·斯特劳斯朝我大步走来，袖子卷着，鲜红的领带朝两边晃荡着。虽然他还距离我 20 英尺远，但我看到他手中也拿着一份《特尼通讯》。我迅速转头看着电脑屏幕。我知道他会走到我桌前。我抓起一支笔，在我手指之间玩弄起来。我眯着眼睛看着电脑屏幕，似乎正在做一个很复杂的数学运算。接着，我听到身后传来他的声音。“特尼?”他问道。我转过身，说了声“嗨”。我感觉有数百双眼睛在注视着我。“你有没有想过做点交易股票证券以外的事情?”他问道。我一时搞不清楚那是对我的赞叹还是侮辱。我耸了耸肩，盯着他看，等待着命运的判决。接着，他的嘴咧得好大，笑得好像一朵花儿。“这东西太棒了!”他说。他脸上的表情对我的鼓励，胜过我拿的任何年终大奖。

派对当天，盛况空前。派对获得了巨大的成功。会上，约翰·斯特劳斯走过来，搂着我的肩膀。他抱了我一下。“哎哟，特尼，你是在哪儿长大的?”他问道。我看到史戴芬妮在人群的那一边，微笑地看着我们。就在那个时刻，我知道我成功了。我知道，我打了第一场漂亮仗。

4

两年之后，我依然还在摩根公司当交易助理，简历还是拿在我手里。人生的进展还真“大”啊。头一次在会议室跟史戴芬妮谈，那都是五年前的事情了，可如今我还是交易助理。“我跟那组人没办法一起做事了。”我对史戴芬妮说：“我得干点儿别的什么事情。”我已经完全放弃在摩根当交易员的念头了。她把我拖进她的办公室，关上了门。她的办公室里没有一件东西能说明她有私人生活——没有度假的照片，也没有亲人、丈夫的照片。她和 O.J. 辛普森的照片在警察狂追辛普森汽车的事件之后也不见了。她在摩根已经干了 25 年了，这期间，大多数时间里她所有的工作都是在忙招聘和培训助理的事儿。我看着她的眼睛，她心里一定矛盾重重。一方面，她肯定不知道为什么有人想去别的地方干事儿。另一方面，我觉得，她在心里也暗暗地想着要逃出这个地方吧。她在纸上飞快地写了点东西，把纸递给我。有那么一秒钟的时间，我们两个人的手都揪着那张纸。

“别跟任何人说是我在帮你。”她说着，放开了手里的纸。虽然我也不确定，但是我敢打赌她以前从没对别人做过这样的事情。那张纸上写的是雷曼兄弟公司和美林公司交易场上的联系人的姓名。

两个面试都进行得很好。但是很明显他们现在不招人，是看史戴芬妮的面子才让我去面试的。第二个面试之后，我又回到了私人客服处，我把装满履历表的文件夹放在空空的桌上。史戴芬妮允许我再到交易场上漂着，给我提供去面试见工的时间，但今天没有地方让我漂。此时，电话响了。只有史戴芬妮和前台知道我今天坐在交易桌前，肯定是打错了。我拿起电话，说了声“哈喽”，好像我是在家里一样。“你小子这就给我过来。”电话那头是个女性的声音。肯定是打错了。我刚想给她点颜色瞧瞧，或者干脆把电话给挂了，但是我听到：“特尼，我是说真的，现在马上就过来。”她说。原来那是可琳。

可琳一年前离开摩根，去了一家刚创立的叫高利安集团的对冲基金公司。打那以后我就跟她没什么联系了。据小道消息，她混得不错。是大卫・司莱恩帮她进那家公司的，几个月后，司莱恩也过去了。之前跟我们一起在摩根共事的丽姿，拿了个好差，到雷曼公司去了。今天就是她给我面试的。她告诉可琳说我在找工作。对于高利安公司，我一无所知，关于对冲基金，我也是两眼一抹黑，我都不知道她想让我干什么。我问她明天去可不可以。

“好吧，”她说，“明天吃午饭的时候过来。”她告诉我地址，还说她今晚会给我住的地方打电话，跟我交代一下面试的时候要怎么说。

我真不知道为什么高利安公司出现职位空缺了，可琳会想到我。最后一次见她是她在摩根的最后一天。她跟大家一一道别，我也过去，微笑着向她祝贺。在这样的离别时刻，为了表示友好，我应该跟她说多联系，她则会说没问题。然而就在那个时刻，在华尔街 40 多位职业人士面前，我觉得自己不行了，我说不出口。也许她因为这样而喜欢我吧，所以才优先给我打电话，给了我这份工作的面试机会。华尔街遍地都是高傲自大的人。她看出来我还保留了一些真诚，就像个腼腼腆腆邀请女伴参加高中毕业舞会的男生。

我去高利安面试几天后，我公寓的电话响了。那是位于西 67 街一栋高楼里的四居室公寓，我几年前搬过来的。电话响着。那是星期一的下午，家里没有人。电话放在一张巨大的手型椅子上。手掌是椅座，手指是椅背。电话一直响着。椅子周围的家具摩登入时：沙发、椅子、桌子，还有几盏灯。还有一个桌上足球案和一个家庭酒吧。客厅里是周末残留下的东西，数个空啤酒瓶和一个装比萨饼的盒子，一片狼藉。我和几个室友住的是阿尔法·波特里·巴恩兄弟会的房子。铃声停了，转到留言机上去了。“现在没人能来接电话，但是我们想知道是谁打来的。……找特尼，按 1；找杰森，按 2；如果找杰米，按 3；找伊森，按 4；如果你要找强尼，呃……不好意思，留言位满了。”

我回家的时候，查了查语音留言。“嗨，特尼，我是高利安公司的杰宁。”她的语音挺轻快的。“交易员的职位我们想给你。请回我电话，我们约个时间，你过来把合同给签了。”事后杰宁跟我说，她当时在考虑是不是要给我那份工作。她想着我怎么跟那么多人一起住，倒也是，她一定认为我不正经吧。“欢迎加入买方队伍。”留言机里她的声音还是那么欢快。

5

那啥叫买方呢？我那时候也不知道买方和卖方有什么差别，不过不久之后就弄明白了。我就用古时候的例子来说明吧。在古代，如果你是买方的话，假设你就是那个推着法老给你的整车黄金，到市场去买东西的人。你的任务就是为法老采购最好的东西。你买到好东西了，法老还会给你好处费。不过，虽说你可以支配法老的钱，但那不是你的钱；你唯一可能损失的东西就是你的好处费。但是，如果你表现好，你就会有大大的好处。比如说，下次你再推车去市场买东西，你的车轱辘可能是定制的，可能还有内置导航仪什么的。但是，你不是唯一一个推着一车黄金在市场里办货的人。所以，一到市场，你就得准备好喽。市场上人声鼎沸，到处都有店家在卖东西。如果你是卖方的话，你就会希望法老的采购员是你的客户。每个店家都想把手头的东西卖出最高的价钱，另外，他们也想把仓库里的那些滞销货也一一卖掉。他们想获得最高的收入。店家之间会进行剧烈的竞争，想博取你的青睐。他们需要你。有人会请你免费坐船游览尼罗河，还可以带上几个“他们店里的女招待”；或者他们会带你去看看金字塔里面的陵墓；或者带你到美索不达米亚去度周末，吃上一些美味的莲果。花样不胜枚举。还有，很多店家都是骗子。如果你把那些滞销货也买回去了，或者你付的钱太高了，可能下次法老就不让你推着他的车去采购了。当然，还有更糟的情况，你得去当那些卖货的店家。如果有一个店家星期四晚上带我游玩尼罗河，我就从他那里买些牲口；如果我能把这些牲口卖给在星期五带我去美索不达米亚的人，那我一定要这么干。所以呢，在某种程度上来说，你和卖方是互利的关系，都需要对方的存在。在华尔街呢，买方可以买，也可以卖——他们就是客户。卖方卖的是信息、研究的结果还有给客户提供协调服务。

一言以蔽之，买方是客户。卖方最爱的就是客户。

6

拉吉·拉贾拉南、盖瑞·罗森巴克、克里森·萨德和第四个（负责西海岸的）叫作阿里·阿贾瓦林甘的人，他们一起在1997年创办了高利安公司。他们都是从一个叫尼南的小投资公司出来的。在那家公司，拉吉的业绩，特别是他买的科技股的业绩，给公司赚了好多钱。他也给自己赚了好多钱，是他给公司赚的钱的十倍。当拉吉的合伙人知道了这事儿之后，告诉拉吉、盖瑞和其他的人，不可以用他们的个人账户进行交易。于是他们四个人就离开了尼南，另创了高利安公司。真是千载难逢的时机。当时正值科技股飙升，对冲基金也刚开始兴起。那还是在草创阶段的事儿了，他们几个人不能放过任何可以抓住的机会。但现在不同了，现在已经是1999年，高利安借金融发展的好势头，顺风顺水地发展了起来。

我去签合同的那天，高利安的几个高层我都见到了，包括克里森、盖瑞还有拉吉。拉吉打着电话。我跟拉吉在面试时候见过面。他挺精神的，皮肤黑黑的，眼镜厚厚的，留着胡须。他微笑着跟我握手，坚实有力，脖子那里还夹着电话。他的两颗大门牙之间有个缝，让他看起来比较友好。我看了不觉也想微笑。但是，我也知道，我要接替的那个位子，虽说人已经走了，但是位子还是热的。据说，那个女的很吸引人、很聪明、很强势，但她有问题。她的交易损失太多，还隐瞒不报。根据高利安的规定，这跟偷窃同罪。当她无法再隐瞒的时候，老板们发现了这个问题。她当场被炒鱿鱼。胆敢对拉吉撒谎！胆敢偷拉吉的东西，下场一定会很惨！

克里森负责的是医疗保健类股票。我花了一年的时间才知道，在很多方面，克里森是拉吉的分身。拉吉是斯里兰卡人，而克里森是在印度孟买长大的。克里森瘦瘦的，脸型很好看，肉桂色的皮肤，温文尔雅。好像所有人都喜欢克里森，特别是投资者。有人曾经说过，克里森筹钱的功夫了得。如果让他到小学三年级的教室里走一趟，他会拿着所有人的午饭钱出来。他跟我握了握手。他脸上的微笑尊贵无比，他对我说欢迎成为他们的一员。一切顺利，至少暂时如此。好像大家都很友好，都对我的到来表示欢迎。

接着，我被带到交易桌前，介绍给盖瑞。他大约四十岁，棕色头发，发际线已经开始消退。他穿着高尔夫衫，褪色的牛仔裤紧紧绷着他的腿。他最显著的地方是浓重的鼻音。他微笑着站起来跟我握手。"欢迎加入。"他说。接着，他上下打量了我一下，有点奸诈地笑了一下。

"15万？"

"没错。"我答道。

罗森巴克在面试的时候问了我一个问题，我在摩根士丹利挣多少钱。我说15万。其实我当时只挣35 000，因为我离开私人客服处，又去交易场上漂了。

他大笑起来，说我骗人；但是他说很欣赏我的胆识。要么他真知道底细，要么他就是在装。但是不管怎样，盖瑞让我觉得浑身不自在。接着，他向我介绍了我工作的职责范围——今后六个月内，每个人反反复复要求我做到的事情——不能让电话铃的响声超过一次。做好记录。把交易记录在电脑上……接电话。做好记录。把交易记录在电脑上。反反复复，周而复始。每个交易日结束的时候，把所有交易核对一遍。要确定所有买、卖、股票数额、价位、佣金还有总额都正确，不能出错。他终于讲完了，然后他看着我的眼睛。“每天都做好随时被炒鱿鱼的准备。”他说，“如果没被炒，那么就算是一天圆满了。”

每天早上我在家洗澡的时候就开始心情紧张恐惧。令我担心害怕的想法一个接一个，犹如打在我胸口的拳头。昨天我是不是每个订单都做对了？昨晚盖瑞让我做的事，我今天都记得吗？每天早上上班的时候心里都有一个大疙瘩。天天如此。

我总是第一个到办公室。唯一的照明是昨晚没关的电脑屏幕上的亮光，此时闪烁着屏保图案。我打开电灯开关。这办公室真是巨大，就像车行的展示厅。整层楼都是一个接一个分析师用的小办公室。一半的空间是空着的，我想那是留给日后扩张时候用的。（我入职一个夏季之后，我们搬到下面一层，那儿更大。随着我们负责管理的资产的增多，其他东西也增多了。）每个办公室门口都有交易桌，拉吉的办公室除外。他的办公室前的交易桌摆成了一个“丁”字。

有一个长条桌，靠着后墙，那是盖瑞和可琳坐的地方。还有一个宽桌子，放在那个长条桌的正中间，两边分别可以坐三个交易员。我就坐在这正中间。

此时，我坐下来，开始核对前一天所有交易的情况。我得确保没有出差错。我心里感觉不对劲儿，每天都是这样的感觉，好像我每天都背着一个 12 磅重的保龄球。我老妈总说犯个错不算啥，但她没在对冲基金干过。虽然我压力巨大，每天早上却是我当天最冷静的时候，没有混乱的场面，没有老板们盯着。

但我还是紧张。我核对着交易的情况，也顺便帮老板们和同事们叫好了早餐，他们到的时候，吃的也来了。我猜，他们的想法是：如果这小子连早餐都订不好，他哪有能力处理数百万美元的买卖订单呢？如果我把他们的早餐给订错了，他们的反应有时候比他们买卖赔了更凶。他们还没搞清楚，我订餐的时候要的的确是“脆皮熏肉”，我敢保证，但那又不是我煎的。我跟订餐的那家餐厅的西班牙裔女孩打得火热。我时不时就过去跟她打个招呼。我会用西班牙语说：“你好，我叫特尼，我喜欢滑雪。”她笑我一字一句发音太死板，但她不知道我处境危险：每次熏肉火候都不对。

20分钟之后，大家陆续来上班了。他们走进办公室，每天订的餐都一样。最先进来的是那些交易员。可琳是第一个来的，天天如此：手里拿着杯咖啡，一份还没看的报纸，带着昨晚没有处理完的私人问题——要么是昨晚她家水龙头坏了，要么就是有外星人想要绑架她。她跟我说的那些故事，有一大半我连编都编不出来。除了外星人那事儿有点离谱，她说的其他故事我都挺当真的。她的日子过得真是够刺激的。托德第二个进来。他的大名叫哈里森。为啥叫他托德？天知道。此人英俊潇洒，黑头发黑眼睛，活脱脱就是期权交易员的样子。高利安把他从摩根士丹利挖了过来。他坐在我的左边。他的口头禅是“我的个天！”接下来他嘴里会冒出什么，我也清楚。他的故事总是这样的开场白。故事里面总有一辆加长汽车，哪个小妞被他给拿下了，然后回到他的公寓，接着是翻云覆雨。真希望他的性生活有他说的一半好。但我搞不懂他干吗要跟我说这么多奇闻逸事。

下一个来的是大卫·司莱恩，我的保护神。他直接从健身房过来。如果我没有猜错的话，他的高尔夫衫还有垫肩。还没坐下，他就已经知道了股市里大大小小的事情。有大卫坐在我右边，我感觉很安全。我知道自己随时都做好了被炒鱿鱼的心理准备，但是我觉得至少还有大卫可以帮帮我。如果盖瑞问我个问题，我答不出来，大卫总会悄悄跟我说答案。

接下来还有卢比，那是影星布鲁斯·威利斯的翻版，光头的那版。他的真名是克莱格。他穿设计师版紧身牛仔裤，开领衬衫。如果“A&F”品牌有四十岁的顾客群，那么卢比一定是最受欢迎的顾客。关于卢比，我真不知道他为什么在这里，我也不知道他具体干些啥事。他和我们一起坐在交易桌前，但是据我所知，他不是公司员工。他既像在巴士站捡来的流浪少年，也像“新鲜空气基金”的小孩。之前他在酒吧俱乐部当过看门的，那家酒吧要么叫“奥登”，要么叫“心碎”，或者是其他什么《大城与亮光》电视剧里面出现过的80年代的夜总会。有时候他看别人进出办公室的眼神，让别人以为他还当自己是酒吧看门的或者是保镖。他仍有酒吧看门的那种身材。他也跟大卫和盖瑞一样，是个健身控。反正，自打我进高利安以来，我就没摸清卢比是干什么的。

倒数第二个进场的是盖瑞。老板拉吉当然是最后一个。虽然他的块头大，皮肤黝黑，但在盖瑞面前就相形见绌了。拉吉的进场犹如女王驾临，光彩夺目，脚下似乎铺满了玫瑰花瓣。当盖瑞进来的时候，他的光彩会照遍整个办公室。他身穿格林尼治乡村高尔夫球场的衬衫和牛仔裤。他进来的第一件事就是把空调温度调低。他喜欢把气温调到低于舒适度以下几度。你永远都搞不清楚他会给你来点什么。今天，他对可琳说早上好，还问她为啥没打电话跟他讲AMD现在的价位。每天早上，还没睁开眼睛，他的大脑就开始绕着股市运转。我没看到交易记录上AMD有什么交易，所以我根本不知道有什么消息。我低下头，希望他不会看到我。同时我也暗暗祈祷，今天的早餐不要出错。

但是，今日与往日不同。盖瑞的水果和优格没有搞错。然而，在我电脑的屏幕上，高盛公司的记录是：我们昨天买进了10万股IBM的股票。我订的是卖出！出问题了，大问题！我立刻按高盛的灯，找负责我们交易的约翰。他确认是要买进。

“你确定？”

他说确定，他帮盖瑞操作的。这说明了两种可能性：要么是盖瑞心里想着要买进，但是他对我说的时候却说成了要卖出；要么是他对我说要买进，我不小心打成卖出。不管是哪种可能性，最终都会算到我头上。

雪上加霜的是，盖瑞、大卫和拉吉都是根据错误的仓位进行交易决策的。今天还没开始交易，我们就短缺了 10 万股 IBM 股票。如果我预定买进了盖瑞认为已经买进的 10 万股，那我们就多出了 20 万股。但是，我们的仓位显示是平仓。目前 IBM 的成交价是 130 美元。如果是我出错的话，那就是我给公司造成了 2 600 万美元的损失风险。IBM 的股价当然不太可能猛跌至 0，但是任何的波动都会给高利安带来巨大的损失。

我的座位离盖瑞的座位就几英尺的距离，但我还是决定要亲自走过去跟他谈。我不想让周边的交易员知道我要跟他谈什么。他在讲电话，还同时处理着三件事情，但我还是打断了他。他看到我脸上死人般的表情，立刻知道出大问题了。他让电话滑下肩膀，带着一脸的鄙视，看着我。

“这次你又他妈咋了？”盖瑞一有机会就会挤对我。他就像个九岁的小孩，而我呢，是一只被他逮到的蜘蛛，他非把我的脚一只一只揪下来才开心。

我无路可逃。我必须告诉他这个差错。

我就想确定一下，昨天 IBM 的股票，他是想跟高盛买，还是卖。这是我的最后一根稻草。可能是高盛那边弄错了。

“我要买。”他说，“你很清楚的啊，我跟你喊着说的。”我开始胃疼。糟了。

“很抱歉，我可能听错了，要么是我打错了。”我嘟囔着。

“你他妈什么意思？我们多了 10 万股 IBM？”

“应该是 20 万。”我说。他看着期货仓位，看股市开盘的情况。我之前查的时候，股价是微跌。他问可琳 IBM 有没有动静。她迅速敲了敲键盘，接着向我扫过同情的目光。她跟盖瑞共事两年了，不知怎的，她比其他人能应付盖瑞。

“记录只有几千股。”她说，“我相信应该可以找人帮我用最晚收盘价买入一些。”也就是说，她可以拿起电话找个交易员告诉他买进 20 万股 IBM，公司承受损失。她是想帮我，但是盖瑞脸色铁青。他开始咆哮了，说我如何如何无能。他朝拉吉嚷着，说 IBM 的仓位不要了，接着他对大卫嚷着，同样的内容。他根本不用重复的，不过他就喜欢贬低我。我朝自己的座位走去。

“你他妈去哪儿啊？”他问道，“给我滚过来。”他把剩下的早餐扔进垃圾桶。我不知道还能说什么。我看着他，不过没敢跟他对视。

“很抱歉。”我最后说，又朝我自己的座位走去。

“抱歉你个头。”他尖叫着，“墙角罚站！五分钟！”

我看了看盖瑞，又看了看整个办公室，看来他是来真格的。大卫开始笑出声来，可琳和托德忍着不想笑出声来，连盖瑞和拉吉脸上都露出了微笑。盖瑞又绷起了脸，指着交易桌另一端的墙角。我不知所措，朝那个墙角走去，一言不发。我背对着交易桌，脸朝墙角，距离只有两英寸。我都快三十了，此时却像个一年级的小学生在墙角罚站。我闭上了眼睛，听到后面传来咯咯的笑声，好像他们是在叫交易场上的其他分析师和助理们过来看。可能盖瑞确实说“买”，我怎么会打成“卖”？我想笑了。一个成年股票交易专业人士在墙角罚站真是件好笑的事情，即使那个专业人士是我自己。现在我得强忍着不笑出来，我得假装被盖瑞欺负得很惨，要不然盖瑞会想出其他的法子来整我。两分钟之后，大卫叫我，说要我帮他干点什么。我知道他是在帮我找台阶，我感激得不行。我跑回我的座位。他说别再出错了。15 分钟之后，我听到盖瑞在电话上数落赫佐格公司的一个交易员。

我能预报股市涨跌，但我无法预知盖瑞的情绪。他好像是单纯为了整人而整人，跟我的表现好坏真的没有什么关系。就在墙角罚站事件过后的几周，盖瑞对我说，要我开始独立交易了。“就交易 5 000～10 000 的量。”他一边嚼着涂满黄油的面包圈一边跟我说，“要赚钱。”他说得轻描淡写。与高利安公司的普通交易量相比，5 000～10 000 的交易量简直就是小儿科。但对我来说，却是决定性的时刻。

那天上午，我等到 10 点钟，等到一切都稍微安静下来。我才不想让老板们知道我忙着 5 000～10 000 的交易，就把平常的工作给忘了。我决定要买入 5 000 股微软公司的股票。这是流通量很大的股票，我随时可以买进卖出。不过这样的交易没有任何的分析做后盾，我只是知道交易桌周围的同事们当天都在买进科技股。股市微扬，如果科技股涨了，微软也会涨的。我把交易记在电脑上。股价很快涨了 1 点。我调整了一下椅子，让我的双脚可以有力地踩在地上。我的肚皮顶着桌子边沿。我紧盯着电脑上的微软股票。每升一点，我的心里就震动一下，就像酒吧里音响的低音喇叭震动了一下。我买的第一只股票，得赚钱啊。我不知道要怎么办了。股票一直往上升：0.11、0.12、0.13、0.14……我按了电话上拉扎德的灯，告诉我们的交易员朗格尔，说卖 5 000 股微软。"卖出 5 000股微软，45 元 14 分。"他说道。首战告捷。我把这个销售记在电脑上。5 000 股，每股我赚了 14 分钱！但是一进一出我分别付了 6 分的手续费，所以，我的利润是 2 分。之所以我要付 6 分的手续费，是因为用了他们的分析研究，用了他们的资源，还有他们的服务。为了获得服务，高利安公司每年得付数百万这样的手续费。如果是我自己交易，我可付不起这样的手续费。我看着交易结果的屏幕。我看到微软的代码 MSFT，股票数：0；损益：＋＄100.00。啊哈！100 美金！总比赔钱好吧。现在我可以开始第二笔交易了。

我想买进高通公司的股票。上一次的交易把钱都浪费在手续费上了，所以这回，我要用 Instinet 程序进行交易，这样每次只要付 0.1 分的手续费。我点击了买入的按钮，打入代码 QCOM，然后输入 10 000，接着按下发送。我盯着屏幕看。买进了 1 万、2 万、3 万股。怎么回事？我一直买进。数字一直往上升，停不下来。我查看了一下键盘上"0"的按键，原来它卡住了。他们给我的键盘是最老最烂的那个。天啊，我买进了10万股QCOM股票。我又不知所措了，然后我就听到大卫叫了起来："美林公司给QCOM降级了！"他当然不知道我刚买进了这只股票，而且是10万股。我还没有反应过来怎么回事，股票已经降了4点。就几分钟的时间，我损失了40万美金。我真的不知所措了。大卫站起来，低头来看我的电脑屏幕。"天呐！"他说。他立马抓起JP摩根的专线电话，说要卖出10万股QCOM，立等。就是说他电话不挂，立等回信。然后他转过来对我说："不用谢。"那只股票简直就是做自由落体运动。QCOM连降6点，现在是交易员得负责那60万块钱了，不是我们。

事后，大卫打电话给那个交易员跟他说谢谢，说欠他一个人情。"你欠我十个。"那交易员说。那一整天，再没人跟我说过一句话。不过我不需要到墙角去罚站了。

我在高利安的日子真是苦不堪言啊。我信心全无。我随时得小心翼翼，不知什么时候就会有人说我交易记录不对，或者接电话不够快，然后从后面给我来上一脚。我走出办公室，看到一些精神抖擞、信心饱满的交易员在呵斥着电话那端的人。出了公司，他们跟纽约中城区的其他人没有两样，但是在公司，他们可牛啦。这好像是所有买方交易员都要有的一个基本素质。我觉得不那么强势地欺负人也能做好交易，不过能强势一些会有帮助的。既然交易桌上都是些坏警察，那么我就很自然地充当起好警察的角色了。对那些给我们帮助的销售员，我对他们会竭尽全力地报答。他们听到我接他们的电话都会欣喜若狂。就是说，他们交易中捅了再大的娄子也不会有人数落他们，即使他们万恶不赦也不会被我骂。他们总喜欢请我吃饭，跟我喝个酒什么的。有时候甚至会带我去看球赛或者听音乐会。一天至少有三四个人约我，可我总不想去。我怕他们问我股市的事情，我怕没有语出惊人的答案，那他们就会知道我是菜鸟，跟他们不是一类人。

有一天，盖瑞叫可琳、托德还有我收盘后到会议室见他。托德看上去一脸无聊的样子，可琳在发着短信，而我觉得我可能要吐了。我不清楚他为什么要见我们。我们等着。盖瑞姗姗来迟，走到桌子最前面，拉开椅子坐了下来。此时托德已经精神了一点儿，可琳也把手机放在了一边儿。可我还是不知道这个会的目的，我焦虑万分。我盯着盖瑞的嘴唇看。我想预见他说的内容。“这个月你们跟谁出去过?”盖瑞问道，他主要是看着托德和可琳。他们说出去吃过几次工作餐。可琳似乎是夸大其词了，不过我知道托德确实出去吃过几回。接着盖瑞把目光转向我。我只跟伊森、杰森还有杰米一起出去过，星期六我们去“西红石”酒吧闹了一回。酒吧员玩喷火，几乎把我的眉毛给烧了。但我知道盖瑞肯定不是想知道这些。

“没人。”我答道。

他学着我说“没人”，好像五岁小孩。“搞点把戏，”他吼着，“搞点情报。”他还用手敲了几下桌子，貌似我们有谁在打瞌睡。“如果你们几个还想在这里干，”他一边擦自己的鞋一边说，“那么你们就得有电话进来。”可琳和托德都点了点头。“我可不是要那些我们已经有的消息——我要新的。”他站了起来，把衬衫塞进裤子里，转身朝门走去。“咱这儿有新规定：每周至少得有两次工作餐。我要你们写下来，跟谁出去，谈了些什么，你们怎么搞好关系。”他说。然后他就出去了。托德也跟了出去。可琳抓起电话，继续发短信。我可不想跟卖方一起混。

我想我之所以答应跟约翰出去吃工作餐，是因为他几乎不谈工作。他人瘦瘦的，但有个啤酒肚，看上去傻乎乎的。高盛公司肯定不会用这样的人。他比较像卡通人物。他每次接电话都会咯咯地笑，说他如何捉弄周边交易员，要么他会讲个低俗笑话。他更喜欢逗我们笑，而不是专心做股票交易。约翰只比我大几岁，但是好像他在股票界已经混了很久了。我选了地点，上城区西边的一个酒吧。我到的时候，他已经在那儿了。他说全纽约所有餐馆任我选。我就想选个离家比较近的地方。如果出了什么事儿，我就可以逃出来立刻跑回家。第一杯鸡尾酒才喝了一半，我就感觉到他想多了解了解我。他喜欢我；想跟我交朋友。他人挺逗的。我们在台上叫了吃的。他问了一大堆我老板的事情。他想要点儿“爆料”的，但我很怕告诉他真实情况。三四杯鸡尾酒下肚，我觉得乐滋滋的，我可以对高利安发表点意见了。“如果我出了个错，”我说着又呷了一口酒，“不管我有没有对公司造成经济损失，他们都会狠狠地教训我。”

“那叫标准操作程序。”他边说着，边点燃一根香烟。“他们打你吗?”

我觉得他是在调侃我。“不会。”我指着他的烟，我的表情就是想让他也给我来一根。那不是我的第一根。“不过也差不了多少。”

“呃，”他说，“他们工资付得还行吗?”

“行。”我说，“我不知道奖金会给多少，但是，我们公司几亿几亿地这么赚着，我看少不了。”

“那你就甭担心了。”他说。

“也许吧。”我说。我还想多说点儿。我想多证明证明我说的那句话，但他说的也很有道理。如果他们付我的钱很多，那他们对我可以想干什么就干什么。

“想去看脱衣舞吗?”他问我，把最后一块牛排塞进嘴里。

“不了，谢谢。”我站了起来，穿上外衣。脱衣舞对我已经没有吸引力了。我更想跟普通的女孩子多聊聊天。

他付完钱，跟我说门口有车等着我。我家就几个街区，所以我跟他说我走回去。“你怎么像个老墨（墨西哥佬）?”他说。我不清楚怎么才算是老墨，这跟我走路回家半毛钱关系都没有，但是我还是微笑着说我可以走回去。“不行，”他坚持着，“上车。”有必要吗？但我还是打开车门，说今天晚上谢谢了。“只要你愿意，每周我们都可以聚一次。”他说。那车是全黑的；后座比我家沙发还舒服。十条街的距离，我都沉默着。那司机肯定认为我不知趣。我想我是不是得给他小费什么的，但我又不确定。我看着纽约的街区在我身边一一掠过。我觉得此时好像是电影里面的场景。对此我习以为常。到我家了，司机微笑着对我说晚安。

我慢慢上手了。每周两次，我会跟搞销售的出去吃饭。每次都是我来选餐厅或者酒吧，每次都有车送我回家。我开始喜欢这样的饭局了。我现在是客户了。我不太可能出错。刚开始我搞不太明白，这些人为什么要如此谄媚地来巴结我？很久之后我才明白，卖方的人买卖期权跟买方的人买卖股票是一样的。

今天我虽不是交易桌的头，也不是控制高利安公司大多数订单的人，但是，这些人都想在我刚出道的时候跟我搞好关系。他们现在好好招待我，以后我会想着他们的。

1999 年 12 月，我第一次参加了高利安公司的节日派对。那是在纽约中城区一家灯火通明的餐厅。里面的装潢还有餐桌都有几十年的历史了。那地方 20 年前应该是个很酷的地方。服务生就像是 80 年代电视剧《大亨》里的原班人马。“我要被炒鱿鱼了。”杰宁说。派对是她安排的，表演的人也是她找的：通灵人士。不知道他通不通灵，能不能看出这些全无兴致的人的思想。我跟杰宁还有她的助理莎莉坐在比较后面的桌子旁。莎莉是个天生的乐天派，我真的挺喜欢杰宁和莎莉的。我们可以坐在那儿整晚闲扯个不停。盖瑞朝我们的桌子走来，我的胃开始疼。华尔街上有人管他叫“罗西”（意思是“脸色红润”），因为他姓“罗森巴克”，但是我一点儿都看不出来他哪里红润。他开始对我发问了：今天股市收盘如何？盘后微软交易怎样？机构买家给几点？他也不让我回答，就一直吊着他那个高音嗓子对我狂吼一通。答案他都知道。我挪了挪屁股。趁他没看见，杰宁和莎莉翻了翻白眼。

“咱们来喝龙舌兰。”他说，朝女服务生指了指。“八杯。”他喊道。我们桌总共才四人。他盯着我的眼睛。“如果你能喝下这八杯，我给你八百块。”他说。我一时不知道他是开玩笑还是来真格的。我坐直了，假装信心满满。“我是来真的，”他说，“八杯八百。如果你吐了，你就输了。”女服务生把整个托盘的八杯培恩牌的龙舌兰放在桌上，上面有八片柠檬。“咱不要柠檬。”他说。我觉得我已经四面楚歌，无路可退。不就是几杯酒嘛，八百块也不错。“大家都过来瞧啊。”盖瑞喊了起来。

开始了。第一杯、第二杯……第六杯下去，我眼泪出来了，喝第七杯时，我噎着了，我觉得体温在上升。我拿起第八杯的时候，龙舌兰已经从我嘴里溢出来了。周围的人开始呼喊了——好像是个角斗场。我站了起来，感觉天旋地转。我勉强站稳了，把第八杯举到嘴边。我一口闷下，一屁股坐下，全场欢呼。罗森巴克掏出一个厚厚的钱包，拿出八张百元的票子，扔在我脚下。我跪在地上，拾起那些票子。我醉了。

第二天早上，我眼睛充血，一塌糊涂，羞辱万分。我挣扎着来到交易桌前。除了我，没一人有宿醉的样子。我需要咖啡。罗森巴克在茶水间里坐着。他面前的台面上放着一盒果冻甜甜圈，某个交易员送的。他抓起一个甜甜圈从中间掰开，把半圈塞进了嘴巴，说：“三分钟你能吃下八个我再给八百。”

7

几个月之后的一天，刚下班不久，办公室里别无他人，就盖瑞和我。我在网上看克利夫兰印第安人队春季训练的情况。跟CIBC公司进工作餐之前，我还有时间可以消遣一下。工作餐安排在周氏餐厅，这里是时尚名人、社交名流、国际美食老饕聚会的地方，服务生都穿白色燕尾服，服侍客人吃北京烤鸭。周氏餐厅就在公司附近，所以我没理由还先回家一趟。我不知道盖瑞为什么也留在公司；通常股市一收盘，他的加长汽车就会来接他。他叫我过去，让我在可琳的椅子上坐下。他的脸不再那么严肃，看上去甚至有些温柔。“你最近干得不错。”他说。能听到盖瑞的夸奖，就等于狮子对你说你的肉很好吃。“知道吗？特别是在高通那单交易之后。”他说。在“单”之前说的“那”字，要么是非常非常好的事情，要么是，依我看，非常非常坏的事情。公司最近确实非常忙，我觉得他应该没注意到我的表现如何。

“明天我要你跟第一波士顿和高盛交易，”他说，“我要你买进卖出那些公司的股票。”他是一边看着电脑上的电邮一边跟我说这些事儿的。我什么都没说。“专找那些交易量大的，知道吧，微微软软、英特尔、阳光电脑啊什么的。”我最近才知道微微软软就是微软公司。“我要你能交易多少就交易多少。”他说。他开始给什么人写邮件。“尽量少赔钱。”

“你不想我赚钱？”我问道。

“不是这意思。”他说着，按下发送键。“我要你整天买进卖出这些公司的股票。跟波士顿买十万，等五分钟，卖给高盛。”他手机响了。“一整天你就买进卖出。”他说。他接了电话，告诉司机说他就下去。“跟我好好干，特尼。我会让你成为明星。”我看着他站起来，离开。整个谈话都很诡异——无论是他让我干的事情，还是他对我说话时候极好的态度。

毫无疑问，盖瑞的幽默感来源于高利安公司做的生意。在2000年那会儿，我们公司在华尔街以狼性著称。能有三位数字回报的公司都这样。几百万不是我们谈的数，我们谈的是几十个亿。要投资的钱汹涌而来。如果有哪个销售员或交易员不听我们的话，会有99个排着队要来效力。每天都有新的分析师坐入上一个分析师留下的空位。我们又从摩根士丹利挖来一个高级交易员，老板们也答应我要找几个年轻人来帮我做那些杂事。

不过，盖瑞的指示还是让我有一些疑虑。公司正在疯狂地成长，又赶上办公室里猜忌和竞争的气氛越来越浓重，搞得公司上下鸡飞狗跳。拉吉有个臭名昭著的伎俩，他能挑拨两个地位相当的分析师，让他们明争暗斗。我称之为“拉吉挑拨斗鸡模式”。他跟一个分析师咬咬耳朵，又跟另一个耳鬓厮磨，接着他就坐山观虎斗，看他们把对方的眼睛给抠出来。适者生存。打赢的那个就可以保住工作；血淋一地的那个，连同鸡毛都会被扫地出门。他想拿这一套来整我和可琳，但是他失算了，或者他不知道我俩特熟，我们下班后也经常一起混。

除此之外，高利安集团旗下两个基金之间也酝酿着一场斗争。拉吉、盖瑞还有可琳负责科技基金，我和克里森、司莱恩负责保健基金。我刚开始在高利安干的时候，公司旗下保健基金那一块只占总资产的10%。但我进公司之后，短短一段时间之内，保健基金像气球那样涨到数十亿元的规模。虽说只有科技基金三分之一的规模，但不管从哪方面讲，这都是个巨大的成功。这主要是因为当时牛市的带动，另一个原因则是首席交易员司莱恩。虽然盖瑞和司莱恩处得不错，每天早上一起去健身房健身，有时候甚至还称兄道弟的，但是他们私底下暗自较劲儿。所以，虽然盖瑞是我的准老板，但他已经越过了那条无形的界线给了我一个机会，他还说要让我成为明星。但是，我只认一点，我要认真交易了——这比天天订早餐好多了。

第二天上午，我回到我的交易桌前。我把该做的一些杂事做好了，晨会也开得挺顺利的。股市开盘的时候，那就是我大显身手的时候。第一笔10万股英特尔我决定要跟第一波士顿买进。两分钟之后，我卖给高盛。我赚了2分，手续费却花了12分。小损。我继续如法炮制。我决定买进20万股阳光电脑，几分钟之后再卖出。反反复复，周而复始。午饭点还没到，我已经进进出出几百万股了。我的损失总共是75 000美元，但我们公司要分别付给高盛和第一波士顿60 000美元的手续费。这就是重点，盖瑞吃午饭的时候跟我说的。“干得好。”他说。我感觉不是那么好。不过，只要他开心，我就开心。虽说这么做不符合常理，但这么干很有意思。再说了，高盛和第一波士顿公司的交易员都热血沸腾了。

第二天我就看出些门道儿来了。第一波士顿给一个首发股定了个价，公司名叫“西乐提卡”，股票代号SLTC，今天上午就推上股市，要卖400万股。那公司干啥的我一点儿都不知道，但是首发股很抢手，预购数量已经超过配股的100倍。第一波士顿的每个客户都想预购一些股票。这就是大家说的抢手货。我们跟华尔街上其他人一样，也预购了100万股。第一波士顿来电话了，我抓起电话。那边的交易员说给我们买了10万股，每股30美元。他说我们是全华尔街拿到配股数量最大的公司。他说的应该没错。他说，他的很多客户要么没拿到配股，要么只拿到5 000、10 000或25 000股。我先报告盖瑞，然后告诉了拉吉。接着，我就跟往常一样，把这个交易记入电脑，以显示在我们的投资组合中。盖瑞在他的电脑上看到了这个记录，对我喊了起来：“哪……里哪里哪里哪里哪里，”他的鼻音依然那么浑厚，“记在司令的账上。”

司令的账号里面主要是盖瑞和拉吉的私人基金。具体有多少钱我不知道，但是数量很多。我们员工也可以通过司令的账号投资。我刚进公司的时候，他们都极力怂恿我往里面投资。“相信我，”他们都说，“把钱投这儿。”我照做了。

我有一个退休金账号，里面大概有 5 万块钱（从摩根公司转过来的），可能不止，也许能再多个几千块吧。

我在电脑上选中 SLTC，双击鼠标，把它从公司的主要交易基金转到了司令的账上。买进 SLTC10 万股，30 块钱。开盘之后，第一波士顿那边有个人打电话过来，说 SLTC 大概早上 10 点正式交易。我大声传话，大家都听到了。差 10 分钟 10 点，那人又打来电话。“貌似开盘价是 40 块。”他说。五分钟以后，电话机上第一波士顿的灯又亮了。“貌似 62 块!”三分钟过后，那家伙又打过来。“80 块。可能更高!”他喊着，声音好像充了电一般。

股市开盘的时候，全公司一片欢呼。“天上掉下来的钱，宝贝儿。”盖瑞叫道。我看着我的电脑屏幕，SLTC 开盘价是 94 美元。每秒钟交易几十万股。最新的交易情况在我的屏幕上不断更新，简直就是在跳舞。超过 100 块了。

现在我好像看懂了这游戏的规则，为什么盖瑞让我买进卖出，还丝毫不关心我有没有帮公司挣钱。事实如下：我们付给卖方的手续费越多，作为回报，他们提供的信息就越多。前一天我给公司损失的 75 000 块，那不过是为巨大利润付出的一点成本。SLTC 股价此时到了 110 块，我们赚了 800 万块。好像不费吹灰之力。而且，从法律角度来讲，这完全没有错，我想是如此。哇噻。这买卖做得真棒。

但是盖瑞对我喊：“特尼，叫‘婴儿膀子’。”“婴儿膀子”自己独立一个人在交易场操作。他穿着那种夜里穿的丝绸衬衫，领口开着，露出卷曲的胸毛还有他挚爱的土豪珠宝，简直就是上演《黑道家族》的真人版。不知道他有没有上过大学，从没听他说过。他是个大块头——可能他身体每一个部件都很大，因此才有那样的绰号。如果我们想搞张门票或者任何事情，请他帮个忙，他都可以做到。好像他就是专门负责帮忙的，像个酒店大堂的总管，他也顺带做做股票交易。“叫他套 10 万股 SLTC。”盖瑞说。简言之，“套”就是完成一个买方卖方的交易。一般情况下，你只能跟一个客户或者交易员套。但是盖瑞让我做的，是让“婴儿膀子”当操作员，我们自己套。我们自己买自己卖——这合法吗？我真不知道。虽然我不知道他为什么让我这么干，但是我还是这么干了。高利安的水挺深的，我渐渐感觉到了这一点。我要学的还很多。我给“婴儿膀子”打电话，他照我说的做了——一买一卖他就分别拿了 6 分的手续费。10 万股 SLTC，价格一样，同一笔交易，买一次卖一次，他立马赚了 12 000 块，可以买很多丝绸衬衫的了。

后来，也许是当天的晚上，或者再晚一些，我才意识到自己被卷了进去。这只新股票是 30 块一股，我买了 10 万股，用的是司令的账号。我们自己的钱。股票涨到 110 块的时候，我给“婴儿膀子”打电话，让他用同样价格帮我买进卖出 10 万股。我在司令的账号上做好记录，并在公司的主要交易基金上记下了买入，基金是投资者给我们的钱。这次交易在司令账号里留下的唯一记录是那 800 万块的利润。

同样的情况——当然是不同的股票——不断在高利安上演着。我们会在上午买进股票，看它涨跌的情况，在下午决定把它放进哪个账号。投资者从来没有什么意见，因为我们的主要交易基金一直表现很好。如果有投资者看到这个司令账号，说真的，他们肯定有问不完的问题。但是没人问。

我知道我们这么做不对。至少得有个类似委托责任什么的。但是，这里的钱滚滚而来，让人飘飘欲仙。有时候我拿出计算器敲一敲，看我赚了多少钱。运气好的日子，我一天可以赚 5 000 块。只要我有钱，我可以投在司令的账号里，赚的钱比高利安给我的工资还多。

8

几星期之后的一天，我在办公室里，没什么大的动静。盖瑞出去打慈善高尔夫了，拉吉在外面开会，司莱恩在会议室打电话。我在整理一张表格——高利安计划中派对的宾客安排表。我先打给所有的交易员，看他们要不要参加，要不要带什么人来。老板说我自己可以带五个人——但必须是提供有用信息的人，看来我的那些室友是没份了。这时候，我发现有个外线电话打进来。“高利安，”铃响一声我就抓起了电话。那边的声音有点闷闷的，好像是在对我说悄悄话。我又说了一遍“高利安”，这次，我勉强听清他说了什么：“盖瑞在不在？”

“不在，”我说，“他出去了。”几秒钟的沉默。

我正要挂上电话，我听到那个声音又小声地说：“拉吉在吗？”

“抱歉，”我说，“他没在座位上。我能帮什么忙吗？”我能听到那个人呼吸的声音。他的声音让我想入非非：一袭风衣，电话亭，神秘电话。

最后，“悄悄话先生”讲了一点人话。“杰弗里斯要给亚马逊升级，六分钟之后。”接着，我听到“哒啦”一声，他就这么挂了。没有姓名，没留下联系电话，无法证明这消息是否准确。我瞄了一眼电脑上的时间：下午 12：59。我该跟谁说？该不该说？“悄悄话先生”可能是在搞恶作剧，也可能是盖瑞开的玩笑。我说了你可能不相信，罗森巴克可能会空穴来风地给公司整出个赔钱的事儿，就为了让我出个丑。我又看了一眼时间：一点整。我的大脑开始高速运转。我要不要买进一些亚马逊公司的股票，看看它会不会涨？不过，我立刻打消了那个念头。没有理由啊。谁会在这大白天打电话来还搞得像007的电影？电脑上一分钟好像一秒那般就过去了。1：02了。如果我不买进亚马逊公司的股票，而“悄悄话先生”讲的话又是真的，他会告诉拉吉或盖瑞，说他打过电话，之后就是拉吉或盖瑞过来找我算账。该死。1：03了。我只有两分钟可以做决定。我看到可琳的眼睛，飞速跟她交流了一下。“他是谁?”她问道。我说完全不清楚。她耸了耸肩膀，继续干她的事情去了。1：04了。不管了，我对自己说。我买进10万股亚马逊的股票，然后往后靠，躺在椅子里。我希望“悄悄话先生”知道他在干什么。

1：05，亚马逊公司股票开始涨。起初一下子涨了5毛，两秒钟之后，涨了2块。杰弗里斯的灯亮了，我抓起电话。他说亚马逊公司升级了。我想说知道了，但我还是向他道了谢，接着挂上电话。看着股票不断上涨，我突然有个感觉，我可能干了件非法的事情，不过这念头在我的大脑里瞬间即逝。木已成舟，我只能安慰自己。每天盖瑞和拉吉都给我灌输这样的想法：我得有点突破。这就是他们经常说的。每次有外线进来，我都接。我盼望那又是“悄悄话先生”。

拉吉走进办公室的时候，股票已经涨了差不多5块钱。我等他走进他的办公室，然后我告诉他神秘的“悄悄话先生”的事，还有我买了10万股亚马逊的股票。我们的损益表显示：50万利润。他低头看着他的电脑屏幕，开始哈哈地笑了起来。拉吉平时就笑得很大声，如果有好事他更是如此。我问他是要抛售，还是留着。“我来。”他说，还笑着。这是我进高利安以来第一次觉得我不再像个普通职员，而像个交易员。亚马逊事件之后，我开始了解，在对冲基金这行，没有什么是碰巧的事情。大家都在以最快的速度抢信息，不择手段。如果我要赚钱，赚大钱，赚买方的钱，那么我就需要有自己的门路。

在筹备派对的那几周里，经过大肆宣传，整个办公室的人以及所有想被邀请到的人都被搞得热血澎湃。有一件事可以肯定：这可不是你常去的那种华尔街交际派对。买方公司要来讨好卖方，这本身就是绝非寻常的事件。通常都是倒过来的。但是，拉吉不只是想要来招待卖方；他还要让所有人都记住这个派对。我们公司租了一个超级大的舞厅，那是一个纽约中城区的“超级俱乐部”——可以容纳 1 000 人。虽说这派对是华尔街最劲爆的派对，但是我们对来宾却没有什么资格限制。如果您罩过我们、挺过我们、帮过我们，再小的忙也没关系，您就来吧。

一天早上，拉吉聘请的设计派对并安排表演的那个负责人来到了公司。他请来的表演者包括重磅人物唐纳·萨摩。此人有点范儿，说唱歌手的风格，高高的，蓬松的金色头发，我一看就喜欢。可能是由于他那种专业的风度，或者是他的公司非常有创意——拉吉不只让他安排这个派对，还让他给高利安公司写个嘻哈风格的主题歌——也许是他唤起了我那份尚未忘却的非华尔街情怀吧。他自我介绍说他叫杰西·依兹勒，我立刻认出，他的嘻哈艺名是杰西·杰米斯。

“嗨，杰西，”我的一位桌友叫了出来，“特尼也是个嘻哈歌手。”我的脸一下子变成了粉红色。“是吗？”他说着，点点头好像挺满意，“你的嘻哈艺名叫啥？”

我仍然红着脸，打算死也不告诉他。我想起 1991 年的时候，那是在看《呦！MTV 嘻哈》节目，里面有他的歌《跟白女孩那样摇摆》，还有《大学女生很容易》。我还知道他的那首《我喜欢这游戏》得过艾美奖，那是他为 NBA 篮球赛写的嘻哈歌曲。他还帮纽约尼克斯球队写过《纽约队冲啊》。

“克利夫兰·D。”我最后才挤出这几个字。

“很好。”他说。

我哪算什么嘻哈歌手啊。这么说我是抬举我。不过说真的，我挺喜欢嘻哈曲风的。而且，说真的，我在 1988 年和我最好的朋友内森尼尔

（他自称“LIVE T”）组了个嘻哈团体叫作“最高密度”。我们的朋友大多都恨透了嘻哈风的音乐。不过，那是在肯尼邦克高中的往事，肯尼邦克恐怕是地球上最不嘻哈的地方了，我们通常都在内森尼尔家的谷仓里自己唱，面对的观众数为零。

几天之后，我桌上电话响了，是杰西打来的。他问我想不想跟他一起写高利安主题歌的歌词。“真的假的?!”我说，声音高亢到连我自己都不好意思。但是我立刻就很酷地接着说：“那当然。必须的。”跟内森尼尔家的谷仓比，这确实是个飞跃。这样好的机会何时还会再有呢?

派对前的一周，我跟杰西在录音室里碰面了。那是在上城西区的一个大楼的地下室。我一直不知道自己有没有找对地方。终于我找到一个门铃，上面有个小标签写着“米尔·罗斯音乐”。我走下晃晃悠悠的楼梯。地毯很黑，墙很脏，整个地方都是发霉的味道，但那个录音室却很专业。有几个录音间，音响师坐中间，后面有个沙发，还有几张椅子。音响师看到我，说道：“啥事?”

我们只剩一星期的时间，要写歌、要录音、要做后期，我真不知道他怎么才能按时做完。我一整个星期都在准备我们的这次会面——呃，或者说，我一整个星期都在担心。我想要准备，但不知道从何做起。每当我想到一个主意，立刻就觉得傻得透顶。我坐在沙发上，杰西坐在我对面的椅子上，开始问我关于高利安的问题。在那儿做事啥感觉？华尔街对高利安有什么看法？我说华尔街给高利安的称号之一是：“好船。”忽然间，我有了个主意，我脱口而出。干吗不用那首《坐上好船糖果号》的曲子，我们把歌名改成《坐上好船高利安号》?

他的脸上绽放出笑容。“克利夫兰·D!”他喊着，头上下摇着。我松了一口气。

我开始放松了，歌词也源源不断地涌了出来：“这是艘好船，叫作高利安……华尔街往上涨啊，交易量往上冲……大家都可以赚大钱。”秀兰·邓波儿都得满意这样的歌词。杰西找了个女音来唱和声。接着，带着我写的东西和我所有的想法，他进了录音室，开始嘻哈嘻哈地唱上了。我叹为观止。20分钟不到，他就录好了。“该你了。”他说。杰西让我也来嘻哈几段，他的原话是“八个小节”。刚开始我好兴奋，但马上又变得好紧张。我想起内森尼尔，还有我们一起排练模仿的最新劲歌，还有我们自己创作的新歌。我必须得唱几句。

音响师放了杰西唱的最后一部分，让我知道啥时可以接进去。我得接着他的那句歌词的韵，我必须和上CNBC的韵。我是这么唱的：“还有我，克利夫兰·D。来吧，买吧，我需要交易量。只给我5块？太愚蠢了。我是高利安，四通八达，保健和科技全有。”我唱完，制作人给我个“有没有搞错?”的表情。他放了一遍，我一听也觉得恶心，像个不着调的机器人。我的艺名可能得改成“无调特尼”了。我又唱了一遍，进步了一些。NG九次，我依然屡败屡战。每次NG，制作人的头都摇得跟拨浪鼓似的。最后，我第11次开唱。他耸了耸肩，于是我的第一首（也是唯一的一首）嘻哈曲子诞生了。现在我可不是什么无名之辈了——我现在灌CD了，我要给内森尼尔寄一张，他想放多大声就放多大声，让缅因州的那些反嘻哈人士们好好听听吧。

高利安派对举行的当晚，我去了超级俱乐部对面的一家酒吧。“婴儿膀子”让我先去那里跟他碰头，他说有个礼物要给我。第一杯啤酒上来的时候，他到了。让我大跌眼镜的是：他竟然穿着运动外套——黑色很贵的那种，可能是阿玛尼牌的吧。他转过身的时候，我看到后背上绣的是一条中国龙。“特尼·达夫!”他说。他抓过我的肩膀，强迫我跟他拥抱了一下。要么是他不知道我的啤酒洒在他的衣服上了，要么是他不在乎。他叫了一杯喜力啤酒，还叫了几杯烈酒，接着，他让我伸出手来。他跟我拍掌，把什么东西贴在了我的手掌上。我低头一看，是一个两英寸大小的塑料封口袋，里面有白白的东西。“爽去吧!”他说。我又不知所措了。我把那袋子放进口袋，问他今天过得如何。那些有的没有的讲完之后，他说："那玩意儿你要不要去洗手间爽一下？"我笑了一下，仰头把啤酒灌了下去。我走进一个隔间，锁上门，把手伸向我的口袋。以前我没见过可卡因。我只记得高中的时候，校篮球队明星兰·比阿斯用过，他心脏停了。我还知道，如果你有一大包这玩意儿，电视上的唐·约翰森警长一定会撞开你家的门，在你胸前打出几个子弹窟窿。我都不知道怎么用这玩意儿。要倒出来吗？他还会要回去吗？他会不会知道我用了多少？我得有一手准备才行。我得全部都嗑了吗？我用手指摸了一点点，在舌尖上点了一下，整个嘴巴都麻了。我把小袋子封上，塞回我的口袋里。我又回到酒吧。"婴儿膀子"等了一会儿，然后说那东西他要拿回去。"咱们去派对吧。"他说。我们喝了一半的啤酒就留在了吧台上。我希望他没有察觉到，我一点可卡因都没有用。

派对气氛很疯狂。七小时之后，我站在俱乐部门口。我看到"婴儿膀子"正要上车。他看到我，停了下来，朝我走过来。"还要再来点儿?"他说着，指着自己的口袋。

"不用。谢了。"我说。

"这派对酷毙了，"他说，"真炫。"他举起他的那份 CD，使劲摇着，好像那东西很烫。《坐上好船高利安号》简直爆了棚。人手一张。我听很多人唱着那句朗朗上口的歌词："……有钱就投给高利安。"

"婴儿膀子"在后座上坐安稳了，但是后门他还没有关上。

"连对冲基金都有主题歌了，这只能说明一个问题。"他说。

"什么问题?"

"曲终了，人该散了。"

不管今晚多么的辉煌，不管华尔街有多大的潜力，"婴儿膀子"的话似乎像是来自上天的启示。不过，我能想到的是，还没到曲终人散的时候，才刚刚开始。卖方的人陆续走出俱乐部，我听到有人叫我。"那歌酷毙了，特尼。"他们说。忽然间，我知道自己已经突破了，能独当一面了。

9

在华尔街有一个说法，迟了就等于是错了。科技股就像是嘴里含着管子吹泡泡的九岁小男孩。他吹出来的泡泡非常不规则，特别大，肯定会爆。爆的时候，他肯定是一脸肥皂水，湿答答黏呼呼的。炒科技股是拉吉的强项，也是他盘踞对冲基金巅峰的原因。他绝不容忍任何一丝对股市的负面想法。迟到也是他绝对不能容忍的。

我坐在交易桌前，股市正在下挫。我的屏幕上只有一只股票是绿的——其他地方都红旗飘飘。[①] “大家都死光光了，”桌对面有人喊着，“有没有人卖空？股市快不行了。”此时，拉吉办公室里电话响了。

“拉吉，电话！”一位助手喊道。拉吉跟我们的一个分析师走过交易桌，走向一个小会议室。他把那扇木门给关上，不过我们还是可以透过玻璃看到里面发生了什么。他以前几乎从没关过门。我们就像是听到远处枪声的麋鹿，大家都竖起耳朵听着。交易员互相看了看，不知道有谁知道出什么事儿了。拉吉跟分析师在对着电话说着什么。情况很严重。

20分钟之后，拉吉叫盖瑞和大卫进去。我们剩下的人都焦急地坐着等。不一会儿，大卫冲了出来，把一堆卖出的单子朝我扔了过来。所有单子都是科技股的。随时都有人会给我一些单子要交易，通常都是保健股的。不过通常每次都是一两个单子。但今天这叠单子够厚的。“把这些

---

① 此处股票涨跌标记颜色为美国习惯。——译者注

卖了，我说真的!”他说，“卖了。现在!”交易桌上每个交易员手里都有40张卖出的单子。这真是疯狂大甩卖——必须全部清仓。要么是我们有什么消息，要么是我们公司要倒了。拉吉走出他的办公室。他的左手捂着嘴的左边，好像他是想要跟谁说悄悄话，但他却朝一个交易员喊道：“给我发个电邮，解释一下卖出‘北方公司’基金的原因，”他说着，“记得给我写点关于罗伯森·史蒂文斯会议取消的事情。”罗伯森·史蒂文斯是旧金山市的一个老牌投资公司。每年它都会举办一个科技会议，业界大腕儿和投资者云集，讨论科技行业的现状与未来。那个北方公司就是业界大腕儿之一，临时取消会议并不一定就是说有坏消息，但别人可能会这样解读。

刻不容缓，我们立刻开始打起电话。我同时给出了四五张单子。

“给我拿出去卖了!”我们对那些交易员说，“卖掉!”

我们电话显示板上面的灯闪烁得就像QVC电视珠宝大甩卖时候的灯。我把交易反反复复地进行校对，我不希望出任何差错。单子还是很多，还没有全部处理掉。办公室里大家叫过来喊过去，不知道他们在说些什么。“司莱恩，摩根找你!”“盖瑞，你卖25万股CSCO。”“卢比，别碰我的电话。”“盖瑞，打给美林期权的前台。”“高盛找你，可琳。接电话。”“接电话。特尼，派博只卖出10万股CTRX，你想怎么办?”“司莱恩，JP摩根电话!”“特尼，JP摩根出财报了。”“接啊！该死！接电话!”

一片混乱。我努力想把所有卖出的单子都处理完，收集好我们这桌所有交易员的报告，输入系统里。高利安平常每天平均处理100个单子，我说的是一整天。我们现在要处理的是两倍的量，时间只有一小时。我祈祷不要出任何差错。经过一小时的疯狂混战，接下来整个办公室一片寂静。我们竟然处理完了。我们清仓了200多个仓位。现在我们完全平仓了，不拥有任何股票。难以置信!

全华尔街都在买进，而高利安全数卖出。那天早些时候，股市好像会大涨，经过我们这么一抛售，股市难以保持不跌的状态。我把自己从桌边推开，松了一大口气。谢天谢地，总算过去了。但就在这个时候，拉吉又喊盖瑞和大卫进去了。又出什么事了？

让我们演《土拨鼠日》？大卫回来的时候又扔了40张新的单子给我，但这次我们是要卖空以前我们熟悉的股票。卖空跟卖出是一样的，不同点在于我们此时手头没有股票。先卖出去，希望今后用低价买回来。今天我们刚把所有的股票都卖出去，现在还要赌一把，希望它们都会降价。又是一片混乱。而这次，我们是在跟时间赛跑，要在收盘之前做完——还剩30分钟。交易员们又开始喊叫了，电话响个不停，拉吉时不时过来问我们单子处理完了没有。我开始手忙脚乱了。我没有时间思考。电话一直贴在我耳边，我还用另一只耳朵听其他交易员在讲什么，我还得记录所有的交易。当收盘钟声响起，单子全部做完了。两小时之前，我们几乎拥有每一只科技股股票，现在，我们把它们全部卖空了。这是全新的领域，对冲基金从没有这样玩过。

整个办公室又静了下来。拉吉站在盖瑞身后，他们看着打出来的新闻消息。收盘后两分钟，北方公司的财务报表出炉，收益数字很差，未来收益的预估更差。在科技股膨胀到最高峰的时候，北方公司发展得比同行的专业公司都快很多。但现在它的股价停滞了。这不仅对北方公司来说不好，对整个股市也是如此。盘后交易中，期货交易跌得一塌糊涂。泡沫就要破了，而我们明天就要捞回大笔大笔的钱。“我靠！”我小声地说。

接着盖瑞命令我预定买进1万股北方公司股票，看涨，给交易员的手续费是每股25分——这比一般手续费高10倍。我觉得我正走进一个抢劫现场，而盖瑞正递给我一个面具。如果我们不是事先知道了消息，那么为什么我们付这么高的手续费？这肯定是封口费。但我还是这么干了，因为是盖瑞命令我这么干的。但我内心明白，这种辩解在法律上是多么的脆弱。我把交易单给大卫看。大卫告诉拉吉说我们都得去坐牢。“这交易不是我授权的。”拉吉说，“盖瑞干的，他单独行事。”我的天啊……

之后的几周，办公室里气氛凝重诡异。几个交易员说要找律师做好准备。大卫跟我说证监会已经打电话给拉吉了，要他解释为什么抛售所有科技股。他回答说因为北方公司退出罗伯森·史蒂文斯大会，所以他才抛售。那一瞬间，我想起拉吉对那个分析师喊着，要他在电邮中提及北方公司退出大会的事情。我意识到那是拉吉在制造文字记录来洗清他的犯罪嫌疑。他竟然还混过去了。拉吉给出的理由被证监会接受了。挂电话之前，可能他们还进行了友好话别。

在我们公司里，我们跟生意伙伴举行了内部会议。大家都要把自己的话说圆。我想，拉吉已经叫分析师写邮件给他，说明了抛售的理由，他给自己找好了无犯罪嫌疑的证明。我则收到警告，嘴得把严。但这个“北方交易”，行里的明眼人都能看懂，他们的态度是羡慕嫉妒恨。高利安顺利躲过了一场数十亿美元的灾难。

10

2000年秋，公司又招了两个年轻人——罗布和查德，都二十来岁，要学的比我当时还多，什么交易差错啊，核查所有交易正确无误之类的。每天早上他们来上班的时候，我都可以看到他们眼中的恐惧。一整个夏天，股市都在努力尝试从刚破裂的泡沫中复苏。高利安保住了“性命”。我们不可能会有以前那样的三位数收益，差得很远。但是我们现在负责的资金是数十亿的，所以我不需要有三位数的收益。

虽说我在高利安工作以来，在短短的时间里经过了不少历练，我还是没有整出一个大交易量的突破，也没有获得一系列的可靠信息。但是，有一天，利灵克公司的电话灯亮了。那是波士顿的一家小经纪公司，主要做保健方面的股票。全公司只有我会接他们的电话，因为其他人都认为这家公司毫无用处。我也开始要有这样的想法了。我们在交易桌上常用一些简写代码。交易员会说“MG”或“YG”，代表“我的人”或“你的人”。我所有的MG都是大家不想要的——无人垂青的“孤岛”交易员。虽说现在有了罗布和查德，他们也不怎么与别人交谈，但我还是交易桌上的初级人士。这些孤岛有点意思。每隔一段时间，你都会从这些孤岛上挖出一枚闪亮的宝石。

另外，跟我联系的那个利灵克公司的女孩也很有意思。她可以拿八卦跟你换最好的消息。只要她来纽约，我都跟她出去见一下面。铃声响了两下，我抓起电话。她的声音听起来很恐慌。她说了些关于礼来制药的事情，但我没有明白她说的是啥。挂了电话之后，我一直想着她的电话。我不是在想她说的事情，而是她说的方式。直觉告诉我，必须给她打回去。我打了，她还是跟之前一样上气不接下气。“再说一次，这次慢点说。”我说。“礼来制药已经有确凿消息了，”她说，她的话终于能表达她激动的心情了。“他们的通用型普罗萨克抗忧郁药要停产了。”

“然后呢?”我说。我还在等待更多信息。礼来制药停产了又怎样?又不是没有停产过。他们又不是只有通用型普罗萨克这一种药。

“你没听明白，”她说，“斯普拉克公司去年销售 2 700 万，预计到 2003 年，他们可以因为通用型普罗萨克拿到 5 000 万～1 亿的特许费。”现在我完全听不明白了。“打住，”我说。“交易礼来制药，还是交易斯普拉克?”“斯普拉克。”她说，“他们是跟礼来制药开发通用型普罗萨克的合作伙伴。斯普拉克玩完了。”

现在我恍然大悟。斯普拉克是礼来制药的合作伙伴，现在要完了。斯普拉克基本上什么都不是。它的股票会一落千丈。我打电话给花旗银行的交易员买进 500 份斯普拉克看跌期权，等于卖空了 5 万股。当天该股开盘价为 120 元，现在已经跌到 105 元了，跌了 10%。卖方负责保健股的交易员开始给我打电话问为什么斯普拉克完了。“我也不清楚。”我说。我继续买进 500 份看跌期权，股价又跌了 5 元。我又买进 500 份，股价现在跌到了 99 元。我不清楚股价会跌到什么程度，但如果他们的预估是 5 000万～1 亿的特许费，而现在的数字是零，股票应该会继续猛跌。我又买进 500 份看跌期权。现在，我手头的量已经等于卖空了 20 万股，平均价为 99 元。股票现在的价位是 98 元、97 元、96 元……股市的卖方开始恐慌。几家经纪公司开始对斯普拉克进行看跌处理。我给利灵克公司的那个女孩打电话，问她斯普拉克的股价会是多少。她朝她的分析师喊了一下。分析师表示 90 元是好价位。

我立刻打电话给花旗的交易员，让他把我的 2 000 份看跌期权卖出。

卖看跌期权就像是在买进股票。“现在就卖，马上卖。”我说。他几分钟后给我打电话报告交易结果。股价现在为 94 元。10 分钟，20 万股，我每股赚了 5 个点。100 万美金。“干得不错啊，小子。”花旗的交易员说道。瞎蒙的。如果大家都搞清楚了这种瞎蒙是怎么回事，会造成这只股票的暴跌，谁还需要做研究啊？我看了看周围，因为我想找个人跟我击个掌。我控制住自己，因为我想大声喊：“现在你们知道我的厉害了!”但是我忍住了。该听到的人现在都听不到。拉吉和盖瑞今早都出去了，大卫和克里森在会议室里待着。他们回到交易桌的时候，我会漫不经心地说我赚了点钱。他们看看电脑上的损益表就知道了。

他们看了电脑之后，就问我是怎么做到的。我想了想利灵克的女孩，又想到“悄悄话”先生。“我看了礼来制药公司的新闻，于是就猜到了。”我说。大卫和克里森看上去为我感到自豪，也为我高兴。但我可以看得出，盖瑞和拉吉心里盘算着我还知道些什么东西。我不会说的。利灵克公司那条线归我管理了。

11

2001年的前六个星期很难过。我们猛追1月份的那个小高潮，但是没有成功。现在整个股市都在抛售，我们在赔钱。我再说一遍——我们在赔钱。现在的局面是，所有对冲基金都得小心翼翼地摸着石头过河。也许只有马多夫除外吧。在基金交易中，厄运连连或者数个错误决策都会导致负收益，同时还会带来双重的后果。第一重后果是事后回顾：上星期五你没上班——你太懒了；上个月可能卖出获利的股票，现在还在手上，这说明你对股市的看法愚蠢透顶、一文不值；每个员工都需要接受工作评比，你最近的每个交易、每个想法、每个错误都会受到着重批评。第二重后果比较难以表达。姑且想象一下"雨前浮云"吧。就像狗的行为——暴风雨来临之前的一两个小时，狗在桌下狂吠乱抓一气。可能是因为气压的变化，或者是电能的增多。也可能是狗的听力和感官非常灵敏。还可能是因为它们意识到了雨的来临。不管原因如何，如果高利安是一条狗，2001年初的时候，它一定处于在交易桌下狂吠乱抓的阶段。

情人节那天，就在这种"雨前浮云"的情况下，我走进公司的办公室。我的桌上放着一把甜心巧克力。我不讨厌情人节，因为我不讨厌，所以就显得我很有爱心。我三十一了，单身，还是个买方交易员。虽然办公室里时不时有人骂我，说这么大了还没个正经的女朋友，但我的生活节奏太快，没时间坠入爱河。再说了，我的日子过得好着呐。我花钱连眼都不眨。跟我的室友一起，我想去哪里玩就去哪里玩。我安定不下来，没法交女朋友。

我打开电脑，把一颗心形巧克力扔进嘴里。查查邮件。一抬头，我看到盖瑞已经坐在他座位上。我没看到他进来。他眼睛上面有一道伤痕。伤口是新的，在日光灯的照射下，涂着软膏的地方闪闪发亮。他低着头，一副被击溃的样子。他抓起电话。

“盖瑞。”我叫他。他慢慢转动眼睛，朝我看过来。他的皮肤简直少了一层光彩，看上去就像生了病。他应该整晚都没睡。我心里有个问题随时都可能脱口而出，但是我听到脑海里一个声音在对我说：“别问。千万别问！”我立刻转头继续看我的电邮，还说着：“没事，我会搞定的。”

同事们一个接一个走进了办公室。每个人都看到盖瑞眼睛上方的那个伤痕和颓丧的表情，大家都把头转开。有些人已经知道是怎么回事了。事发之后，就有人用手机“广播”了。盖瑞约可琳出去；司莱恩可能早已和卢比说过了，因为他跟他们是一起的。真是搞笑：我是最早到办公室，但我却是最后一个知道的。虽然手机不停地转播着八卦新闻，办公室里却是一片诡异的寂静。司莱恩最后一个晃进办公室，比平常晚了半个小时，然后在我身边坐下。他没看着我。我朝他看去，想引起他的注意。他用一块清洁布擦着他的手机，每天早上都是如此。我一直想跟他产生眼神的接触，但无果。他知道我在看着他。最后，终于他转过头，朝我靠近了一些。“我打了那小子。”他小声对我说。我往嘴里扔了四颗糖果。

当然，在那个时候，我完全不明白那句话对我的工作会有什么戏剧性的影响。我只知道，除去好奇，我当时心里还混杂着某种情绪。不管事情是怎样发生的，反正盖瑞早就欠扁了。我比谁都更清楚这一点。不过，导火索是什么呢？怎么司莱恩也掺和进来了？我的头脑里有这些问题在闪过。突然间我好像懂了。几天前，拉吉开始挑拨司莱恩和盖瑞。

“你干吗让盖瑞对你指手画脚的?”拉吉说。拉吉老这么挑拨他的员工——他的斗鸡模式，但他还没在管理层这么干过，至少我没见过。但现在是非常时期。公司没赚钱，拉吉很不习惯这样的状态。也许他觉得内部来个小小的斗争会让大家斗志昂扬。他想看看司莱恩和盖瑞争相求宠。于是他开始出招，就像一位火辣辣的拉拉队队长。不过，我怀疑拉吉有没有设想过他的挑拨会导致这样严重的后果。

罗森巴克和司莱恩通常一起到雷宝健身房去健身。那天他们是一大早六点去的。健身之后，他们又一起去做桑拿。桑拿室里已经有另外两个人。接下来发生的事情被大家说了无数遍，版本也有很多。盖瑞光着身子，手里拿着毛巾，头上脸上热汗直滴，他挖苦大卫说今年真是牛劲冲天啊。“我们赔钱了，还不都因为你。”他说。司莱恩身上的肌肉在蒸气中闪闪发亮。他警告盖瑞不要再说了，但盖瑞没停下来。盖瑞挖苦人的时候，从来就不知道什么叫停。司莱恩甚至对盖瑞放话，他会像贝比·鲁斯的全垒打那样，指哪儿打哪儿，他威胁要盖瑞停下来。但是盖瑞的“大喇叭”就像牙科医生手里的钻，那刺耳的高频声音还是停不下来。于是，接下来就发生了抽耳光事件。很显然，大卫大拇指指甲划到了盖瑞眼睛上方。一时间，全身赤裸、被烟雾笼罩的盖瑞站在那里，盯着司莱恩，吓呆了。“二十五年的交情，”他说，“打了水漂。”接着，他转身冲出桑拿室。

一整天，我坐在他们两人之间。他们两人没有讲过一句话。我开始觉得自己就像是那堵柏林墙。有一回，拉吉把大卫拉到一旁（在我的听力范围内），告诉他必须想办法继续跟盖瑞一起工作。“这不是在公司里面发生的事情，”拉吉说，“不归我管。”第二天情况照旧。接着，整个星期他们都在进行绝对的冷战。不过，整个办公室都在他们背后议论纷纷。有人说，盖瑞的老婆打电话给拉吉，要他炒大卫鱿鱼。她说，盖瑞都害怕到办公室上班了，他觉得自己不安全。我们都觉得极端搞笑，但我们也都知道，这是个小小的把戏，让拉吉从二人当中选择一个。他们之间的冲突，被无知的旁观者给恶化了，如果还能恶化的话。我想，如果我们公司还在赚着钱，这样的抽耳光事件是不是还会发生。华尔街人人都知道了这件事。不过，每当有人问起这个事情（我常常被问），我就耸耸肩膀，说言语有时候跟行为一样能伤人——我这是委婉地抱怨盖瑞在办公室里的粗暴语言。几个月之后，盖瑞和司莱恩的关系脆弱到了一个程度，似乎必须有个了断了。之后，真的有了。

一天早上，司莱恩让我跟他到会议室去。他坐在会议桌的一边，我在另一边。他穿的艾佐德衬衫似乎已经绷到了极限。“今早我就会向拉吉和克里森说我要辞职了，”他说，“我要找两个人一起组建自己的对冲基金。”他的语气是那种很自然的语气，但很友好。“这事我让你第一个知道。”我没有被这话吓到。我知道肯定有事情会发生的，我也知道让盖瑞走人的机会是微乎其微的。盖瑞是公司的创始人之一，他在尼南公司时就开始跟拉吉一起干了。我想着自己一个人怎么应付盖瑞。“我觉得你该留下，看他怎么对你。”司莱恩继续说，似乎他已经看穿了我的心思。“如果他们对你不好，你就过来跟我干。”司莱恩帮了我这么多，如今他这是给了我对付盖瑞最强的方法。如果罗森巴克再给我穿小鞋，我立马走人去跟大卫干。这个想法让我心里舒坦了许多。心里舒坦了，情况就更明朗了。我很高兴，因为这样的局面应该会很理想。司莱恩走了，高利安需要我。

大卫一走，我就可以当上负责公司十亿元保健基金的唯一交易员了。我知道公司可能会从外部找一个负责保健基金的小组，但在他们找到这样的小组之前，我说了算。我开始每天早上 6 点就来上班。我要学习关于保健基金的每一个细节。下班后，我还追着克里森问有关各种板块的事情。我每周安排三次工作晚餐。我寻找业内最能干的搞保健基金的人。卖方开始把我当成未来之星。支配佣金也由我负责。第一个月我的调整做得不是很理想。但到了第二个月，我觉得一切都变得手到擒来。到了第三个月，我觉得公司都没必要再请其他人了。我没有出任何问题；我掌控着所有订单的流向。对于我的板块，我了如指掌，克里森也时不时来找我拿内幕消息，就连盖瑞也把我当交易员看待了，并且拉吉也开始问我关于市场的问题。一切都上手了。

经过了几个月，之前关于北电的谣言和恐惧淡了许多，但还是没有完全消除。偶尔在工作晚餐上有人会提起这事，但说起来的时候，大家都充满了憧憬和羡慕。毕竟这是华尔街，你怎么赚钱没关系，重要的是你赚了多少钱。另外，虽然市场不景气，高利安公司能赚钱的名声却越来越响，公司目前掌管的资金已经高达近50亿美元。据我所知，我们已经是华尔街上最大的对冲基金公司之一了，并且是最活跃的公司之一，我们每天都不停地交易。

大卫走了，伤痛渐渐消失，但伤疤一直还留着。伤疤之一就是这件事成了拉吉和盖瑞之间的疙瘩。司莱恩曾经是盖瑞最好的朋友——盖瑞结婚时候的伴郎。桑拿室事件过后，至少据我所知，盖瑞就没跟大卫说过话。但拉吉是个实在的生意人，他还是跟司莱恩保持联系——至少，盖瑞是这么理解的。

在我掌管高利安保健基金的前三个月，我和克里森的关系发展得不错。在华尔街我认识的所有人当中，克里森算是好人，诚实、公平、勤恳，很难被扣上黑心操作经理那样的帽子。每天晚上他都回格林尼治跟家人在一起。他有两个儿子，都还小。他的办公桌上放满了两个儿子画的画。克里森对政治还有华尔街以外的事情非常热衷，比如说环保。我真羡慕他的生活。

可我并不是说我眼下就会像他那样去生活。除了我的新职位，还有工作晚餐安排得比较多，我的生活几乎还是老样子。虽说我常跟交易员们出去玩，但是我不太去那些高级餐厅，里面满是买方的人，还有华尔街的一些大腕们。我喜欢穿牛仔裤、T恤衫，到上西区那里去墨西哥餐厅吃饭，如兰奇奥，还有圣塔菲。

一天晚上，我在圣塔菲和一个交易员吃过晚饭，他说："这可让我不好办了，这顿饭花的钱太少了。"

对于那时的我，晚餐有了完全不同的目的和意义。高盛公司的约翰约我喝点东西，我立马答应了。虽然我知道我得跟他壁垒分明，但是我把他当成朋友，我喜欢跟他在一起。并且，我觉得他可以为我在这片不明水域指引方向。我们约在第一次见面时候去的那个酒吧见面，也在上西区。这次我比他早到。他走了进来，一脸灿烂的微笑，头上是渐渐稀少、棕黄色的头发，乱糟糟的。他张开双臂，给我一个拥抱。我就那么站着，感觉他紧紧地拥抱着我。"特尼，宝贝儿。"他说道。他放开手臂，退后了一步。"瞧瞧，你都长大成人了。"他擦去眼角那不存在的泪滴。"我太高兴了！"他咯咯笑着，"他们找人面试来顶替司莱恩的位子了吗？"

"据我所知还没有。"我说。

"很好。太好了！"他说，呷了一口杰克·丹尼尔威士忌。"每天一大早你都要给我打个电话。我的药品股和高科技股交易要在电话上跟你做。"这是我第一次看到约翰这么认真地说工作方面的事情。接着，他直直地盯着我的眼睛看，脸上没有什么表情。"我会让他们跟你全面介绍保健行业的一切事情。"我知道他这是想帮我，可我也知道，他也是想帮自己。我们又点了一杯酒，祝贺我的升职。我再次告诉他，这可能只是暂时的安排。其实我并不觉得会是暂时的，约翰也有同感。我不觉得自己在走回头路，他也有同感。我把酒一饮而尽，把杯子往吧台里面一推，站起身来。"哪儿去？"他问我。

"吃晚饭，我说过的。"

"还有第二局啊，你小子。"他说着，假装很生气的样子。"现在你是对冲基金大腕了，没时间陪我们这些小人物了？"我给他来个了"哪有"

的表情，耸了耸肩膀。他最终也笑了。我从口袋里掏出些钱来。“给我点面子好吧。”他说。我笑了，把钱塞进牛仔裤，转身朝门的方向走去。“我叫手下明早给你打电话。”他对我说。我没回头，举手挥了挥。我走进夜色，拦下一辆出租车去了下城区。

照理说，买方的人都很有个性。在高利安公司，很容易就能看得出谁是老大。曾经，就连克里森也不敢挑战拉吉的领导地位。克里森对他的合作伙伴很友好、很温和，他们两人也带家属一起出席社交活动，克里森似乎一直愿意对老大服服帖帖。至少以前如此。现在看来，两人的位置来个了大对调。大家一直以为“好船高利安号”永远不会沉没，但如今这艘好船快要沉了。

某个星期五，我听到从克里森的办公室里传来喊叫声。他从没跟谁大声嚷嚷过，更别说对拉吉了。几分钟之后，克里森冲出办公室。他手里捧着一大堆文件，好像一位橄榄球队员要做最后一码的冲锋。还有三名保健分析员跟他一起，形成一个楔形进攻队形。他们就这个样子，一起出了办公室，又出了公司大门。大家一片死寂。接着大家开始窃窃私语，一切都难以置信。除了拉吉，还有刚出去的那四位，没有人知道发生了什么事情。但大家都知道，出大事了。

周末过得就像是高中的毕业班最后的那一段时期。最后，星期天下午，电话响了，我听到克里森温柔的声音，唱歌般的声音。他说要自己做保健对冲基金，他要我跟他走。他告诉我他在什么地方租了个临时的办公室，还让我隔天，就是星期一过去跟他谈谈。

那天晚上，我反反复复地想着最近发生的事情。就在几天前，说克里森会辞职还是件很荒谬的事情。克里森对拉吉忠心耿耿，他在高利安也赚了许多钱。2000 年的时候，拉吉和克里森都进入了对冲基金经理最高收入前十名排行榜。根据其中一个排行榜的介绍，2000 年克里森的收入是 4 800 万，几乎是拉吉的两倍，但我确定，拉吉在“司令账号”里的收入没有算进去。克里森为什么要放弃这样的收入，我感觉很奇怪，除非他很确定他要做的事情能够让他获利更多。我想了一整夜，我努力想看清能够改变我命运的机会，这也许是一生中唯一一次跳槽的机会。他会给我什么样的机会呢？首席交易员？合作伙伴？创业合作伙伴？这个级别的交易员能够从利润中抽成。我会要求 10 点，但即便 5 点也可以成交。我不睡不行了。

星期一一大早，我就打电话给高利安公司，说我要去看牙医。我造出的印象是克里森已经知道这事了，所以盖瑞不会起疑心的。不知道这样做有没有效果，但别无选择了。我穿了一条卡其色裤子、一件蓝色衬衫，出了门。这是六月初。天气棒极了。克里森租的临时办公室在第 5 街和第 6 大道交会的地方。我走进办公室。

会议室里坐着克里森和那天跟他一起从拉吉办公室离开的三位分析师。奈特、安吉利还有赞迪。奈特可能四十岁了吧。他的头发精心梳理，像个共和党人，安吉利也四十开外，一头黑色短发，还多留了一缕叛逆的白发。赞迪比我还小。她曾经在英国某个实验室工作过。我猜她父母可能是嬉皮士，可能还以为他们的女儿仍在实验室里研究某种疾病的治疗方法呢。克里森一上来就说抱歉，说星期五搞得动作那么大。他讲了讲当天发生的事情。他去找拉吉谈事儿——说他想单飞，搞个保健对冲基金。克里森希望能够跟拉吉好聚好散。虽然他没有说得太详细，似乎拉吉是想在克里森的新公司也占一份股，要当个投资人。刚开始，拉吉能接受，他们还握了手。等克里森吃过午饭回来，拉吉已经把克里森的工作给了安吉利。他想把克里森踢出去，还不让他带自己的分析师一起走。拉吉就是这样解雇人的。

虽然星期五事情闹得有点大，但现在克里森看上去很好。还不仅这样，他所释放出来的正面状态有很强的感染力。我觉得这可能是个非常好的机会。华尔街每个人都谈他们自己的“数字”。这数字通常是一位或两位的，在我的这个阶层，是“5”或“10”这样的数字。要离开华尔街，你银行账户里需要有这样的数字，不过单位是百万。你在这个行业待得越久，孩子越多，孩子上的学校越好，前妻数量越多，错误投资越多，你的数字也应该越大。我还从没见过谁赚到了他们心中的数字。

我在摩根工作的第一年，就有人告诉我，如果我在华尔街干了五年以上，我就永远走不出去了。他们说这叫“黄金手铐”。“可能是‘你’的手铐吧，”我说，“我可不同。”我当时就决定不能让钱主宰我的生活方式。这样的生活态度一直适合我。如今，我在华尔街干了七年了。我还不知道我的数字是什么，可能500万就够了。我此时坐在克里森的办公室里，我眼前看到的是这些跳动的数字。克里森给我年薪15万，再加上公司3%的股份。我告诉他我要10%。最终我接受了5%。

现在，我要做的就剩下辞职了。在高利安，似乎有人把暖气调得太高了。我的衣领已经被汗水浸透了。我不清楚为什么我会如此担心。突然间，我感觉自己像是一个小孩，颤颤巍巍地走到学校后面，去见那个欺负我的学霸。我请盖瑞和拉吉给我一分钟的时间。从他们的表情来看，他们已经知道发生了什么事情。我们走进一间小小的办公室。

想说的话我已经准备好了。在来的路上我已经在脑海里重复30遍了。不知咋的，话说出来并不像在大脑中排练时那样刺耳。“我要感谢你们给我的机会以及你们为我做过的一切。”我想跟他们保持眼神的交流，但太难了。我还没说到一半，就感觉拉吉眼珠后面的轮子已经开始转动了。他轻轻点着他那颗巨大的棕色的头。他通常欢快的表情，现在非常僵硬、非常不友好。我说完了。他说需要跟盖瑞单独谈谈。我站在我的桌子旁边，等着。所有交易员都看着我，都迫切想问我怎么回事。他们大概都知道了是怎么回事，但他们都想听更多的细节。

几分钟之后，拉吉出来了，就像一头想要往前冲锋的公牛。但他的话是经过字斟句酌的。“我们给你30万，你留下。”他说。直截了当。30

万。“今天就打到你账上。”不知道是他认为我太有价值了，不能让我走，还是他觉得不能让我帮克里森干，可能是后者吧。我还真考虑了这个提议。不过，我还是打电话给塔克舅舅跟他说了我的处境。关于我工作的事，他给过我很多好建议，但是最好的建议要数这次谈话。“一旦下定决心，就坚持你的决定。”他说，“如果你决定要辞职，那就别让人家说服你留下来。他们会记仇的。”

我知道他说的对。如果我拿了那 30 万，拉吉和盖瑞肯定不会忘记的。某日，某时，以某种方法，他们会把这些钱再拿回去的。我看着面前这个人高马大的人。他的眼中闪烁着的是气愤。“谢了，”我说，“不过我已经做好决定了。”我转身，最后一次走出高利安的大门。

2001 年夏天，阿格斯伙伴公司成立了。我上班的第一件事就是拿起电话，开始给我的交易员打电话，打给那些曾经在高利安罩过我的人。刚开始，我对那些冷冷的回应还很惊讶。后来我渐渐意识到，嗜钱如血的高利安怎么可能任由阿格斯这样的竞争对手渐渐壮大而无动于衷呢。盖瑞对所有生意伙伴说，只要他们跟我交易，高利安就不跟他们交易。那可是数以百万的佣金啊。

我约见华尔街的每一个经纪公司。盖瑞可以欺负每一个曾经罩过我的交易员，但他没法阻挡我再结交新人。我真心觉得阿格斯公司是辆飞速的列车，如果不想被留在站台，要上车的人就必须抓紧时间。为了增加自己的信心，我决定给自己的形象投资一笔钱，我买了一两套正式服装。

我走进巴尼斯，穿着宽宽的短裤，T 恤衫还有人字拖。我虽然穿着休闲，但我觉得我还是挺有时尚眼光的。因为我的脚踝处有个克利夫兰印第安人队的吉祥物刺青，所以我看上去不完全像艾萨克·米兹拉伊。有个销售助理看我漫无目标地瞎逛，于是问我需不需要帮忙。

我说我在对冲基金工作，需要几套衣服。我立马被带到一间私人更衣室，有彼得和凯文两位时尚人士帮我做了全面检查，问我的风格是什么。

“怀旧好莱坞风格，”我说，“卡拉克·盖博或者博加那一型的。”我不着边际地瞎说着，但我觉得还算靠谱。

“颜色呢？”

“蓝和黑。”我说。

“鞋？”

“合脚就行。”我说。彼得看着我的人字拖，几乎得强忍着才没发表什么评论。他还问我喜欢什么样的社交生活，我笑了。

“鸡尾酒会？慈善活动？俱乐部？”

“对对对。”我说。

“有女朋友吗？”他问。

“好几个。”我说，但心里却想着才怪。

彼得叫我脱到只剩内裤。这个更衣室没有门，怪怪的。不过，我想在这里可能是正常的吧。就这样我半裸着站在更衣室里等着。又来了一个人，拿来一双旧皮鞋、一双袜子。我笑着，微微举手，说了声“你好”。

接下来的两个钟头，一堆服装被拿了进来。一个架子挂“可以的”，另一个挂“不可以的”，两个架子很快都满了。我觉得自己像在电影《风月俏佳人》中，只是我不知道我演的是茱莉亚·罗伯茨还是李察·基尔。我看着镜子里的自己，身披杜嘉班纳、古驰、普拉达。每试一件，我就感觉自己强大一分。“嘿，老兄。”我朝镜子里的那个穿着海军蓝普拉达的自己打招呼，说着台词：“咋啦，你想把我给灭了？你是不是觉得你很牛？老子来给你点教训吧，小子，你脚下的冰快化了。”彼得不知道哥顿·盖柯是谁，他一脸的不解。凯文看过那部片子，他笑呵呵地看着我表演。

最后我买了五套正装、两双鞋子、一堆衬衫。信用卡单子上的数字我连看都没看一眼。我直接签了字，把单据塞进短裤的口袋里。“需要一两天才能改好。”彼得说。没问题，我心想，只要下星期之前改好就可以了。那是我第一次见经纪人的日子。

当我最后鼓起勇气看那张收据的时候，发现上面的数字是 21 000，比我第一年在华尔街挣的仅少几千元而已。不过，这次在巴尼斯的疯狂购物完全物超所值。我去拜访所有经纪人时，都获得了红地毯级别的欢迎。在跟所有经纪人见面时，我都认识了新的交易员。这些公司的经理都做足了功课，因为他们给我安排的伙伴都是喜欢娱乐的单身年轻人，这很适合我。我喜欢会员俱乐部、体育运动、音乐会，还有充满乐趣的晚餐。我只捞回了高利安公司的几个交易员。现在我在华尔街的人马已经翻了一倍。谢了，盖瑞。

12

也许是因为我穿了那套新衣服才变得信心百倍，跟高盛的面谈顺利无比，他们甚至问我是不是可以给他们的夏季新学员班讲课。课程被安排在一个叫博蒂诺的托斯卡纳风格的意大利餐厅里。那天，我站在吧台的附近，搔首弄姿。餐厅就在离“西部红岩石”不远的地方。我偷看那些坐在私人用餐包间里的听众们。一些三十岁左右的年轻人——可能是读 MBA 的学生——围坐在桌子旁。为了获得高盛的这个实习机会，大家抢破了头，全美国最大的商业学校，从哈佛到斯坦福，从杜克到沃顿，统统有派人来参加。我跑回酒吧，叫了双份的龙舌兰酒，我得压压惊。我没有想过要说些什么。“简单就好。”高盛那个要我来讲课的人就是这么跟我说的。“常春藤，你肯定懂的。”

我望着那片蓝衬衫和红领带，其中还有几位职业女性。我手里握着麦克风，三十双饥渴的眼睛朝我看来。我清了清喉咙。就在这个时候，龙舌兰的酒精冲到了大脑，爆炸似的释放出暖暖的感觉并迅速往我全身散发。我自己都不知道为什么会紧张。从我早期在摩根士丹利做的时候就紧张，到高利安公司之后，也一如既往地紧张。我聊着，中间夹杂一些对冲基金的术语，再抛几个内幕数据，并且我还保持着平易近人的感觉。“跟别的事儿没什么两样，”我对那些全神贯注的观众们说，“做个真正的自己。”大家频频点头。我看着高盛公司那个叫我来演讲的人，他本身也是常春藤的人，他很自豪地朝我笑着。

接着，我看到后排有一个白白瘦瘦的手举了起来。那是个戴着眼镜的年轻人，他有问题要问。“如果你是我的经纪人，而我想增加投在你公司的对冲基金的金额，我首先应该做些什么?”

“这个嘛，”我说，“你先带我到拉斯维加斯去走走吧。”

13

我此时在汤普森酒店的楼顶。小小的桌子，烛光摇曳，花盆里种着小树，远处看得到帝国大厦，这景色很美。要上到这里来可不容易。美酒如水流，身边美女穿梭不停，放眼望去，穷奢极侈。我在这里要见两个人，兰迪和詹姆士。他们两人在不同公司上班，但住一起。我怎么这么幸运，他们两人都是我的贵人，罩着我做交易。兰迪是个高个子，乌溜溜的卷头发，穿的西装酷极了。在大学的时候，他打长曲棍球，现在还像运动员那样神采奕奕。詹姆士是他身边的小弟。金黄色的头发，脏脏的，脸上棱角分明。这种人你绝对不想靠他太近，免得他把痰吐到你身上。兰迪是帮一家大公司做事的，我觉得他很懂行。他没有开门见山就谈生意，他想先摸摸我的底。我马上喜欢上了兰迪。詹姆士那小子只把酒和女人放在嘴边哇啦哇啦地讲着——这小子我还没摸透。跟他们在一起的在华尔街工作的其他几个人，在我身边形成一个小小的半圆。这堆人当中，我是唯一的买方人士。我的杯子从没有空过，而我自己没点什么酒。我注意到兰迪用拳头轻轻打我的胳膊。这时机对了。

兰迪的手握着拳对着我，好像要跟我玩一个猜拳的游戏。我伸出手，他手里的一包可卡因掉到了我的手里。一阵暖风吹过楼顶。我已经六杯鸡尾酒下肚了，眼前的一切都显得那么美。我跟着他到了厕所，我们分别进了不同的隔间。我拿着那个装毒品的小袋子，迟疑了片刻；从我上次拿过可卡因之后，发生了许多的变化，主要是我的银行账号以及社会地位的变化。这次，这些白白的东西看上去好像不那么危险。我也没有想起篮球名人兰·比阿斯吸毒的后果。现在好像说得过去了。这是这里文化的一部分。我不妨试试看，看大家那么上心的到底是怎么一回事。其实没什么大不了的，我就试这么一次。我把小拇指伸进袋子里，挖了一大坨出来，就着鼻子，猛地一吸。

高潮立刻到来：一股无比的能量冲了过来，好像什么人按下了重启的按钮。酒精作用什么的完全消失了，取而代之的是我每个感官的高潮。我觉得我能战无不胜。回到楼顶，我脸上的笑意没有停过。我朝四周扫视了一圈。20英尺外吧台那里，有个男的正在努力追求一个女的，他绝对没戏。离我最远的地方，有三个女孩子在那儿坐着，她们看着我，在对我评头论足。她们喜欢我。女服务员又给我送上一杯龙舌兰，我看着她的眼睛，她所有的故事都呈现在我眼前。她从中西部来，想当模特儿，但是她自信心不足。“你从哪儿来的啊?”我问她。“俄亥俄州。”她说，语气里似乎带着一丝难为情。此时我就是篮球赛第四个半场时的迈克尔·乔丹。我百发百中。我现在想做的事情就是找个人上床。我可以要任何一个女孩子，那是给她们的恩赐。这样的感觉，我不想让它消失。

“下礼拜你得来我们家玩玩。”兰迪说。

“对啊，兄弟，我们住的地方酷毙了!”詹姆士插嘴道。

“酷毙了?”我说着，哈哈大笑。那一定是很好的意思喽。

14

1条腿骨折、2份处方维柯丁、4次飞机被劫持、7次应召服务、市场跌了10%、连续吸食可卡因12个晚上、16周的单核白血球增多症（俗称接吻病毒）、19个恐怖分子、24次一夜情、30条香烟、75个新交易员、100英里以外的夏日度假屋、150次工作晚餐、250个狂欢夜、3亿美元的管理资金、365天之后……

第二部分

巅峰·深渊

15

2002 年，夏

昨晚龙舌兰酒的味道我还能闻得到。我的毛孔不断散发着那种味道。昨天穿的普拉达此时还在身上。衣服好像是我刚从运动包里揪出来一样。衣柜里还有十件一样的、干净的，不过我又睡过头了。巴尼斯的店员此刻如果看到我的穿着，不知会有何感想。我还一身的烟臭。我感觉自己的每一个牙齿都穿着毛衣。

交易桌四周都是玻璃。我好像在金鱼缸里工作。我在帕克大道上公司新装修的办公室里工作。什么都是新的。谢天谢地，克里森今天没来，其他人也都没来。我的肘部撑在桌面上。我慢慢抬起头，看了看钟。开盘的钟声响了，我的每一块肌肉都绷紧了。我坐直了身体，努力集中精力关注我眼前的八台电脑。我桌上有 25 张委托单，每张都是 500 万～1 000万的金额，需要我来做某些投资的决定。我的头突突地跳，疼死我了。

我要坚持住，坚持到吃午饭之前就行，我给自己打气。现在如果能吃一个芝士汉堡加煎蛋那该有多好啊。我计算着我能忍住多久不看钟——当天的最佳纪录是 16 分钟。我的眼睛都快睁不开了，我要坚持到收盘钟声响起。

2：55……3：17……3：58……我做最后一分钟的倒数计时，就像时报广场上新年来临前加拿大人干的事情。

我自由了。

45 分钟之后：微波炉里堆着一盎司的可卡因。厨房里的一个盘子上面，还堆着价值几千美元的毒品。到处都是灰鹅酒瓶、冰块、杯子还有吸毒品的管子。我们把这个东区的公寓叫作“白宫”是有道理的，但是它比较像“华尔街毒殿”。兰迪和詹姆士就住这儿。不知道他们的父母来这里的时候他们要怎么处理。一切都是免费的，敞开供应，全拜卖方所赐。我从没有告诉兰迪和詹姆士，我第一次吸可卡因是一年前我和他们在汤普森酒店的那次。我想我是怕他们瞧不起我吧。我每个月去那儿一次，不过他们当我是常客。他们这些人，总想让他们的客户开心。今天他们就很贴心，安排的是应召服务——中国和墨西哥女郎。

我看着两张黑色的信用卡在厨房的空中飞过，稳稳地落在那堆毒品上面。詹姆士用那些卡把可卡因分好，旁边 12 个人挽起袖子跃跃欲试。其中一个妓女阿德琳娜用手指在我的胸前划了一道。两个在康涅狄格州做对冲基金的交易员——刚打车赶过来的——拉上一对亚洲双胞胎进卧室去了。鱼博士，就是那个佛罗里达群岛长大的、体重 300 多磅的交易员，早就定好了阿德琳娜，把她领进了另一间卧室。

我看着阿德琳娜被鱼博士带走，一个男人走过来，自我介绍说他叫卡斯。他近三十岁，黑黑的短发，身穿蓝色衬衫，脖子处领口开着，住新泽西。他递给我一根吸管。此时公寓里的其他面孔都是我熟悉的。这场景就像是一个黑帮在吸收一个新入行的小弟。不知道是谁请这小子来的。“哟，你就是那个特尼·达夫?”卡斯对我说。我笑了笑，把那个可卡因的盘子推开了。我脑子里的警报器开始狂闪不停。

“是叫卡斯，对吗?”我问道。

“没错，不过大家都叫我‘涡轮’。”他说，“我吸了可卡因，就变成涡轮样儿啦。”

他笑的样子，像极了今晚还没有吸过的人。这个绰号已经很烂了，他怎么还想得出来要解释？这小子是不是逼得太急了点啊？第一回合，我心里道。“我很荣幸能认识‘保健黑手党’的人。”他说。

我翻了翻白眼。我真想转过头去。真想他快点滚蛋，但他手里还拿着那个盘子。

“这说法比较适合城市传奇人物。”我说。但那又不是一个传奇人物。波士顿富达公司一个叫汤姆·布鲁德曼的交易员是首先获得过这样的称号的人。布鲁德曼是华尔街的不朽传奇，他搞的婚前最后狂欢，其中有数次投掷侏儒的游戏。有一天，布鲁德曼在生化科技板块大赚特赚。应该是通过安进公司的股票，我想。“别告诉‘保健黑手党’的那帮人。”他告诉他的经纪人。他说的是对冲基金的人，其中包括在阿格斯的我。我们对这样的称号引以为豪，但我们更像电影《瞒天过海》里面的人物。像富达这样的大公司，要做出投资决定的程序很烦琐，对冲基金就比较快捷。我是首席交易员，我一收到信息，立刻开动，进行交易。并且，我们是团体行动，信息分享。所以，如果我们知道布鲁德曼要买进的话，比方说，700万股安进的股票，我们就抢先行动，在富达之前买进安进。富达大量买进，会把股价推高，我们则坐享其成。这种超前买进是非法的，但是极难证明。不过，通过“黑手党”党员们的敏锐嗅觉和信息分享，我就获得了最佳的机会。

但这些事儿，我犯不着跟卡斯讲。不管我是什么“黑手党”还是《瞒天过海》里的丹尼，我们都遵守严格的沉默准则。我接过那个盛可卡因的盘子，吸了绳子那么粗的一排。我抬起头，抹了抹鼻子。卡斯还在讲个不停。

“我听说了很多关于你的事情。”他说。

“听说了些啥？”

“如果咱们碰上了，最终一定会死在拉斯维加斯的酒店里。”他笑了。

我也笑了。我眼前浮现了一个画面：一个脏脏的酒店，地上躺两个人，手持黑莓手机和一卷钞票，身体周围用粉笔画了一圈。

我总以为不管你的母语是什么，呻吟声都是一样的，但是阿德琳娜的呻吟声是带西班牙语口音的。即使我在厨房里，我还是可以清楚地知道在后面的房间里发生了什么事情。15 分钟之后，那两个从康涅狄格来的家伙出来了，接着是鱼博士。这三个人出来之后跟另外三个人碰了碰拳头，这三个人接着进去了，好像是两个摔跤队在换场。鱼博士和他的队员们饶有兴致地谈论他们“战斗”的细节。又过了一会儿，所有人都回到了厨房。

“你们女的可以在这儿待着，好好玩。”兰迪说。但她们婉言谢绝了。

不到晚上八点，最后几个男的也站起来穿上了外套。他们都有老婆，有女朋友，有孩子，需要回家。我并不想当什么道德裁判，但我告诉自己，如果我结婚了，有了孩子，我肯定不会再这么玩了。我站了起来，卡斯、兰迪还有詹姆士也都站着。我近来跟兰迪做了不少交易。我们每年付给他们公司的佣金可能会有 100 万。我跟詹姆士也有往来，但没有那么大的量。我对卡斯一点也不了解，但我知道他是哪种鸟。我们四个人走入夜色中。

W 酒店的湿吧不错。詹姆士和兰迪是常客，于是我们也可以畅通无阻地享受服务。酒吧外临莱克星顿街，几个穿着紧绷黑衬衫、黑裙子的女吧员在长长的吧台后面忙活着。这地方灯光黑暗，烛光是主要光源。酒店的客人在后段睡觉，华尔街的人占据中段，这里也是主要的战斗场所——如果你想叫个应召女郎来段“夫妻生活”。我们四个人在角落里的一个包厢坐下。我们离开公寓之前，每个人都拿了一汤勺的白粉，装进我们的外卖袋里。女服务生迪瑟瑞过来问我们喝什么，卡斯抢着要付钱。他把信用卡按在桌子上。迪瑟瑞是个迷人的女孩子，黑头发黑眼睛。她跟兰迪和詹姆士很熟，问他们是不是要老三样？我点了培恩牌龙舌兰加冰块，再加三片青柠檬。“好像蛮好喝的嘛。”卡斯说着，他也点了一份。

“不好喝。”我对自己说。我不喜欢龙舌兰的味道；我只喜欢龙舌兰给我带来的感觉。

我们呷着50美金一杯的酒；我们轮流往厕所跑，用钥匙舀着可卡因来吸。就这样玩了几个晚上，有时候，在家门口，我要把钥匙插进锁里都得花上几分钟时间，因为粉末在钥匙上结了块。厕所也不是从事非法勾当的最佳场所。但正是这种不方便，倒是让我萌发了一个想法。我决定要好好地盘点出一个纽约的厕所攻略，我称之为“嗑药攻略拉链分级”。最好的厕所（五根拉链级别），只有一个锁，没有服务生。如果还有镜子和水池可以来清洗，那最理想。如果厕所是在走道的一端，远离人群，那也很好。湿吧的厕所只评上两条拉链。虽然那里没有服务生，却有四个隔间，从这些隔间走到洗手池和镜子前去检查自己的鼻子，要走得很辛苦。兰迪、詹姆士跟那里的总经理称兄道弟，总经理说厕所里有暗藏的摄像头。吸毒要到第四个隔间去，要侧身。一听说有这回事，我马上把那里的厕所降为一根拉链的级别。还暗藏摄像头？在厕所里？真离谱。不过，10分钟之后我就来到了那第四个隔间，侧身，开始吸上了。

一位女调酒师跟我对上了眼。她是个小个子，但身材不错，正合我的口味，纯的、绝对的性感。棕色的头发，波浪状，跟詹妮弗·安妮斯顿一模一样。我尝试跟她保持眼神交流，但是我跟她距离20英尺，她正忙着往杯子里放冰块，倒波本酒。没等几分钟，我就让兰迪去帮我打探一下。这里的女服务生他大多都认得，他也很乐意帮我这个忙。兰迪用手梳了梳自己的大波浪头发，这里的女孩子爱死他了。一定是他以前打过长曲棍球的原因——即使他比以前胖了20多磅，还是魅力不减。他站起身来，要去打探那个女调酒师的情况，他也没忘了给自己忙活忙活，他老跟迪瑟瑞说话："单身吗？你的真名叫啥?"

这个时候，卡斯开始跟我大谈特谈他如何喜欢交易。"呦，今天的佛瑞思有买家也有卖家……"他说个不停。他已经濒临危险的边缘，就要被打上"华街强尼"的标签了。兰迪跟我用这样的绰号称呼这些人，简称"华街"。他这样的家伙，穿衬衣从上扣到下，还塞进裤子里。在办公室里，他会跟你说把他的名字写在午餐名单上，这是变着法儿地告诉你让他买午餐，真自以为是。"华街"说如果看到一只热股，他会大买特买。下午喝酒的时候，他会跟你吹，说他如何厉害，刚刚又卖出了25万股。吃晚餐的时候，他会谈佣金还有研究什么的。你刚把一块水牛乳做的乳酪塞进嘴里，他就问你最看好什么股票。他手头没有股票，他只是想炫耀一下自己。这种人在高中校友会肯定是最后一个到场的，开着崭新的名车，整天摸着他的劳力士。讨厌鬼。

"现在你知道我干啥的啦!"卡斯说。兰迪怎么没在这里，听卡斯这小子在这里废话。"我把买方给灭了。"我点着头，表示同意。"卖家是我的小弟，我罩着的。"他说。

此时兰迪打探完消息回来了。那个女调酒师叫莉莉，长岛来的。有个儿子，不过她现在单身。兰迪没有说她是不是本周最惹火的女调酒师。兰迪拍了拍卡斯的肩膀，意思是让他把加长轿车给叫过来。"20分钟后到。"卡斯在嘈杂的酒吧那头喊着。我得加快脚步了，我已经整装待发，信心满满。我已经开始喝第三杯龙舌兰了，我的口袋里也满是可卡因。我站起来走出包厢座位，他们三人继续坐着。

莉莉朝我微笑，问我要不要再来一杯。我也对她微笑了一下，说要借支笔。我抓过一张纸巾。我写到：你真美，你笑得也很美。我还写下我的姓名、年龄和电话。我正想折起纸巾递给她，心里又一想，我可以整得更有意思一些。我的记者专业毕业证书可不是白拿的。我又打开纸巾，接着写道：最佳舞步——毛巾舞。她应该完全不明白毛巾舞是什么，但这正是我的用意所在。我整整齐齐地折好纸巾，递给她。兰迪示意说加长轿车已经在等了。10：33。

车子是白色的，里面是红色的皮草。车内顶部正中是一个迪斯科舞厅的那种旋转闪光球，车体下面是紫色霓虹灯光。车内有豹纹地毯。巨大的音响播着修斯阔乐队的《猛摇小船》。这车太离谱了，不过也酷毙了。开车的叫“大艾尔”，跟那个老色情影星荣·杰罗米挺像的。兰迪和詹姆士坐在前面靠左边，我和卡斯坐在后排。我们经过一家店。“你们看到英特尔的盘后价位了吗?”卡斯说着。

我朝兰迪望了一眼。“第二次了。”我做了这样的嘴型，还伸出两个指头。我看着卡斯，心里想着我有几种回应他的方法：很有礼貌地请他不要谈工作；告诉他搭下一班帕斯火车回泽西；不理他……“初中科技作品展我拿第四名!”我说。我睁大了眼睛，还点着头，借此来说明我说的是真的。

卡斯听完的表情就像他刚被《美国偶像》淘汰出局。他意识到自己说错什么话了，但是又不知道错在什么地方。他看上去人不错，而且，今晚到目前为止我还挺高兴的。不过，上夜店寻欢之时还跟我谈什么股票交易，这有点过了。卡斯还搞不清楚状况，但是我知道他想干啥，在“白宫”我就看出来了。他想让我跟他开个户，跟他交易。不过，他的做法错了。我比较喜欢按牌理出牌的人：先跟我交朋友，然后再来谈生意。

在“包厢16号”门口，我们的车在路边停下。门口已经排了一大串人，在等门卫放行。毒品和酒精的作用已经让我们飘飘然了，我们摇摇晃晃地走向门口那条围栏。兰迪给门卫塞了一张百元大钞，围栏被拉开了。一进去我就看到我朋友的朋友的朋友——总经理杰森，土生土长的纽约人，犹太裔，头发金黄，二十来岁。“我靠，我们刚刚塞钱打通门卫呐，不知道你平时也在。”我说。

“来了记得找我啊，特尼。”他说，“来了记得找我。夏天我们还要再开一间，叫侯爵。开张仪式你可得到。”

“谢了，老兄。必须的。”我说。女服务员迎了过来。我们说要一张桌子，她把我们带到后面的弧形包厢座位。我们周围的人群跟着音乐的节奏在跳动着。一路走来，我瞧见性感美女无数——这是不是《单身王老五》电视节目的选角现场？这里的男的，是下城区的打扮：带链钱包、美洲豹运动吸汗护腕，还有褪色的牛仔裤。只有我们几个还是华尔街的行头。

女服务生把一瓶 VC 插入冰桶。那是小瓶的，所以，我们叫了好几瓶。埃米纳姆的歌声在耳边狂轰滥炸，不少女的在我们的桌边跳着。这里的厕所比湿吧还糟糕，只有一个小便器，还有一个没有门的隔间。只能给一条拉链的评分。卡斯掏出钱包，翻了翻，找出一张一百块的。他递给那个厕所服务生，好像是在交过路费。

在我们的座位那边，震耳欲聋的音乐之下，讲话都听不清。不过，每一个贝司的低音似乎都震撼着我身体里的那些可卡因。香槟酒锦上添花，让我觉得晕晕的、暖暖的。在座的几位应该都有同感，因为我们都微笑着，相互点着头。

我们座位左侧的两个女孩子探过身来，说她们是大学生。眼睛大大的，皮肤滑滑的，有点紧张——似乎真的是大学生。她们也好像感觉不太自在。我给她们各倒了一杯香槟。她们说非常感谢请她们喝酒，但她们一般不喝香槟。“我一般也不喝。”我说。我们举杯感谢能有如此缘分可以相遇。她们问我干啥的，我有点犹豫。

“在华尔街干事。”我说。

“然后呢？”其中一个女孩子接过话茬，“干啥呢？”

“在对冲基金干。我是交易员。”我说。

“很酷啊。不过具体干啥？”另一个女的问道。

这样的对话我经历过无数次了。通常，即使我解释了她们也听不懂。

她们以为我每天就在交易场上，穿深蓝色西装，打各种不同的手势。我的家人和好友都不知道我具体做些啥。有时候有人竟然问我哪些是热股，那是研究股票的人、股票投资组合分析师什么的干的事情。我卖了个关子。有人告诉我买进 10 万股 JNJ，我自己得判断跟谁买，啥时候买，这是高难度的活儿。那两个女大学生不依不饶地问了许多问题。

这可是宇宙中的大谜题之一啊。每个人都想知道华尔街是怎么运作的。但其实大家都只是想知道我赚了多少钱，或者说，我可以帮他们赚多少钱。“这个嘛，”我说，音乐声也太大了。“基本上呢，靠直觉，还有那些把钱投给我的人，因为我们可以帮他赚到更多的钱，比他们自己去赚的多很多。我们从中赚个手续费，然后在利润里抽两成。”那两个女大学生听得很入迷，我身体里的可卡因也在给我助力。“是这样的，”我继续说：“比方说，你投了 100 块，然后你赚了 10 块。不错，对不对?”她们俩都点头。“但如果我告诉你，同样投 100 块，你可以赚 50，你怎么想？你会怎么做?”她们的头点得跟拨浪鼓似的。“我只从利润里拿 10 块钱，还有一丁点儿的手续费。”

“哇，”靠我近的那个女的说，“你真能做到?”

“给我 100 块，我做给你看。”我举起杯子。

一个女学生把香槟洒了一些出来，另一个忙着拿纸巾给她擦，俩人咯咯笑着。这画面让我想起大学时代的生活，还有我在纽约第一年的生活，那时候我只有一些亲近的好朋友。我当上买方之后，一切都变了。现在的情况是，在做生意的时候，好像我谁都不能信了。他们究竟要什么？我得不断问自己这个问题。这俩女大学生的亲密无间让我心里泛起些许伤感。

时间飞快，这俩女学生要回家了——也许明早还有小测验吧。真不忍心看她们离开。如果我不是那么喜欢她们的话，我可能会略施手段，让她们跟我回去。我还是住在第 76 街和阿姆斯特丹大街交会的地方。我曾经问过女孩子，要不要去一家叫“俱乐部67”的地下室俱乐部。出租车开进我住的大楼的地下停车场，女孩子们都开始心里打鼓。不过，电梯员总给我打掩护。我问他：“俱乐部开着吗？”他总会说：“开着。楼上请。”我把很多女孩子带入我的公寓，只有一个人尖叫着跑回电梯里面。我跟那俩女大学生互留电话，看她们消失在舞动的人群中。

已经凌晨两点多了，我已经不能说话了，毒品和酒精已经把我完全征服。之前让我能够畅所欲言、为所欲为的能力已经消失，现在剩下的只有恐慌、负罪感和耻辱。已经搞成这副烂模样，能让我解脱、感觉良好的方法只有一个：再吸更多。我跟卡斯、兰迪和詹姆士示意，我要再去厕所。

等我回到楼上时，兰迪和詹姆士已经不见了——人间蒸发，我之后跟“涡轮”一起待着。我转过身，往外边走。卡斯从后面抓住我的手臂。“要回去了？”我进退两难：一个我想冲进夜色，跑回家中；另一个我知道还没到结束的时候。我耸了耸肩。“回去干点好事就行。”我说。卡斯找到女服务员，结了账。

那天晚上卡斯在W酒店搞了间房。我们到了那个房间，继续嗑。他的塑料袋里还剩很多。半个小时很快就过去了。“我要回家了，睡几小时，”我说。我刚走到门口，他开口叫我。

“你觉得跟我开个户怎么样？”他问道。

我停下脚步，转过身。可卡因的作用下，我都在发抖了。“给你提个建议可以吗？”我不客气了。

“这种问题问都别问。如果你非问不可，等上一礼拜，等上一两个月。慢慢来，懂吗？跟我装装朋友，懂吗？装作你不在乎什么交易，装酷，懂吗？”他坐在床上，仔细听着我的每一个字。“如果你第一晚就开口了，”我张开双臂，耸耸肩膀。“那么我就知道了，明白吗？”

“谢了，老兄，谢谢你的忠告。”他说，头低低的，看着地上。

“慢慢来，自然点儿。”我说。走出去时我站住了。“好的。”我说。

“好的？啥？”他问道。

“好的，我明天就跟你开户。”

凌晨四点。我在莱克星顿街某处。我在等出租车。我记得有谁住这附近。我划着手机，查看电话号码。我打过去，她接了。十分钟之后，她拉开门链，让我进去了。芭芭拉近五十了，做应召也快做到头了。她的公寓里，全年都亮着圣诞灯火，她卧室门口有块床垫，有一角已经没有弹簧了。沙发、电视、咖啡桌，这景象跟我大学时代跟七个人分租的时候很像。这公寓，和她一样，被过度使用，而没有被呵护。芭芭拉穿着一件黑色蕾丝睡袍。

“你怎么还没有女朋友？”她拉着我的手，陪我在沙发上坐下。“真搞不懂你。”

“我现在及时行乐。”我从上往下拍着自己的头发。

“我也是啊。”她说。六个月前我在网上搜寻的时候，她的介绍是“成熟女性”。她的照片还很性感：金黄色的头发，胸部超级大。但跟她面对面时，她的眼睛出卖了她的真实年龄。两边眼角的皱纹足够筑起鸟巢，眼睛里道尽了人生的苦难和失望。

“我今晚把我的电话号码给出去了，也换回一个号码，”我说。

“瞧瞧，”她笑了，“挺好的嘛。”我喜欢芭芭拉，我觉得她也喜欢我。但是，我怀疑她是否对我真诚相待，就像我怀疑我生命里的其他人一样。我们刚开始在一起的时候，有一次她说看到我让她想起强尼·德普。我哈哈大笑，因为我一点儿都不像。她说曾经和大明星德普在一起数次共度良宵，他彬彬有礼。我听着这个故事，才不管它真实与否。我把剩下的所有可卡因都扔在咖啡桌上。她帮我倒了一杯伏特加加冰块。

她问我要不要把这个小小的派对移到床上来举行，但我觉得她这么说只是客气而已。她看得出来我已经玩得很过火了。“不用了，谢谢。”

我说。于是，我们就坐在沙发上，聊着。我问她生意如何，她耸耸肩，好像是在说时好时不好。“如果我之前把我的钱投资一部分的话，”她说，“那我就可以高枕无忧了。”她的这一番话让我开始琢磨起来。我想跟她说，现在是熊市，没人赚到钱。“我也就不用天天晚上干这个了。”她说，“我就可以选客户了，只跟你这样的在一起。”听了她的话，我微笑着。我也知道，我们是物以类聚。

我很疲惫，感觉很肮脏。她问我要不要跟她一起冲个澡。热水冲打着我的身体。我们轮流帮对方洗着，一边哈哈笑着。那是我当天最欢乐的 20 分钟。

我穿好衣服，头发还是湿湿的。在门口，我抱了抱她，我给她些钱，但她不要。“拜托了，收下吧。”我说。她把我轻轻推出门口，但我还是在门口的桌上留下几张一百块的票子。

一切结束后，走在街上，我看看手机，5：42。我得回家换件衣服。

16

一小时以后，我坐在办公桌前，李察和美琳达也在。他们跟我在同一张办公桌交易。我们公司成立后不久就招了李察。我在高利安公司的时候，他是花旗集团负责跟我交易的经纪人。我有一笔百万美元的大交易就是他操刀的。当时盖瑞打电话给他，说不许再罩着阿格斯了，他都快笑死了。当时他都已经跟我们进行第二轮面试了。我见过最瘦小的前曲棍球运动员就数李察了，乱糟糟的黑头发贴在头上，像抽象艺术画。他还有白如珍珠的牙齿，女孩子们都爱死他了。美琳达是克里森在高利安公司的助手，是个黑发美女，好像有夏威夷或者菲律宾血统。美琳达是货真价实的好员工。她总是第一个到，最后一个离开，而且她完全了解自己并不是万事通，所以她才显得睿智无比。我很喜欢来上班。我们常常欢声笑语，工作也都很卖力，同事都聪明能干，我们是一个很好的团队。

开盘后不久卡斯就打来电话。我知道他会打来的。我给他下单了：SPY 股票买进 15 000 股。我完全没有想买进这只股票的意思，但它买进卖出极容易，所以，我可以买进，等上个五分钟，能赚钱就再卖出去。美琳达和李察都以审视的眼光看着我这么做，好像他们知道我在搞什么鬼。“他行动力很强。”我说，耸了耸肩膀。我真想收回我说的那句话。“行动力强”其实是“他有一个巨额支出账号”的代名词，但也不是说我就可以为所欲为了。我要跟谁开个户，需要克里森的批准。不过，如果他问起这个账户，我随便编个理由就行了。

卡斯打来电话，给我最新情况报告。这次，李察先接了电话。“卡斯这小子是谁啊?”他问我。他用的是开玩笑的口气。“说真的，谁会给自己的儿子起名叫卡斯啊?”我咬着嘴唇不说话。还好，他不知道那个绰号：“涡轮”。想起昨晚我就后怕。我得处处小心。李察和美琳达都不知道我吸毒。如果不是卡斯给我毒品，我怎么可能去认识他呢？在华尔街，一包可卡因就犹如一张下班后的名片，不过这个小包会让大家更容易记住你。

“他绝对不是小松鼠，我保证。”小松鼠指的是那种你给他一个小单子，然后他不停地回来找你要更多单子的人。中西部或什么老掉牙的地方的小银行可能有那样的人。你给他一个单子，然后他就每天给你打电话，而且是每天好几次。接下来，这只小松鼠就会把你烦得快要疯掉。每次交易，我们付 5 美分的交易费，所以，小松鼠嘴巴吃得鼓鼓的，都是小钢镚儿，但还是到你门口来讨吃的。但现在的问题是，我觉得卡斯比谁都像是一只小松鼠。

下午的时候，我觉得得找根牙签来把我的眼皮撑起来。唯一的好消息是：卡斯几个小时没有打来电话了。我决定了，昨晚那样的情况再也不可以发生了。一天当中，就现在这个时间最难熬了。收盘钟声响起之前的两个小时，漫长得好像是永恒，而且没有其他什么东西来让你摆脱这种心情。现在，那种感觉愈发强烈了。我开始听到自己脑袋里有原始鼓声开始响起。“你这个骗子!”那声音说着。在这 12 个小时里，我从浑蛋变成了超级浑蛋。我没有给公司赚到钱。他们训练一只大猩猩都可以做得比我好。美琳达和李察都会看穿我是嗑毒的瘾君子。我每次鼻子抽一下，他们都转头看我。克里森肯定要炒我鱿鱼了。我是一只买方小松鼠，而且我三十二岁了。这样的丑陋黑暗的念头一个一个闪过我的大脑，就像子弹打过大脑后的血肉横飞。正当我要在这片消极负面的思想中溺亡的时候，就在我最最脆弱的时候，电话响了。我接起电话。

“下班后来‘白宫’一下。”兰迪说。

“不行。”我说。我赶忙把电话给挂了。一整个月我都不要再去那个地方了。

我喜欢星期天的夜晚。对交易员来说，星期天没什么事情可做。当然，我应该研究研究股票图表，看看巴伦的书，但谁想看啊？我更喜欢跟杰森和伊森坐在沙发上看《色欲都市》。手机响了。我把卡斯的手机号码存在手机里了，不过名字是“涡轮”。每次看到“涡轮”闪烁，我都会很得意地笑笑。我按下“拒接”键。可电话又响了。“这个死涡轮。”我说。不过我一看屏幕，是个未储存的号码。我按下“通话”键。

“你好……”我的声音跟歌手巴里·怀特不相上下。

“我是莉莉。”对方说道。

莉莉？我在大脑里反复想了几遍这个名字，但我想不起来谁是莉莉。我不认识的女的打电话给我，这并不是罕见的事情——我社交圈很广。我就开始应付了，问她咋回事。她说她在朋友家里看《色欲都市》，我赶紧抓起遥控器，把正在播放的片尾声音关小。很快我们就没有什么可聊的了，出现了一阵尴尬的沉默。“听说你很会毛巾舞？”她问道。她怎么知道的？“咱们见个面，我可以亲自给你演示。”我说。

“那好啊，”她声音里充满了甜蜜，“劳动节之前我都忙，节后怎么样？”

我记下了莉莉的号码，说会跟她联系的。我挂了电话，问杰森和伊森我是不是认识一个叫莉莉的女人。两人都摇头。那天晚上很晚了我才想起那是谁。莉莉！湿吧的女调酒师，头发像詹妮弗·安妮斯顿的那个。

2002 年 9 月，两个室友和我都觉得应该搬家。曼哈顿的大部分地区——特别是上西区的那些高楼——都跟前苏联的建筑物太像了。那里住的人都一样，起床时间一样，吃一样的格兰诺拉麦片，穿一样的公司服装，一起排队等巴士或者一起走下楼梯搭地铁。这样的一成不变让我发疯。我们仨都同意：应该有所改变了。

目前只有我们仨住这里：伊森、杰森还有我。我们敲掉一堵墙，把客厅搞得更大了一些。伊森是我的堂弟。他大学毕业几年了，现在是演员。如果你需要有个朋友在课外时间来监督道德规范，那他是最佳人选。所以现在我得讨好讨好他才行。他看上去是有我家的血统，达夫家的鼻子什么的。另一个是杰森。他有点像演员本·阿弗莱克，稍胖一点。这胖小子，在葬礼上都能让你发笑。他是媒体买家，专门帮客户购买电视广告时间。其他室友之前都搬走了。

我自己一个人也租得起这个公寓。我在阿格斯的时候，年薪已经是20万美元了，还不算奖金。2001年，我的年收入是60万。公司没赚钱，但是克里森给了我奖励，说我离开高利安冒了一些风险。自己一个人住多无聊啊！想到没人陪伴、宿醉、单身公寓，即使装修豪华又如何，真让我感觉压抑。在我找到真爱，结婚生子之前，我想要跟小伙伴们一起住。小时候，我唯一的愿望就是快快长大。如今我已经长大，我唯一的愿望就是不要长大。不管咋样，我跟朋友们说了，如果我搬家，一定把他们捎上。现在我得履行承诺了。

目前只剩一个问题：住哪儿？有一回，我去下城区翠贝卡吃饭的时候，看到一个工厂楼房改建的建筑，有黑色铸铁的楼梯，前面有一个前廊。那个时候我就想：在那地方住挺不错的。但是，确定要去住，是一个约会之后的决定，那次约会，众所周知。

2001年9月11日，阿格斯伙伴公司已经成立几个月了，公司还在中城区第6大道的那个临时办公室里。我跟几位高层在开早会，突然有个行政助理走进来，说一架飞机撞进了世贸双塔之一。当第二架飞机撞入另一个塔楼，克里森让所有人立刻疏散。我们都到了大楼的侧边的小道上。我朝第6大道望去，看到北楼顶端冒出滚滚浓烟。那个时候，北楼还是矗立着的。我记得我当时转过头去点燃一根烟，再回过头的时候，塔楼的顶端已经不见了。这个时候，塔楼已经垮了下来。那一天的绝大部分时间我是和杰森、伊森还有其他一些朋友在中央公园的草地上度过的。我们抽着烟，看着一片蓝蓝的天，当天没有其他飞机飞过。那天晚上，我们到附近的一个酒吧去了。那是唯一一次我不想去酒吧。可是，我也不想一个人独处。

三周之后，我开了一个派对为 9·11 事件中遗留下来的孤儿进行慈善筹款。我几乎联系了所有我认识的华尔街人士。派对是在翠贝卡一个叫“闪亮”的俱乐部里召开的，我们筹到了 25 000 块钱。华尔街时不时还有人说起那个慈善捐款派对。就在距离世贸大厦遗址几个街区的地方，我们一千多人一直跳舞到凌晨 4 点。我一直认为翠贝卡是个奇妙的地方，有鹅卵石铺就的地面和旧工厂、旧仓库改建的大楼，但是 9·11 事件之后，我觉得在那个地方居住简直就是一种爱国行为。

是杰森和我一起去找房子的。我们最后看上几处房子，其中之一是幢糖仓库大楼，那是在莱特街上的一座十层的红砖楼，路面也是鹅卵石的。这仓库是内战前建的，当时是曼哈顿数一数二的高建筑，是曼哈顿城市天际线的一部分。如今，这个大楼被改成了许多二层或三层的公寓。门房说我们看的那套公寓是唯一出租的公寓，其他都是房东自住的。

我们来到 5A，大门一开，我们看到落地窗，窗外的哈德逊河映入眼帘。橙红色的落日在新泽西那边落下，落日在河上的光芒把河流一切为二，一艘游轮匆匆驶过，景色真美。起居部分是下陷式的，很宽敞；我们脚下的木地板闪闪发光。有正餐餐厅，厨房里有最新款的不锈钢厨具和设备。二楼有个超大的主卧室。主卧的窗子比起居室的更大，景色也更美。主卧浴室里南部风格的瓷砖美轮美奂，蒸汽浴室也大得离谱。离开主卧，走过大厅，那边是一个带浴室的小卧室。三楼是一个台球室（我们让伊森在角落里搭了张床），推拉玻璃门外是一个 1 500 平方英尺的屋顶平台。杰森和我站在屋顶平台上。我们可以看到哈德逊河的全景，从华盛顿桥到自由女神像。就像那张《纽约人》漫画一样，哈德逊河以外才是美国其他的地方。我点燃一根烟，微风吹过，烟旋转着、飞舞着。

“我要了。”我对中介说。

“但我还没跟你说租金呐。”他说。

我才不管呢。我必须住这儿。“多少？”我问道。

“9 300一个月。”他看着手头的介绍材料说。

“可以，我要了。”

一周之后，我们搬进去了。这可不是我们搬床垫底座上楼那么简单，我从旧屋墙上摘一面廉价的镜子还把它搞破了。我们请专业人士来搬家。他们从第67街把那张九成新、20英尺长、订制的天鹅绒沙发，还有50英寸组合大电视搬了过来。我买的东西是超级杯狂欢派对规格的。在新公寓里，我的卧室超大。查尔斯·罗杰斯大铁床摆在房中央。有人跟我说这是个叛逆的摆法，是对室内装潢赤裸裸的挑战。他说的可能有道理，但即使我这么摆两张床，那间卧室还是显得空荡荡的。我的落地式衣帽间比我来纽约时住的第一个公寓卧室还要大。三楼也还空着。屋顶平台也需要摆点什么家具。我决定要租下这个公寓的时候，我没有想家具该怎么处理，我只想到房租我可以多付一些。除了房租，要买些配套的家具也不是件容易的事儿。

不过，我们是个配合良好的团队，不过几天时间我们就整出一个方案。我们先买最必需的东西。杰森和他那个从俄亥俄州飞过来的朋友崔吉一起，拿了我的钱，去买台球桌了。

伊森则拿了我的信用卡到J&R音乐商品专卖店去了，他买回了音响、连接线，还有携带式电话。我的老室友强尼听说我要搬家，从科罗拉多飞来帮忙。他跟我在家待着，等安装有线电视的人上门。安装有线电视的人安装好三个大盒子走了，我检查着起居室里的电视有没有连接问题。电视上正在播放本·史迪勒和欧文·威尔森演的《超级名模》。我超喜欢这部电影。我告诉强尼我把好东西藏在什么地方，之后，我们就点上了大麻烟枪。电视上欧文·威尔森演的是超级名模本·史迪勒的对手，欧文有一个“泥土室”。其实就是一间堆满了泥土的房间。我觉得这设计太强了。当然，吸完强有力的“东西”之后，我也做出了一个决定。

“我也要一间‘泥土室’。”我对强尼说。

“对。”他说着，点着头。“需要。”所以，我们俩眼红红的，咯咯笑着出门去看哪里可以买“泥土室”。

可惜，ABC 地毯公司不卖土，但其他东西他们几乎什么都卖。走进那家百老汇的分店，就像走进洛克菲勒二手杂货店，或者是载满财宝的海盗船。真不便宜。如果我不是当买方的话，不管我有没有抽太多大麻，我都不会走进这样一家店。不过，这地方确实有点意思。

那天，店里人山人海。我在顾客里撞来撞去，就像一只水里的塑料鸭子一样。突然间，我周围的喧闹不见了，我的注意力像镭射光一样聚焦了。我面前放着一个叫“印第安床”的东西。这是一个木制的大床，四根床柱有七英尺高，上面的篷子满是手工雕花的美丽图案。四周有白色埃及棉布制成的可透视帘子。中间有一个铁架古董水晶灯，上面垂下红色的小圆柱、珠宝等东西。我的眼睛一眨不眨地看着那张床，伸手拉了拉强尼的衬衫。我走近了一步。

“就是它了。”我说。

“泥土室不要了？”强尼问道。

“这个放在起居室里太完美了！”我说。

强尼看了看价钱，轻轻吹了声口哨。我招手叫了一位服务员。我当时穿着人字拖和 T 恤。我的头发乱糟糟，眼睛红红的。“我要买这个。”我跟他说。他看了我一眼，充满怀疑。

“你知道价格吗？”他问道。我根本没理会他说什么。我看着收银机那头有一大堆人排着长队。可能是因为我抽了大麻的原因吧，那个长队看起来像银行里排的长队——他们的脸都是扭曲的，充满愤怒和挫败感。

“我说，”我把信用卡递给他，说，“我太想要这床了。”服务员看着我的信用卡，倒退一步。他的表情说明他不知道该怎么办了。“我可不想排那么长的队。”他以飞快的速度搞定了付款手续。强尼和我差不多是跑出店门的。20分钟之后我们跑回公寓，继续抽着我们的大麻，抓起遥控器，找《超级名模》那一台。

“我们连土都没有碰上。”强尼说。

“我知道，老兄，我也特想要‘泥土室’。”我说。

接下来的几周，我花钱如流水，好像我快要离婚了，而前妻的律师还没有把财产冻结。我斥资2万买了些艺术品，还有一些从专门代理中生代艺术家作品的MG画廊买来的摄影作品等。我买了一副巨型摄影作品，叫“双极”，是詹姆士·迪恩拍的焦距模糊的一条鱼；我还买了落地灯，还有几个多颜色射灯，它们从地上将光射向天花板；1 000块钱的地毯；3 000块钱的磨砂玻璃酒吧，带四个椅子。我还给起居室添置了几台电视机、几张椅子、几盏灯和一台环绕音响。我还买了原版的“吃豆小姐”游戏机。每天都有新东西送到我们的这栋三层楼的公寓来，它最终变成一个“兽窝”和夜总会的综合体。买方的宠儿，有一天我躺在沙发上对自己这么说着。没错，一个三十二岁的单身年轻人能做到的穷奢极侈最多不过是这样罢了。不过，这是我的美梦成真，和肯尼邦克的生活有天壤之别。搬完家，消停之后，我决定给莉莉打电话。我穿着最喜欢、水磨得最美的牛仔裤，淡蓝色的短袖衬衫，胸口一边写着“德伦顿”，另一边写着“克莱斯勒、道奇、普利茅斯”。我在镜子前面快速审视了一下自己的打扮。“不错。”我心想。如果整个华尔街都不行了，我可能应该还有点希望当个换油工。我和莉莉约在多斯·卡米诺斯，那是在一家墨西哥餐厅。从我的新住处出发，很快就到了。

她穿着一件米黄色细吊带束腰衣坐在吧台前。她站起来跟我拥抱，我才发现她是如此小巧，偏棕色的金发是如此的柔软。女服务生把我们引到外面的一张桌子前坐下。我跟在莉莉的身后，欣赏着她的衣服随着她的脚步轻轻地摇摆。我们嚼着蘸着洋葱辣酱的薯条，等着我们的玛格丽塔鸡尾酒。上次跟她讲电话，她提到她的儿子，所以我立刻就问她儿子的情况。他七岁了，喜欢运动，非常爱他的爸爸。她讲话有点迟疑，我觉得她跟前夫之间有些坎儿还没过去。莉莉住在长岛，每天晚上搭地铁去俱乐部上班。撇开住处和单亲母亲的身份不谈，我发现我被她吸引了。不只是她的美貌，她还有些别的东西让我心动。我们喝着鸡尾酒，她问我是做什么工作的。她突然这么一问，我有些措手不及。我肯定她知道我是在华尔街做事的。我这么一说，她挺诧异的。“你看上去不太像。”她说。我觉得她是在夸我。她用自己的眼光看待华尔街。她通常看到的都是打着领带、吸食可卡因的瘾君子。“我是说，你跟你朋友兰迪就很不一样。”

后来，我去买单。女服务员说已经有人买过了。我的大脑里飞快地排查，看可能是谁帮我买的单。肯定不是交易桌上的同伴美琳达和李察。虽然他们可能知道莉莉的存在，但他们不知道我今晚会带她来这里。不管怎么说，我跟他们的关系还属于同事，在更衣间打交道比较多。李察曾经几天没来上班，有电话找他，我都说他在家养病，他在家照顾着的其实是“买”先生和“卖”先生。如果我没来上班，美琳达帮我接电话，她常常（特别是对女性）说我拉肚子的毛病又犯了。她那也是跟我学的。他俩比较可能安排个小丑拿些气球来活跃气氛，不太可能帮我买单。我觉得也不会是兰迪——他在“白宫”招待宾客呢，而且他刚给我发过短信，问莉莉“功夫”如何。唯一知道今晚我在哪里跟谁在一起的只有一个人。我还真小看“涡轮”那小子了。

我们走出餐厅，我抢着在靠街的那边走。我听说，男人跟女人在街上走着，男人应该靠街，以防路上有车子突然失控撞上行人——可能是这个原因吧。我们朝西往百老汇走去，莉莉允许我“占领了”靠外的那个位置。街上商店都还开着。到运河街之前的那几个街区很美。我伸手去牵她的手，小小的，软软的。她抬起头看着我，微笑着，又飞快地转头朝前看去。我们走到了运河街，我问她要不要去看看我的新住处。她轻轻摇摇头，拒绝了。“我家里请了个临时看孩子的。”她微笑着说，这微笑后面还有什么含义我就不得而知了。我低下头，在她的脸颊上轻轻一吻。

“我还可以再给你打电话吗？”我问。

“我等你电话。”她说。

17

到 2002 年的 10 月，股市已经从 9·11 事件中复苏，夏季的低谷也已经过去。虽说我们不太可能大赚特赚，但是总应该比去年强一点，阿格斯去年一整年都是勉强维持着保本。我们现在回头看，才知道 2002 年的华尔街是多么的惨淡。这一年，泰科的丹尼斯·科斯洛斯基、安然的安德鲁·法斯托、伊姆克罗恩的山姆·沃克萨共同堆砌了贪婪的欲望高山。也是在那个时候，纽约州的某位总检察长终于鼓起勇气相信，股票分析员的排名应该会反映出一些问题。当然，那是这位总检察长召妓丑闻事发之前的事情了。但就我而言，2002 年似乎没有什么比较难的挑战。9·11 之前的那种螺旋上升的市场态势已经成了遥远的记忆。每天都得努力工作，似乎都是在与一种不可战胜的力量对抗。

到现在，我已经在阿格斯伙伴公司当了一年半的首席交易员了。我之前在博蒂诺餐厅对高盛公司的 MBA 学员随口讲的那些话可能很不适合常春藤的风格，但我是话糙理不糙，跟他们著名的教授讲的道理是一样的。从某个层面来讲，当上交易员之后，我更理解盖瑞·罗森巴赫了。也许是因为压力的原因，或者是我们经手的钱的数量的原因，交易员做事都很疯狂，特别是对那些想要抢我们生意的人来说，更是如此。我给自己定下规矩，绝不可以向盖瑞那样滥用职权。但是，挺好笑的是，在阿格斯，我也很乐意让某某人在众人面前跳个舞。

有一次，在阿格斯的时候，雷曼公司负责我的交易的布莱德打来电话。像布莱德这种为赚佣金不择手段的人多如牛毛。我之前跟布莱德出去过，吃个饭，上个俱乐部什么的。我挺喜欢他的。他比我小几岁，是雷曼公司交易部的初级员工。我在他身上看到了年轻时的我：他还找不着北，大家都捉弄他。布莱德是新泽西人，上的是希拉克斯大学。他打来电话，求我给他一些订单。不过，在谈生意之前，他说起他最近一次晚上去玩的情况。

"你就是华尔街的乔安·瑞福斯啊，"他说，"谁都认得你。"

我装作不高兴的样子，其实我心里挺高兴的。大家都知道我，这使我很高兴。我挂了电话。铃声又响了，他又打过来了。"电话线路问题?"他问。非也。铃声响了，如此三次。到第四次的时候，我才让他说话。"就为那事儿，你对我就不爽了?"他说。

"嗯。"我说。

"哇，特尼，求你了。给我个订单吧。"

"也许吧，"我说，"不过，你得先让我舒坦才行。"

"叫我干啥我都愿意。"他说。

"那好，我要你爬上桌子，唱那首'奶昔'。"

"拜托啊。"他求我了。

"你听明白了：上桌，电话别挂，我要听。"先是刷刷的纸张的声音，接着是他鞋跟的吱吱声，最后是他的嘻哈念唱的声音，走调了，而且没有热情。"所有男孩子都来到院子里，为的都是我的奶昔。"我几乎看到他站在雷曼公司交易桌上唱着，所有人都看着，都朝他扔着纸团。我叫美琳达也听雷曼公司的这条线。我们两人都哈哈大笑。当布莱德唱罢，拿起电话，我让他帮我买 69 000 份 BBH 的股票。

当然，我也不是一下子就变坏的，我是慢慢才变得会整人的。跟我在华尔街从事的其他工作一样，前一年半的时间也是在学习。起初，我以为当上阿格斯的首席交易员会是顺顺当当的事儿。我只想在原来高利安已经不错的基础上再发展一下。灰色地带的不谈，拉吉的大船上载着华尔街的英才：大卫和盖瑞。从他们身上，我学习到，想要成为成功的交易员的主要条件：每天上班，做好准备工作，尽量少犯错误，保持信息顺畅流通，进出均是如此。但在阿格斯，我意识到，还有新的错误可以犯。我也学习到，犯错误是最佳的学习方法。

一天，我无意中听到克里森跟一位潜在投资者在会议室交谈，他说我在交易的时候“跟猫一样”。我从没听过他公开表扬我的交易技巧，我也不认为我的技巧有他说的那种“动物性”。我甚至怀疑他提到的那种东西算不算技巧。很久以后我查出来有轻度的抑郁症，叫“心境恶劣症”，据说挺久了。但是在我交易的那些年头里，我以为我能够心平气和地交易。华尔街的老话不是说“不要太情绪化”吗，“不要跟某只股票纠缠上一辈子”吗，是这么说的。我从来没有过那样的问题。哪只股票不合我意，我从不生气；哪只股票飞涨，我也不会太兴奋。周围的人都说我头脑清醒，但这是我天生的。这是许多交易员所缺乏的清晰的头脑。

通常，如果某只股票价格不好，生化科技部的高级分析师安吉利就会冲出办公室，咆哮着要抛售。有一天，我在打着电话，她问我：“那只‘生化’股票怎么了？”我挂了电话，看看她是啥意思。这只股票没有不利消息，但这两天大家都在抛售。“是不是我们买的股票有些基本面的不利因素？”我问她。“没有啊，”她回答得很紧张，“但我们得清仓，因为价格一直在跌。”她一走开，我就买进更多“生化”股票。她的痛点正是我的买入信号。股票从这里才会飞涨。

也许克里森是对的。我出手之前，喜欢静观周围的一切情况。我的一些最佳交易是观察了周围的人之后才完成的，比如说奈特的事情吧。他是办公室里“最宝贝”的人。为什么呢？因为他几乎永远做错事。不管他对我说什么，我只要朝反方向干就对了。还有维维克，我们从卖方聘请过来的人。他是个印度人，超级聪明。但我认为他胆小如鼠。他很会分析，但他不清楚他要下多大的赌注。如果他说："医疗电子股票买进两万五。"我一定买五万。我知道他的分析常常是对的，但是他不清楚股票上涨的时候，需要更大胆一些。

我对身边人物的肢体语言特别关注，我眼观六路，耳听八方，看着投资组合经理、中级分析师卡琳，还有我的交易员伙伴赞迪，甚至那个只负责退休金投资的、帮我买熏肉煎蛋和芝士的人的一举一动，综合做出我的决策。

如果他们对投资不看好，我不会放过这个信息。我通常会采取反向动作。所以，我的工作完完全全是在处理信息。

我想，我之所以会有这种离经叛道式的交易方法，是因为我没有其他什么交易理论做支撑，至少我没学过什么华尔街的传统交易理论。什么研究报告，我看了就想睡，股市新闻我听了也不会兴奋，我也不搞技术分析。我只相信我的直觉。而且，到目前为止，我干得很好。

从高利安来到阿格斯的时候，我还把工作中的另一层面的经验也带过来了。10 月份的时候，通常对冲基金都会设计一个预算，定好下一年度要给哪个经纪人哪个级别的佣金。虽说每笔佣金都是在交易后才支付的，但是，通过这个预算，我们可以大概知道有多大的量。至于每次交易要给多少交易费，通常是由首席交易员和研究小组来决定的，当然，投资组合经理可以最后拍板。在高利安，我不是那个拍板的人。但是，记录佣金的那个表格是我来填写的。我的工作就是向盖瑞和大卫汇报当前佣金的支付和我们的预算之间的差异情况。就是在那个阶段，我真正学到了公司里所说的"努力赚钱"这个信条后面的科学理论。我看到，对于那些大公司，如高盛公司，无论付他们 100 万还是 50 万的佣金，你获得的服务是一样的。如果你付 200 万，那你可以获得更高一级别的服务，但我们不这样做，我们只付给高盛 50 万。付最低的钱获得你要的服务，这是一门艺术。

如今，我的职责就是评估我们的那些交易员了。这是我来到阿格斯之后第二次在10月份的时候干这件事儿。我把表格整理好，交给克里森和整个研究小组看。总的来说，我尽量做到忠于事实，保持客观，但是如果我说我没有保护自己的朋友，还有那些给我提供玩乐的人，那我肯定是在撒谎。我的表格上必须显示，兰迪和詹姆士有在帮公司赚钱，否则克里森就会追问我为什么要付他们那么高的佣金。

我跟克里森说，兰迪给了我很多小道消息。有时候，即使是从别人那里听来了赚钱的消息，我也说那是兰迪给的。至于詹姆士呢，我跟克里森解释，说因为我向他们公司要求投入资本，他们损失了一大笔钱，而事实是他们公司没有一点儿损失。有时候，如果我想要有交易记录，我就找个经纪人，说“给我上点儿”，意思就是说，我要他们当另一方，让他们来承担风险。如果股票如我所料地涨了，那对方就会赔钱，他最好自己有补救的方法。如果股票没什么动静，或者是跌了，那他就可以卖出，能保本或者赚上一笔。但我通常都是赢的那一方。我方赌赢的概率非常高。说实话，经纪人没什么赢的机会。不过，经纪人才不管呢，因为他知道，那是他为了赚取我们佣金预算里的钱而必须要付出的代价。如果一年当中，他们这样的损失达到20多万，而我一年当中给他们公司付100万的佣金，他还是赚80万。卡斯的佣金就远远低于这个数，他的佣金数克里森根本连看都不看一眼。要把他给藏好很容易。

这一年，我们给华尔街的股票公司付的佣金是3 000万～3 500万元。其中，我给兰迪公司付的是七位数字的金额。他只负责一个板块——保健，这么大的数字算是他们公司的一个里程碑了。这让他们公司的老板对他另眼相看。詹姆士的佣金会是30万。卡斯的是10万，不过他们公司给他40%的提成。所以，卡斯就净赚4万块。不需要做分析，不需要资本，能赚这么多，不错了。

这是最有意思的时期。我需要喂饱很多人，而我手头也有很大的库存。佣金预算最大的好处可能是——受益人只有拿到钱之后才知道他们真正拿到了多少——预算数字我们是不告诉他们的，而我知道，这才是关键。我觉得自己牛气冲天，不可一世。华尔街这些人，就像是圣诞节那天盼望着可以打开礼物的小孩子。而我，是那个拿着礼物神神秘秘的圣诞老人。还有更好的，最高的佣金也意味着可以有最大的消费账户。在阿格斯，如果经纪人想要招待我，没有极限。但现在，我要给自己定下别人招待我玩乐的极限。

18

2002年12月，我参加了华尔街的一个大型慈善活动。通常我都会在一个月之前拿到邀请，我也会接受，然后就置之脑后了。后来詹姆士打电话提醒我说慈善活动明天晚上举行。我想把这活动给推了，但是他开始劝我。“拜托了，老兄，这可是积德做好事啊。”他说。我知道他比较关心那场活动而不是公益善事，不过我让他说得我都开始考虑要穿什么衣服了。

我六个月没理发了，而且我每两周才刮一次胡子。我的形象跟巴菲特是不能比，我知道。我此时也还和我十九岁时一样瘦。我有请私人健身教练，定期在健身房里锻炼。我去“艾奎诺”公司找教练的时候，我说我是搞销售的，想要一个女教练，年龄相仿，性格开朗且好相处。那人问我是要找教练还是要找女朋友。教练找来了，叫梅维斯，她真能折腾我。

今天训练过后，我去了工会广场那里的一家叫廉价杰克的古典式服装店。我很喜欢在这样的廉价商店买东西，甚至会去救世军的二手商店。上班时候我有正式服装，下班以后，我穿的都是一个风格的东西，就像我的蓝白印度式毛衣，前后绣着大水牛（真丑，不过丑得很美），还有我的牛仔衬衫，带蕾丝边的。不过，今天不同，我有任务在身。

廉价杰克的女售货员大概二十二岁，脸上打了好几个钉，两个手臂都绣满了刺青。她头发染黑了，黑得发紫。“需要帮忙吗?”她问我。找古典式样的衣服就像是在寻找爱情。找到了才知道那是你要的，不能操之过急，也不能让人介绍。

“不用，我自己看看。”我微笑着拒绝了她。我在一楼找了一个多小时，把所有半圆状的衣橱都翻了个遍。我确实找到几件好衬衫，其中有一件粉蓝色配晚礼服的起皱衬衫，但我要找的是更大胆一点的。那女售货员看我挺失望的，就说：“楼下还有更多。”

我到地下室一看，这还差不多：整个地下室一排排的衣服，每排都有整个街区那么长。我站在最下面那个阶梯上，鼻子里充斥着浓烈的樟脑丸和干洗剂的味道。这些衣服有多少人穿过？这些缝衣的线，经历过多少纠纠缠缠？我正在做这样的思考，突然一个东西闯入我的眼帘。我径直朝它走过去，把它从衣架上抽下来，查看是什么尺寸。简直就是为我量身定做的。我必须拥有它。

第二天晚上，我前往第 42 街的琪普利安尼。请柬上写着八点，而我是在快九点的时候到的。我心想自己至少得认识四五十个人吧，应该再多一些。很多人看好阿格斯。虽然赚钱不容易，但是投资者还是源源不断把钱砸进来。我们负责管理的资金已经接近 10 亿，这让我们成为业内的高端公司。能有 10 亿元的对冲基金就已经够牛的了，而对冲基金当中的一个部门——保健板块——就有 10 亿，那可就非同小可了。我在华尔街上也开始小有名气了，下班后尤为如此。销售交易员都说，只要安排好跟我的饭局，他们就知道一定是能玩得开心得不得了。他们永远不知道我会说出什么话，干出什么事儿。我知道，大多数跟我合作的人今晚都会来，高利安的一些“隐身”人士也会出现，可能摩根士丹利也会来几个人。我跳下出租车，走向活动场地。“噢，我的天呐，瞧那个人！”我听到一个看门的在跟另一个说话。

这场地原来是个商业银行，我们不可能来这里招摇。大厅的天花板高高挑起，缤纷的水晶灯华丽垂下，四边是大理石柱子。地上反射光芒的也是大理石，在 500 块一双的名贵皮鞋的踩踏下吱吱作响。整个场地华尔街精英云集。

我心想，穿亮橙色的囚服到任何场合都会吸引一些人的眼球。但是在这个场合，特别是有安然、泰科时代的场合，我的打扮有点让人害怕。毫无疑问，现场有几位人士认为我的装束是当晚的败笔。但是我并不是来做什么政治宣言的。如果你此时问我为什么这样穿，我会说这是一个商业的决定，是为了吸引大家的注意。不过，可能有更简单的原因——我是买方，没人能拿我怎么样。对我来说，这象征着自由，不是监禁。

我朝吧台走去。大家自动让开一条道，为的是要看我。我昂首大步向前。我看到有人微笑，有人举起大拇指，有人要跟我击掌。女调酒师问我要喝什么？我呷着啤酒，卡斯见了，几乎就要上来抱住我了。兰迪和詹姆士也从后面过来了。“太炫了!”兰迪说。

“好酷啊!”詹姆士说。

“老兄，你得来见见我老板，”卡斯上气不接下气地说着：“他们肯定会爱死你的。”卡斯陪我走过舞池。他小声跟我说他有份礼物要给我。我说我待会儿跟莉莉有约。

“你就收下吧，”卡斯坚持要我拿，“我口袋里还有三包呐。”我伸出手放在他的手掌下，接过那个半英寸大的袋子。虽然我们的动作隐蔽，但我感觉整个会场都看到了我们的举动。我飞快地把可卡因收进裤子的口袋里。

我们走进一个房间，里面有两个男的站在一个高高的圆桌旁边，桌上有两个鸡尾酒的杯垫，上面有湿湿的圆形水印。这两个人开始紧抓他们的酒杯。维尼和罗伯特是卡斯的两个老板。维尼已经谢顶了，穿着一件双排扣的西服——好像是 80 年代他发福时候留下来的。不过他笑得让人很舒坦。以前他一定是个美女杀手吧。罗伯特是维尼的缩小版。他一直微笑着，一直点着头。他有浓浓的棕色胡须，眼睛也是棕色的。我怀疑有没有女孩子会喜欢他。“我听说了，橙色是如今的流行色，跟黑色一样。”维尼说着，猛握着我的手。“今天算是见着真人了。”

当天晚上，我跟整个华尔街的大公司都说上话了：高盛、摩根、花旗、瑞士瑞信银行、比尔·斯特恩斯、雷曼，等等。谈的内容都千篇一律，都跟维尼一样在自我推销：“我们的执行力很强……我们跟‘大医药’的专家们在同一层楼上班……这个我们行……那个我们也行……”到最后，所有交谈都浓缩成一些不和谐的噪音。就连我穿的奇装异服也没办法让他们的自我吹嘘减弱。这些大投资财团才不会管你穿什么呐，只要你能够让他们赚到钱就行。不知从何时起，眼前的景象突然变成了空中鸟瞰的画面。我是那只橙色的小鸟，周围是一群一群的乌鸦。我突然有了一种冲动，想要把那整包可卡因都解决掉，只要能让我从这里解脱，做什么都可以。“我得去方便一下。”我说。我四下看了看，看到周围都是断了翅膀的乌鸦。所有的一切都是那么企业化，那么没有个性。如果大家都任毛发生长，都按心情穿着，都畅所欲言，我会是第一个去理发店门口排队的人，会是在布鲁克斯兄弟商店买东西的人，会是买一本《巴伦》杂志准备在星期一可以大谈特谈的人。

当我走出厕所，我可以感觉得到我的心在可卡因的作用下跳动着。偌大个会场缩小了，每个人都在看着我。我心急火燎地找着兰迪和詹姆士。终于找到他们了，我求着他们跟我一起离开。我们走到大街上，我的感受正好符合我的穿着：一个逃犯。我们把卡斯给撇下了。刚才最后一次看到他，他正跟从康涅狄格来的在对冲基金工作的一群人聊得正欢。我们朝湿吧走去。

那里人山人海。莉莉看到我，露出了灿烂的笑容，还给我来了个飞吻。她安排好客人之后，朝我走了过来。“嘿，”她说着，眼睛闪闪发光。“穿这个橙色的囚服是咋回事？”

“自我感觉良好。”我说。

“看着真可爱。”她说。

接下来的整个晚上，莉莉几乎只为我一人服务。有几次我想起口袋里的可卡因，但是我不想让她看到我比现在还要兴奋的状态。我喝了几杯东西，然后抓起她的手，说我要离开了。“我需要回去睡觉。”我说。她的微笑中带着点忧伤，但她还是说了 OK。她让我等一下。她跑到吧台的另一头，从收银机后面拿过来个什么东西。她又跑回来，塞给我一个皱皱的纸巾，叫我保证回到家才能打开看。“一定听话。”我随手把纸巾塞进裤子的口袋里。

我回到家，伸手到口袋里拿东西，却摸到卡斯的东西，里面还有挺多的。接着我打开莉莉给我的那个纸巾，那是个嘴唇型的荷西巧克力。我脱下外裤，剩下四角裤，接着把那包可卡因和巧克力放进抽屉。我把囚衣卷成一团，扔进洗衣篮，爬上了床。

19

在我睡过去之前，我想着我得跟莉莉说点什么。第二天晚上我去找她了。湿吧的看门人一眼就认出我来。我跟不少交易员来过这里喝酒，每周至少来一次。通常我闭口不提莉莉，直到莉莉走过来给我满满地亲上一口，我才看他们的反应。但今晚我是自己一个人来的。

远远地看到她，我的呼吸似乎一直冲击着我的喉咙。虽然我是站在人群涌动的酒吧，但我的眼睛只能看到她。她还没看到我，正在忙着倒酒、接单、收钱。我转过身，朝门口走去。我是来跟她分手的。我和莉莉的关系从没有深入发展，仅仅停留在鸡尾酒、欢声笑语还有几次做爱上。我不知道我们能不能继续。我不知道自己能不能放慢脚步，或者她会不会加快脚步。她还有个儿子。其实，这些统统是借口。我只是还没有坠入情网。我不知道什么是爱，但我只想着，爱情来的时候，我就知道了。情况还不止这些。可能是我当交易员的本性，让我知道如何了断。老听着股市的这些名言：“别跟一只股票纠缠一辈子。”“不要感情冲动。”“如果交易失手，要马上割肉止损。”不过，我知道，人家正上班呢，我去跟人家说分手不合适。我明天再打电话给她，或者后天。

20

2003年2月底，我好像患上流感了：发着烧，昏昏欲睡，肠胃不舒服，咳嗽，喉咙疼。这能说明一到两个问题。要么我染上非典了，要么是宿醉。想起我去过黑色咖啡厅，还喝了很多龙舌兰，还在“白宫”逗留过，我想应该是宿醉。但谁知道啊，大家都对非典病毒惊恐万分。大家说病毒可能会全球泛滥，亚洲股市也已经一落千丈了。就在上星期，从中国回来的一个美国商人就开始出现一些症状了。他的飞机折回别处，他本人被送往医院。他跟他的主治医生最后都死了。现在世界卫生组织发布了全球警告。问题很严重。香港交易所有的交易员戴着口罩在交易。

人们说，每个动作都会有反作用，但是就华尔街而言，应该说，每个灾难都会带来一个交易。眼下，非典病毒是保健投资界关注的焦点。几乎每天都有新闻，说有新的小型生化公司开始研发某种疫苗，或者发现了一种新的变异，这些都可能对保健股票有利，虽然变异对整个人类不利。这些天，我们晨会的内容几乎都围绕着非典，以及如何从中获利。而且，其商机不只是局限在制药和医疗设备公司。这个病毒可能严重影响航空公司、旅游业、餐馆、空气过滤器公司、检疫中心等。其影响范围要多大有多大。

在晨会上，我坐在桌边，用纸巾清理着我的鼻孔。我已经用掉三张纸了。我又抓起一张干净的纸巾，脑中突然闪过一个奇怪的念头。也许我并不是资本主义投机分子。我得仔细看看，交易之神是不是即将用雷电来劈我。没有？那就好。但是，我的人生在干些什么呢？我的祖国和伊拉克的战争似乎一触即发，世贸双塔废墟处的硝烟似乎还在散发烧焦的气味，而我却坐在这里，算计着能不能利用非典来赚钱。

这不是我第一次对自己的职业进行质疑。我还在高利安公司的时候，有一次，我们认为有一家公司治疗第三期癌症的药不太可能获得药监局的批准，所以我们就大量卖空了那家公司的股票。那种药可能会让肝癌病人活得更久，而我却在那里打赌这个药不被看好，我当时非常痛恨我自己。那天晚上我把自己灌得大醉。可能是在我喝了半瓶培恩的时候，我突然想通了。这跟肝癌患者没有任何关系。这完完全全是个投资决策。就像海曼·罗斯曾在一家古巴酒店的屋顶上说过的："这就是我们决定要做的生意。"我们不是不看好那个药，我们只是觉得那个药得不到批准。纯商业决定，绝对的。

想起海曼·罗斯，我的思路立刻回归正常，接着我建议大家一起拥抱一下，或者给那些分析师还有交易员搞个烛光仪式。我提醒自己 2003 年的计划：我要赚百万奖金。这就是我的目标，而且看上去股市也会跟我配合的。

在经历了 2002 年底的股市上涨之后，2003 年的一、二月份股市开始下跌。虽然有非典在肆虐，我们还是可以看到牛市就在不远的前方。过去的这两个月中，股市没有跌破 2002 年的最低谷，这就是一个牛市的征兆。还有就是伊拉克那边的事情。有老话是这么说的："看见大炮就买进，听见号角就卖出。"要打仗是利好的消息。但是，为了好好利用不断好转的经济大环境，我得做一些调整。我得改变我交易的方式。

对冲基金的交易员大体可以分为两类。要么你是执行交易员，要么你是自营交易员。以前我也做过一些自营交易，最早在高利安，后来在阿格斯，交易的量都比较小，只有 5 000～10 000 股。大多数情况下，我做的是执行类的交易。做执行类的交易员，主要的工作就是一点都不能搞砸。你得一字一句照分析师和投资组合经理的指令去做。我还记得放在美琳达桌面上的她的最早几次交易之一。克里斯走过来，叫她买 1 万股 AMGN。于是，她遵照指令，抓起电话打给摩根士丹利说要买进 1 万股 AMGN。第二天，克里森问那些 AMGN 股在哪里，美琳达才意识到，是要“卖空”1 万股。10 亿资金的对冲公司从不会只买进 1 万股什么东西。当执行类的交易员没什么不好的，很安全。但是，我的交易工作已经到了这个阶段，就像十八岁的时候给了我一辆卡玛洛跑车。我想自己搞些大交易，给阿格斯多赚点钱。因为，如果我是自营交易员的话，每天或每年结束的时候，我都可以跑到克里森那里去报告，说：“我赚了这么多。”当自营交易员能够最佳地体现自我的价值，也是最佳的赚钱方法。

当然，危险不是没有。每天，你的价值都用红色或黑色的墨水记录在文件上。不过，这工作带来的自由是无与伦比的。当个自营交易员，我可以拿阿格斯的钱来做我自己的交易；没有什么分析师或投资组合经理来对我指手画脚。我可以买，可以卖，可以买空，可以卖空，都由我说了算。

我刚开始的时候买 25 000 股，接着每次买 50 000 股。有一天我忽然突发奇想。每一笔交易都必须输入，得过一台机子给纸带打孔，这叫“过带”。我们现在在电脑上看“交易时间与金额”就可以获得以前纸带上的这些信息，而且更快。不管是纸带上的还是电脑上的，只要是“过带”了，整个华尔街都可以知道这笔交易。

于是，我按下 UBS 的电话键，告诉我的交易员说要卖 69 000 股 BBH，我交代给布莱德的也是一样的信息。BBH 是个交易型开放式指数基金，由 18 个生化科技公司组成。这是一揽子的股票组合。我这是在赌一把。我觉得整个板块都在涨。我之所以想到 69 这两个数字，那是把我年少的心体现在这交易当中，同时让我那些年轻的交易伙伴们印象深刻。接着，我通过高盛卖出 69 000 股。第二次我再这样做的时候，我用了两个不同的经纪人，但我交易量总是 69 000 股。不到一周的时间，我重复使用了我所有的经纪人，所以，他们一看到 69 000 股 BBH，那就是我的。

如果我不是在华尔街一家最大的保健基金做事，我到目前为止的所作所为无非是添点笑料而已（我有时候也自嘲几声）。我毕竟是在华尔街，还是在帮传奇式人物克里森这样的投资组合经理做事——他在高利安的时候业绩惊人。人们把我们的投资当作聪明钱。所以，当我的69 000 股 BBH 股票在股市频频出现之后，不只是吸引了一些眼球，还让卖方的人开始嘀咕：是不是阿格斯有什么消息了？而卖方最不喜欢的就是被蒙在鼓里。紧接着，我开始接到卖方的电话，说上个交易，他们可以做得更好，还说他们的价格更有竞争力。每给出一个订单，我的定价就越紧。"给我一次机会吧。"他们会这么求我。他们都像狗一样向我讨生意。

虽说用 69 这样的数字是我的原创，但是业内老早就有人用某些方法来把他们和一般人区别开来。华尔街不像拉斯维加斯，不存在赌客跟庄家的关系。这是牌局，赢家和输家同桌博弈。我举个例子吧：有两个对冲基金交易员，A 和 B。两人教育背景相同，资源相同，对同样的信息处理的能力也相同。但是这并不说明如果他们有同样的想法就能赚取同样数量的钱。这是赚钱的艺术，也是个技巧。

跟大多数交易伙伴相比，我的学历比他们低多了。我也不比许多交易员更有优势，也没有比他们获得更多照顾。所以，我得自己搞出点名堂来。于是，我运用了我在阿格斯的前一年半时间里学到的察言观色的本领，加上我和"保健黑手党"成员的联盟，加上驾驶卡玛洛跑车的少年热血，最后再盖上那个 69 记号。结果你猜怎么了？我开始样样事情都得心应手。我很快就坐在牌桌上，数着从桌友那里赢来的钱。

后来有一天，我又去开晨会。虽然说我身体上是感觉好多了，不过连我自己都认为我在生化科技研究的优势已经快用光了，但是我却听维维克说，现在医院开始通过中介公司聘请临时工而不是招全职护士了。他说他注意到另一个趋势。我马上坐直身体。有变动，有改变，可能是条大鱼。

克里森、维维克和我一起火速分析，看哪家公司会从这样的新趋势中获利。我们分析出三家主要的大公司，还有几家二级公司，都是拥有保健行业主要员工的提供公司。但这几家的股票都不怎么卖得动。华尔街有一个说法，说某些股票是“预约交易”，就是说，这些股票的每日平均交易量很低，通常在 10 万股以下。如果有谁下个大买单，那会把这样的股票价格推得老高，让竞争对手占尽了便宜。要买下这种公司的股票，或者至少要买入我们想要的份额，需要低调操作，慢慢来，但是我们的时间又不多。还有三星期这些公司就要出季度财务报表了。那样的财务报告的出台，会通过电话会议与潜在投资人商谈，其中会讨论到这个新的趋势。报表一出，将天下大乱。

于是，我每天都大量吃进。我不能把手里的那对 A 秀出来，所以，我打电话给几家大公司，询问这几只股票的情况如何。但我没告诉他们我是要买还是要卖。我只是想摸摸底。我先通过电脑程序 Instinet 小量买进，因为我不想把价格推得太高。我还想找一个自然卖家，这样我们一来一往也不会引人注意。但是我没那么好运。

我花了近两周时间填满了我们的仓位，每只股票买进了 30 万～40 万股。之后，我打电话给“保健黑手党”的两位成员，说下班后在“墨西哥电台”见面。他们知道这是什么意思：我有他们想听的消息。我可不是来搞慈善的。现在我帮他们，让他们在老板面前有光彩，他们就欠了我人情。我要他们在正确的时间鼓动大家买这几只股票的热情。

我走进“墨西哥电台”的时候，他们已经坐在酒吧里了。罗杰在一家有 10 亿资金的宏观基金做事，做很多保健方面的交易，特瑞夫的公司有几十亿的资金，也是搞保健交易的。我们这些人从不开门见山地谈生意。我们见面先喝几杯鸡尾酒，说些有的没的：有啥新闻？工作怎样？有没有什么新妞？尽聊这种东西。这样的热身谈话之后，我会说我们关注的那个员工中介的事情，有哪些公司，我们估计股价会涨到什么地步，等等。我们再来几轮"墨西哥电台"的招牌饮料"短波"，抽几根香烟，然后就各自回家。

之后的两天，股价不断上涨。很显然，盟军已经说服了投资组合经理，开始买进。我再把消息放出去给几个我认识的对冲基金交易员。现在股票的价格才真正开始涨起来。在这个时候，我们已经赚了很大一笔钱了。赚得太多了，现在几乎是要清仓的时候了。但是维维克说，此时股价看上去还很便宜，应该还会涨。我们等着。

等到那些中介公司放出消息说明他们的新趋势，股价当天就在盘前涨了 10%。卖空期间的利息很高，因为在今早出消息之前，很多对冲基金都不看好这个板块。股票不断上涨，我悠悠地等着开盘，看着股票涨了 15%。我得开始干点事情了。

我分别给五家华尔街的大公司打了电话：高盛、摩根、美林、花旗和瑞银波士顿。虽然我想卖出，但是我还不想让华尔街知道。所以我告诉这五家大公司说我有一个大单子要买进，需要在"人力资源板块"操作。我表现得好像在输钱，说得有点语无伦次。我可是演这套戏的高手。我可不是跟一群傻蛋在打交道（可能里面有一两个算是吧），但我亲眼见过业内不少交易员——我自己就当过交易员。我知道怎么说别人才会相信。他们听完都说会再打电话给我。我知道我们的电话一放下，他们那头肯定得狂欢尖叫，因为有个大买主要买所有人力资源公司的股票。接着，他们所有的同事都会往外打电话，把这个消息放出去。与此同时，我坐在桌前，把要卖出的单子一一准备好。他们给我回电话，我回复的内容几乎都一样："抱歉，不卖。"如今，买方的公司告诉他们的绝大多数客户，有大买主要买我手中的股票。整个气氛都变了。有投资者的聪明钱要进场了，大家也都想进场。观点变成现实。我当然也得顶着一种风险：即有人确实想卖，那么就可能有人给我来电话，要把一大堆烂股票卖给我。如果真出现这种情况，我还真得好好应对。幸好没有卖家出现。

当天收盘的时候，股票涨了30%。我给卡斯打电话，卖出一部分。这只是给“涡轮”一点小小的甜头，我主要是想让不知情人士来参与而已。我这次在华尔街当“卖家”的身份保留得越久，这个股票的表现就会越好。但是，这个秘密我只能保守一段时间，今后一两天内，我必须完全清仓。全卖出之后，阿格斯就会进账700万元。三个星期能赚这么多，不错了。

在办公室里，我们把这次的功劳主要记在维维克头上，因为是他首先提出这个做法的。对此我没有任何异议。我可不是那种等人来鼓掌的人。我在等着我的奖励——我的百万奖金。当天晚上，我跟罗杰和特瑞福去了“电台”餐厅。“交易都很成功啊，小子。”特瑞福说。我点了点头，叫了培恩牌龙舌兰加冰块，再加三片青柠檬。“有没有什么新妞?”我问道。关于人事公司股票的事情我们再也没提。我们都知道我们赚了多少钱，还欠谁人情。我们有说有笑，又喝了一轮酒，罗杰要结账了。我看他们走出门外，又叫了一杯培恩。我在吧台坐着，手机在嗡嗡震动着，是短信，兰迪发的，上面写着“过来”。

21

2003年春天的时候，阿格斯公司管理的资金已经超过10亿元，而且数量还在不断增长。我们好像是自己有印钞机在印钱。我们越赚越多，赌注也越下越大。高利安现在已经是遥远的记忆了。华尔街谈起保健板块，首先会想到阿格斯。华尔街谈起保健交易，首先会想到我。

这种转变你根本没办法预见。没有内部通报表扬，也没有老板拍拍你的肩膀说你干得好，你已经入局了。某天你一觉醒来，世界全变了。每个人请客都想让你光临，你喝的酒有人抢着付钱，你“最好的”新朋友都邀请你去做客。我不是说这不让我激动——我都兴奋死了。我去年坐在超级杯棒球赛50码线上，那次超级杯是打得最棒的比赛之一。在亚当·维纳特里球场，落后两个触地达阵的爱国者队，在加时赛中打垮了公羊队。在坦佩打冠军赛的时候，迈阿密飓风队和俄亥俄州七叶树队打出了双加时赛，我坐的位置更好。我还去了日光舞蹈电影节。电影节的时候，我住的地方是滑雪圣地的一个七居室的屋子。我坐直升机飞到汉普顿斯，还坐私人喷气机到拉斯维加斯。

虽然一切都很风光，但我总觉得少了点什么。不知道莉莉在干吗。我从不跟女人交往太深是因为我不喜欢分手的滋味。跟她们约会几次就需要跟她们来个“谈话”，我最不喜欢的谈话。我当时打电话给她，我们也没有计划要再见面，只是互道晚安。我们互相打电话的频率越来越低，也没有安排见面。终于电话不再打来，莉莉也完全不再出现。不知道算是我把她甩了还是她把我甩了。但那不重要。我想我开始怀念以前的日子了。我花太多时间吃工作晚餐，还在兰迪和詹姆士的“白宫”待了太多时间，我都没什么时间跟我的室友在一起了。在我当买方之前，杰森和我经常出去。我们有计划有安排：星期三去上西区的绅士杰克；星期四去上东区的达科塔；星期五和星期六我们四处逛酒吧，最终都会逛到“西部红岩石”酒吧。在酒吧里我们也有自己的“老三样”。有时候我们会做一些交叉跳绳的动作，我们会叫两个人假装在我们跳的时候转动绳子。我们会玩安妮游戏，我们会跪趴在地上，假装在刷地板，还得唱着“生活真是很艰苦”。我们两人是死党，就像波特和厄尼，布奇和日光舞蹈或者拉夫尼和谢莉。我们两个人在一起太久了，都不用排练，配合得天衣无缝，非常自然。说不定我跟哪个女孩子正说着话，杰森可能会过来打断我们，说：“呃，特尼，忘了告诉你，你的中介下午打过电话。”接着他转头就走，我则可以接过茬儿，什么借口都可以编。我可以说我是演员、艺术家或者是作家。但我很少说自己是华尔街的交易员。

不过有一天，我接到一通电话，是个叫德鲁的家伙打来的，我知道这是一个机会，可以把杰森重新拉回我的社交网络。德鲁跟我聊着，好像跟我有多熟的样子，但我根本没见过他。他说他是费城瑟斯奎哈那交易公司的交易员，最近他开展了销售、交易、客户联络方面的业务。他邀请我周末到南沙滩去，跟费城的几个人以及他在纽约的一些客户一起去玩玩。他还说他们租了一架 BBJ737 飞机（BBJ 我倒觉得不怎么样，因为听起来像分类广告里的个人广告），但是 737 听起来就知道它很大，超大。我说我会去，挂电话之前，我想起点事情来。“我带上个新手一起来怎么样?”我问他。当我告诉室友杰森我们要一起搭私人飞机去南沙滩，一起住高级酒店，而且一切都有人买单时，他尖叫起来，像个女学生。不过，有个条件，我说：“你得假装是我的交易助手。”

那个周五，杰森回公寓的时候，背了个超级夸张的背包。他每走一步，他的臀部就往外翘一下，嘴唇也会撅一下。“喂，老弟!”我叫道。

“这是我交易员的走路范儿。”他解释说。他问我需要穿什么，我说，一扣到底的衬衣和卡其裤。15 分钟之后，他下楼来，还是迈着那种超级夸张的步伐，不过这次他把包放在后面的行李箱上。他看上去像是要走 T 台的空乘人员。不过他确实穿了件一扣到底的衬衣和卡其裤。他看着我，发现我只穿着旧的短裤、拖鞋还有白色 T 恤。“为什么你穿那样，我穿这样?”他问我。“因为你是华尔街的装扮，”我说，“而我不是。”

我们坐车去威斯切斯特机场的路上，我让他熟悉一些背景情况，告诉他该说什么，更重要的是：不该说什么!“那家公司叫什么来着? 苏斯夸西?”他问我。我双手抱头做痛苦状。

“瑟斯奎哈那，”我说，“你要不要写在手上啊?”

接送的汽车直接把车开到了停机坪上，就差红地毯了。这么大一架波音飞机，商用规格，至少可以坐 150 人，但机舱里就坐了 20 个人左右——每个都穿得跟杰森一样，蓝色的衬衣，褐色裤子。我听到有香槟酒开瓶的声音，接着又一瓶。机舱后部宽敞舒服的位子都被占了，所以我们在前面找位子坐下了。皮椅子可以调节高低。有沙发和咖啡桌。地上是一张东方式的地毯，投射灯给舱内提供了一种微弱的灯光。机上的厨房比大多数纽约公寓里的都大。天花板上垂下一个平板电视。我们还没坐下，服务员就问我们要不要来杯鸡尾酒。我甚至都忘了我们是在飞机上。这简直就像在男士俱乐部，多配了两个翅膀而已。杰森和我舒舒服服地坐下，呷着啤酒。金发美女服务员对我们微笑着，然后说飞机即将起飞。

“我太爱股票交易了!”杰森叫道。

当飞机升到巡航高度之后，我跟德鲁见了面。他的样子跟我想的一样，跟任何一个华尔街的经纪人一样：棕色头发，四十开外，退役运动员。可能他在高尔夫主场可以让七个球，但在客场可能尽量要让 14 个球。他的笑容一半像销售员一半像同性恋。他已经有点醉了。但他还是保持那种每个销售经理都有的高昂气质，在我进入华尔街第一次面试时候就领教过的那种。“你好吗？”说着，他伸过手。“是不是很兴奋？这样来过周末？”接下来他吹捧了我一番，说我多厉害多厉害。“你对市场的感觉极佳。”他说道。

“感觉极佳。”杰森也插话。

在迈阿密，我们住的是德兰诺酒店，那是南沙滩最早创建的艺术标志之一，已经修旧如旧，恢复了往日的风采。在这里住，让你觉得你是40年代的影星。太完美了！晚餐则订在一家热门的新餐厅。

到餐厅的时候，我把杰森安排到最边上的位子。我想着，这样我们就可以尽量少谈生意方面的事情。但是，要让杰森嘴巴不停可难了，几杯鸡尾酒下肚，他开始哇啦哇啦地讲故事，而且都是关于我的故事。杰森很滑稽的，也很会讲故事，那些经纪人都听得津津有味。他开始不像是我的助手，而更像是我的朋友了。我有点紧张。接着，他开始讲他最爱的那个故事，说某一晚我狂欢之后睡去，醒来一看，我躺在一堆稻草里。“我看他是跟中央公园的一匹马同床共枕了！”杰森大声呼叫着，大家都笑了起来。我也笑了，接着说声不好意思，要出去抽根烟。现在得让杰森住嘴了，不能再讲我的故事了，要不然他就得露馅了。

在餐厅外面，我看到瑟斯奎哈那的一个客户山姆在打电话。他朝我笑了笑，接着转身继续压低了声音讲电话。我看到他在饭桌上也一直在发短信。我点上一根烟。山姆此时打完电话了。他的肢体语言，他的表情，让我有所提防。“今晚不错。”他说着。我点点头。我们站了一会儿，沉默着，看着那些装饰用的棕榈树和开过宾夕法尼亚大道的名贵汽车，分享着陌生人之间无言的氛围。我把烟头弹了出去。“这次来的人当中，有人喜欢派对吗？”我问道。他看着我，微笑着，像个老朋友一样。

“让我们拭目以待吧！”他说。

我们回到饭桌前，我们这边的人已经挪到吧台去了。杰森坐在吧椅上，还在唾沫横飞。瑟斯奎哈那的四个交易员围着他，好像要记下他说的每一句话。“千万别啊！”我心想，问题可能要来了。“我交易那个很多Q的股票，”他说，“就是QQQ。”四个人都点着头，好像杰森是太阳神。简直是太过分了。交易员上班的第一天可能就听过关于QQQ的事情了。这不过是一种基金，跟BBH一样，只不过它代表的是纳斯达克100，而且主要是由技术板块的股票组成的。你说你交易QQQ，就像是宣布你在呼吸。

杰森看到瑟斯奎哈那的人开始慢慢失去兴趣了。他看着酒吧里的一个女孩儿，他把手轻轻地放在一个交易员的肩上，仿佛是在说：“注意了。”那人给他来个满怀歉意的笑容，于是杰森继续讲下去。“我交易得很密集。”他说。现在，连调酒师也在听杰森讲了。“我喜欢交叉套，”他说，“交叉着干，让他们猜去。这就是我的风格。”瑟斯奎哈那的人频频点头。杰森讲话好像他是从玻利维亚来的交换留学生，看MTV电视台学的英文，但又像一个特能吹牛的演员，还很会用戏剧化的停顿来挑逗观众。“我还交易‘梯尼’。”他又接着说了，他现在双手交叉着，等那些人消化消化他的话。所谓的“梯尼”指的是价格——十六分之一点，这个价格不是可以拿来交易的量，但那些人听着，没吱声。他们微笑着，互相看了看，一脸的茫然。

“真厉害！”终于有人打破僵局。“其实，”另一个人用微弱的声音说：“我希望哪天也能当上买方。”杰森琢磨了一下这句话，接着，用大拇指和小指头比成电话机状，靠近耳旁，还摇了摇。

“给我打电话啊。”他说道。

我连忙把杰森给拉走。我跟大家说我们要出去抽根烟。我们还没走出大门，就忍不住大笑起来。他交易什么QQQ？他交易很密集？他还交易“梯尼”？我想着这位室友可真能胡说八道，这个周末我们在一起肯定会快活极了。此时，一辆白色的凌志车停在我们面前。山姆从车上下来，一脸灿烂的笑容，好像他中了六合彩的头奖。他朝我们走过来，我看到他的手伸向口袋。我不想让杰森看到我们的“接手仪式”。杰森对我在华尔街干的勾当大半都不知道。山姆和我对视了一下。我的眼神告诉他“悠着点儿”。他立刻领会，只伸出手跟我握了握。他的手掌跟我的手掌相碰，一个不小的封口袋子贴在我手掌上，我感觉里面是些药丸。我握住袋子，把它塞进裤子的口袋。我看没人在看我，就往嘴里扔了两粒。我之前喝下的龙舌兰酒让我毫不惧怕陌生人给我的毒品。我们要往好处想嘛。

杰森和我又进去到了吧台前，那里有三个女孩儿，皮肤晒得黝黑，穿着短裙，戴着大大的耳环。看上去她们是迈阿密当地人。她们相当惹火。不过她们完全没注意到我们，所以杰森向她们介绍说我们俩叫作“特别美味”和“让我煽情”。那几个女孩儿大笑起来。就在这个时候，突然出状况了。首先，我觉得体内有跳动的感觉，然后转到体外，好像是潮水一般。此时，我满脸微笑。一切都变成了慢动作。一切都很好，而且不只是很好，应该是完美，感觉太舒服了。灯光打在吧台后面的酒瓶上闪闪发亮，太炫了。体内的那阵跳动现在变成了颤抖，扩散到我的全身。全世界似乎都没有问题了，即使有，我也能解决。我的话犹如海明威的话划过整个餐厅；我风采犹如詹姆士·迪恩；我的动作潇洒犹如迈克尔·杰克逊。

我的身体随着音乐不停地扭动。闻着这些女孩儿身上的香水，犹如被芳香的牛奶裹住。我所触碰到的东西，都散发着爱的能量。我追随着节拍，奇准无比。那几个女孩儿又大笑起来。我们一帮人都站了起来。那些女孩儿开始拿她们的东西。她们朝外面走去。我需要抽根烟。我走到外面，点燃一根烟。负责停车的人早已把她们的敞篷布朗克吉普车开过来了。我转过头，杰森还在里面跟一堆人聊着。我回过头看那些女孩儿，她们朝我招手呢。我又转过头，杰森、山姆还有几个人也开始朝我走来。那几个女孩儿现在已经坐在吉普里面，朝我招手，让我过去。我朝她们的吉普跑了过去，跳上后座。车子往前走了。但是前路不通，于是开车的女孩儿猛地掉了个头，车轮发出吱吱的响声，接着，我们的车飞驰着掠过餐厅。杰森、山姆还有一堆瑟斯奎哈那的人都朝我们喊叫着。他们追着我们，追了半个街区。我伸手从口袋里拿出摇头丸，我数了一下，还剩七粒，我又吃了两粒，给那些女孩儿一人一粒。狂欢之夜正式开始……

凌晨6点。我发现自己独自一人站在一间叫“空间”的俱乐部的中央。音乐声超级大，同样的节奏不断重复。我觉得地上可能有释放烟雾的机器。每个人走路都好像是僵尸一样。接着，好像有人突然按下了一个开关。我的大脑突然剧痛，大脑里面的声音让我无法忍受。我要回家。我撞上几个一起来的人，他们问摇头丸在哪里，我怎么到这里来的。接下来他们问的问题很古怪。“老兄，你穿的那是啥?”我一看，我穿的是粉红色的艾佐德牌的女式衬衣。衬衣横挂在我腰间，好像那些女孩儿穿的短裙。

我知道自己算不上道德模范，但我还是快速想着解决眼下问题的方法。真不该把杰森丢下跟瑟斯奎哈那的人在一起，真不该把所有毒品都留给自己。我真的不想这样。这不是我第一次违背心愿做出不高明的事情。也许这就是问题所在吧。我想要改变。

第二天中午过后，我在游泳池边上，躺在休闲沙发里。虽然我带着墨镜，周围的亮光还是可以直接照进我的眼睛，照进我的头。我感觉含着满嘴的沙。此时，瑟斯奎哈那的人三三两两地走过来，都跟我说昨晚有我在，他们过得很开心。当然，他们没有说我拿走了所有的摇头丸，他们也没有说我临阵脱逃的事情，他们跟刚下飞机的时候一样，跟昨晚吃饭的时候也一样。我是他们的客户，行为再差也没有关系。杰森躺在我身边的沙发上，静得不像是他的风格。最后，只剩下我俩了。“你昨晚怎么回事?”他问道。我闭上眼，挡住那道直射我大脑的阳光。

22

2003年初夏的时候，我爸妈来纽约看我，要来我翠贝卡的公寓瞧瞧。他们还没来过。那天星期五，一下班我就回到家，开始整理。我和室友把公寓整理得比较像样了，但总有些地方漏网，一两个空啤酒罐，或者什么地方有一卷纸什么的。杰森还特意在咖啡桌上放了几张色情DVD片子、玻璃烟枪和一包大麻。他这是在整我。我们还住在上西区的时候，有一天晚上我们在办派对。他先去洗澡了。趁此机会，我把几本色情杂志塞到他卧室里椅垫的下面。当夜已深，派对正欢，我把几个女孩儿带进他的卧室。我一屁股坐上去，然后装模作样说椅垫有问题。我掀开椅垫，六七本色情杂志掉了下来，落在那些女孩儿的脚下。

我爸妈是要去巴黎，从肯尼迪机场走，顺道过来看看我。我姐姐克里斯丁和她老公以及三个孩子现在住在巴黎，圣诞节前，我帮爸妈买了来回机票让他们坐协和飞机去巴黎，所以现在他们才来的。圣诞节那天的早上，在缅因州老家的厨房里，我把装着机票的信封拿给妈妈，她欢喜得几乎喘不过气来。老爸就会说风凉话："你这是干啥?"

我把烟枪和DVD藏到酒吧后面，最后检查了一次，看杰森还有什么把戏没有被我看破。起居室里的一切，要么是新的，要么贵得要命。墙上挂着照片名画，地上放着印度大床，还有其他的摩登家居——我住的地方好像是买方奢靡生活的陈列室。我觉得把电视转到CNBC台，不过我把声音关掉了。大功告成。

此时，门铃响了。门房通过对讲机跟我说我父母到前台了。我坐电梯下去接他们。在大堂里，老爸跟门房闲聊着。老妈跟塔克舅舅说着话，舅舅今晚要和我们一起吃晚饭。塔克舅舅从旧金山搬回纽约了，他在一家新公司上班，老婆也已经是第三任了。我搬进那个上西区的小小公寓都是九年前的事了，我那时候还打电话给舅舅，说要找跟我写作文凭对口的工作。人世间的事情真是难以预料。我走过长长的过道，走向前台。老妈紧紧地抱住我，老爸和舅舅跟我握了握手。我带他们坐上电梯。进去之后，我告诉老爸按 5 楼。我开始跟老妈讲话，但是我发现电梯没动。“爸，按 5 楼，拜托。”我说。

“我按了。”他说。

我看着他又按了一遍。他使了最大的劲，用大拇指按着“5”键，但他按的是那个指示灯，不是右边的那个按钮。我伸手按下了那个按钮。我心想，如果当年我没有离开肯尼邦克，现在的我会成什么样子？我会按电梯钮吗？

我爸爸是在匹兹堡长大的。对于他的青年时代，我所知不多，只在达夫家庭聚会时，听他们在喝酒的时候讲过一些。我所记得的只是他跟别的年轻人一样，喜欢干那些捣蛋的事情——在邮箱里放爆竹、夜闯坟地等。关于他跟他老爸的事情，我所知更少，但我猜得出来，关系肯定不佳。我听大家小声说起过爷爷酗酒还有他生意最后搞砸的事情，所以我猜他们之间关系不佳。现在想来，整个达夫家的亲戚都加在一起得有 25 个人，他们每年夏天都来威斯康星州蓝多湖的房子度假。我们至少每年聚一次或两次，有时候感恩节或复活节会去我奶奶的娘家——就在匹兹堡城外的圣克莱尔。但是，我想不起他们说过什么家族的趣闻轶事。可能是我当时太小，不太喜欢听这些东西吧。但我觉得比较可能的是，我们家族的人比较能保守秘密，很多秘密都被封存在特尼家的阁楼上了。

我妈妈这边也有秘密。我知道我外婆用奶昔的杯子装马提尼酒来喝，她老在床上待着，还在床上抽烟。不过，这是我最近才从塔克舅舅那里听来的。我在想，我爸妈带着各自家族的秘密相遇、结合，也因此他们不愿意多谈他们小时候的事情。

他们中学时候就认识了，后来又一起就读于巴克奈大学。大学还没毕业，他们就经历了求婚、怀孕。我老爸不得不在学校多待一年，取得化学工程的学位。那个时候，我妈在学校里跟他住，肚子里怀着大姐德碧。毕业后，他们生下了二姐克里斯丁和三姐凯莉。最后，在我爷爷的威逼利诱之下，我也呱呱落地了——我是独子，家里的老幺。

别人的爸爸跟儿子一起练习棒球、钓鱼，我完全没有那样的记忆。

我们一起“工作”，至少我们一起“工作”过一段时间。只要天亮着，我爸就在家里干这干那，那是常有的事儿。要跟上他的步调，要达到他的要求，那是不可能完成的任务。如果我不能把烧火的木柴整整齐齐地堆放好，或者如果我油漆车库留下刷痕，那么，以后这些事情就没有我的份儿。记得有一次，我主动把草坪的草给剪了。他瞧见我推剪草机留下的线不平，就叫我今后再也不许剪草了。没多久我就摸清了门道，如果我不想干什么家务活儿，只要故意做差一点儿就可以了。不做家务，正合我意。我想跟朋友们到处玩，做游戏，或者随便瞎混。

我的学习成绩平平，老爸也不在意，不过他对我的体育成绩倍感自豪。每次我有运动会或比赛，他和老妈都会来看。他们也没有做出让我感到不好意思的行为，他们坐在边上，一言不发。

虽然我们都喜欢运动，但我们还是有太多的不同，最典型的例子就是我们对摔跤的态度。我上高中的时候，被选为橄榄球联盟全能明星。我爸妈都想来看颁奖仪式，但我骗他们说只有运动员和教练能来。为什么我不想让他们去呢，唯一的借口就是，我都十八了，还跟家长一起出去会让我很不好意思。但是，后来我心里感觉非常不好，终于在一次吃晚饭的时候跟他们说了，问他们要不要来。老爸坚决不去。不知这是不是他对我撒谎的惩罚，还是他就是这么犟。我妈对他很恼火，后来她一个人出席了颁奖仪式。

我跟老爸分歧巨大，这一点在餐桌上表现得最明显。每天晚上我们全家都一起吃饭。我们都有固定的位子，还有不成文的固定职责。老爸坐在主位，老妈坐在他左边，我坐在老妈左边，三个姐姐坐在我对面。偶尔我们也讲讲笑话，但说真的，吃饭的时候最好别离我老爸太近。如果你的肘部放上了桌面，如果你做了哪些不可饶恕的动作，比如说，嚼东西的时候没闭上嘴巴，或者你还戴着帽子，或者你没穿鞋，老爸反手一巴掌就打过来了。通常肘部会被拨下桌面，但我们还是小孩子，惊吓才是真正的伤害。直到如今，我在餐桌上还是很不自在，我得把账全算在老爸身上。

我是老幺，又是独子，几个姐姐常常要过问我交朋友的事情。如果老姐们听肯尼邦克的小道消息说我交上了一个女朋友或者我在学校干了些什么事情，那么她们都想从我这里打探个究竟。她们简直就是对我口诛笔伐，我也每每奋起反击。不过，我在餐桌上极少讲话。上高中的时候，我被评为班上的饶舌大王。老姐们听我朋友这么说，都大跌眼镜。她们觉得那绝不可能——她们觉得我根本都不会讲话。我总觉得，我告诉她们越少，她们能拿来攻击我的“武器”就越少。我每次都飞速“扫荡”完盘里的东西，然后找个借口走开。我只想离开饭桌，回我屋里待着。即使是现在，如果我吃完了饭，我都觉得很不自在，必须得站起来，到外面抽个烟，或者到酒吧喝点东西。因为我是客户，所以这样做没关系。

在外人看来，肯尼邦克的达夫一家，那几乎就是完美家庭的代言人——看上去真的如此。我们还帮扬基兰露营场地拍过全家福广告。我妈至今还保留着那张广告小册子，封面是我们一家六口：英俊美丽的父母，四个头发黄黄、鼻子完美无瑕的孩子。我都不记得小时候在家里听到过“我爱你”这样的话。爸妈从没对三个姐姐说过，三个姐姐之间也没说过，我也没听过爸妈之间这样说过，爸妈也从没对我这么说过。不过，除了偶尔在餐桌上被老爸打一个巴掌，我们没有其他的争执和恶劣行为。一家有三个女儿，个个班上学习第一，有礼貌，体育又好；还有一个儿子，有创造力，体育也好，虽然偶尔要耍小孩脾气，但会尊敬家长，这样的家庭还会出什么问题？婚姻维持了 40 多年，还会出什么问题？生活在一个干净整洁的屋子里，院子也维护得整整齐齐，还会出什么问题？会有什么问题？

在我的青少年时代，曾有一度，我觉得我和老爸之间的关系极差，那几乎是我们双方都永远无法胜利的战争。我们好像是互相往对方阵地发射导弹，喜欢造成直接的致命打击。如果老爸要惩罚我，我就躲在老妈身后，给他来个微笑的鬼脸。他也给我来个鬼脸。他的鬼脸给我透露的信息是，他有的是时间，总有一天，老妈不会站在我们之间的。我慢慢长大，我们之间的战斗变得比较文明——有礼貌的争斗，绅士般的决斗，因各种原因而起的争斗。这样的争斗没什么危险，至少表面上看是如此。我们的关系也就保持着这样的状况。

在电梯里，我看着他，我想要把他的一切都抛在脑后：他的小城意识和价值观、简单枯燥的生活、堆砌整齐的木柴。我从没见过做事像他这样认真的人。我要上预科、上大学，他也不把房子重新抵押帮我贷款。三个姐姐都要接受教育，他也只顾养家而不顾教育费用，教育的事他都没做。我家的房子是他扩建的——从打地基到安装好最后一片门板，都是他自己亲手做的。他还教我怎么使用工具，但我一点都不感兴趣。会用杠杆又如何，我完全看不出那有什么出息。但可能是由于潜移默化的原因吧，他教的一些东西我竟然记住了。我记得有一次，我跟克里斯·阿瑞纳、杰米还有杰森一起出去，车胎爆了，只有我一个人懂得如何换车胎。老爸非让我先学换车胎，然后再学开车。他想让我对人生有充分的准备。他教我要有礼貌、要忠心耿耿、要做好事。但是，今晚，眼下，我什么都看不到。我只看到在翠贝卡这个住宅区，在这月租 9 300 块钱的公寓里，有一个人不懂得如何按电梯按钮。

23

2003 年 10 月

三十四岁生日派对之后的那天早上，我独自一人上了屋顶。我不知道当时是几点，如果让我猜的话，可能是 5 点。太阳正准备升起，云彩的边缘变得紫红。我还穿着我的无袖 FLANNEL，但我的墨镜已经找不着了。我还穿着卡其短裤，颤抖的手上还留着运河酒吧的红色入场印。眼下，我的血液里有那么多的可卡因，要睡觉是不可能的了。在酒吧狂欢之后，大概有 50 个人来到我家，继续放纵。我拿了个工业用垃圾袋，开始把被子、瓶子、烟蒂还有其他什么鸟东西一一扔进去。

才干了几分钟，我就把垃圾袋给撂下了，我得让这股劲儿缓一缓。我装上一筒大麻，在屋顶阳台上的椅子上坐了下来。我看着这一片狼藉，这地方看上去像莫特里克旭酒店的房间。我想，我根本不用担心我会变成像我老爸那样的人。我老爸三十四岁的时候，已经是美国氰胺公司化工工程师。他已经有四个孩子，在俄亥俄州佩斯维尔的一个小房子里住着，艰难地付着房贷。我努力把爸爸那种勤劳工作的形象给推开，取而代之的是我的生日派对，脑中浮现的画面不按先后顺序：崔奇唱着他的那首《OPP》；龙舌兰鸡尾酒；像发薄荷糖一样发摇头丸；无数次到厕所去吸可卡因。大麻渐渐开始生效，缓解了可卡因对我的冲击。在我耳朵的深处，平克·弗洛伊德的歌声开始响起。我用食指把几乎齐肩的头发往后梳理，把它们按在脖子上。我闭上眼睛，往后仰着。初升的旭日温暖着我的脸庞。我真想就这么待着，直到永远。我麻木了，麻木得舒服极了。突然有个问题跑进我的脑海：为什么我感觉如此空虚？此时此刻我不应该感觉如此悲伤才对啊！我刚搞了个生日派对，大家都玩得很尽兴，我该高兴才对啊。但是，我感觉形骸放浪，好像我在看电影中的自己。影片中的那个演员好像很高兴。但，我是谁？

24

几个月了，股市一直长驱直上，就像我在高利安的那段日子又卷土重来了。我也迫不及待地等着发奖金的日子到来——我的百万奖金——因为我需要钱。20万年薪，几乎都不够花。我租着这三层楼的公寓；在巴尼斯有个人导售员；每年度假几次——最近的一次是跟兰迪和他们"白宫"的几个朋友去了墨西哥的坎昆；还有，夏天的时候，我花了15 000块——那是分摊汉普顿斯度假屋的费用。

我并不担心我会把钱用光。我知道，如果我的奖金没有一根"棒子"——华尔街说的一百万——也至少该有七八十万。我想着，今后20年我也可以赚这个数，也许更多。我牢记那个好像叫拉里的人的建议，"收入第一"。这种赚钱方法最棒的部分就是它能带给我的自由。我买东西根本不看价钱。我想要什么，我就拿下；我想去哪里，我就出发。我不欠任何人钱。

从大的方面说，我之所以获得了这样的自由，是因为我走了与华尔街绝大多数成功人士逆向的道路。华尔街有句话是这样说的：如果你真想赚大钱，那么你就得准备好跟别人结下梁子。如果盖瑞·罗森巴赫有家族徽章的话，这句话肯定刻在上面。他也真正赚到了大钱。2003年，全世界交易员的前100名，他们的年收入总和是60亿，平均每人赚2 500万。盖瑞是其中之一。但是，华尔街恨他的人，也可以轻易地装满整个湾流G6型私人飞机。我搞不懂他怎么活得下去。如果有人恨我，我都不知道要如何是好。我的为人处世之道是让人喜欢我，这是我人生最重要的信条。

在华尔街的大多数职业里，有很多规矩，也有很多人不守规矩。贪婪和权力也许是让人不守规矩的最大动力。但是，让人放低标准的原因是各不相同、微妙无比的：老婆想换一套大一点的房子；孩子要上大学；跟实习的女孩儿搞上了——这都是需要赚更多钱的原因，这都使你之前所认定的不可破坏的规矩变得脆弱无比。这我都了解，但我也很明白，不管我的事业会如何，我绝不会让大家都恨我——在那之前我就会辞职的。

但是，有一天早上，摩根公司的电话指示灯亮了。我的销售交易员告诉我，有一家搞保健信息服务的技术公司要搞一个“股票重发”，这就像是已经上市的公司再来一个首发股。公司叫“全码保健解决方案”，股票代码是 MDRX。在阿格斯，我们要买什么股票，已经有了一张关注清单，我们等这只股票出现好价格已经好久了。摩根公司的人告诉我，他们要按昨晚收盘价提供优惠价格，卖出 200 万股。“完美!”我立刻告诉克里森。“全部吃进。”他说。

但我们不可能全部吃进那 200 万股，摩根公司有好多客户需要照顾。可是我们已经开口说要通吃，他们也就知道了我们有多么迫切想要买到这只股票。因为我们跟他们的交易量非常大，我完全有理由相信我们会拿个好价钱。我又给摩根那个人打过去。

要获得这些配股是得花一些时间，但一定会在开盘前就敲定。我信心满满，觉得已经能买到我们要的，至少是 10 万股，交易价格是 17 块。一开盘，MDRX 的股价立刻涨到 19 块。我开始数钱了。只是，时间一分一秒地过去，摩根的人还是没给我打电话。于是我给他又打过去，但他没接电话。我又打，一个不认识的人接了电话，让我等着。我猛地挂了电话。克里森走过来看看出了什么事。我说我们还没拿到我们要的配额。

我不是那种轻易生气的人，我也很少大声嚷嚷。我刚进摩根士丹利没几个月，塔克舅舅曾经带我出去吃过一次饭。他问我干得怎样，我说起有两个交易员整天叫骂不停。“特尼，在这一行，很多人整天叫骂不停。”他说，“虽然他们整天叫骂，但没人听他们的。”但是，塔克舅舅说：“如果你是那种不叫骂的，你一旦叫骂起来，别人都会听。”当摩根的那个人来接电话的时候，我说要我那个份额。我没有叫喊，但我的声音很严厉。

“现在就要。”我说。他开始顾左右而言他，搞了一堆乱七八糟的理由，说什么要的人太多，好像他是照着《如何让客户发怒手册》在念东西。这个时候我发飙了。“你他妈给我那些份额!”我嚷了起来。我又猛地挂了电话。十分钟之后，那人打了过来，说了实话。

“不好意思，特尼，”他说，“你们被搞了。”

我一听，不知如何反应。我从没有被搞过，在高利安没有，在阿格斯也没有。即使买那些非保健类股票时也没有过，而 MDRX 还是个保健股票。这完全是不按牌理出牌。我的不解很快就被疑问所代替。“这是谁的决定?”我问摩根的那小子。他说他发誓真的不知道。

“我会去了解一下。”他说，他的声音很尖。

“给我搞清楚。”我说，又挂上了电话。

我怒火攻心。我给可能知道内情的人一一打了电话，但是他们的回答都一样。接着我打给“保健黑手党”的那些人。他们都拿到了配额。但他们不说拿到了多少，所以我就没问。如果我真要问，他们会说的。但是，有不成文的规定，这个东西不可以说。如果卖方知道我们四下通气各自拿到多少配额，他们一定得发飙。不过，在这个时候，我才不管卖方发不发飙。不过，我询问的保健对冲基金都比我在的阿格斯公司小。通常，他们的配额能够反映一个东西——我们应该比他们拿到的配额更多。我又打到摩根去找我的交易员。这次，他又多了解了一些情况。

他说，不知什么原因，这次的配股是银行的交易部直接操控的——这种情况以前几乎没有出现过。我问谁负责银行交易部。听他一说，我觉得我脖子上的青筋在渐渐暴起。这人我认得。他去高利安面试的时候，我在那儿。他非常想要那份工作，但他没拿到。但我知道他也一直没有放弃。我也了解到他一直在给我的老对手献媚。

自从盖瑞想拦住我，不让我来阿格斯，我就和他没联系了。不过，我并没有把他完全给忘了。他就在电话线的那头，像个秃鹫在远远地盘旋。我知道，他还惦记着我。我听说了，他一直在散布对我不利的消息，说我是“美国的过客”，是“华尔街的臭屁名流”。我还相信，应该说坚信，如果他有机会把我给灭了，他一定会这么干。

我打电话到摩根的交易桌，找到了罗森巴赫的朋友。听他说话的口气，好像他根本不知道我为什么会生气。他说那是他公司的决定，股票卖给谁不是卖啊。“放松，特尼，”他说，“来个深呼吸。”

我照原话跟他重复着：“放松？来个深呼吸？”我觉得我的脸都烧了起来。我的手紧紧抓着听筒，指关节都变得惨白。“叫你老板来听电话。”我说，我使出我吃奶的劲，一字一字地说。想到他把快乐建立在我的痛苦之上，我就无法忍受。“大家都不在。”他说。

“那咱们走着瞧。”我说。

我打给研究销售员，找到摩根分管证券处的头头。我对他的姓氏有那么一丁点儿印象。此人曾是厉害的赚钱机器，但现在整天坐在办公室里当主管经理，华尔街众多误用人才的案例之一。他们尽干这样的事情，把最厉害的赚钱机器转去当经理。他说他完全不知道我在说什么。我跟他解释了事情的全部经过，但没有提高我的嗓门。我说完之后，接着以非常平静收敛的方式告诉他，如果他不把这个问题解决好，我可要把“线”给扯了。

知道吗，如果你对你的交易员说你要把“线”扯了，问题就很严重了。那条“线”指的就是跟他们进行交易的电话线。这样的威胁，大家都得谨慎对待。你把某人的“线”扯了，就是把他给毙了。摩根的那个经理立刻表示万分的歉意，但对这个 MDRX 的配额交易，他无能为力。他们要卖的那两百万份股票已经到他们客户手里了。从早上到现在，股价已经涨了 3 块钱了。“我今后会给你补偿的，特尼，”他说，“我保证。”

“这可不行。”我说。在我挂电话之前，我补充说道：“我可不接受这样的结果。顺便告诉你一下，其他的对冲基金经理都告诉我你给他们配了多少了。”

公司之间配额的数据不公开，是有原因的。就像发奖金一样，你可能会激怒其他的交易员。如果我拿了 10 万股，而你只拿到 2 万股，你可能觉得被冒犯了。你可能会去找交易员，问究竟是怎么回事，这可能会影响今后的交易。这同时也是我们交易员赖以生存的规定。在华尔街这个冷血、割喉的世界，竟然还有这样的君子协议存在，似乎让人觉得不可思议，但它却又真实存在。这样的规矩必须存在，这样才能让这里的生意不沦为寡头经济。破坏这样的规矩的人被叫作“破坏分子”。对于像我这样的人，有如此众多的投资由我管理，没有什么比背负这样的恶名更糟糕的事情了。

但是，每当你降低你的行为准则，你都会找出理由。我对自己说，我这么做，单纯是商业决定。摩根的那个经理现在没有办法了，只好去调查这件事情的来龙去脉。当他看到那些配额的安排的时候，他很容易就会知道阿格斯给人搞了一把，他也很快就会知道其原因。现在，对我来说，这件事已经不是什么商业决定了。这是我要报复那个搞我的人，我认为是罗森巴赫和他的朋友搞的鬼。

第二天上午，我坐在交易桌前，突然收到即时短信，是一个还在高利安的朋友发来的。他问我是不是可以打他的手机。“兄弟，你怎么这样对我们啊?”他说。接着他告诉我，盖瑞把高利安的每个交易员都单独叫到会议室，一一质问他们是不是把 MDRX 配额的事情告诉特尼·达夫了。“我们这里每个人都恨你入骨，”他说，“他们说你肯定说什么了。”我倒是没有想过我的行为会对这些同行们有什么影响。我真不知道要说什么了。“你说了?”我朋友问我。

那天晚上我上床要睡觉的时候，心里只想着一件事，我的那些老同事们如今怎么看我。我辗转难眠。我走到屋顶阳台，要去抽烟。已经过了午夜。我坐在椅子上，点燃一根烟。我能理解为什么高利安的那些人会那么生气，他们担心自己在华尔街的声誉，但他们愤怒的主要理由是盖瑞让他们生不如死。也许我当时不该吓唬摩根的那个经理，那是下下策，我是一时生气才说出来的。那样做的唯一后果就是有人开始恨我。我完全了解高利安的那些人的感受。我看着手里的烟产生的烟雾在黑暗的夜色中飞舞，消失。我曾心怀感激，因为我之前在高利安学到不少东西，获得不少机会。如今，这种心情荡然无存。我很庆幸现在已经不在那里工作了。盖瑞现在还认为他可以对我指手画脚。说来也是，盖瑞还真的没有什么理由不这么认为。他就是在那种环境里泡着的，在我认识他之前，他就在那里如鱼得水。

在高利安的时候，我都变得麻木了。他们可以对我喊叫，多大声都可以，而我丝毫不受影响。我对他们的音量无动于衷，反倒使他们变本加厉。而且不只是我这样。打压所有人是高利安的企业文化。拉吉和盖瑞，这两个人丝毫不注意影响，他们有一天带着一个侏儒来办公室，跟大家介绍说公司聘请他来负责研究“小成交量”股票。

其他人的行为也没有好到哪里去。在我离开高利安之后，有一回，塔瑟国际公司的人来我们公司，要做投资推介。拉吉说要出 5 000 块钱，问办公室里最吸引人的那个女的愿不愿意做靶子。一位员工指着塔瑟的标志时，那个女的双手紧抱着自己的双臂。飞镖射中她的时候，她的腿一摊，倒在地上。有传言那支飞镖射到她裤子上了。大家狂笑的声音已经消失很久了，但那种伤害却久久无法消去。那群该死的浑蛋。

我还不清楚阿格斯因为MDRX的事情损失了多少，或者盖瑞·罗森巴赫和高利安公司赚了多少，可能几十万吧。没错，挺多钱的。不过，对于有数十亿元资金的对冲基金来说，这是毛毛雨。不过，问题不在这儿。真正的问题在于，我必须改变。我目前已经如日中天，正大步向前，怎么碰上这么件倒霉事。钱，我真不在乎。真的。我担心的只是那些还在高利安工作的朋友们认为我利用了他们，还有就是我对他们的工作造成了威胁。不过，我可不会让盖瑞这样的人给我穿小鞋。我要还击，对此，我心安理得。如果这次有什么人躺着中了枪，那就是战争的代价了。举棋不定比做错决定造成的伤害更多。从今往后，我将全力以赴。如果我想要当个成功的交易员，不能只靠交易股票。我必须下得了手，敢于用大棒子打死小海狮，占残疾人士的停车位，拆毁孤儿院来盖间脱衣舞俱乐部，等等。在华尔街，胆小的人只会被人踩在脚下。我已经厌倦了，再也不想看到“蹄子”了。

25

10月底的一个星期六的下午，我走出住所，一辆黑色的凯迪拉克在等着我。司机卡洛斯已经把车后座那里的冰箱塞满了科罗娜啤酒。车子沿着运河街直上，朝东区驶去。在第43街和第3大道的交界处，一身休闲打扮的兰迪在等着我。他跳上车，塞给我一包可卡因，我递了一瓶冰镇啤酒给他。我撕开口袋，把弄湿了的小手指戳入那些可卡因。我的小手指抽出来的时候看上去像个沾满白糖的意大利杏仁脆饼。我把小指头塞进鼻孔，开始猛吸起来。车驶入河东大道。路上车很多，都在动着。我继续往鼻子里塞白粉，用喝过的啤酒数来计算着路程。两瓶科罗娜啤酒下肚，我们可以看到扬基球场了。

领位员把我们带到球员休息棚上面的第一排。球场人山人海，几乎座无虚席，但我们坐的第一排没有人。我们刚坐下，就看到大卫·威尔斯第一次投球。我们叫了两杯扎啤，两个热狗，不过这两个热狗不是传统的那种。我们吸了那么多白粉，根本不可能再吃了。我把我的热狗塞在座位下面，看着球场的人群。千百个笑脸充满了球场，从球场上方垂下比赛的锦旗。

我们坐得离场地非常近，甚至可以听到球打在接球手套上的声音，可以看到威尔斯额头汗水闪烁的亮光。比分是1∶0，扬基队的球迷开始坐不住了。他们总想赢得比赛。我从小支持的是克利夫兰印第安人队，但是我打心眼里喜欢的是搬家到缅因州之后喜欢上的红狐狸队。我记得有一次跟爸妈在7月份的时候去看了一场球赛，那时候我七八岁。去波士顿开车只要两小时，我们开着“绿色机器”（一辆房车）就去了。那次体验太棒了。看到那么多车，我兴奋不已；看到芬维球场，我整个人都惊呆了。绿色的球场看上去像是用霓虹灯装扮过的。我记得好像是路易斯·田德在投球。我们坐在跟球场一样的高度，在第三垒的后面，很后面。好像每张票花了老爸6块钱。今天，兰迪肯定花了好几千——他买下8个座位，只有我们两个人来看球。

“你今年肯定会拿到奖金的，对吧?”兰迪把嘴巴上的啤酒沫抹掉。我给他一个“那你以为呢”那样的眼神，跟电影里的东尼·苏普拉诺一样。“如果我不赚个75万，就要走人了。”他说。股市上扬，交易量也水涨船高。如果交易量大，卖方是真正赚到钱的人。“12月份的时候就会知道了。”他说。兰迪向那个卖啤酒的招了招手，又叫了两瓶。“支票清了之后我就会做个决定。”在支票过账之前，没必要到处宣传说你要找新工作。1月份的时候，大家都是自由人。

威尔斯打得很吃力。不少队友都上垒了。投手好像是你可以在“西部红岩石”酒吧看到的那种人。我可能真的见过他。

“老兄，这太有意思了，”兰迪说，“上星期，我们开了个销售会。”他接过两瓶啤酒。“他们用你的账户做例子，在幻灯片上做讲解。”他说着，哈哈大笑。

“瞎说。”我说，不知道他是不是在跟我开玩笑。

“真的。他们说，你这样拓展账户的方法是对的，他们有你2001年、2002年和今年前三个季度的佣金增长数字。”他说。

“他们的幻灯片里有没有可卡因和酒瓶?”马林队打了一个双杀。投球结束。

“咱们去消耗两张票吧。”兰迪说。我们站了起来，走到厕所，进了后面的两个隔间。我把公寓钥匙插进那个袋子，快速挖出三坨白粉。扬基球场的厕所，我只给一个拉链的评级。我真讨厌在这里吸。进进出出人太多，没有隐私。我们在隔间里洗完了，朝出口走去。把门的人说出场之后不可以再进去。

“知道，知道。”我说。我们还有六张票，可以出去抽三次烟。我们出去之后，各自点上一根烟。抽完了，我们又续上一根。我们抽完烟，递给那个把门的两张新票。他应该去当送葬的，因为他的微笑里面没有任何感情。

刚走到我们的座位，我几乎就想要再抽一根烟。我抬头看着计分板。应该是第二场了，不，是第三场了。比分还是 1：0，佛罗里达队有几名队员已经上垒了。“我说，你觉得可以帮我找份新工作吗?”兰迪说。

“老兄，15 分钟就可以搞定。”我说。我拿出电话，做打电话状。他问我该去哪里，我说应该去雷曼或美林。“这些都是大公司，办公室政治不太厉害。”我说。

“你确定能把我搞进去?”他问。

“确定，”我说，“如果我把你跟皮特配上对，你们就是最佳组合了。”

今年夏天我刚认识皮特。我跟华尔街几位哥儿们在夏日度假屋度假。一天早上，我宿醉醒来，昨晚穿的短裤的口袋里有一张酒吧的纸巾，上面写着一个电话号码，还有一个名字“皮特——白色巨浪”。

我坐在前廊吃贝果面包，喝着佳得乐运动饮料，那些哥们儿告诉我皮特是这里“约翰·斯哥特沙滩”酒吧里的调酒师。渐渐地，昨晚狂欢的印象开始浮现、开始聚焦。电视剧《五人党》里面有个叫皮特·百利的人，所以我这么叫他。皮特已经玩疯了，他把 20 根香烟塞到嘴里，还点上火。他给我们完全免单。我太爱他了。

“但我怎么会有他的电话号码呢?”我问。

“你答应要帮他找份工作。”有人这么回答我。

皮特说他在一家叫骑士证券的公司里工作，搞行政的。那周的星期一，我打电话去骑士证券的交易桌。“我是阿格斯公司的特尼·达夫，”我说，“我有十几个亿的管理资金，想跟你们开个户。”电话那边是我预期的沉默。如果有个乐透公司打电话到你家说你中了大奖，你什么反应？我刚才那么轻描淡写地这么一说，对他们公司来说意味着数十万的佣金。

“只有一个条件，”我对那个沉默的交易员说，“我要搞行政的皮特当我的专属交易员。没他就没戏。”皮特从此就从相对阴暗模糊的办公室走到前面的交易桌，进入华尔街明晃晃的金钱世界了。

“听着，”我对兰迪说，“我不想表现得不可一世，但你得知道：我可以把你推到任何地位。”可卡因渐渐把我吞噬。我开始想着兰迪和他的问题。我都不怎么了解他，说实话。在派对以外的场面我就没见过他。他除了来派对玩，交易些股票，还做些啥？兰迪察觉我看着他的那种奇怪的眼神。

“咋了？”他说。

“你最喜欢什么颜色？”我问。

“蓝色。”他说。

“你什么时候失贞的？”

“十三岁。”他说。

“高中毕业舞会，你带谁去的？”

“特洛彭姐妹中的蒂娜·特洛彭。”他说。

“如果你此生只能再看一部电影，你会看哪部？”

“*Boogie Nights*。”他说道。我每天都跟兰迪讲话，但我真不了解他。关于喝酒、吸毒、女人，我们讲了无数的精彩故事，但我不了解他。他也没有真正地了解我。杰德开车载了个人进来，人群一阵欢呼。

“我想当记者。”我跟他说。兰迪看着我，好像我的眼睛流血了。

“真的假的？”他说。

“真的，”我说，“我在摩根士丹利的时候，我还在哥腾作家培训班上过剧本创作课呢。”

“那个有黄色架子的地方?”他说，“我就老想那地方是干啥的。”

“我有个大学朋友，在洛杉矶商业电视台搞广告。我们一起写了一个恐怖剧本，就叫‘恐怖星象图’。我们把剧本改来改去，用电子邮件传来传去。甚至连 MIRAMAX 电影公司的人都看到了，但也没有下文了。”

“厉害啊!”兰迪说。

我还说我在高利安的时候拍过一个短片。我把片名定为《我杀了艾米尼姆》，我朋友杰西·依兹勒还给片子写了首歌并亲自演唱了它。“真的?”他说。那个片子曾在加州独立电影节上播出，还曾在布朗克斯嘻哈音乐节上播出。还真算是部好片子。“怎么说呢，好厉害啊!”他说着，眼睛茫然无光，只有可卡因的痕迹。我开始后悔跟他讲我的写作、我的短片。我决定不要把我的梦想也告诉他。我的梦想，我跟谁也没有提过：我梦想着要上 *GQ* 或《名利场》杂志的封面。我拿着两个吊着木偶的绳子：一根上面系着华尔街，另一个上面系着好莱坞。我抬头看计分板，3∶1，佛罗里达队领先。怎么会这样?

“觉得执行模式咋样?我知道如果不研究一下会挺难的，但是卡斯拿了 40%的佣金。”他问我，好像我们一直谈的就是生意。

“大家都说这不行了，大家都需要拿出研究产品来证明他们应该拿的佣金，”我说，“说了好多年了，但都没有实施。如果你给我 300 万，让我带上几个人，你可以赚上一根棒子。”华尔街就喜欢玩弄文字。比方说，如果股票上涨一块，你可以说“涨了一个塔克”，塔克·贝尔有 9 毛 9 的东西可以吃。如果你今天交易损失了 12.5 万，你可以说，“该死，今天我毁了一辆法拉利。”

“我们再到隔间去吧。”兰迪说。我们往厕所走去。我们走出球场的时候，同一个看门的看着我们。这次他没说什么出去之后就不能进来之类的话。他只给我们投来葬礼服务人员的那种微笑。

我们回到座位上的时候，比分是3∶2。我们出去的时候，有人打出了一个全垒打。可能是博尼·威廉斯吧，我想。我们听到了欢呼声。我们开始讨论我的奖金的事情。我跟兰迪说我搞明白了克里森奖励员工的方法。如果公司效益不佳，他多发奖金。如果效益好，他照正常份额奖励员工该得的奖金。什么叫“该得”，你懂的。这样他就能让员工死心塌地帮他干活。如果哪年效益不好，有人罩着你，你肯定会记得他；效益好，有钱赚，你也不会埋怨什么。马林队派出唐特雷尔·威利斯上场投球。我挺喜欢他的。他不胡来。

“你觉着你能拿多少？”他问，“你别介意我问这些啊。”

我亮出七根手指头。

已经是第八局的尾声了。扬基队2∶3落后，但是他们还有很强的最后主力部队：威廉斯和松井两人连续出战。观众都站起来了。兰迪还有两张门票没用上呢。现在天已经黑了，又很冷，但是大家热情十足。

“咱们回‘白宫’吧，我有个惊喜要给你。”兰迪说。这不是肉包子打狗嘛。

“那咱走？”我说。

26

接下来的那个星期四，可能是再下一个，不，可能是再下一个星期四——我不记得了。星期四是华尔街的星期五。我准备要出去了。我要去跟花旗银行的人吃工作晚餐。我穿上我的牛仔衬衣，前面有个带蕾丝的领带。衬衣是海军蓝的，肩膀部分是白色，连接到V型花边领口。

我到巴斯蒂的时候，第9大道路口那里有很多人站着，抽着烟，聊着天。不知道的人会以为旧的“肉类包装区”不过是些“路桥和隧道”，但他们不知道，那里每周都有新俱乐部或餐馆开业。这里会不断给你提供能量。甚至这里的地心引力好像都比较强，你只想喝上两杯，却被一个快乐黑洞牢牢吸住，让你两天之后才能回到家。

我进去了。里面人山人海，我好不容易才挤到服务处。穿着白衬衣、白围裙、黑裤子的服务生在人群中穿梭滑行。几分钟之后，我看到罗波，花旗银行医药板块的交易员。他满脸笑容地朝我走来，张开双臂，给我一个华尔街式的拥抱：他一个肩膀向前倾，跟我身体接触，另一个手臂伸到我背部，用拳头敲打着我的背。我也做同样的动作。“这衬衫酷毙了!”他说。他说在等另外两个人，问我要不要先去坐下。这里的女服务生简直美若天仙。金黄色的短发，但有一缕黑发拉到一旁。她的皮肤完美无瑕，犹如一块埃及棉布。罗波说我们定了位子，想先坐下。她问是否只有两人。“还有人，”他回答，“我们还有两人。”她说人没到齐的话，她不能领我们先去坐下，她说着，脸上带着礼貌的微笑。罗波说声谢谢，把身子朝酒吧外转开。但我没动。

“你可能没搞清楚状况。”我说着，轻轻地碰了碰她的肘部。“我是买方的。”她看着我，等着我再解释一番。但我就那么站着，看着她。

“对不起，先生，”她说，“人没到齐，我不能领你们去坐下。”

“但我是买方的。”我说，口气非常清楚准确。

“对不起，先生。”她说着，还是尽量保持礼貌。她可能觉得我很狂妄，但我只是想跟她小闹一下。

另两个人来了，我们就立刻被领到桌前坐下了。晚饭嘛，规矩他们都懂的。如果我不提生意，他们谁都不会先说的。我尽量不想提，但是有时候水到渠成就控制不住了。我们点了餐，又叫了一轮鸡尾酒。酒才上来，我们又叫了一轮。我体内的化学物质开始蠢蠢欲动。我很想到厕所去吸上一条可卡因，但是我手头没有。服务生收盘子的时候，我站起来，说失陪，我要去抽根烟。

接下来我上了出租车，就这么走了。我也没说再见或谢谢。花旗银行的人就在桌子那里坐着，等我回来。我很讨厌这种感觉。我明天不得不跟他们交易至少几百万股的股票。

我走进“白宫”的大楼，门房跟我点头示意。我飞速掠过他身边，按下电梯的按钮。进到公寓，我看到兰迪的房门虚掩着，电视屏幕上正放着色情片，但屋里没人。我往右想进厕所，但是门锁着。我抓着把手转了一下，门突然开了，是维克多，也是买方的。他的眼睛睁得老大，嘴唇犹如橡胶，下巴看上去很僵。他跟我说“嗨”，但是他的牙齿磨得太厉害，发出的声音好像是在呻吟。他的鼻孔里满是可卡因结成的块。他箭一般飞奔冲进兰迪的房间，就是放色情片的房间，然后关上门。谢天谢地，我不住这儿。我还没走进厕所，就听到维克多锁门的声音。真为他老婆孩子伤心。

我回到客厅，看到几位我认识的人。鱼博士和他的两个同事坐一边，数落着卖毒品的人。他们根本就没理睬我的到来。我又看到角落里有另外一个人，前后摇晃着，不停地跟自己讲话，好像这里有实况版的《行尸走肉》。我走到厨房，卡斯在那儿，但他吸了太多可卡因，那样子我看了都怕。他跟我说三个钟头之前他怎么跟一个妓女搞。他非常兴奋，很难听清他说些什么，因为他断断续续地讲着，嘴里不断喷出小泡泡。我可不想被他的唾沫给喷到。兰迪和詹姆士也在厨房。兰迪对我一笑，点点头，而詹姆士直直地盯着我。兰迪在一个盘子上倒了点可卡因，朝我推过来。

后来我又跳上出租车，朝上东区吉米兄弟那里冲过去。“白宫”里的那些可卡因抵消了龙舌兰的酒劲。我口袋里还有一张 20 块的纸币，里面是兰迪给我的白粉，很多。

皮特在吧台的一角，和几个纽约花园城市来的高中同学在喝百柏医生焰火饮料。我跟他们是在沙滩度假时认识的。这是他的告别派对，他星期一就要回芝加哥了。我喜欢叫他“白色巨浪”。自从我帮他在骑士证券搞了个好职位，他一直干得不错。看到我，他咯咯地笑。他给我点了一杯“火焰”。我说了一声谢谢，转身进了厕所，来个快的，这里是两条拉链的评级。我回到酒吧，一口灌下那杯“火焰”，然后对皮特说我得打个电话。我回到街上，点燃一根香烟，在手机上拼命滑着通讯录。我点了拨号，等待着芭芭拉接电话。等了好久，她沙哑的声音传来。

“嘿，我是特尼。”我说。

“谁?”

“特尼!”我大声地说。

“厄尼?”

“不是，是特尼。”我说，“我能过来吗?”

“呃，可以啊。”她说，“知道我地址吗，厄尼?”

“知道。”

她开门的时候显得微微惊喜——好像她根本没有想到会是我。她眼睛下方是黑黑的眼圈。今天她的头发是一半金黄一半黑色。她看上去老了十岁。她的公寓比我记得的更加冷清。床垫还是扔在床上，圣诞灯饰依然挂在墙上。电视上有一道划痕，咖啡桌上放着无数芝士薯条的包装袋和啤酒罐。她从沙发上拉出一大堆杂志报纸，扔在一旁，让我坐下。我看到她手臂上有淤青，腿上有烧伤的疤，还有青筋。

她也坐在沙发上，手放在我的膝盖上。她探过来，在我的脸颊上吻了一下。“怎么了，”她说，“你要跟我干？”

我都不忍心看她。她的眼睛干枯无神。我问她要不要吸点可卡因，因为我不知道该对她说些什么。她说不用，谢了，她问我要不要喝啤酒，接着她说她要出去。“我去趟小卖店。”她说。“别了，我去。”我说，“我马上回来。”我说着，出了门，把门带上。

我飞快地跑到小卖店。我买了六瓶百威啤酒，跟她咖啡桌上的空罐子一样的那种。我回到她家门口，放下六瓶啤酒，还把两张百元钞票夹在两瓶酒之间，让她看得到。我敲了敲门，接着跑去按电梯的按钮。

已经过了午夜。走在大街上，我收到瑞士瑞信银行的一个叫约翰的人发来的短信。他跟一群人在“肉类包装区”那边一个叫“莲花”的地方。我跳上一辆出租车。到了那里，门口有二十几个人排着队想进去。我直接朝门口走去，体重超过300磅的看门人用他树干那么粗的手臂挡住了我的去路。“我不排队，”我说，“我鄙视排队。”那人用奇怪的眼神看着我，接着拉开了那条隔离绳索。我看到约翰和几个人在吧台中央站着，于是我朝他们走去。约翰把头转向调酒师，给我点了一杯培恩牌龙舌兰加冰块，再加三片青柠檬。我注意到旁边还有一个女孩子，跟她的几个朋友在聊着。她看上去可爱极了。她身穿一件无袖黑色丝质衬衫，白色裤子。这是劳动节的打扮——我喜欢。约翰把酒递给我的时候，我捕捉到了那女孩的眼神。她娇小可爱，除了一缕搭在一边的头发，其他都绑了起来。我很喜欢她微笑的样子。我径直朝她走去。

“你觉得我可爱吗?”我问。

“有点吧。”她咯咯一笑。

“我今年三十四，单身，住翠贝卡的独栋三层楼，年薪七位数,”我一口气说完，稍作等候。“现在可爱程度多少?”

“你很有意思。”她说。我都没有跟瑞士瑞信银行的人道别，抓起这个新朋友的手转身就走。

凌晨四点十五分。我在浴室，赤身裸体。我把用过的安全套扔进厕所，转头看着镜子。我的头发全部竖立，我的脸一片通红。我脑海里有两个念头：我如何把这个女孩子哄下床？我今天要怎么请假？

卧室里，她醒了，光着身子坐在床的边沿，抽着一根烟，看上去好像她是在摆一个姿势。她那件黑色无袖丝质衬衫和白裤子整整齐齐地叠放在床边的红绒沙发上。我挤出一个微笑，从地上抓起我的裤子，跑回浴室。她一言未发。

我在放牙刷和牙膏的地方，倒出毒品，归整成一条粗粗的线条。我从牛仔裤里掏出一张皱巴巴的钱，卷了起来，开始吸。我又看到镜子里的自己，但我立刻转过头去。我在牙刷上倒了一点儿可卡因，然后在牙龈上猛刷。我强迫自己看着镜子里面的我，做了几个深呼吸。

我回到床边，钻进被窝。“几点了?”我问。我们两人都看着同一个钟。“快四点半了。”她说。我惊惶地从床上跳起来。“该死，今天我得做欧洲交易!”我说。偶尔我会做些欧洲交易，但不是今天。我从地上抓起我的衣服和东西，我告诉她我得去洗个澡，然后准备上班，我会帮她叫一辆出租车。我再次逃进浴室。

我洗完澡，腰间也没有围着浴巾，我看得到她还在床上，裸着。她不想走。我冲进落地衣橱，心里继续打算着。我穿上一件蓝色的衬衫，黑色的普拉达西装。我怎么可能去上班，但是这样的装模作样是我唯一可以想到的可能让她走人的方法。我穿上袜子和鞋子，又走进浴室。她还是一动没动。“我五分钟之后就得走。”我说得很坚定。终于，她下了床，开始穿衣服。我把我湿漉漉的头发往后梳理着。

我们走在莱特街上，她握着我的手。我打算给她叫辆出租车，然后就回公寓，但她问我：“那，你去哪儿?”

“你去哪儿?”我反问她。但她等我先回答。我们只好一起上了出租车。该死!

她继续握着我的手，我们保持沉默。到了她家的那栋大楼，她在我的脸颊上亲了一下，说昨晚谢谢了。“我再给你打电话。”我说，但是我都不记得她叫什么名字。她有告诉我吗?她给我电话号码的时候，我在手机里打着“莲花酒吧小妞”。“莲花酒吧小妞，对吧，我是特尼啊。”

我让出租车往回走，回到我们上车的地方。司机从后视镜看了我一眼。爱看就看吧。我看着窗外。在我的公寓里，伊森和杰森都还在睡觉，所以我蹑手蹑脚地走回我的房间，锁上门。门锁好了，安全了，我又掏出可卡因，在电脑鼠标旁边又来了一条。我动了动鼠标，电脑屏幕亮了，上面显示着将近6点。我脱得只剩四角短裤，点上一根烟，把窗子推开一条缝。

我全身颤抖起来。我还需要多喝点酒。我溜进厨房，看冰箱里有啥可以喝的。我找出一瓶红酒、三瓶啤酒，夹在左胳膊下面，往楼上走。我得让毒品的药效缓下来。我又看了看钟，已经过了6点。这是我的唯一机会。美琳达可能已经上班了，但是办公室里应该只有她一人。如果我现在打电话请病假，只需要跟她一个人解释，她也不会问东问西的。我站起来，来回踱着步子，练习着要怎么跟她讲。终于，我按下呼叫的键。美琳达听说我病了，深表同情，那口气跟我妈妈不相信我的时候一样。我挂上电话，我又在桌上嗑了一条可卡因，接着打开房间里的电视。我租了一个黄片，坐在书桌的椅子上，把声音调低。我不想让伊森和杰森知道我在家。我又吸了一点，喝了一点，然后睡觉了。今年我不再搞派对了。

27

那年余下的时间里，我还真的没有搞派对了。我在翠贝卡的独栋三层楼房里，独自一人度过了圣诞节。三个姐姐都约我跟她们一起过圣诞假期，她们各自有老公和孩子，我总共有八个外甥和外甥女，但我根本不想出门（肯定不会去巴黎）。我父母去克利夫兰了，跟凯莉姐姐一起，所以，我是不能回缅因州了。我不反对过圣诞节，我也不反对任何事情。我可喜欢圣诞节了，但我也不在意自己一个人独处。不管如何，美琳达和李察这半年来一直罩着我，我跟他们说圣诞节你们就放假吧。

下午四点。我坐在沙发上，满身是汗。我把圣诞树插上电，往火炉里扔了一块木柴，打开电视机。圣诞树下，有八份包好的礼物是要给我的——大多数是卖方送的。我点燃一根烟，开始拆礼物。有几瓶酒，有名贵的法国酒，也有加州解百纳。还有一个 Tivo 工具盒——很酷。有一个信封，里面是一张汤普森酒店一晚的住宿券。一箱唐佩里农和一箱培恩。最后拆的那个礼物是我妈送的。她每年都送我同样的东西：自制日历——有各家的照片，家族所有人的生日和纪念日都标好了，怕我忘记。

我决定要开一瓶酒。我从厨房找来一个开瓶器，在沙发上坐下，卷了一根烟，给自己倒了杯红酒。壁炉里，木柴噼里啪啦地烧着；圣诞树在一闪一闪地亮着。透过客厅的玻璃，我看到窗外圣诞夜的夜色开始降临。下点雪多好啊。

第二天是星期五，股市还开。我六点半就到办公室了，独自一人。

真好，真安静——这是全年最安逸最缓慢的一天。我想起刚去高利安时候的情景，我每天最怕的就是这个时间。但现在我的感觉是多么的不同，我内心深处有一种又抓又挠的感觉，好像我即将被发现的感觉。念头一转，我开始想我的奖金。对，我的奖金，没错，奖金会给我充实的感觉。

奖金算法很简单：全年的利润扣除开支，纯利的 20%拿来分。我还可以多拿一份管理费——这是我跟克里森讲好的。我从 10 月份就开始计算奖金了，我心里明白我即将达到我的目标。11 月过了，12 月也要过了。当然，我心里也清楚，随时可能出个状况，把情况搞砸。2002 年的时候，阿格斯对特网连锁医院投资甚多。那年 11 月，联邦调查局突然检查了一个医院，说有医疗保险骗保，还有不必要的手术等。两天我们就损失了三四千万元。整年的业绩功亏一篑。但那是去年，今年不同了。我也不同了。

接下来的周一和周二也没什么大动静。周三虽然也开市，但是那是新年前一天，所以也没什么大动静。对我来说，这是一年当中最重要的日子之一。这是一年中唯一一天没有盈利和损失会跟你的表现挂钩。一年当中其他日子，每天都需要有卖出来体现盈利和损失。今天所做的事情，会直接影响我的奖金。

有一个东西叫“剥削股票”，它是一种操纵股票价格的方法。我今天就想干这个。今天我能“剥削”的股票越多，今年我的业绩就越高。

我先找出流通量不大的 10 只满仓的股票。流通量不大是说这家公司的股票交易量每天不会超过几十万股。要操纵这种股票的价格比操纵那些每天交易几百万股的股票容易多了。我找出的股票名字，如 CYBX，这家神经肌肉产品公司设计、开发植入式医疗器材并进行商品化；他们的产品能提供迷走神经刺激，用于治疗癫痫病人以及治疗忧郁症等。这是啥意思？我不知道，也不想知道。这只股票符合我的要求。找好所有的股票之后，我等待今年的股市快要收盘了才出手。

下午3点，我接到经纪人翠西的电话，她的那家公司不怎么做研究，但总是雷声搞得很大，而且出手很重——她招待过我几次。我跟这些经纪人每天都交流，跟翠西也是如此。她在这个时间点打来电话，是因为去年的今天我在这个时候通过她玩过这一套，所以她一上来就问我，今年还用她不。对她来讲，这也是一个创收的好机会，数百万股票的交易，而且没有风险。她解释说她为什么这么早就需要这样的订单，她说她想做好准备。所谓的操纵股票，真正的原因是大银行，如高盛和摩根士丹利不愿意做这样的事情，得有翠西工作的这类公司来快速又不留痕迹地去做。“我再打过去给你。”我说。我挂了电话。

我确实得让翠西来做。她很有胆量。去年我用她来做的时候，我知道她把我的单子派给另一个客户去做了，这样他们才能预先帮我交易。我之所以知道，是因为我还没给她下单之前，就看到股价开始上涨了。后来当我要操纵价格的时候，她的客户再把那些股票卖给我。今年此时她打来电话，想要再干一回。但我今非昔比了。

我还希望人人都能喜欢我。但如果你要跟我耍花样，我会把你整得很惨。或许是因为上次罗森巴赫在MDRX股票上让我吃了亏，又或许只是因为我在对冲基金太久了，这是自然的过程。不管如何，翠西刚才是犯了一个大错。

3点半。我打过去给她，跟她解释今年对我很重要，我真的需要她表现出色。接着我给她下单，并且明白无误地告诉她，3：55之前不要交易。“一秒也不能提前。”我说。

“我懂。”她说。

我选了10家公司，每家公司的股票我卖空100万股。我又跟她过了一遍那10只股票的代码。如果在5分钟内卖空100万股CYBX的股票，通常能把股价拉低5块，可能更低。

我把10只股票都调出来，显示在电脑屏幕上，方便我观察。大约在

3：40 的时候，这些股票都降了，降到红色，跌破当天的开盘价。我可以肯定翠西又把我的单子派出去了。我打过去给她。“记住，”我说，“3：55之前不可以卖空我的单子。”“那当然。”她说，似乎我打电话提醒她是侮辱了她。3：51，股票还在继续跌。3：52，又跌了 30 美分。3：53，开始不再跌了；3：54，我要施展身手了。所有那些在我前面买进的人都停手了，他们都等着我进场来买进。他们以为他们可以轻松赚点钱。这个时候，我抓起电话。“知道，知道，”翠西说，“我现在已做好准备，要把所有股票卖空。”

“呃，”我说，“取消我所有单子。”对方的沉默，那是真金啊。

“啥?”她最后能说话了。

“取消我所有单子。”我说。我两次告诉她不要在 3：55 之前交易，而现在只是 3：55，所以她不应该已经交易了。

我挂了电话，立刻给卡斯打电话，下了我真正的单子：我要买空，不是卖空。到 3：56，股票开始涨了。3：57，股票几乎涨回开盘价。3：58，股价反超了，卡斯和翠西的客户买都买不过来，在收盘的时候，我比他们高了几块钱。卡斯打电话过来报告成绩，他说每只股票他只能买到几十万股，他说他很不爽。我说他干得好极了。阿格斯就这么赚了几百万。

过了几分钟，我打电话给翠西，跟她说不好意思，这么迟才取消那个单子。我说，我们也是最后一分钟才决定不要卖空那些股票的。“没关系的。”她挤出这句话，但是她听上去已经气得不行了。她把我的订单泄露给的那些人，肯定要对她咬牙切齿了。他们一定被整垮了。他们肯定是根据我放出的烟雾弹订单而付高价卖空了。股票交易第一原则：买低卖高。傻了吧。一年的最后几分钟损失掉几百万美元，这样的状况再惨不过了。我对翠西说新年快乐，但是她已经把电话挂了。我知道，新年里，我肯定会快乐的。

28

华尔街

支票号码：055728
12/31/2003
TOTAL COMP

32-61
1110

支票受益人：
特尼·达夫

金额
1 864 999美元

壹佰捌拾陆万肆仟玖佰玖拾玖圆

⑈055728⑈ ⑆111000614⑆ 925978728⑈

29

八个月之后，纽约城奇热无比，砖墙、水泥地，到处散发着热气。拉开出租车的门就像拉开一个烤箱的门。我对面停着一辆微软公司的卡车。那辆车是卖冰激凌的，不是买软件或是 Xbox 游戏机的。街上路面的热气就在车前面蒸腾，看上去像海市蜃楼。纽约的 8 月，可能会热死人的。

我正好有约，约会地点附近的拐角处有一家咖啡店，落地玻璃巨大无比。我在玻璃前看着我的穿着是不是得体。我穿着黑色阿玛尼运动外套和裤子。参加住房管理委员会的董事会会议还需要有领带，但我没有戴。我就要刺激。我钻进那家咖啡店，打发一点时间。时间还挺早的，所以我点了一杯冰咖啡，坐在吧台上喝着。这家店不大。我想象着我周六或周日上午来这里喝咖啡，进来的时候店员都跟我说："你好，特尼。"我喝了半杯咖啡，然后掏出手机看时间。离会议开始还有五分钟。我在吧台上放了五块钱，开始往外走。

走到外面，冒着酷热，我按下快拨键打电话给我的新女朋友简，等着她接电话。"嗨，我这就进去。"我说。

"你没问题的。"她的口气充满正能量，那是她在充满打击的职业中磨炼出来的生存本能。"他们都会爱死你的。"这么说之前的那个停顿真让我感觉不舒服。简完全改变了我的生活。我们已经在一起七个多月了，我们近两个月开始用"爱"这个字眼打情骂俏。我跟她开玩笑，说我第一次用这个字会是通过短信。她觉得这话不好笑。我也不让她的态度左右我的行为。我跟她道再见，然后再挂上电话。我走到约见的那栋大楼，轻轻地在门上敲了三下。我听到里面有一阵小小的骚动，但我不确定他们是不是听到我的敲门声，于是我等着。

我跟简是相亲认识的。我表弟伊森跟她的朋友的朋友——简的同事——认识。简是歌手，安瑞克·依格西亚斯巡回演出时，她跟着当后补替身。因为她太受人嫉妒，巡演时被炒了鱿鱼。依格西亚斯当时还在跟网球女星安娜·柯妮科娃交往，现在也许还在交往吧。根据简的说法，柯妮科娃觉得依格西亚斯的女替身抢了她的风头。简还说柯妮科娃甚至在台下朝她扔水果糖。简太美了，据我所知，她至少是一起交通事故的起因，可能还有更多。你看她一眼就会忘记自己还在开车了。

在那个办公室门外，我敲门的声音加重了一些。这次他们肯定听得到了。几秒钟之后，门开了，一位头发花白但梳得整整齐齐、有绅士风度的老年人打开了门。他淡淡地笑着说欢迎。那办公室没什么值得一提的，是个疏于整理的办公室和维修室的合并版。桌上一堆堆的纸张，好几个档案柜，还有一些工具，一些坏的家具。这栋大楼，布里克 27 号，是 1910 年建的，当时是一个织布厂。80 年代的时候，几个租户合资把它给买了下来。七层楼的房子，带这间办公室，街面这一层是艺术画廊。你看了都想笑。这是栋所谓的"艺术建筑"，但是公寓每套好几百万。不难猜测，住这里的人很少是靠在华盛顿公园画肖像为生的。每层楼都有两套公寓，A 户型有 1 100 平方英尺，B 户型靠北，大约是 2 200 平方英尺。我要 5B 户型。卖家要价是 180 万，我们以 175 万成交。

我跟简相亲的那个晚上，我安排在布莱德餐厅见面，那地方小巧可爱，在斯布林街上。我穿着一件一扣到底的衬衫，没有塞进牛仔裤里，还穿着人字拖，长长的头发乱糟糟的。她飘然走进：长长的头发，浅黄而茂密，发光的眼睛，厚厚的嘴唇。她穿的裙子，几乎就是一件晚礼服。

我的心在怦怦跳，就像初次跟女孩讲话的懵懂少年。餐馆人太多，太热。我问她愿不愿意换个地方，到附近一家餐厅去。她立刻答应，于是我们挤出门外。拿不定主意去哪里吃饭，那就去“墨西哥电台”。那里东西好吃，玛格丽塔鸡尾酒更棒。我们各自喝了五六杯，但第一杯没喝完，我就对她完全倾心。关于那晚的事情，我们有不同版本的记忆。她说是我把她推进出租车，然后自己跑回酒吧去喝酒。但我记得的版本是，我告诉我自己，如果我此时要跟她缠绵，我可能会把最好的机会给毁了。我在她脸颊上吻了一下，让她上了出租车，然后说我明天给她打电话。标准好男人。接下来，我走回酒吧，然后再彻彻底底地醉了一把。第二天上午，我的确给她打了电话——之后每天都打。

那个董事会有六个中年男女，坐在桌子两侧，我面对他们坐着。我脱下运动外衣，披在椅背上。我把衬衫袖口的扣子解开，把袖子给挽了起来。我想坐得舒服点儿，既不太正式也不太随便。我想展示我的职业操守，表现得成熟而又放松、平易近人。我想让他们知道，如果他们想借一点油盐酱醋什么的，可以来找我。想到这里我都想笑了。在莱特街，要借一包毒品可能更容易借到。

我想我是在跟简第三次约会的时候向她告白的。她有点担心了，因为我对她还没有什么行动。我感觉自己做得挺酷的。我不想让她觉得我只是想攻陷她的内裤而已，因为她不只是另一个短裙小妞而已。她也一直蒙在鼓里，不知道我的下一步会是什么。她甚至打电话给她的前男友之一（现在已经成了同性恋），问他要怎么办。“我们之间很合得来。”她上气不接下气地说。她的同性恋前男友的建议是直接来问我——她还真的问了。我特意把简从餐馆里拉出来，上了出租车，去了她的公寓。

我的申请书放在每位董事会董事的面前。有几个人戴上眼镜。那个把白发梳得整整齐齐的老人身边坐着最胖的一位工作人员，他穿的那件黑色重金属 T 恤衫在肚皮那里已经绷到了极限。“那么，”这个最胖的人开口了，“多汁烤肉汉堡是什么？”在我的申请书上，“其他投资”项目下，我写下的是最近我砸了几百万元买进的快餐连锁店。那是西海岸的一个快餐连锁品牌，我们要在东海岸推广。

“简餐。”我说着，轻描淡写。上星期在泽西城的开张仪式风光极了。“今后还会开很多家分店。”我说着，尽量装生意人的口吻。我注意到，每个字他都听得很认真。

“这么说，如果我批准你入住，我们就有汉堡包吃喽？”

“那当然。”我的微笑是那么的轻松。但他没有笑，看上去他像是要把我的申请书给吃下去。

那位老先生想跟我谈谈薪水的事情：“你在阿格斯公司？”他说，口气里一半是怀疑，一半是装腔作势。我说底薪是20万，但是我还按比例拿公司的管理费。我把跷着的腿放下，又跷了回去。数字我就不用说了，申请书上写着呐。我知道他看到了。虽然他尽量想掩饰，但我看得出来，钱数不是问题。

我第一次跟简做爱之后，我知道我们之间的关系会和我与前任女友的不同。我以前从未对别人有这样的感觉。我上班的时候都会想着她，下班也想。如果我去“白宫”，我会想她在干什么。朋友们也都察觉了。兰迪和卡斯问我怎么了，他们都开始担心了，因为我的生活已经改变了太多。有固定的女朋友倒也还好，但如果我结婚了，搬到维斯切斯特怎么办？那他们会怎么办？他们要取悦谁呢？

董事会最年轻的一个人是个女的，看上去她还期待今年依旧是1976年。她不是全世界最有吸引力的女人，但她绝对拥有自由的灵魂。此时她在对我微笑。我注意到他们是轮流在问问题。“跟我说说，特尼，”她说，好像现在是电视上的择友节目。“业余时间你喜欢干些什么？”我现在该夸夸其谈我的酗酒、吸毒、性事还有色情录像？那可是过去的我了，现在的新我可是有固定女朋友的。

“我跟女朋友出去吃饭，我看书、运动。”我说。

“哦，我也很喜欢看电影。我特喜欢看电影。”她看着我，好像在期待我约她一起去看一场。

简担心她的出现会让我和朋友之间的交情受到影响。“他们没事的。”我跟她保证。我跟杰森一起住了快十年了——几乎从我在华尔街工作开始就住一起了。伊森更不用说，自家人。再者说了，我又没有要把他们踢出去。他们也都有女朋友，也各自有安排。“我就是不想他们嫌我。”简说。其实，有点不高兴的人是我。虽然他们没有要求，但我在他们身上和这个公寓上花了好多钱，而他们也从没表示过感激。这是我自找的，是我跟他们说不要担心钱的事情。“一切没问题。”我告诉简。我和她在一起之后，一切也真的没问题。

“我们为什么要批准你的申请呢?”董事会主席问话了。这问题问得好。我稍微顿了一下，我在思考着我的答案。十年前，在一个两居室的公寓里，我是第三个来住的。而现在，我要买下这个 175 万元的公寓。照这个发展速度，五年之后，我可以买下整栋大楼。我朝这些董事会成员一一看过去。也许我应该表现得有点紧张，但是我没有。每天的工作晨会比这难熬多了。但在这里，我最不能表现出来的就是我的傲慢。因为，我非常想要这套公寓，为了简，我想要这套公寓。

“购买的程序我了解，我也知道你们这么小心是非常重要的。这不只是钱的事情——钱当然至关重要，我知道……但是，毫无疑问，你们每个人都努力工作，为了这栋大楼，你们都付出了许多，你们想保护你们的巨大投资。而我是谁呢? 陌生人。你们要做出决定并不容易。我尊敬你们的决定。那么就让我把我的条件开诚布公地说说吧。我很喜欢这套公寓，在这里住，我一定会很幸福。而且，不只是这公寓很棒，每次走过这栋大楼的大门时，我能感觉到吸引人的气场；还有这里的人的友好，就像各位，虽然我们未曾谋面；还有这里的邻里环境，我感觉这里像家一样。我不会跟你们撒谎。我单身多年了，在华尔街工作，而且我赚了很多钱。单身男人有了钱能干出哪些‘好’事，我想你们都应该猜得出来，但那都是过去的事了。我已经三十五岁了，遇上一位女孩，我们相爱了。我已经准备好，要翻开人生的下一个篇章。而且，我也找不出哪个地方能够比这里更能让我更好地开始新的生活。”

我再次环视整个房间，每一双眼睛都看着我。那个 70 年代的姐姐看上去都要哭了。“我就不再继续让你们为难了，”我说，“感谢大家抽时间，感谢大家给我这个机会来跟你们见面。如果大家认为我不适合，那就不要批准我的申请。”我在椅子上稍稍坐直了一点儿。“如果我在这里住，我也希望你们能这么秉公办理，”我说，“你们一定得考虑清楚。”都说到这份儿上了，他们怎么还不给我钥匙？

找到布里克街这栋公寓是简的功劳。莱特街的公寓两年的租期 10 月份就到期了，我得开始找个地儿自己住了。关于我要搬家，简从没有发表过看法。我是说，她看到我在看翠贝卡月租 1 500 块钱的公寓之前没吭声，之后她就插手了。“为什么花那么多钱在租金上面？”她问我。我耸耸肩，我从没考虑过这问题。

那个老绅士站了起来，示意约谈已经结束。我对每个人表示感谢，说的时候，我都看着他们的眼睛。门外，热度丝毫没有减退。我走到布里克街和拉法叶街街口，点燃一根烟。我会非常喜欢这里的环境，太有真实感了。这里一点儿都没有“肉类包装区”的那种不愉快的感觉。街对面就有“家庭计划中心”，隔壁是个无家可归者中心，那个对面有七家高档餐馆。完美极了。

回家的路上，我接到公寓管委会的电话。当我回到家的时候，简在公寓门口带着我八周大的爱犬——胡迪尼。它是只日本狆犬，很像电影《小精灵》里的那只吉斯莫，太可爱了。我以前跟简提过我想要一只狗，两天之后她给我一张单子，上面写满了能适合我的生活风格的狗和育种人。一周之后，我们就开着车到马里兰州去接胡迪尼了。我还没走到公寓，她就上来深深吻了我一下。这是一个长长的、湿湿的、很感性的吻，我好久没有这样吻过了。她的微笑让我感觉太棒了。我立刻脱下运动衣，扔在沙发上，我们又吻了起来。

“怎样?”她问我，还装着想把我推开。“说说吧，进行得怎样。”我回想着刚刚接到的那个电话，看着她的脚下。“哦，宝贝儿。”她搂着我温柔地说。

“我最不在行的就是面试了。”我轻声地说。当我抬起头，我就演不下去了。她的眼睛里有些东西，让我不忍骗她——即使是开玩笑也不行。她看出来我装不下去了。

“通过了，对不对?”

“到家之前他们刚打电话给我的。”

“我就知道!”她说着，还拧了我一把。“我就知道!”我们又吻了起来，接着我走向卧室。我换上短裤和T恤。“跟我来。”她说着，拉着我的手。简带我来到屋顶天台，上面摆着一张桌子，白色的桌布，点着的蜡烛，还有两个酒杯，一瓶酒插在冰桶里。铺天盖地的是粉红色的彩霞。此时正值日落，渐渐昏暗的哈德逊河上，泽西城的夜色中的灯光开始闪烁，河水很平静，几艘豪华游艇缓缓驶过。我们在桌前坐下，打开瓶塞。我先给她倒上一杯，然后给自己倒上一杯。我们举杯，庆祝我们新的开始。此时无声胜有声。我把剩下的酒都倒进我们的杯子里。日落之后，气温稍微降了几度。我一手拿着杯子，一手拉着她的手，把她带到卧室。

我的手指轻轻地抚摸着她的背脊。我感觉自己的手指和她皮肤之间充满了电的感觉。我感觉自己好像是她的一部分。我闭着眼，细细地体会着她背部麻麻跳动的感觉。我躺下了，她也躺下了。她的手指插进我的头发里。以前，我总是停不下来，总是得赶着去俱乐部，去下一个派对。我一直对自己说，可别错过了什么东西。但是，我没有真正地满足过，不管我在何处，跟谁在一起。自从跟简在一起，我们就坐着，聊着，在餐桌上我把手伸过去，握着她的手。我喜欢这样跟她平躺着，我不想让她离开我，我也不想走。我以前好像从没有这样的感受，我不再瞎跑个不停，不再害怕，这样就好。……我并不是说自己放弃了一切。我还是会偶尔跟我的那些朋友们聚聚，每周的工作晚餐还是照常出席，偶尔，我也会到“白宫”转转。但绝对不会像以前那样了。我会让自己释放一下，冷静一番，然后再回去找我亲爱的女朋友。我闭上眼，慢慢睡过去，进入我最舒服的梦乡。简靠着我的背，柔软又温暖。此时，我听到她在我耳边轻声细语：“我爱你。”泪水开始盈满我的眼眶，接着滑下我的脸颊。对她的话做出答复，一点儿都不困难。很自然地，我就说了出来，发自我的心底。说完之后，我被一种从未有过的平和的感觉完全笼罩着。我站在高山之巅，清楚地看到我的未来。我从没有这么幸福过。

“我爱你。”

第三部分

迷失·重生

30

四个月过去了。一天，简告诉我她怀孕了。她是从洛杉矶给我打来电话的，她在那里跟经纪人见面。她声音很轻，几乎像个受惊吓的小孩。虽然我从没有表示过，但我其实挺希望她能怀上的。这能让我定下心来，在最高点挺住，不要摔下来。反正，她怀孕对我来说并不是非常意外的事情。有一天，在办公室里，我们聊着关于节育的事情。我说我们没有采取任何措施，美琳达就说了："啊，顺其自然希望没事，老招数了，对吧。""没错，"我说，"不过我们只是希望没事而已。"此时的我完全不敢相信自己的耳朵。在电话里，我对她说我爱她，我兴奋无比。

几周之后，简搬到布里克街的公寓和我住了。我们是不是要一起住，这从来就不是个问题，但我们说好不需要急着结婚。我们先把孩子的事情办好。今后的几个月里，我的单身汉的特性一点一点地在消失。白天，我上班，简把我们的屋子变成一个家。她的品位特好，综合了波西米亚和折中派的风格。这非常适合这栋大楼的简约风格。我们俩也都喜欢摩洛哥风格的装饰，她在长岛的住处有很多这类装饰，她那里没有的，我们就出去买。只有一个房间还没有装饰，那就是第二个卧室，我们想把它当成育婴室。那件卧室的家居、色调、玩具的设计全部押后，直到我们知道孩子的性别为止。我们也都同意，要尽快知道孩子的性别。

从春天开始到夏天，我们在家里待的时间很多。有一个周末，我们带着我们的两条狗——胡迪尼和 MC——到华盛顿广场公园散步，我们在遛狗道附近的长椅上坐下。第二条狗是简搬进来之前我买的，因为我觉得让一条狗独自在家挺过意不去的。我们还看很多电视节目。简喜欢看HGTV，我则买了《24 小时》前几季的 DVD，我们追着看，停不下来。浪漫喜剧影视让我痛苦不堪。我们的饮食安排也让我心满意足。我们每餐都吃外卖：我主要点墨西哥和美国式的，简点的大多是意大利和中国餐。周末的时候，我们几乎不起床，因为简还会有妊娠反应。我们每餐都吃。在我单身生涯最后的记忆中只有查尔斯·罗杰斯牌的雪橇床（简很快就在西普汉波家具店里买了另一张床给换了）和看不完的电视剧和电影。

虽然生活是如此美好，但当简进入孕期第二阶段的时候，我觉得有时候是得溜出去一下，跟杰森、伊森或者华尔街的朋友们一起喝喝啤酒。我总会在半夜之前回来，只有一两次（简知道的）我稍微喝多了一些鸡尾酒。不过，有一天晚上，我过了一点才回来。我没喝太多，可卡因用多了，因为我顺道去“白宫”逛了一下。这下我可睡不着了。我爬上床，上面睡着的是我怀着孩子的女朋友，我不敢跟她对着脸，怕她看出我没睡。我辗转反侧。我需要睡眠，但是我蹑手蹑脚地溜进浴室，要给自己来个最后的可卡因高潮。结果太糟糕了，在那种强迫的清醒意识当中，我忽然有一种冲动要跟简坦白。这种冲动越来越强烈，似乎某种忏悔能够减轻我的痛苦。但我对自己说，不能跟她说可卡因的事情，这样做太傻了。我看看时间，4：30。今天我可能上不了班了。一个小时过去了。我可以感觉到简在慢慢醒来。虽然她还睡意朦胧，但她看着我的眼睛。看着她的表情，我知道她感觉到哪里出了问题。她不知道要说些什么。“我昨晚干了点蠢事。”我嘟囔着。她坐直了身体，抬起头。我猜她是以为我会说我跟哪个女的搞上了。“我喝了几瓶啤酒，”我说，“然后，他们给我几粒药丸吃。”她指责的表情开始变成悲伤。我说那些是止疼片——我想用小小的谎言来掩盖大大的事实。我总得跟她坦白些什么。一滴眼泪滑下她的脸庞。她紧抓自己的枕头，翻身远离我的身体。在哭泣和呻吟声中，她的背上下起伏。

我以为她会生气，没料到她会感到悲伤。我揉她的被子，但她扭动着把我的手摆脱开。我坐着，全身僵硬，充满恐惧，我怕现在再说什么，只会把情况搞得更糟。最后，她终于转过身，看着我，眼睛红红的。“你知道这像什么吗?”她的声音在颤抖。现在我最好是什么都别说。“一辈子无法摆脱的影子。”她说道。她的眼泪又流下来了。“我十三岁的时候，”她说，“我问我妈妈，爸爸埋在哪里。当我知道就离我们的住处不到五百米，我的心往下一沉。这么多年我们住的地方离他的墓地那么近，而我却一直不知道。”直到现在，简都很少跟我说起她爸爸。我知道在简四岁的时候，她父亲因为吸毒过量死了，也可能是故意自杀，但我不知道细节。“我妈妈第二天上班的时候，我继父在地下室里，我冲到车库去拿我的自行车。”我从没去过那房子，但似乎历历在目。那个小车库里到处是工具和垃圾什么的，还有她那辆久经磨炼的粉红色十档自行车。“我骑到那个墓地，找到了入口处。”她说，“我不知道我爸爸埋在哪儿，所以我到管理处去问，他们跟我说了。我骑上车，穿过许多墓碑，找到他的墓。我很害怕，但我又毫不在乎。我得跟他谈谈，我得知道他埋在哪儿。我找到他的墓，当我看到他的姓名，再也抓不住自行车，它倒了。我忘了他的中间名是艾拉——我呛了一下。”简深呼吸了一下，对那段记忆报以微微一笑。“他真是意大利佬，”她说着，边哭着边笑着。“不管了，我趴在草地上，双手展开，似乎在拥抱他。我哭个不停。我只想知道：为什么？他为什么这么干？他为什么离开我？我觉得好孤独、好寂寞。我喘不上气来了。我的肚子开始疼得厉害。我四下看了看，看是不是有人看到我或者听到我的动静，但没人。我觉得更加孤独寂寞了。”她哭得更大声了。“我只想他能在我身边。大家都说他是个大好人，但是他就是戒不了毒。他离我而去。我有太多的悲伤和痛苦无人倾诉。”我拉起简的手，轻轻捏着。“那年夏天，我每天都偷偷骑车到他的坟墓去，”她说，“我会待上好几个小时。”我想象着十三岁的简坐在墓前，哭着，背景是美丽的夏天。我开始挺不住了，但此时简的表情变得愤怒。“我不允许这样的情况发生在我们孩子身上，”她说，“不允许。”

2005 年 10 月

“多汁烤肉汉堡是什么?”我的会计师杰瑞问我。我正朝中央车站走去，通过手机跟他讲话。我早就应该让他来处理这些事儿了。他的声音有点担忧，但我能理解。对华尔街来说，餐馆是无底洞。那是因为大多数人都为了错误的目的而投资了餐馆。他们都想以拥有一个出名的餐厅、咖啡厅或者夜总会的股份来炫耀自己，当大佬，或者带女朋友来吃饭，就像是花 20 万块钱来让人罩着你。这，我就免了。对我来说，多汁烤肉汉堡可不是这回事。我超级喜欢多汁烤肉汉堡。十年前我第一次去洛杉矶的时候吃过一次，以后每次我到西海岸，总会安排去吃一次。我看着中央车站中央的大钟，几乎要六点了，人潮如地毯一样涌向火车，都要去维斯切斯特。

多汁烤肉汉堡的口号是“你见过的最大、最有肉汁的汉堡”。此言不虚。餐馆是根据早年间路边汉堡档设计的，有个柜台，有椅子可以让你坐着，还能转来转去，还有一台播放摇滚歌曲的点歌机。大约两年前，旧金山的一个朋友给我发了一个链接，说多汁烤肉汉堡要搞连锁。我打了两个电话——就两个——就召集了钱和专家，整出一套方案要把多汁烤肉汉堡搞到东海岸来。好了，我们是有钱了，但是如果我说我们有专家了，那可能是打肿脸充胖子。我一个合作伙伴的朋友，叫约翰，由他来负责这个项目。他是律师，还做日线交易，但他现在这两样都不搞了。他只需要一点点做汉堡包店的经验，而这在多汁烤肉汉堡就学到了。他们送他去专门的汉堡包学校上课。

我们要在纽约附近占地盘：曼哈顿、波罗区、维斯切斯特。但是多汁烤肉汉堡想要在那片黄金地带占更大的份额，所以我们把新泽西也划了进来，约翰家就在那里。最后我们只需要搞定嘻哈歌后拉蒂法女王就行了。我们接到电话，就去干了。2004 年的夏季，我们的第一家连锁店在新泽西隆重开张了，我们的计划是再开 19 家。“那些文书我都得看看，”杰瑞说，“有谁投一百万，却连会计师都不通知的?”

我挂了电话，朝中央车站外面走去。第 42 街是黄色出租车的海洋，车上的指示灯亮着“下班”。我永远搞不懂，为什么这么多出租车司机在高峰时间“下班”。我打电话给杰西·依兹勒让他把 K1 文书直接发给杰瑞。几个月前，杰西跟我搞了个有限责任合营公司并将之称为“粉红与绿色”。我们已经投资了一匹赛马，在布朗克斯区搞了一个嘻哈乐队。这些东西听起来风险很大，其实不然。我们每个人只投了 2 万。我挂上杰西的电话，又给表弟伊森打过去。我们一年前拍的一个叫《比你更神圣》的片子，现在急需一个剪辑的。剧本主要是我写的，故事来自童话故事——《翰姆林魔笛手》，不过场景是在纽约的俱乐部。一些古惑仔很讨厌“桥民”和“洞民”们来占他们的地盘，因此，他们找了一个魔幻人士要把那些桥民和洞民引到城外去。我请了一星期的假，搞完这个项目；我们每天的拍摄时间是 12 小时。我已经投了 5 万。我真的没时间跟伊森一起找个搞剪辑的。他一直给我打电话，给我留言。“你就把它控制在 2 万以下。”我告诉他。终于到了 42 街，我给简打了个电话。我先往东走，然后往南拐进第 3 大道，我们聊着，她的声音能让我平静下来。“听说吃墨西哥食品，再加上做爱，可以催产。”我说。我们随时等待着新生命的来临。是女儿!

31

这辈子我从没有这么紧张过。我需要在车里安一个婴儿座椅，这是从医院回家这段里程碑式的行程中要用的。我怎么老安不好？我工作中上百万的投资必须在电光火石的瞬间做出决定，但安一个座椅却让我束手无策。座椅后面有一个像是安全带那样的黑色带子，但好像没地方放这条带子，旁边的扣子也没地方扣。我用力摇晃着那个婴儿座椅，希望它能够自动安好。伊丽莎白街停车场的停车管理员看到我的窘状，但没有说要来帮帮我。这个时候怎能让个街上的陌生人跟我说："哦，应该这样安。"那怎么可以！最后，我放弃了。我开到琼斯街一家修理店，出 40 块钱，让那个人帮我安。他笑了，接过钱。虽然他在微笑着，但我知道他在想什么：这家伙开宝马 540i，却不知道安几个按钮，拉紧几条扣带。三两下工夫，他就把婴儿座椅给安好了。我终于开上去医院的路。我要去接我生命中的两个重要的女人。

一路上，我脑子里反复重播着那奇迹的画面。我看到她在医生的手里，头小小的，眼睛紧闭着，先是出来了一半，接着，全身都出来了。我是深爱着她的男人。护士在用毯子给她裹上，我喊她，她的头朝我转了过来。"我爱你，罗拉。"我轻声地说着。她知道那是她的名字，也认得出我的声音。几个月来，我一直隔着简的肚皮跟她讲话。我泪眼朦胧地看着简，发现她也是两眼含泪。我们想说着什么，但是说出口的都是含糊不清的言语。护士轻轻地把罗拉放在简的胸脯上。我用食指轻轻碰着罗拉·吉娜·达夫的小手，第一次感触着她的皮肤。

女儿出生后的那个星期二，我又回去上班了。下班后我去中央车站附近的安妮摩尔酒吧，跟一家叫米勒·塔巴克的小公司的人喝上两杯，那公司有年头了。酒吧的前面是红色的，透露着纯正爱尔兰都柏林酒吧的特色。但是，安妮摩尔酒吧的爱尔兰血统跟中城区的很多酒吧一样，不过它们的境界只停留在使用这些绿色的塑料礼帽。克里斯和帕特已经到了，他们是我的人，坐在吧台边等着我。这不是华尔街人常来的地方。这里让人感觉是美梦破灭的中途岛。这里顾客的梦想虽然还没有完全破灭，但也差不多了。年长的男人和女人们，只顾着喝他们杯中的酒。调酒师看上去是那种临时替班的，你点杯酒，他很不耐烦。“克里森、帕特，佣金排行榜第三十二名，但在我心里是第一名。”我说道。

“啊，真的？三十二名？”克里森问道。他有点儿不高兴。

“开玩笑呐。”我跟他们分别握手。克里森还是不高兴。“你呢，应该是排名第七。”这不是实话，但我给他和他公司付的钱已经够多的了。去年我给了接近一百万。这让我成为他们公司的十大客户之一。克里森点了一瓶啤酒，还让出他的位子给我坐，我没坐。“我整天都坐着。”我说。我们没什么正事可谈，他们只是想让我出来，跟我碰个面。他们问起罗拉。我记得女儿刚出生之后，我走到医院外面去抽烟。打开手机一看，里面有无数条短信。我给每条都回了一个笑脸。都是朋友，华尔街的朋友，华尔街的合作伙伴，华尔街的马屁精。他们跟我交朋友，大多是要有回报的。只有几个人是不求回报的。我跟这两个人仔细描述了一下女儿出生那天的情况。他们感不感兴趣我就不管了，反正我是兴致盎然。我说，罗拉让我心里感到软软的、暖暖的，就像喝下一杯威士忌的感觉，但是不会有其他副作用。我的脑海里出现了她圆圆的脸，她的眼睛闪闪发亮，她的皮肤柔柔润润。我发觉自己变得有点多愁善感了，所以我提议我们干一杯。喝了几瓶啤酒，他们问我是不是要找个桌子坐下，吃点什么东西。我说不了，我得回家。简一整天都在家里带着罗拉，她一定需要我来换班，我也等不及要见到罗拉。我抓起外衣，谢谢他们请我喝酒。我走到街的对面，要走过中央车站。每走一步，我就离我所爱——女儿、女朋友还有两条狗——更近一步。我的生活发生了如此重大的变化，真是神奇。之前我还穿着牛仔衬衫，在外面瞎搞胡闹；一转眼，我已经有了家，成了好男人。我顺着公园大道走过几个街区，我感到有些微醺。感觉真好。此时正是金秋时节的黄昏，秋天的光影让城市变得柔和。我要走路回家。

但我却走到了“白宫”。我给简打了个电话，说我们的会面需要久一点。过几小时就回去，我跟她保证。

公寓一片黑暗，很脏。兰迪和詹姆士在门口等着我。“瞧瞧，谁来了！”“他来了！”他们猛拍着我的后背。接着我们就到了厨房。洗碗池里堆着一星期没洗的碗盘。地板黏黏的。有人在上网找应召女郎。“当上老爸了，感觉如何？”兰迪问我，詹姆士在盘子上倒了一条粗粗的白线，然后把盘子朝我推了过来。我拿起卷好的纸币，低头看着那条白线。“你们懂的。”我一边说一边低下头，把那条线全部吸进我的鼻孔，接着我一仰头，那是我一生中最幸福的一天。我大口喘着气。可卡因灼伤了我的鼻子，我什么都感觉不到了。我觉得身体里有一股力量在翻滚。这是刺激和麻木的完美组合。我跟他们说，罗拉是我这辈子拥有过的最好的东西。

两小时之后，我走出了“白宫”。我注意到街对面有辆黑色的车子，里面有两个人。他们穿黑西装，还戴着墨镜。天色已经很黑了。我走出来的时候，他们看着我。我开始走，他们就启动了汽车。我摸摸裤子的口袋，看有没有可卡因。我没有在上面公寓里拿毒品，我知道，但我还是检查了一下。我觉得头脑一阵发热，好像有聚光灯在照射着我。我朝莱克星顿街走去，那辆车子慢慢在街区尽头停了下来。我看到一辆黄色出租车在他们后面停了下来。我冲到街上，猛拍车身。司机按开了门，我跳进车内。我看着前面那辆车左转，上了下一条大街。我们也左转。他们慢了下来，在莱克星顿街边停下，但是我们一超过他们，他们就跟上了我们的车。我不想往后看，但我不由自主。我们都快到工会广场了，他们还在后面跟着。"不能再往后看了。"我对自己说。出租车在布里克街我的公寓大楼前停下。我从人行道那侧下了车，想象着有人过来揍我一顿、给我戴上手铐，或者至少有人要过来拦我。但我一回头，他们不在了。

我跑进大楼，冲向电梯。我跑进公寓，紧紧抱着我的女儿。我头脑里只想着一件事：她出生的时候我许下的不再吸毒的诺言。我不知道那辆车里面是什么人，但不是个好兆头。看着女儿甜美的脸庞，我意识到，吸食可卡因太危险了。

32

2005 年 10 月至 2006 年 10 月

昨晚整晚没睡，都在陪罗拉。“今天我上不了班了。”我给克里森打电话。

似乎一切都在变，而且是突然在变。生意完全不同了。报纸头条触目惊心。我想，美国大集团的那些 CEO 们——雷曼兄弟公司的、史杰灵的、科斯罗斯基斯的——把一切都毁了，他们多年来不断造假，然后疯狂掩盖，接着是调查，接着是定罪：世通、泰科、德尔福、安然，不胜枚举，甚至富达公司也出现重大丑闻。似乎华尔街草木皆兵。他们要让所有对冲基金都在证监会注册，这真要命。如今，经纪人的费用账户也有人监督着，他们要招待我们，得很小心。不过，我们现在能干的还是挺奢华的——拉斯维加斯的赌场、贵宾套间还有加长汽车——我们只要多用点心思就可以了。但是，我的进账和奖金都低了，因为我们的业绩不佳。阿格斯今年资产减少了，我也不知道我要怎么办。

10 月底的时候，克里森叫我到财务长那里去一趟。“这个你签一下。”他说。阿格斯收到证监会的函，说要调查我经手的一只股票的交易。在我买进之后几个小时，那只股票的评级提高了。签完那个文件，我感觉心里怪怪的，就像你知道有人在跟踪你的那种感觉。

我开始魂不守舍了。我刚回到办公桌前坐下，电话响了，是“保健黑手党”的人打来的。他透露说，通用型药品板块出现一种趋势，他几乎是哀求着要我买一系列的股票。我买了一些，想看看情况，但是股市一直抛售。我又每只买进 25 000 股，还是一直往下跌。我决定打个电话给摩根士丹利问问为什么股票一直跌。当对方告诉我卖家是谁，我握着听筒的手抓得更紧了。原来是那个哀求着我买进的那个“保健黑手党”的人：这伎俩太低级、太有针对性，通常只有陌生人才做得出来。他真的觉得对我搞这一把戏，我会饶过他吗？他这次是搬起大石头砸自己的臭脚了，他这次死定了。他的名字从我的清单上被划掉了。“保健黑手党”的那些证券一一土崩瓦解。证监会就在屁股后面跟着，搞得大家开始互相猜忌，互相敌视。我谁也不能相信，但我什么事情也干不了。

几周之后，我走进办公室，我已经迟到一小时了，昨晚整宿没睡。李察和美琳达看着我，好像我是鬼。“我以为你父母来了，你今天请了假的。”李察说。我不记得我说过要请假，我父母明天才会到啊。他们不常来纽约，因为他们挺害怕纽约的。他们不敢出门，因为怕走丢了或者被抢劫。上次他们来纽约的时候，去过唐人街，回来的时候脸色惨白。我对李察和美琳达点了点头，转身回家去了。

12 月的时候，我在克里森的办公室跟他谈了谈今年年底评估的事情。我进去的时候，他的脸上勉强挤出一点微笑。我的奖金是 50 万，他就这么单刀直入地对我说，原因是业绩不好，资产降低。我已经连续两年奖金下降了。另外，克里森告诉我，今后的奖金制度要改变了。公司今后不再有固定百分比的奖金了，取而代之的方法是，我们五个人——我、李察还有三位高级分析师，我们靠业绩领取奖金总数的 25%。他认为竞争能够让我们表现得更好，我看是让我们互相动刀子才是真的，我们得在背后互相捅刀子才能够多赚几十万。真恶心。我站了起来，摇了摇头。“谢了。”我说。

2月份的第一个天气暖和的夜晚，简和我推着罗拉一起去外面吃晚饭。我们静静地走着，有种令人不安的感觉，我们最近挺不好过的。走过几个街区，简开始哭了起来。我问她怎么了。她说她很难适应全职在家带孩子这样的改变，每天都让她觉得很难熬。“你的生活一如既往。”她说。“才不是这么回事呢。”我心里大声说着，但我一句话都没有说。我抱了抱她，但她全身紧绷。然后我就发现有一双眼睛严肃地看着我。是个男的，高高的，下巴方方的，很健硕，很精神。他的头发是白的，戴着个巴尔的摩欧里奥队的帽子，那帽子跟他不搭。他看上去像个戴着棒球帽的政客，那种穿着只是想让大家相信他是个普通人。几个街区之前我就注意到他了。他不会是在跟踪我们吧？他的眼神一扫而过，但却直射入我的眼睛，然后他转过头。我把推车推得更快了，简在后面跟得挺吃力的。

几天之后，我又打电话说我生病了不能上班。“食物中毒很痛苦的。”美琳达第二天跟我说。我的肤色依然惨白。我放下手机和钥匙，手还在发抖，我打开电脑。克里森来上班了，他问我感觉怎样，但口气里一点儿诚意都没有。上班的时间我度日如年。我下班的时候，又看见了那个白头发的人，这次他没有戴帽子。我直视他的眼睛。刹那间，我觉得他似曾相识。我很肯定，他是在监视我。他慢慢转身走开了。我花了好几个星期才忘掉他。虽然我很留意，但我没再看到他。可能我把他吓跑了，或者，也许他知道我对他有防备了。

4月底的一天，我来上班的时候，李察和克里森已经在会议室了。克里森让我去看医生，他觉得我有问题。“你今年病假请得太多了。”他说。我一开始还解释，说我昨天告诉美琳达了，我是要带罗拉去见医生。“我知道，”他说，“但你问题不断，所以我觉得你最好去检查一下。”

我是几天没来上班，但他哪里知道我家里的日子也不容易。我得先把克里森打发了，所以我跟他说，我下星期还得去见医生。但我的健康问题不是我们开会的唯一原因，他要跟我谈自营交易的事情。“我要你只交易我们没有参与过的保健股票，”他说：“有分析师说你只挑他们的最佳股票来交易。”

这是说什么呢？我就是这么干的。因为分析师不懂得要如何交易，所以我才来交易帮公司挣更多的钱啊。交易我们没有参与过的股票，这是什么逻辑？

“他们说你去年交易账户业绩很好，是因为你只挑他们的最佳股票。”

我选中它们的时候，他们还没分析出来那是好股票呢——那可是技术。我想要喊了。克里森站了起来，我想那就是谈话结束的意思。他往会议室外走着，我叫住他。

“我有一个问题，”我说，“要不，让分析师自己挑自己认为最好的股票来交易——也许他们可以自己来操作？”克里森的脸涨得通红。他回到会议室，开始用拳头敲着桌面。

“你做你该做的，我做我该做的，怎么样！”他咆哮了。我在阿格斯快五年了，这些年当中，我一直是公司的宠儿。我不可能做什么错事的。克里森走出会议室，我知道了，我的地位不再牢固。

屋漏偏逢连夜雨。6 月份的时候，在清理过期期权的时候，我忘了每天收盘前检查我们所有的仓位，这是我每月第三个星期五需要做的事情。每个月，这些期权都需要转变成证券，要不然就等于废纸一张。星期六我发现情况的时候，我知道那是小事一桩，星期一再解决都可以。但在星期天晚上的时候，我接到“聪明的卡尔”的短信，说有一家公司要收购另一家公司，而且价值非常高。这叫“稀释”，也叫“摊薄”。华尔街的分析师认为那家公司的出价高了。这对股票价格不利。因为我星期五没有做好工作，所以我们公司还拥有 10 万份那家公司的股票。星期一一开盘，股价已经跌了 10 块钱了。我的过失让公司损失了 100 万。

这个大过失过后的第三天，我又没法工作了。我看上去像是整夜都在哭个不停，在交易桌前我好像也哭个不停。我径直走进克里森的办公室。我知道我眼睛肿肿的，脸塌塌的，手抖抖的，他应该能理解。“简昨晚小产了。”我说。克里森什么都没说，除了一声“OK”。他知道我今天是没法工作了。我转身就走。出去的时候，我也一句话没说。

之后，我就开始在自己管理的账户上不断损失。又过了一周，我们公寓的一个水管破了，我只好又请了一天假。再下一周，我眼睛发红，于是又打电话请病假。我的运气怎么这么背，无法做自营交易了，我这个样子赚不了钱的。克里森要让我垮台，要不然他为什么只让我交易那些我们没有参与过的股票呢？我接到杰西的电话，说我们赞助的嘻哈歌手犯上枪支方面的重罪，得坐牢五年；我们投资的赛马也不能跑了，它总是最后一名。我们在新泽西的那家多汁烤肉汉堡店勉强达到收支持平，但要在大西洋城的博格达开第二家，还需要很多钱，而我缺的就是钱。还有比这更糟的状况吗？在家里，简对我不理不睬的。即使她对我说话，那也都是指责。“每天都是去吃工作晚餐喝得醉醺醺地回来。”她说。如果说我的生命中还有点希望，那就是我女儿。她开始讲话了，还从摇篮里向我伸手：“起来。”她在公寓里到处爬。当我看着她，我感觉很平静。她的头发长长了，眼睛是碧蓝色的，胖嘟嘟的脸颊红红的。一天晚上，简和我决定要租《与歌同行》来看，是关于乡村歌手约翰·凯西的故事。罗拉还没睡，所以我们把她放在沙发上，跟我们一起。我们看着看着都累了，想明天再继续看，影片里乔奎·菲尼斯开始唱那首主题歌。罗拉听了，坐起身来，开始晃动她的肩膀。她竟然做起西米肚皮舞的动作。想起这件事我就笑，至今仍然如此。

7月的时候，我决定要带简去希腊。过去几个月我们太过疏远，希望此行能够改善我们的关系。简的妈妈愿意帮我们照顾罗拉。但当我跟克里森说我要休假的时候，他说不行。他说交易员不能在每个季度各公司汇报业绩的时候离开，这是华尔街最忙的时候。我说要取消旅行已经太晚了，我已经买好票了。我必须得去，为了简，也为了我。

我们住在圣托尼里岛上最漂亮的酒店——卡迪基斯酒店。我们住的房间是在靠山的那一面，感觉好像是个洞穴。碧蓝的大海环绕着已经陷入海中的火山，景色壮丽无比。夜里，我们在寂静的小镇上散步，看到一位做首饰的匠人。简看到一枚精美的戒指，上面有一颗蓝色的宝石，闪闪发光。第二天晚上，在她洗澡的时候，我冲到小镇上买下那枚戒指。在酒店里，我们订好了晚餐。我们去用餐之前，在阳台上一边喝着酒，一边欣赏着美丽的大海。我单膝跪下，向她求婚。她答应了，我们俩喜极而泣。

夏天过去了，我们帮罗拉报名上了她的第一个学习班——双语（英语和西班牙语）学前班，另外，还有母女同上的音乐课。我则开始计划给她庆祝第一个生日。我决定要租一艘游艇，邀请 150 名宾客，绕曼哈顿航行几圈。我们要安排一个周日早午餐合并的餐会，再叫个乐队。我前前后后忙了几天，打了好多电话，交了一些定金，整个生日庆祝安排得差不多了。我跟简说我晚上要出去见几个朋友，会迟点回来。但我凌晨 6 点才回家。我只有洗个澡，再准备好去上班的时间。

情况开始变得很糟糕。一个小时之后，我站在布里克和拉法叶大街的交界处。李察在办公桌前接了我的电话。“我大学同学昨晚闹自杀。”我说，鼻子不断抽着。

“嗯，”李察说，“嗯，真糟糕。你怎么样？”

“我得飞到俄亥俄州去，”我说，“你能跟克里森说一下我星期一回来上班吗？”我挂上电话，又看到了那个白头发老头。至少我觉得那是他，不过我不确定。我就一瞬间看到他，接着他就消失在街角。我没有朝家走，而是朝南走去。简和罗拉还在睡觉。我就想一个人静静。我下午回家的时候，跟简说起俄亥俄州那位朋友的事情。简问我怎么样。她很担心我的状况。她说我该去看看，但我说我已经跟他谈过，他没事了。我只想休息休息。

罗拉周岁生日之后的第五天，我瘸着腿走进公司，全身湿透了。我流着血，我的西裤上还有几个窟窿。那是早上快 7 点的时候。保安用疑惑的眼神看着我，我没正眼看他，向他挥了挥身份卡。我拖着右腿，走进电梯。我一只手扶着电梯壁支撑起我的身体。我的呼吸急促，站立得很艰难。我进了电梯，幸好没有别人。

我不知道我还能撑多远。每跨一步，我的右腿就突突作痛。每走过一张桌子，我就得停下来喘口气，休息一下。然后我探头看玻璃墙那边美琳达和李察在办公桌前干什么。他们都抬头看到我，然后两人面面相觑。那是他们的标准表情：特尼这星期五又倒霉了。他们很害怕。我努力想说点什么，但我开不了口。最终我说了："我被抢了。"李察和美琳达又看了我一下，接着继续面面相觑。"我得去医院，我的腿受伤了。"我开始一瘸一拐地走出办公室。

李察站起来跟着我走出去。"有什么需要就吱声啊，"他说，"你真的没事吗？"

我叫了一辆出租车。"莱维顿街 107 号。"我对司机说。我发了个短信，跟简说我上班路上掉坑里了。接着，我又发了一个短信，说我得去让医生瞧瞧我的膝盖，稍后再打电话给她。我知道她此时还没生气。我坐在出租车后座，全身发抖。我摇下车窗，又摇回去。我长长地吐了几口气。我回头看着是不是有人跟着我的出租车。我低头看看我的膝盖——血还在流。我的手掌红红的，皮肤下面有一些细细的沙砾。我把湿湿的衬衫脱下来。

莱维顿酒店的大堂光线挺暗的。我递过我的驾照和信用卡，说要开个房间。他们看着我，一脸的疑惑，但他们什么都没有说。那个大堂礼宾员为什么走到后面去了？我是不是该转身离开，但他们已经拿了我的驾照和信用卡。于是我等着，情况不妙，怎么这么久？"好了。"前台把我的东西还给我，还给了我一把钥匙。“上电梯，14 楼，出电梯往右。”我一把抓过钥匙，匆匆奔向电梯。

到了房间里，我迅速脱下衬衫和裤子，扔到椅子上。我抓起遥控器，打开电视，转到色情频道。床上一片雪白，我很怕会把血染上去。我把所有的口袋都清空了，把东西都放在床头柜上：钥匙、钱、信用卡、手机还有两袋可卡因。我把其中一个袋子放在床头柜上。我想哭，但我哭不出来。

昨天晚上，一开始的时候，一切都进行得那么顺利。下了班，我就去喝了几杯鸡尾酒。大约 10 点的时候，我打电话叫一个交易员出来。我半夜的时候回到家，简和罗拉都已经睡了。上床前，我想再抽几口，但我停不下来了，一发不可收拾，没有什么可以控制得住我。我就在沙发和浴室之间来来回回无数次。我知道我已经三天三夜没睡觉了，这是星期三开始的。该死。简见到我的样子不知会怎么说我？我看着还在冒血的膝盖。简直不敢想象，我竟然说我被打劫了。我已经编不出理由了。

我整个人废了。我没有被打劫。

两小时之前

出租车把我放在第 54 街和中央公园交界的地方。天还没亮。漆黑的天空继续飘洒着昨晚开始下的雨。整个城市处于混沌之后、拂晓之前的那种临界状态。“而我是唯一的生还者——勉强生还。”我一边练习着台词，可卡因一边从我喉咙后面流淌下去。我得去上班了，要不然他们要炒我鱿鱼了。连续两个晚上吸毒喝酒，此时的我站在街角，几乎要休克了。

我用颤抖的手点燃一根烟，开始绕着街区行走。我吸进绝望，吐出焦虑。我这副模样，怎么能走进公司呢？我走到小巷子里，半根还没有抽完，我就弹掉香烟，烟接触到湿湿的水泥地，嗞嗞作响，却让可卡因作用下的大脑迸发出一个火花。如果我被打劫了怎么办？我觉得浑身一阵爽快。突然，我眼角的余光看到有一个黑影正在越过街道，朝我走来。那影子来得快，去得也快。我又点燃了一根烟，不知不觉中，我已经绕我家的这个街区走了一圈了，我已经回到刚开始的地方——街上出现了一个水坑。我深呼吸了一口，闭上眼睛，站在水坑前面。我得开始被抢劫了。

第一次尝试……

我的身体不配合。我怕疼。

我站了起来。

第二次尝试……

这个跳水动作很不情愿，但我的两个膝盖都撞上了水泥地。

我的手掌也一片火热……

我感觉我的脸上一片湿湿黏黏的感觉。

我用嘴尝了尝味道。

我的裤子全湿了，皱了起来。

我的衬衫还是干的。

再一次！

再一次！

再一次！

感觉上我好像是被推倒的。我跌下那个坑，跌得好重，我的脸碰到水面，接着碰到下面的水泥地，一阵刺痛。我抬起头，又看到了那个影子，它飘到小路上我之前站的地方。现在我又站了起来，怎么起来的，我自己都不知道。我能感觉到血从膝盖流向小腿肚；我的手也划破了，流着血。那个影子慢慢增大，变化成某种东西。接着我又倒在街上那摊水里。我停不下来。

我摔坏了，流血了，上气不接下气，我抬起头，疯狂地找寻着对我施暴的人，但我什么也看不到，我只看到马路牙子，还有停在街边的汽车的轮胎。不知怎地，我努力地站了起来。那个影子不见了，我心里的恐惧消除了，我放松了。我的目的已经达成。我走进公司大楼的时候，我的喉咙背后还是有可卡因在往下流动着，不过现在还伴随着一些血的味道。

我不能再这样生活下去了。

我没有什么朋友闹自杀，我家的水管也没有爆过，只不过漏了几滴水而已。简有过一回小产，但那是我打电话请病假之前两星期的事情。我差不多每周都得病一回，但我真正的病因并不是我说的那些借口。我每星期有四个晚上吸可卡因。我会跟简说我有工作晚餐，但我却到酒店开个房间，开始吸食可卡因。我跟朋友们说我晚上都忙着工作晚餐的事情，但我跟华尔街的朋友都说我得回家当好爸爸。我以为当简说她怀孕了，我就会收手。接着我就期待着，我女儿出生的时候我就不会再吸毒了。但是，当简和罗拉睡着了，我就会蹑手蹑脚地溜进电脑室，整晚看黄片、吸毒。我停不下来。

我怎么会到这个地步的？我知道，两年前不应该记下那个毒贩的电话。我一塌糊涂，再看一个片子，再吸一条，然后我就把所有毒品都冲到厕所里去。我会打电话到公司，告诉他们我还在医院。我还会打电话告诉简，让她知道我没事。再吸一条，就一条。看看猫眼后面是不是有人，再吸一条……检查猫眼，再吸一条……

我抓起手机。简发过三条短信，克里森发过两封电邮。简开始担心了："你在哪儿？发生什么事了？你没问题吧？大家都打电话到家里来找你。”克里森的电邮显得不太关心：“你今年太多杂事了。我们得聊聊，给我回电话。”另一个电邮：“你星期一得来公司，我们得聊聊。”

我看了一眼时间：下午 2：30。色情片还在放着。我租了 20 多部片子。可卡因还剩下一条。我听到一个声音。我知道那是我脑子里发出来的，但我听得到。“这是你的最后一条可卡因。”那声音说道。我全身发抖，就这么定了，这是我最后一条。

我一塌糊涂。

33

离开莱维顿酒店后三小时，我回到自己公寓大楼的外面。我身上还有手机、信用卡和驾照，身上还有衣服，除此之外，别无他物。我在咖啡店的玻璃上看自己。我确确实实像一个无家可归的人。没过多久，伊森和杰森也都坐出租车来了。他们一脸迷惑，迟疑地向我走过来。“老兄，你没事吧?”伊森说。我爬进出租车的后座。我们朝杰森的家出发，因为伊森和女朋友住在布鲁克林的一个单间公寓套房里，杰森住的是一居室的公寓。我整晚在杰森家的沙发上，第二天上午才给简打电话。我不确定她会不会接我的电话。

我假装被打劫，又去酒店住过之后，我带着一种既焦虑又充满希望的心情走回家。不知你信不信天命，我觉得我是被某种类似上天的启示这样的东西给打中了——我觉得我好像是走在从罪恶到解脱的康庄大道上。但我需要做的第一件事就是忏悔我所做的事情。我知道这么做会伤人心，但是我对自己解释，说那就像撕掉一块创可贴。“果断点儿，撕了。”我心里说。我把一切都跟简说了，至少把有关可卡因的事说了，然后我说我一定会痛改前非，我请求她支持我。

我看得出她的大脑正在把以前的迷惑一点一点地拼凑起来，她渐渐明白过来了。无数个不眠之夜，在家里无端的疯狂行为，工作晚餐应酬不断，还经常请病假，这些事情现在她都搞明白了。但我无法解释为什么我一直这么做，我也希望自己知道原因。我唯一知道的事情就是：每天早上我醒来，我都会决定今后再也不这么做了。接着，白天的时候，我会信心十足，说我这次已经能够控制好自己。但是到了晚上，我的渴望就像七岁小孩期待圣诞节的到来。我必须来点儿。

她表现出来的不是很震惊，而是生气，泪水滑下她的脸颊。我以为我掩饰得不错——瘾君子都这么认为，但她却因我而遭受了那么多苦难。她抹去脸上的泪水，露出鄙夷的神情。“我就问你一个问题，”她说，“上个月，我跟妈妈去过一次大西洋城。”求求你，不要问这个问题，我心里祈祷着，求求你。“星期五晚上你自己一个人带罗拉，而星期六上午你连话都说不清楚。”她的眼睛充满了指责。“你有吸吗？”

我想找个理由，但我找不出来。我盯着地上看着，我的头低低的。她抓起烟和手机，走了。“你给我滚蛋”是她对我说的最后一句话。

星期六，我从杰森家里给简打电话，她接了。我说我要去戒毒中心，在亚利桑那州的塔克森，那中心叫“棉花树”。从她的口气我听出她昨晚的怒火已经消失，现在她表现得很冷漠。她说，我从戒毒中心回来的时候，她和罗拉不一定还会在这里。

接下来的时间，我都在电话中继续向家人和朋友忏悔。我妈听到“可卡因”，开始哽咽无语。我担心她又要睡不着了。老爸来听电话的时候，他祝我好运，似乎我是要去上大学。“有什么需要我们帮忙的就开口。”他说。我的非华尔街的朋友们听到消息都很震惊。他们一个个的反应都是：“你用可卡因？”他们都不知道我吸可卡因，但他们见过我的某些怪异行为和我不可靠的行径，他们都猜到了我有些不对劲。

至于华尔街的人，我第一个通知的是塔克舅舅。这类故事他听过太多，但他没想过会发生在我身上。他说他想帮帮我，对我表示同情。接着我打给卡斯和兰迪，他们两人都很不高兴。不知道他们俩是不是觉得他们得负点责任，或者他们只是因为要损失最佳的客户而不高兴。我又打给几个华尔街的朋友，他们都说不要再告诉其他人了。他们说别声张，但我做不到。有个地方我必须通知。

那个星期一，是个特别暖和的秋日。我站在第57街和公园大道的交会处。纽约的车潮人潮涌过，我抬起头看着天空，让太阳的光芒照着我的脸，好像在游戏场接受太阳洗礼的孩子。毒品和酒精已经把我吞噬，但是，太阳的温暖让我再次感觉到完完全全的我。我想要把这个感觉永远留住。我向自己保证，我永远不会忘记此时此刻我感受到的希望与光明。就在这个时候，一个拿着手机的家伙撞上我的肩膀，我手里抱着的一大堆文件掉落在人行道上，如雪花纷飞。“这里不是沙滩，浑蛋。”他转过头骂我，脚步没有丝毫放慢。我捡起我的文件，朝公司大楼走去。

办公室里一片严肃。我不知道这些同事们是感觉尴尬，还是悲伤。即便是跟我有眼神交流的，也都只是蜻蜓点水般掠过。有几个人扫过的眼神竟然让我觉得有几丝寒意，可能是我想太多了。此时我并不是自信满满。不管情绪如何，那感觉是实实在在的。我走进会议室，公司的CEO唐、李察还有克里森都在座。在门口的时候，大家的小声嘀咕已经听不到，只剩下一片不安的寂静。我站着，双手插在口袋里。我低着头看着我的鞋，发现它们都这么脏了。这里的眼神没有比外面的好多少。我把眼神停留在克里森头上方墙上的一个点，似乎我在寻找着地平线。“感谢各位对我所做的一切。”我说，不理睬他们的反应。这可能不是我最光荣的时刻，但我的话真是肺腑之言。我说，我知道给公司惹了很多麻烦，让公司一片混乱。我说我真的非常抱歉。我以为我能控制好。“我出大事了，”我说，“我需要帮助。”我说我要去亚利桑那州的一个戒毒中心去戒毒。“明天就去。”

在座的几位都直勾勾地盯着我。“所以，对每个人来说，我能做的最理想的事情，”我慢慢地说着，“就是马上辞职。”

此话一出，双方的紧张都烟消云散。我是公司的累赘，我也不想继续待下去了。都结束了。他们也不需要炒我鱿鱼。每个人都发了言。我看到他们的嘴巴在动着，但是他们的话像是激流冲过岩石。我的脸热得不行，耳朵嗡鸣不停。我知道他们是真心地担心我的状况。我也知道他们希望我能够早日恢复。但我也知道，我一走出公司的大门，他们会大大地松一口气。

星期二早上，我跟罗拉待在主卧室的床上。我问她知不知道我有多爱她，她点了点头。我说我得出一趟远门，让自己好起来。我说这样可以吗？她又点了点头。虽然说她还小，不可能知道我说的话是什么意思，但她眼睛最深处的那一点光芒让我知道，她明白我的意思。“我爱你和妈妈，超过世上一切。”我说。我拉着她的手，让她在床上蹦着。“我要去让别人帮我整理整理，让我回来做个好爸爸。”罗拉咯咯地笑了，伸手来摸我的鼻子。我全身涌起一阵幸福的暖意，这感觉几乎让我不能自已，但我没有哭。多年吸毒使我已经麻木。我突然觉得我的生活是如此的脆弱，毒品把我对女儿的爱这么轻易地就抹除了。“深呼吸，”我对自己说，“深呼吸。”我抱住罗拉，好像我永不会放手。我就这么抱着她，直到她在我怀里睡去。

飞机在塔克森降落时已经是下午了。很热，很干燥。我很想抽根烟，但我更想上厕所小便。我冲进机场的厕所，在镜子里看到自己，看上去我还是一塌糊涂。我给简打电话，直接听到留言信息。我过去等行李。输送带终于把我的包送过来了，我抓起行李，拖到一边，接着我立刻点上烟，吸了一根又一根。第三根烟抽了一半的时候，有个久经风霜的老人朝我走过来，那脸的颜色和质地就跟马鞍一样。“太阳晒过头了，”我想，“至少多晒了十年。”他举着一个牌，上面写着：“特尼先生”。

“特尼是我的名字。”我这就算是自我介绍。

“我是比尔。”他伸手要来帮我拿行李。

“我自己来。”我说。可能我看上去比较虚弱吧。比尔和我穿过机场的停车场，来到一辆枣红色的房车面前。到中心需要半小时。刚开始我东张西望看窗外的风景——机场附近的风景都一样，高速公路、立交桥、连锁大超市。真不敢相信我竟然来戒毒中心了。

“你用的是哪种毒品?”比尔打破了沉默。

“可卡因和酒，我想。你在中心工作吗?”

“我退休了，但我每周在中心干几天，他们需要什么我就干什么。我喜欢在那里工作，它能时时提醒我为什么今天不能喝酒。”

“多久了?”我问他。

“没酒精?”他微笑了，“22 个年头了。”

我真想相信他，但我相信不了。

“日子就这么过着，孩子。”他哈哈一笑。比尔挺讨人喜欢的，我立马喜欢上他了。“一天一天地过着。”

我还是喜欢他，虽然他有点啰唆。车子在红灯前停下。

“虽说我不该这么做，”他说，“不过，你进去之前要不要先买足香烟?”

我的每个口袋都鼓鼓的，里面装着烟，我感觉自己好像穿了防弹衣。车子来到一个大铁门前，那里有个保安亭。比尔跟保安挥挥手，亮了他的身份卡。过了第一道大门，第二道门那里保安更多了。

“好了，我只能到这里了。”比尔说，“你可以再打最后一个电话，但我得看你进去之后才能离开。”

我又给简打电话，听到的又是留言。这周围的景色真美：灌木蒿是黄绿色的，仙人掌是锈色，有些高达 10～12 英尺；远处是黛青色的圣卡塔琳娜山脉。我走进中心，比尔把车开走。我感觉完全被寂寞笼罩了。

入住手续办完之后，我被带到自己的房间。房间很小，有四张小床，三张床上都放了东西。有一个小浴缸。这里跟四季酒店里的套房不能相提并论，但也不像是纽约宝瑞慈善中心的房间。我想象着这样的中心都应该是挺高端的，有个厨师，有游泳池，还有瑜伽课程。这地方让我联想起大学的一个小校区。弯曲的小道连接着数个建筑。我放下行李，立刻去找指派给我的治疗师。我想立刻开始康复的过程。

来这地方两个星期了，我终于和简通上电话了。由于时差和中心对电话联系的管制，之前我只能给简留言。我在外面的露台给她打电话。黄昏时候的沙漠真美。“嘿。”她淡淡地说。

“你怎样啊?”我已经 14 天没吸毒或喝酒了，我感觉清醒无比。“世界真美妙。”我的态度足以让真实世界的人感觉厌烦。我哇啦哇啦地讲我感觉多么好，我上的那些课多么有用处，这里的导师多么厉害，等等。我说我剃了个光头。“简，我觉得我已经找回原来的我了，”我说，“我在学习如何再次生活。”她回答之前，有一两秒的停顿。

“是啊，你能好好度个假，享受享受，挺好的。”她说，“我越想越觉得你这次太自私了。你一点儿都没有考虑到女儿，没有考虑到我。你考虑的都是你自己。”

我头顶的彩虹开始渐渐消退。

“你的信用卡账单我拆开看了，我帮你还了。里面有十几笔住酒店的钱。”

我想要解释，但她一个字都不想听。我能说些什么呢？我在那些酒店里待上六个小时，看着黄片，打着飞机，吸着可卡因。而她，在家里为我担着心，还得做事情，照顾罗拉。

“简，我没有背叛过你，”我说，“我保证。”

电话那边传来忙音，我拿电话的手垂到腿边，我望着远山。粉红的晚霞中带着紫色。沙漠那边吹来的是温暖的微风。

34

28 天之后，我已经洗心革面了。我的身体里再也没有那些残害我的毒素了。太阳晒过的肤色，头剃得光光的，胡子也剃得干干净净的，看上去比实际年龄三十七岁还要年轻。我走出大门的时候，闭上眼睛，抬起头，让脸对着阳光——就像上次在第 57 街时那样，不过这次没有人来撞我的肩膀。我唯一感受到的是新生活带来的暖意。我睁开双眼，看见老朋友比尔站在那里等着我，好像他是从天而降的。“我来帮你拿行李吧。”他说着，笑了，脸上的皱纹好像皮夹克上面的褶子。我跳上他的那辆车，扣上安全带。“哪家航空公司?”他一边把车开出去，一边问我。

“带我到最近的酒吧。”我说。他一脚猛踩刹车，车子吱吱叫着停住了。他看着我，百思不得其解。我眼里的笑意出卖了我一脸的严肃。我们都一起大笑起来。

“拿瓦侯族印第安人的话说，笑是纯净的象征，”他拍拍我的膝盖对我说，“你会没事的。”

电梯门开了，简拉着罗拉的手在等着我。罗拉有点不知所措。我的心都快碎了。只有胡迪尼和 MC 很高兴看到我回来。我蹲下来，张开双臂。接着，罗拉笑了起来，蹒跚地走了过来。我一把抱起她，紧紧地抱住了她。我的宝贝儿感觉到了我的脆弱，一下子温暖了我的心窝。简此时比较难沟通。她站在那里，紧紧抱住双臂。她想挤出点笑容，但是她笑不出来。

我们那天就在一起，在家里待着。我们之间的那种尴尬，比第一次约会还糟糕。不知道简的感觉是不是和我一样糟糕。这种感觉只是我觉得不舒服的一部分原因。我以为把过去扔在脑后很简单，但有很多东西都提醒着我用毒品的事情：看着电脑，我想到黄色片子；厨房里的盘子让我想到可卡因；狗让我想到过去的那些不眠之夜。我把手放在客厅的砖墙上，希望能找到可靠的感觉。但我什么也没有感觉到。

那段日子很难熬。我和简的爱，有时候和以前一样牢不可破，但有时候，我们就像是陌路人。她老打电话，有时候是跟朋友，大多数时候是跟她妈妈聊。好像她们是合起伙来要跟我过不去，而我也没有理由可以向她们反击。我是那个瘾君子，是我自己去戒毒，一走了之一个月。我想，简的妈妈就像任何妈妈一样。我想，我需要做些什么事情。简没有离开我，但是我们都同意，我们该搬出闹市区，到别的地方去重新开始生活。我们决定先过完这个假期，然后开始着手行动。我必须向简还有所有人证明，我康复了。在戒毒中心的时候，他们告诉我：戒毒后的12个月内，不要有什么重大的改变。但是在实际生活中，这不太容易。我们能不能在一起，要由简来决定。我要做的就是多赚点钱。

1月份的时候，我在家里搞了个办公室开始找工作。每天，我花几个小时阅读电子邮件，在网上看股市行情，还打好多电话。认识我的人都知道了我的情况——华尔街是堵透风的墙。不知道我情况的，也一点都不惊讶。“特尼，你觉得华尔街95%的人拿长假是干啥用的？”我朋友罗伯特问我。所有人都想来帮我。起初，我以为大家都那么爱我，但后来我发觉，如果他们帮我找到了工作，就等于给自己找了个欠他们人情的买方人士。

罗拉很喜欢我待在家里。如果不太冷的话，我们会一起去公园玩，荡秋千。我们一起吃午餐，一起看电视《朵拉探险记》，一起睡午觉。晚上呢，我尽量安排去参加戒毒后支持会，戒毒中心的人一直告诉我要去。

每次我出去，简都很紧张，怕我又会一去不归。在会上，我碰到一个叫凯文的，他也在华尔街工作。他高高瘦瘦的，头发已开始泛白。虽然看上去不太像，但他在大学时还入选过篮球队。他问我女儿情况怎么样，克利夫兰印第安人队情况如何。他像是真的关心我所做的事情。他有个朋友叫克里斯。我猜凯文是克里斯的担保人。克里斯脸圆圆的，戴着眼镜。他是搞媒体的，互联网还是什么的。我不知道他戒毒多久了，但他穿的希姆斯衣服很不搭，一个口袋破了，眼镜腿上还粘着一个白白的标贴。他看上去就是觉得活着很没意思的人。他人挺逗的，像小狗一样跟着凯文。每周一和周四晚上他们都帮我占个座位。我挺喜欢他们的。

有一天，开过会之后，他们约我一起喝杯咖啡。刚开始我还有些拘束。但后来我放开了，我讲的都是简的事情。凯文说她生气是应该的，我只需要专心做好自己眼前的事情就好了。“继续来开这个会，每天给我打个电话，好好照顾自己。”他说，“你已经干得很不错了。”虽然我不这么想，不过他的鼓励还是让我充满希望。我心想，华尔街居然也有这么善良、这么平静的人。

克里斯此时用嘴在眼镜上哈气，接着开始擦眼镜。“在去戒毒的飞机上，你喝酒了吗?”他突然间冒出这么个问题。我摇摇头。“聪明。”他说道，“我喝了，凯文在去明尼苏达州的飞机上一口气灌了三瓶啤酒。”那景象很滑稽，特别是此时的凯文正用咖啡杯来表演当时的情况。这可能是我几个月来第一次开怀大笑吧。这其实一点儿都不好笑，但凯文继续用咖啡杯表演着，每次我都越笑越厉害。

虽说一切都还没有完全安顿下来，但是我的工作开始渐渐步入正轨。1月份的一个星期一的早晨，我在家里的办公室里坐下，打开电脑，看到三封电邮，都是卖方发的。第一封是卡斯发来的，第二封是另一个朋友奥利弗发来的，第三封是另一个朋友帕特发来的。他们都给我些买方的信息。这个时候，我听到简和罗拉要出去散散步。就在这个时候，我突然间萌发了一个念头，想要给交易员打电话。我竟然会这样想，这想法本身就很疯狂。“人生要往前看。”戒毒中心的人对我说。我看了。结果是，我穿着内裤，在酒店的房间里踱来踱去，每隔五分钟就看看猫眼。真糟糕。我抓起电话，跟进了他们给我的几条信息。

那一周就这么慢慢地过去了，有新消息过来，有人要约我面试。我去下城区一家老牌公司面试，面试官非常喜欢我，但他认为我资历过高。他说要给他的一个好朋友打个电话，那家公司可能更适合我。那是一家叫波亚司尼的对冲基金，在中城区，做法跟高利安一样。他们想让我继续做保健板块的交易员。他们说得仔细计算一下，然后会跟我讨论薪水。还有一家叫 SAC 资本顾问的公司，康涅狄格州的，说可能有个空缺适合我，但是他们需要一两周的时间来安排。

跟这些用人单位的会谈，让我感觉我无须存在，都是他们在说。我上次经历这样的谈话，是在摩根士丹利面试，因为我知道《梅洛斯小宅》的剧情而获得了那份工作。我现在知识渊博，很稳重，很自信，我自己都感觉很惊讶。在面试的时候，我都会说，我保证，在这个会议室里，我的 SAT 高考成绩肯定是最低的。但是，如果要打牌赌钱，我肯定总赢钱。这方法每次都奏效。我跟他们解释经营、管理佣金的艺术，我说我可以把佣金减半，但依然提供跟别的经纪人一样的服务。我说，我也会犯些错误，但是我绝不会去掩饰错误，我会很诚实地去纠正错误。“我只想找一个位置，让我把需要在华尔街完成的事情做完。”我最后都会这么说。每次，他们都对我报以微笑，跟我亲切握手并保证会给我打电话。

但是，当我独处的时候，我倍感寂寞，丝毫没有信心，更不相信还会有人要给我工作。我想象着，自己的背上有一个大大的红色标记，整个华尔街的人都看得到。我曾经是个坏小孩，现在理应受到惩罚。我迫不及待地想让简还有全世界都再次喜欢我。现在回头想想，我的状况其实还不太坏。简没有离开我，罗拉很爱我，我在银行里还有些钱。只是我还没有重拾那种感觉。我急着想找到一份工作，只要有人给，我立刻会接受。

而一切也都进行得非常顺利。我朋友奥利弗给的线索开始有了眉目。2月份的时候，J.L. 波克维兹公司打来电话。这公司以前叫克雷默·波克维兹公司，以前的老板是有“疯狂金钱”这个绰号的吉米·克雷默。那天晚上，我跟罗拉在她房间里玩耍。我跟她玩过家家，模拟晚餐上的谈话。“罗拉，我明天要去面试。”我说。她笑了，朝我扔过一个塑料做的肉丸子。“我其实不想去那里工作，但是，有时候我们总得做些我们不喜欢的事情，就像你得刷牙。”我说。听着自己嘴巴里冒出的这些话，我觉得里面充满了矛盾。一个半月以来，我一直想要找一份工作。罗拉咯咯地笑着，假装在吃东西。“还有，我得给你买很多肉丸子呀。”我说，我给她挠痒痒，罗拉笑得更大声了。我亲了亲她的额头。“祝我好运吧。”我说。

第二天我面试完走上大街，手机里就有两个语音留言，是保荐人打来的，他们说波克维兹公司非常喜欢我。我吓了一大跳——这公司什么都做，就是不做保健板块，而我这六年来只做保健板块的股票。不管那么多了，股票不过就是一个代码而已。第二天上午，一个叫杰夫·波克维兹的人打来电话，让我星期四到公司去签合同。那天早上，我穿上蓝色衬衫和卡其裤。我的头发还是很短，基本是士兵头。我的眼睛清澈如缅因河的河水。我即将重返买方的战场。

35

如果在去波克维兹面试之前我对“让纽约更精彩”这句话还有什么怀疑的话，那么这个怀疑在我某天下班回来之后就荡然无存了。简在家中的门廊等着我，她的双手紧抱在胸前，脸色通红，怒火冲天。她跟隔壁邻居又发生矛盾了。那家伙仇视女人，还是种族主义分子，非常令人讨厌。简住进来之后，这邻居就是她的死对头。他把垃圾放在走廊上靠我们的这一边，还经常胡作非为。“这里我是住不下去了，”她说，“如果你想住，没问题，但我得走。”我知道她说得出做得到。压死骆驼的最后一根稻草今天终于出现了。“好吧，”我说，“咱们开始找房子。”

我们必须同进同退。简开始登广告卖房子，开始找新房子——这比一份全职工作还忙。她一上网就是数个小时，不停地找。

她备好了地图、看房时间表、中介的电话，把我们的行程严格地规划到以分钟来计算。我们看房的范围从布鲁克威尔到长岛北部的冷泉港。自从罗拉出生以来，我就没见过简如此兴高采烈。这时我才知道自己有多自私。我们刚认识的时候，她是歌手，刚做完一个世界巡演。我们谈恋爱 11 个月之后，她怀孕了，妊娠反应很厉害，而且持续了几个月之久。孩子出生后，我还尽情享乐、工作，就让她一人在那巨大的公寓里照料我们的孩子，应付讨厌的疯子邻居。此时，她一心一意地要找到最理想的房子，如果我偶尔变得不耐烦，只要一想到我过去的自私，我就什么都不会说了。

一天晚上，都半夜了，简在网上找到一个房子。“这房子，不知该不该给你看，”她说，“价钱已经超出了我们的考虑范围，而且比冷泉港还远十英里。”（当时我在看重拍的《A恐怖》，但事后很久我才知道什么叫恐怖。）我还能说啥呢——在电脑上一看，是个安妮女王维多利亚风格的六居室，再加一个客房，再加一个游泳池。

简和我初次约会的时候就提起过，她想住在一间像样的大房子里。简也一直坚持着这个想法，比我要执着多了。她本来就是长岛来的女孩，土生土长。对她来说，在那样的生活区拥有一座房子是一种标志，她认为那是幸福的来源。虽然我也是在大房子里长大的，但我却爱上了都市生活。别的地儿，我哪都不想住。

但自从我戒毒回来，我的想法都变了。保持体内无毒是我的第一任务，不过，更高的任务是要让简和罗拉幸福，还要赚很多钱。我还是喜欢都市生活，但搬进生活区的大房子里住可能是和女朋友还有女儿保持联系的唯一方式。为了说服我自己，我常常想象着罗拉在家里车道上骑着带辅助轮的自行车，还有她在后院玩耍的景象。

我拿到了波克维兹的那份工作之后，其他的一切也都很快地就绪了。我们知道，要卖那个公寓肯定没有问题。2006年的年终奖金我错过了，如果我能拿，那一定是个大奖。我的身后肯定也不乏我这样的人，前仆后继地要争取百万奖金。

前往汉丁顿湾的路似乎非常遥远。整个长岛高速都停滞不前，像个大停车场。如果我们买下了那个房子，我得每天这样上班下班，一星期五天。终于我们到了，在一个弧形车道上停了车。我不得不承认，这地方真是美极了，即使那么堵车也值。这个维多利亚式的大房子坐落在一个小山上，新刷过的白漆，前门处还有百尺高的欧洲山毛榉树。我们开过来的时候，似乎一切都活了起来。山毛榉树在阳光中闪耀着。绿草地和树丛真是杰出的手笔。山毛榉树之外还有日本红枫，像个巨大的盆栽；

还有一株70英尺高的七叶树。地界边缘是20英尺高的冬青树。但最让人心动的是房子本身，特别是那个前廊，像一条大围巾把这个安妮女王风格的大房子团团围住。这房子的价格是240万。

简和我站在前廊，把这个两英亩大的地产好好消化了一番。一句话都不用说，我们彼此之间有默契。我抱起罗拉，问她喜不喜欢我们的新房子。她挣脱我的手臂，在前廊跑来跑去，在这个新的环境里愉快地奔跑着。

我到波克维兹上班的第一天，吉米·克里默的名字至少出现过20次。他从2001年开始就不再跟公司有联系了，但他仍然阴魂不散。这家公司对这个前老板的这种盲目热情的态度让我搞不懂。我看过他上电视，总觉得他是个小丑。我还在高利安的时候，见过他一次，但是大失所望。克里默聘请了高利安搞期权的托德来负责交易。他离开的时候开了个告别会来安抚某些受伤的心灵。不过克里默没有意识到，高利安认为它是在照顾克里默，因为托德和盖瑞关系不好。那个告别会安排在华尔街中城区，高利安公司的人包括拉吉、盖瑞、司莱恩、可琳和我，波克维兹公司的有克里默、杰夫·波克维兹，还有他们新聘请的人——托德。我记得，克里默整晚上都在吹自己如何聪明、如何厉害，似乎他非常迫切想要得到拉吉的认同，但那只是我的观察。直到波克维兹公司的那帮人离开之后，告别会才开始精彩起来。拉吉和盖瑞模仿着克里默，学他尖尖的嗓子，嘲笑他做的那些份额很小的交易。他们把他叫作怪人。

虽然华尔街还是把那公司叫作克里默·波克维兹，但吉米·克里默的名字早已荡然无存了。虽然他阴魂不散，但他不是我的老板，杰夫·波克维兹才是我老板。我挺喜欢杰夫的，我以为他也喜欢我，虽然我们的出身没有任何交集。他是那种正统沃顿商学院毕业、高盛公司实习的科班出身。而我呢，从俄亥俄大学来到高利安，风马牛不相及。如果在学校里他是校辩论队的，那我就是搞笑演员约翰·贝鲁西。也许正是因为这点，他才聘用我的吧。在华尔街，越是你没有的，你越想要。波克维兹是20世纪90年代对冲基金蓬勃发展期间出名的。克里默频频上电视，杰夫则买下他的公司，一直经营着。但是J.L.波克维兹也经历过惨痛的岁月，这也是杰夫要聘用我的主要原因：要改变公司的现状。跟阿格斯相比，我进的这家新公司只有1.5亿的资金（而且还在不断减少），算是家规模较小的公司。在这儿工作比在阿格斯的初期逊色多了。

私家飞机没了，交易场的座位没了，加长汽车没了，买方的派对也没了，剩下的只有工作：买进卖出的单子、销售员、记录交易的打孔机。如今我不酗酒了，不吸毒了，我的生活只剩下工作。我想，我正在经历一个身份危机。我不再是那个在“天然顽皮”派对上坐吧台边上的那个家伙；我也不再是手持酒杯谈笑风生的说笑大师。虽然我知道我过去的举止对我的关系和事业造成了不良影响，不过没有那样的风采，一切都太没有激情了，太没有意思了。但我是为了一个目的而来的：工资。拿了工资，我可以付房贷；付了房贷，我才能保住那个房子；保住房子，我才能让简和罗拉高兴。

我们是2007年阵亡将士纪念日那个周末搬入新居的。那个时候，春意盎然，院子美极了。那房子是1906年建的，原主人是从欧洲移民过来的，来的时候运来这些树，所以这里才会这么美。我们最终以210万成交。老公寓我卖了，扣去中介费、出租房屋让渡税、豪宅税，还剩50万，都当作大房子的首期了。我还又从支票账户里提了10万元，付了些房款，这么一来，我的支票账户也透支得较严重了。之后，我还从威尔斯·法戈公司借了150万。没错，是借了一大笔钱，但房地产是硬资产。

每天早上四点，我的闹钟就响了，我五点就开车出门了。进城的路得开一个小时。还差几公里要到公司的时候，大约5：45，天际线开始出现。我想：此时，是不是有个男孩正走出芭芭拉的公寓？芭芭拉还在做应召吗？她还活着吗？正在离开她公寓的那个男孩，是不是已经吓得不行了？不知道他今天要怎么上班？我心存感激，我不再是那个男孩。我的工作时间是早六点到晚六点。回家路上，交通拥堵，得开上两个小时。杀了我吧。第一天上班简直是个噩梦。我猛按喇叭，变换车道，简给我打电话的时候，我几乎要哭了。她要我回家路上带晚饭回家。“没问题。”我说。我都想要喊了。

我买了辆本田混合动力车之后，就可以使用快车道了，上下班交通就方便多了。但不管是快车道还是我整天听的体育电台，都不能把我的顾虑从大房子上拨开。但问题是，房子太老了，已经200多岁了，比我们想象中的更老。我们不断发现需要修理的东西：内部需要油漆，有些地板翘起来了，有些电线好像是在煤气时代转成电气时代的时候布的。修理工人每来一次，我的钱就花掉一笔。接着，我们又突发奇想，要装一个影院系统。我想象着在那里播放我自己拍的电影。我们刚搬进去的时候，三楼是铺着复合材料的阁楼，低低的，布满了蜘蛛网，到处是尘土。墙还是棕色的。简神奇地为阁楼换上了长毛地毯、竹子的顶罩、影院座椅、106寸下拉式荧幕。但代价是15万，是我借来的。我计划着靠我的奖金来支付。我在投资硬资产，我不断提醒自己。但支出却是巨大的。

夏天结束之前我开始觉得工作上手了。起初几个月，我找到一些降低成本的方法。我把没用过的彭博终端给撤掉了，把没有用的研究服务给停了，还有，我保证过的，我把佣金和对冲费用都降低了，此举会让公司少花1 500万。但是，我花了挺长一段时间才把交易搞得有声有色。我经历了四个月赋闲才找到这份工作，之前的两年我用了不少毒品。每天下午，我都觉得比较累。我得学新的交易系统、新的电脑知识。最重要的是，我得适应自己的新身份。最终，我完全恢复了。之后，我对交易感到信心十足了。接着，我就开始赚钱了。

有一天，杰夫从他的办公室里出来，叫我把所有的苹果股票都平仓。

"雷曼公司就要给它降级了，"他说，"我们得清仓。"他几乎疯了，要我立刻操作。就在上星期，他还跟我说苹果股票是我们公司买得最好的股票。但现在，他来了个 180 度大转弯。我知道，此时卖出是个错误之举——我全身每一根交易员神经都这么告诉我。但我现在初来乍到，希望尊敬大家，特别是对我的新老板。

"这个降级有什么说法吗?"我问，"有没有实质问题?"

"没有，"他说，"一派胡言，这不过是在评估——他们简直不知道自己在干些什么。"我走进他的办公室。

"杰夫，"我说，"如果这是我们买得最好的股票，现在就不应该卖。我们应该很高兴啊，现在可以买进更多。"他已经命令初级交易员希瑟卖出 5 万股了。

"雷曼公司说会降三四块钱。"他说。

"那又怎样?"我说。但我看得出杰夫已经铁了心。他朝希瑟嚷着，再卖出 25 000 股。

股票应声跌落。我坐在桌前，看着股价直落 4 块，正如杰夫所说。但我知道自己没错。又过了一两个小时，股票开始涨了。我们没有补仓。当天下午，股票的价格已经高出雷曼公司评级下降时的价格，但是我们手头已经少了 75 000 股。杰夫没跟我说话，但我清楚，他知道我是对的。更重要的是，我知道自己是对的。

不过，挺有意思的是，几乎是在我摆脱过去的同时，我竟然没有一个对象可以诉说。而且，几乎是同时，我立刻想到一件事——我怀念起"保健黑手党"的那帮人，我应该可以跟他们说说我这次准确的判断，而他们也知道这对我意味着什么，因为我们都处在同样的处境，我们都了解所有的玩家、背景故事还有其他的荒诞故事。当然，我跟简谈了。但是有关华尔街故事，她听了总是不以为然地转着眼珠子。跟新办公室里的人没什么好谈的。有些时候，那个过去的我会跳出来——我会唱首歌，会说个有趣的笑话，同事们都会哈哈大笑。不过，他们一般都认为我是突然接错了线。现在不同了，这不是我钟爱的华尔街了。

有一天下午，卡斯给我打来电话，说他要跟我聚聚，吃个晚饭。我重回华尔街之后还没吃过工作晚餐呢，当然了，跟卡斯吃饭不算是那种工作晚餐。再说了，他知道我已经不喝酒不吸毒了。我说聚聚很好。我需要在上班、工作、下班、睡觉之间做点别的事情。这一切慢慢要让我吃不消了。卡斯还要带我去第 75 街他的新公寓瞧瞧。他现在跟女朋友同居了。我说可能下次去吧，咱们就吃个晚饭，我最好在罗拉睡觉之前赶回家。

我们在我的办公室对面的休斯顿餐馆碰头。其实，那个地方在花旗银行大楼里，现在叫希尔斯通，但大家还是叫它休斯顿。我们吃了些鸡柳蘸菠菜酱汁，我原本要离开了，但卡斯问我最近有没有见过兰迪和詹姆士。回来之后我没见过他们。我每天都会和兰迪打电话，因为他现在罩着我做事，不过我没有见过他。但我戒毒后没跟詹姆士说过话——我们的关系是纯粹的派对/生意关系，而我现在也没跟他做生意了。不过，我还是怀念那些旧时光。在我戒毒回来之后，参加过几个支持会，他们告诉我要远离那些能够激起我毒瘾的人、地和事。但是眼下情况越来越离谱。现在我不能喝酒，但我不能连朋友也不要了。另外，如果我还想在华尔街混，我总得有些表示吧。我不会碰可卡因，我也不会碰酒。所以，会有什么害处呢？“我们去见见他们。”我说。但是卡斯不想这样，他想让我跟他回去看看他的新公寓，见见他的女朋友。“下次吧。”我说。

“白宫”跟以前没什么两样，只是更脏了。厨房里有四个人，兰迪和詹姆士跟另外两个人围着一个可卡因的盘子。他们看到我来了，先是震惊，接着是愧疚，最后是高兴。我跟大家都招呼了一下，接下来就是一阵令人不安的寂静。我们都看着台面上的那个盘子，上面盛着一堆可卡因。大家当着我的面，都不敢动。可能大家都在等我先动手吧。“别管我了。”我说着，朝那个盘子挥了挥。但我感觉很不舒服。

我走开了，不在那个台面前待着。我点燃了一根烟。兰迪吸了一大条可卡因，然后走过来跟我说话。“我们要搬了。”他说。我还没来得及问为什么，詹姆士开始侃侃而谈。

“你听说了吗?”他说。此时他已经吸了不少，开始有点颠了。我当然没听说。“还记得肯尼吗?”他说。“记得。”我说。他不是混华尔街的，但他是“白宫”的常客，也是给“白宫”提供白粉的人。他天天都在这里混。他怎么了?“他被逮住了。”詹姆士说。

“据说，是他告密的，”兰迪说，“不能允许他再来这里。”

我感觉整个屋子都在旋转。我想到那个戴着巴尔的摩欧里奥队球帽的人，在我家公寓前停着的那辆黑色轿车。我还一直以为会因为在高利安的内幕交易被抓。但也可能是警察想抓华尔街的一些小混混而已。我再也待不下去了。我要回家——回汉丁顿海湾。我想紧紧抱着我的孩子。

36

几天之后，我在办公室里跟兰迪讲着电话。他邀请我来“白宫”，他要搞个告别会。那是最后一次的狂欢。他告诉我，他们要穿一件 T 恤，前面画一个充满血丝的眼睛，后面印着我的名言：“我们不排队，我们鄙视排队。”我不知道我还会不会那样说，但我还是要了一件 T 恤。我挂了电话，我不会再靠近“白宫”，特别是有人可能已经被抓了，还可能是个毒贩。

但是那天晚上的情景，还会经常出现在我的脑海。下班之后，我到了公司附近的停车场。管理员看见我，对我笑了一下，接过我的停车票，跑着去取我的车。差不多每天都是同一个管理员；我都会给他三五块钱的小费，所以他认得我。只有一两次例外。我总是从第 56 街出口开出去，这样我就可以立刻右拐，上第 5 大道，接着上昆斯博罗桥的上段。载车电梯的门开了，管理员开着车，他却对我示意走第 55 街的出口。他为什么这么干？如果我从第 55 街出口出去，我可以右拐，朝第 2 大道开，进入下城区，到达“白宫”。

如果我去了“白宫”，几乎就可以肯定我会用可卡因，即使如此，即使我知道用了可卡因，我和简还有女儿的关系就会土崩瓦解，我开始考虑要不要去。一旦考虑的门打开了，想去的念头就更强烈了。我闭上眼睛，想要把这个念头挤出我的头脑。“不要做傻事，”一个声音在我头脑里出现，“直接回家。”我睁开双眼，管理员正看着我，一脸的疑惑。我把头慢慢地往第 56 街出口方向移，接着开出去，回家了。

虽然我的大脑做出了这样的明智决定，但我的身体却还没有消停下来。我双手紧紧握着方向盘，好像我的车是刚冲出悬崖。我可以感觉到腋下在流汗，往我身体两侧流下去。我点上一根烟。上了桥就好了，只要我上了桥，就不会再回去了。路上非常堵。开到第 57 街之前就遇到了好几个红灯。我又点上一根烟。现在能来一口可卡因该有多好啊。开始了就停不下来了，我提醒自己。接着，我的小小幻想把我带到常去的地方：在酒店的房间里，有足够的可卡因和黄片可以让我玩好一会儿，再来一瓶酒让我平衡我体内的物质。我低头看着控制台上摆着的我家的钥匙。我抓起那把钥匙，幻想着把它插进一包可卡因里面。我拿起那把钥匙，靠近鼻子，狠狠地吸了一鼻子。我的头往后仰，双眼紧闭。接着我身后响起了喇叭。我睁开眼睛，前面的车已经开始动了。我把钥匙扔回控制台上。回家就好了。在我开过关键的那一点之前，在我上引桥之前，我还感觉到最后一次冲动，想调头回去，开回下城区。但我又意识到，我周围的车已经封锁住了我的命运。我慢慢地开上了引桥，开上大桥。

那一星期的后几天，我住在城里，住在莱克星顿街的一家酒店里。这么开车上下班整死我了。简安排她妈妈来带罗拉一晚，因为简要跟一个朋友聚一个晚上，我也顺便逃避一下那个全世界最长的停车长龙。我住进酒店之后，打了个电话给凯文。我们去了上西区的一家露天咖啡馆，吃法式薯条配可乐。“你家附近有支持会吗？”他问我。

“还没找到，”我说，“这星期，我回家太晚了，周末我都跟简、罗拉在一起，还有家里一堆事情要做。周末我们才有时间真正能够做些事情。”凯文点点头，但他的表情介于无助与同情之间。

跟凯文话别之后，我穿过中央公园来到东区。我走过莱克星顿街，走过第 2 大道，经过一个又一个酒吧。以前没注意到竟然有这么多酒吧。我想，是因为如今我不喝酒了，才会注意到有这么多酒吧。我发现自己的眼神起初会在每个酒吧门口停留。我会朝玻璃里面望，看着那诱人的黑暗。我又经过一个酒吧，典型的纽约路边小酒吧，特别诱人——我常混的那种地方。它对我不断发出牵引的力量，我轻易地就投降了。我找了个空位在吧台边坐下。隔着两个座位的那个男的瞄了我一眼，他让我想起几年前的拉瑞。调酒师问我要喝什么，我直勾勾地看着调酒师的眼睛，但我的嘴动不了。“我先去加点冰块，”他说，“你想想看要喝什么?”他低头去拿一个冰桶，而我则朝门口夺路而逃。

37

6月的一天，杰夫叫我去他的办公室，他说要跟我聊聊信用市场。信用市场？我才适应次贷的事情，现在他又要跟我谈信用？自从2月份之后，华尔街的人都在谈论次贷。汇丰银行曾把105亿美元的次贷抵押证券列入坏账，那是我第一次了解什么叫次贷。接下来的几个月，次贷成了华尔街人人谈论话题。刚开始，大家主要担心的是房屋建造板块和财经板块受到影响。但到了6月的时候，华尔街——至少我负责的这部分——不那么担心了。大家都说，那是住房方面的问题，是某些贷款群体的问题。“都是小部分人，”我听大家这么说，“跟我们没有一点关系。”

但它的确给市场带来动荡不安的局面。市场越动荡，越有大钱可赚。我开始进进出出交易财经股和房屋股，低买高卖，跟着市场的节奏行事。我能感觉到那个节奏，我也适应得很好。与此同时，不管什么次贷不次贷，股市的其他板块也因为合并和收购不断上涨。这股市涨疯了。道琼斯指数有三位数的升降。自从我开始交易以来就没见过这样的场面。从前，M&A交易一个月来那么一次吧，现在，每天一次。谷歌买下了双击；雅虎买下了正确媒体。因为有传言说微软要买下雅虎，我们就获益100万。收购计划多如吃豆游戏里的豆子。我要做的就是好好引导一下吃豆子的方向。接下来，出现了广告网络的大整合。我们的一位分析师说，有个叫aQuantive的数码广告公司是主导的收购力量。我们认为他说得对，所以就买进了。一周之后，有新闻爆料说微软要出60亿美元买下

aQuantive公司。这消息公布的前一天，aQuantive的资本只有28亿美元。我们从交易中获益几百万。小菜一碟。

但是，当杰夫叫我到他办公室去，可不是要拍拍我的后背，说我干得好。我的所有成就都是因为他领导有方、计划周详。我在他办公桌前的椅子上坐下。他说他看到次贷和信用之间有联系。他开始谈高风险贷款如何作为以资产为抵押的债券被捆绑销售，全世界都如此，特别是在欧洲。我完全听不懂他在说什么。我认为他想说贷款的衍生作用吧，但我也搞不懂。但他说起抵押债务义务的时候，我不想再分析了。“你要我怎么做?”我问他。

“开始关注信用市场。”他对我说。我有点担心。我现在唯一关注的是怎样不被堵在长岛高速公路上。

我到家的时候，简和罗拉在门廊那里等着我。我开上车道的时候按了几下喇叭。简跟我还是有那么一点点别扭。问题在于，她不信任我，即使我几乎九个月滴酒未沾、毒品不碰。“我打电话找了家公司要给游泳池加个盖。”我走上门廊，朝她走去，她对我这么说。罗拉飞快地朝我跑来，给我一个大大的拥抱。“太好了。”我说，语气也尽量表现得很兴奋。但她的每个字都标上了金钱号。我们都担心游泳池没有盖，家里还有个一岁半的小孩到处乱跑。虽然我的工作做得很好，但是我们的房子是个无底洞。

这之后的几周，我尽量多学习了解关于信用市场的情况。我的电脑屏幕上开始不断出现“技术娱乐设计”利差、伦敦银行同业拆放利率-隔夜指数掉期利差、主权债务还有主权信用违约掉期等。关于这些，我知道的不比罗拉多。但我知道一点：信用在吃紧，如果银行不像以前那样放款，经济就要开始出问题了。

杰夫比其他人早一两个星期开始关注信用危机，但现在他就像《万圣节》里的杰米·柯蒂斯。他知道迈克尔·玛雅在家里，但他仍然耐心地躲在衣橱里等待着，要从衣架后面吓迈克尔。他就喜欢这样做。虽然我们账上还持有不少股票，但我们随时可以卖出。他宁可在股市跌了1%或2%之后抛售，也不愿意成为能够触顶的英雄。

7月份的时候，我们平仓了，全国财经——美国最大的单一家庭房屋抵押贷款商——公布了他们的违约率几乎翻了一倍，达到25%。随着房价的猛跌，越来越多的贷款无法被偿还。接着，7月底的时候，贝尔斯登公司宣布，它们两个次贷对冲基金的所有价值全部报销。这个消息让人震惊。外国银行——如汇丰银行——出了问题，是一回事，如果是华尔街自己的银行出了问题，那就是出大事了。情况就像非典出现在了中国香港，你为那些中国人感到不幸，但如果你周边的邻居也戴上口罩，你心中的恐惧是完全不同的。三天之后，道琼斯指数首次攀升到14 000点。不过，好景不长。法国最大的银行巴黎银行将停止向三个基金放款，希望先理顺全法国范围内的次贷混乱情况。两周之内，道琼斯指数狂跌10%，新房屋价格降了20%。整个股市跌疯了。

由于有欧洲银行和美联储注入资金，信用挺了一段时间，股市也正好做了些修整；10月份的时候，股市又高升创下纪录。这次的高涨是因为微软、谷歌、苹果和英特尔这些技术公司的利好消息而导致的。但我不知道要如何解读这样的表象。我周围的一切似乎都压力过大，但是股市竟然依然上涨。我知道肯定是哪里出问题了，但我不想去相信这个事实。问题在于次贷不像几个月前那样能够得到控制了。真正被控制住的，是真相，是美国最大、最有声誉的几家大银行——花旗、美林和UBS等——内部在发生的事情。而且，真相丑陋无比。

万圣节前一个晚上，罗拉吃晚餐的时候打扮得像白雪公主。我们要在烤盘上烤点肉，做汉堡包。天气很温和，这可能是今年最后一次在户外吃饭的机会了。简把门廊布置了一下，放了几个友善的小鬼，有鬼脸的南瓜灯、真人大小的女巫，为了不吓着罗拉，女巫的脸是微笑着的。

女巫从前廊的天花板吊下来，随风摇曳着。我们坐下，吃着晚餐，我的眼睛无法从我的小公主身上移开：乌黑的头发上，戴着一个塑料的“钻石”后冠，她的皮肤洁白如珍珠。她把肉拨到一旁，她更喜欢吃薯条和橙汁苏打水。她吃了几口，就跑到院子里追着我们的两条狗去玩了。在我们的白色围栏内，绿色的草地上盖着一层日本红枫的落叶。罗拉和两条狗奔过来跑过去的。简坐在我对面，穿着一件带毛领的牛仔衣。

“我有点担心。”我说。她把头一歪，露出疑问的表情，同时往自己的盘里夹了一些沙拉。“不算吃的，我们每个月的开销得有一万二。”

“那咱就节流咯，”她说，“清洁女工可以不要了，电影频道也可以全部取消，我们不去外面吃饭，度假也不用提了。”

我有经验，到时候一切都会平安无事的，总是这样的，但我在头脑里飞快地计算着华尔街会如何。我总感觉焦虑不安。“这么多账单，地产税，6.5%的利息，我们的日子会比较紧的。”我说。简点上一根烟，但是她不让烟影响到罗拉，她把烟朝房子的方向吹。院子里，罗拉的脚步把地上的落叶踏得支离破碎。

“呃，如果我们住不起这里，我们就把这地儿给卖了，搬到小一点儿的地方去。”她说。

“对，咱就这么干。”我微笑着说。但我都不确定能卖得出去。

2007年的11月1日，我到公司的时候，杰夫已经到了。很不寻常。我还没走到办公桌前他就跟我嚷着说什么梅瑞迪斯·惠特尼的报告。我不知道梅瑞迪斯·惠特尼是谁，更不知道她报告了些什么东西。我打开电脑，给卡斯发了一封电邮，问他知不知道这件事。他还没上班。这个点儿，谁都还没来上班，除了在华尔街搞外国股票交易的。我查询了一下，初步了解了梅瑞迪斯·惠特尼。她看上去很惹火，像是喜欢搞姐弟恋的那种，如果能跟她一起玩，一定很有意思。接着，我查到梅瑞迪斯是欧本海默公司的分析员，她写的那份报告好像让整个华尔街都吓到了。

杰夫嚷着让我卖掉 SPY 和 QQQ 的股票。他让我把所有股票都给卖空。那份报告我还没看，不过我老板的声音是明确无误且十万火急的。股市还有几小时才开盘，所以我开始在 Instinet 程序上输入卖出 SPY 和 QQQ 的命令。价格不理想，但是此时此刻，我觉得杰夫才不管这么多呢，他只想能卖多少卖多少。大约一小时的功夫，我卖空了 5 000 万元的股票，又过了几小时，公司的股票完全卖空，而且，似乎今后一段时间内都会保持这样的状态。

惠特尼的报告其实是对美国最大的银行——花旗银行集团——偿还能力的一个苛刻评估，它给华尔街造成了地震式的影响。大家都认为花旗这样的银行是坚不可摧的，那是宇宙的主宰居住的城堡。但几周之后，它们的大金库一打开，里面全都是废纸。惠特尼发表报告的时机，选在了美联储开会的时候，她在会上发出了警告：经济在开始萧条，繁荣都要过去了。

那个周末，我把罗拉抱进车里，系好安全带，我们要到汉丁顿村的中心。去纽约大道的路上，我看到有大房子前面贴着出售的牌子，一个又一个。我沿着纽约大道开到了主街。汉丁顿村是个小地方，很宁静，这也是我们选择在这里买下那个维多利亚式房子的原因之一。小路上铺的是红砖，铁制的街道煤气照明管道还在。这样的主街最适合搞欢迎仪式大游行了。但今天，我看到的是数家店面关门大吉或者即将歇业，我不禁思考：以前我怎么没有注意到这些？

38

2008 年 3 月

晚上 6 点。下雪了。动人的竖笛声隐隐传来。起初只是几片弱弱的雪花在飘舞着，伴随着竖笛优美的旋律。雪花飘舞着落下，景色动人，像梦一样。这片雪幕越来越厚，笛声也越来越大。我感觉自己越来越兴奋，似乎我回到了七岁的时候，我刚刚意识到下雪了。

光滑的红木咖啡桌上堆放着可卡因，旁边是信用卡、一杯威士忌酒、两包新港牌的烟、打火机，还有一个遥控器。我抓起手机，拨了号。我站了起来，在费茨帕特里克酒店的豪华套房里慢慢地踱着步子。这是最艰难的部分。我现在需要打这个电话，然后才能够开始行动。但现在就跟简和罗拉道晚安，是不是早了点儿？简从来就没有要监督我的意思，她只希望我一切都好。她知道，上下班这么奔波着，我肯定累死了，所以我们说好了，每一两星期一次，我在城里待一个晚上。不过，她以为我是在卡斯家里，而不是在一个每晚 400 元的酒店套房里。她接了电话，我装得很随意，但露出倦意，她会觉得我累了。“今天你怎样？”她上来就问。这个问题最近她经常问。现在全世界都知道华尔街怎么了。

“还不算太差，”我跟她说，“今年还是正数。”

“那我就高兴，”她说，“我们需要你保持正数。”我说要跟罗拉讲几句。简叫着罗拉，但是罗拉现在不要跟我讲话。接着简开始讲罗拉上学前班的事情，但我没有在听。我盯着那堆可卡因，我得挂电话了。

“我要钻到被窝里，看个电影，”我说，“我可能会看着看着就睡着了，那我就先跟你说晚安了。替我亲亲罗拉。”

“好的。”她说着，不过听起来有点不爽。是不是我打断她的话题了？她还想说什么罗拉上学前班的事情吗？还是她起什么疑心了？

但我的问题很快就被再度响起的竖笛声给掩盖了。我把一张 20 块钱的钞票卷成管状，用信用卡把可卡因砌成大大的一条。我用遥控器点了今晚的第一个黄片，点上一根烟。我吸下整条的可卡因，那冲劲直接灌到我的大脑，然后遍布全身。

可能是几天之后吧，但我不记得了。那时我在工作，收到卡斯的一封邮件。那是一张照片，一张两块钱的纸币贴在比尔·斯特斯总部标志的上面。JP 摩根公司现在只要付这么个价钱来买比尔·斯特斯的股票，而一年前这股票值 171 块钱。我看了看办公室，分析师静静地坐着，眼睛盯着屏幕看着。另一个交易员希瑟忧心忡忡，缩在她的椅子里。杰夫则看上去好像几个月都没有睡觉了。我想整个华尔街都是这副模样。无所谓了，买方、卖方、混合收入、资产或者私人资产，我们都玩完了。

我给詹姆士发了个短信，这几个月我开始跟他交易了。“4：15 见个面。”这是我们的暗号。4：20 是抽大麻的暗号，那么我们都认为 4：15 就是吸可卡因的意思。一整天，我拼命跟詹姆士交易，交易量巨大。股市收盘之后，我走在小路上，抽着烟。中城区总是有那么多人，大家都往中央火车站赶，几乎所有人都拿着个手机贴在耳朵上。我都能听到他们在讲什么：有个女的，长岛口音很重；一个男的，拿着耳机轻声细语；一个老板对他的秘书发火。街的对面，有个骑单车送信的人。他的大腿上都是文身，胸前戴着一个大链子，像个奴隶。我看着他，他避开我的眼神，开始摸他的鼻子。我知道这是暗号。我坚信，他是在监视我。此时，詹姆士摇摇摆摆地从第 3 大道走过来。我把我的那包新港烟给了他，他接过塞进大衣的口袋。“真是一团糟，老兄，”他说，“我所有的账户都很惨。”

“了解了解，”我说，“真惨。”但我关心的只是他偷偷塞进烟里面的那个小袋子。詹姆士问我今晚怎么安排，我说要跟个搞分析的一起吃晚餐。“这个我需要，”我接过他递还给我的新港牌的烟，“足以度过今晚。”他想象着我跟华尔街一帮人正襟危坐着，笑了。我正要转身走开，突然感觉一阵恐慌。“这事就你知我知。”我说。其他人都不能知道，连兰迪和卡斯也不能知道。

“没问题，”他说，“我能保密。”我看着他的脸，看是否有丝毫骗我的迹象。他经不起我这么看他，眼睛转开了。我用拳头轻轻在他肩膀上捶了一下，然后走开了。

我回到费茨帕特里克酒店的房间。汉克·宝森出现在电视屏幕上。我把可卡因倒在面前的咖啡桌上。我吸了一条，接着把电视声音关掉，看着宝森的嘴唇在说着什么。我又点了一个黄片。

在一周或两周之后，下班后，我到中城区一家酒吧去出席一个非正式的慈善会，那是给受伤战士筹款的慈善会。我走进去的时候，听到几个人叫我的名字——他们很惊讶我会来。我走到吧台，叫了一杯可乐。“我戒酒了。”我对调酒师说。他没多问，只对我说，戒了很好。我背靠着吧台，看着这里的人群。突然间，我开始疑惑：这里的人都比我年轻。十年来当买方的日子在我头脑中滑过，我觉得好像还在高利安，跟盖瑞和拉吉在一起。不久之前我还在类似的慈善会上碰到过拉吉。他表现得好像完全不认识我。看他这么势利，我哈哈大笑。我想在他眼里我已经死了。上次见到盖瑞是在我们一个朋友四十岁的生日会上。他们请了“阿夏”乐队来助兴。仗着我体内的可卡因，我拐弯抹角地说起 MDRX 的事情。我说，不知道别人说过啥，但我对我这边的事情深表遗憾。他看着我的眼睛，跟我握了握手。我想，他以为我在道歉，但我不在乎。我觉得这一页已经翻过去了。

在这个给受伤战士筹款的慈善会上，我看到一个瑞士瑞信银行的朋友走了进来。看史蒂夫的样子，好像他刚从海滩度假回来。他肤色晒得很健康，长长的头发，似乎被阳光挑染成了金黄色。他在华尔街家庭长大，但他更喜欢冲浪。他给我来个了大大的拥抱，问我情况如何。看到我手里的软饮料，他脸上露出微笑。“真为你感到高兴，兄弟。”他说。我知道他是真心的，但我却是个伪君子。接着四五个认识史蒂夫的人走了过来。“我哥们特尼可是传奇式的人物，”他说，“他办的派对，绝了。”他跟他们说着南沙滩还有瑟斯奎哈那的事情。“他回来的时候，皮肤都是绿的。”他说完大笑着，但是尾声可以听出微微的伤感。我也回想起 9·11 事件之后的慈善晚会，还有我的生日大狂欢。我想着当时的我（或者说我以为的那个我）挥霍过的钱，还有赚过的钱。我是谁，到底是谁啊？我父亲的形象出现在我的眼前，他在车道上铲着雪，鹅毛大雪铺天盖地飘下来。但他不理会，继续铲着，直到天色全黑。我看看四周，我想着这么多人，不知有谁来自我的家乡，有谁即将重蹈我的覆辙。就在那个时刻，我感觉对自己很失望。随着这些记忆慢慢消退，眼前的事情慢慢更清楚了，大家的笑也停了。华尔街面临的这个巨大灾难让大家都觉得很不自在，大家头上似乎都悬着一把剑。这就像在葬礼后开一个派对，大家都笑不出来。

但史蒂夫还是不停地说我的事情。他说那时候，他的同事布莱恩在交易桌上翻了一个筋斗，我就给了他 10 万份股票。“布莱恩脚踝扭伤了，整个星期都瘸着来上班。”他说。这些年轻的交易员看着我，眼睛睁得大大的，兴奋极了。但史蒂夫的话好像是我的悼词。我借故走开一下，说我一会儿就回来。此时我看到詹姆士站在酒吧入口的地方。

已经是凌晨 6 点了。我低头看着办公室厕所的马桶，里面是我吐的东西。我嘴巴里还有昨晚喝的威士忌的滋味。我又狂吐起来，这次只有胆汁。我抓了些厕纸，抹着嘴角。冲了厕所，我在马桶上坐下，大口喘气。我站起来，只觉得天旋地转。当我看到镜子里的我，我真痛恨我自己。我的脸是猪肝色的，毛细血管肿胀。看上去我就像一个刚从火宅里逃出来的人。我把凉水浇在脸上，又看了看镜子里面的我，希望我的脸色能够奇迹般地恢复，但是一点没变。我挣扎着回到办公桌前。希瑟问我是不是还好。我说我病了，可能是流感。她说我应该回家。“回家去，”她说，“好好照顾自己。”但我摇摇头，继续逞强。等待股市开盘似乎等了无数年。等开盘了，我的屏幕好像也充血了，全盘跌，一片红。我感到鼻子里往下流着什么东西，可能是洗脸的水，或是我流鼻涕了。接着我看到一滴红红的液体滴在键盘上，又一滴，滴在同样的地方，我的血滴在了键盘上。

星期四，卡斯正在看体育节目的时候我到了他家，在第 75 街。他女朋友罗莉在厨房里。她把一切整理得井井有条，跟“涡轮”完全不同。卡斯家让我想起我在第 67 街上的公寓，简单的两居室。我没钱可以继续住费茨帕特里克酒店了——另外，我一直担心简会查看信用卡对账单，看到我住酒店，而不是住卡斯家里。罗莉朝我挥挥手，她觉得我很惨，认为我肯定疯了才会买离市中心那么远的房子，还贷了巨款，本金加利息远远超过房子的价值。我把行李包扔到客房的床上，然后过去跟卡斯一起在沙发上坐下。他想聊聊股市的情况。

接下来的一个小时可把我折磨坏了。我的口袋里有一包可卡因。我给简和罗拉打电话道了晚安。看了一个多小时的电视，我开始打哈欠了。“我想先去睡了。”我说。卡斯和罗莉互相看了一眼。“我明天再跟你聊，”我对卡斯说，“谢谢你们收留我。”

凌晨两点过后。我需要酒精来平衡我的身体。之前我看到冰箱里有一瓶酒，我蹑手蹑脚地来到厨房。啥都看不到，一片漆黑。我用手摸着，想要摸到厨房的饭桌。我知道饭桌就在我的卧室门口。我的眼睛适应了黑暗。我光着的脚丫子，可以感觉到木地板被瓷砖所取代。我伸手摸冰箱在哪里。我拉开冰箱门的把手，轻轻地，尽量不出声。但打开酒瓶的声音就像是拉开了维克牢粘扣带。冰箱的门开着，露出一片三角形的光亮。我从冰箱架子底部拿出酒瓶，拔起瓶塞，对上嘴。我使劲一口气猛喝着，歇了一下，又来了一次。我把酒瓶放回冰箱后，感觉后面有人。我转过身，看见罗莉在我身后看着我，她一言不发，跑回了她的房间。天啊，她的出现把我吓呆了。

五分钟之后，我回到卧室，接着听到敲门声。“你得离开了。”卡斯说。真是开玩笑，我心想，现在可是凌晨两点半。“你再也不可以在我家里干这个了。”

“干啥?”我说。

“特尼，我们知道你在吸可卡因——你来我这儿的时候就开始吸了。”

“那又怎样?”我说，“咱俩一起吸过好多好多。”

“现在不同了。你去戒过毒，你也承认过你有问题。我希望你平安无事，我不要你在这里吸。”

“浑蛋，”我骂他，“没有我，你连这套公寓也买不起。”

“你最多待到天亮，”他说，“然后你就走人。”

卡斯爬上我的加长汽车，自我介绍说他叫“涡轮”，那是什么时候的事情了？我向李察和美琳达保证他不是小松鼠，给他第一个订单是什么时候？该死。

一周之后，我下班开车回家。那段时间我没怎么用毒品，我知道我必须戒掉。我最大的恐惧是让简发现，而我心里总想着要吸最后一口。我跟会计师谈过了，我说我的合作伙伴不再付泽西城多汁烤肉汉堡的店租了。“那房东就得留意了。”杰瑞说。我从后视镜里看到我的数百万的投资散落在长岛高速公路上，似乎有谁打开了装钱的箱子，把钱扔了出去。我简直不敢相信这会发生在我身上。这事必须告诉简，我得让人同情我。

我开进我家的车道时，简正在花园里，不是泳池边上那个蔬菜园——那里面的土壤很肥沃，有时候收割一次过后，还会长出第二茬的蔬菜；她也不在旁边的花园——里面有粉红色的花，也有莓子，有嫁接的苹果树；她也不在玫瑰花园里——里面有七八种颜色的玫瑰，花开得和垒球一样大。她是在房子边上的花园里，那个花园有自己的个性，能长出美丽的花，而我们都不记得什么时候栽过那些花。她跪在土里，身穿一件连体牛仔工服，还穿着我的一件衬衫。她手里拿着一个铲子，额头的汗水在阳光下闪烁着。我下了车，朝她走去。“我的多汁烤肉汉堡的投资打水漂了。”我说。她没有理我。“我想那得损失一百万。”

“损失惨重啊。”她说着，从土里拔出一大把杂草。

“罗拉在哪儿?”我问。

“在外婆家。”她说，用手臂抹了一下额头的汗，她手里还握着铲子，但她没看我。

“那好。”我说，脸上带着期待的微笑。“你想干点啥呢?”

“我有安排。”她一边说，一边在绣球花的四周挖着。“冰箱里有点剩的东西。”

我此时演的是电影《猎鹿人》的最后一幕，我演克里斯多夫·沃肯。简的身后，夕阳正在落下。柔软的阳光亲吻着花园和草地。

我想她已经知道我又在吸毒了。

39

2008年9月29日，星期一，我在办公室看着CSPAN，国会正在投票看要不要拯救华尔街。一票赞成，一票反对，再一票赞成，反对、反对，再反对。就这么过了十分钟，我看到杰夫砸桌子了。我们觉得这是走过场而已，国会肯定不会通过解救方案的。我们都认为救市计划会失败的。我们目前仓位低——少量卖空，还混杂着持有一些股票。随着每一个反对票的出现，我们越来越后悔没有多卖掉一些。跟多汁烤肉汉堡的合作伙伴打过一轮电话之后，我一直坚持，我们必须把商业地产股票卖空，这样就可以在这次的大灾难中稳坐钓鱼台，稳稳地收钱。但杰夫一点儿都不高兴。

华尔街有说法，说那些做空的人会像孩子一样被人欺负。反华尔街主流而行之，是最彻底的孤立做法。我在当买方的时候，不跟人结梁子，赚到了钱而且没有伤到别人。而现在，我所处的位置是我自己曾经万分鄙视的。雷曼兄弟公司——美国第四大银行，最终也申请破产。我认识的人，曾一起参加派对的人，有的现在开始搭地铁，有的抱着纸盒子，里面装的是他们工作生涯的残余记忆。几个月前，美林公司以50%的价格把自己卖掉了。我在那里看着这个市场，不再为了交易而交易，而是为了钱而交易。我觉得空虚无比。很久之前我就觉得我不再有良知了，但此时的感觉又不一样了。我仅剩的一点儿良知似乎在这个股市里也烟消云散了。

国会投票结束了，杰夫静静地坐着，不敢相信电视上显示的结果。他比我早意识到了：卖空还是买空，都无关紧要了。华尔街的钱现在一文不值。投票之后，股市跌穿谷底。这是道琼斯的最差纪录。第二天，《纽约日报》的封面是一个大红箭头往下指向一个数字：777。

星期二下班后，我到中央车站坐了一趟快车。地铁咣当咣当地开着。有个无家可归的人坐在我的正对面。他穿了好多层破破烂烂的衣服，脚上套着黑色的塑料袋。他看到我的时候，正在裤裆那里挠着。他的眼睛像是棕色的花岗岩：又亮又硬。我想不去看他的眼睛，但我又忍不住。每隔几秒钟，我就被他灼热的眼光吸引过去。他能看穿我的灵魂，这样的感觉让我窒息。终于，地铁到了时报广场。我走到门口，等着开门。我转头又看了他一眼。“并非只有你如此。”他的声音很低沉。

我朝“地狱厨房”走去，詹姆士现在住那儿。他的公寓脏得很有“风格”。咖啡桌、小桌上有很多空啤酒瓶，烟灰缸已经堆满烟蒂，色情杂志扔得到处都是。不过，虽然景象如此，我并不感觉很突兀。这很像电影的场景。还配上詹姆士特有的华尔街“玩具”：超大的屏幕、Xbox游戏机、高尔夫球杆、名贵手表、汉普顿度假时的照片，厨房柜子上吊着他保时捷汽车的钥匙。

紧紧贴着他的是他的女朋友，他们坐在沙发里，詹姆士正在吸一条可卡因。他跟我介绍说那是杰西卡，她看上去像个脱衣舞娘：金发是假的，那对大奶子也是假的，妆化得像个小丑。我就想拿点可卡因然后走人。但我坐下，表现得有礼貌。他们把满是可卡因的盘子朝我一推，我刷刷刷吸了三条。詹姆士说杰西卡有些朋友可以一起约过来。“不用了，”我说，“我还得去见几个朋友。”我知道，他们都清楚我是骗人的。老子不管那么多了。把可卡因给我吧，我这就走人。

半小时之后，我走人了。我在“地狱食堂”附近逛着，想找个没人认识我的酒吧。在第9大道上，我看到一个地儿。我的眼睛适应了黑暗之后，发现我是里面最年轻的，我比其他人都小大约二十岁，除了那个女调酒师。在那么昏暗的灯光下，她显得很寂寞。她朝我笑的时候，我看到她一嘴黄牙，而且凹凸不平。酒吧里只有五六个老男人。我坐在一个人边上，他粗糙的双手抱着那瓶长颈的酒瓶。他用脏脏的指甲抠着酒瓶上的标签，对着酒瓶喃喃自语。我点了一杯龙舌兰加冰块——哪个牌子的我不在乎。酒吧里没有音乐。这还不错。

40

2009 年 7 月

下班了。我在第 5 大道上走着，有人抓着我的手臂，把我从拥挤的人行道上拉开，是司莱恩。好多年没见到他了。他的衬衫松松垮垮的，从没见过他穿不紧身的衬衫。据华尔街的留言——卡斯跟我说，证监局在调查拉吉，他们派人打进高利安，身上还带着窃听器。司莱恩现在有没有带窃听器？他问我波克维兹公司对我怎样？他很早就认识杰夫了，他说。接着他问我在交易什么类型的股票，需不需要点消息？如果在其他场合，这样的谈话再正常不过了，但是，我又看了一眼他的衬衫，现在这种情形下，我躲都来不及。“我说啊，老兄，见到你，我很高兴，但我现在得去开个会。”

“那就这样对待带你入行的人？”他说。

“不好意思。”我说。我真怕说漏些什么东西，并且，詹姆士正拿着可卡因等着我呐。

当天晚上，我回到公司。会议室一片漆黑，对面街上公司微弱的灯光照到我们这里的地上。我知道我无法入睡，但我总得在什么地方待着。现在大概是凌晨 3 点。我爬到大桌子底下，把手机闹钟调到 6 点：以防万一。我闭上了眼睛，把双手放在我的光头上，我的手指可以感觉到发茬。

这都怎么啦?

3 月份的时候，简告诉我她受够了。我们准备要卖房子了。她说她忍无可忍了，她要我搬出去。但我租不起公寓，更别说在酒店里住一晚。所以我只能睡沙发了，周末回汉丁顿湾的家里拿些干净的衣服，过个周末。

切斯公司把我们的房屋贷款给停了。我身无分文。虽然我们公司 2008 年业绩超好，上升了 10%，但是我的奖金跟公司业绩不成比例。我们管理的资金不够多。我的工资不够付房贷，我还得养家糊口。

我睡不着。我每十五分钟就醒来一次。我在办公室四周走来走去。我走进洗手间要看看我自己。大家来上班的时候我得看得过去。我的脸干巴巴的，我的眼睛充满血丝，但是我的头剃得光光的，过夜包里还有干净衣服，所以没有人会看得出来我没有洗澡。

没有一个人给我们的房子报价，我们总不能把房子送人吧。我要回家，我明天下午下班后要回家，我要看罗拉，我要的不只是干净的衣服。如果卡斯没有把我赶出来，我也不至于沦落到这个地步。上星期，我没得到他的允许，就想去他家过夜。门房不知道卡斯不让我来。但我是凌晨三点才到他家的，公寓大门已经关了。我只好在大楼自行车间的冰冷瓷砖上睡觉。这个停车间是大家往下面扔垃圾的通道。

大家都躲着我。我在两个不在华尔街工作的朋友家里借宿过，他们两个的名字都是凯里。过了一周，他们俩分别告诉我不能让我住下去了。他们都说他们不能再纵容我了。他们说我需要告诉老板，我需要回去戒毒。他们搞错了。我一定要戒毒，现在就开始。

我回到公司的会议室，在桌子下面躺下。我需要抽根烟。我从桌上抓起门卡，因为我等下还得进来。到了楼下，我走向第 3 大道去吸烟。我需要把体内的毒给降下来。我需要酒精。我需要点什么东西。既然下楼来了，我得抽两根。我点燃第一根烟。我看到几个街区外的地方，有人在骑车。他太高大了，骑那辆车不协调——他有七英尺高，是个黑人，留个大爆炸头。他没穿衬衫，在第 3 大道上骑着。他越骑越近，开始盯着我。他离我 10 英尺的时候，我看到他在短裤的口袋里掏什么东西。他几乎到我面前了，接着我看到他拿出的是手机。他用手机对着我。我们相距只有一英尺的时候，他拍了我。

我回到办公桌下躺着，心有余悸。我全身颤抖。我的双手在颤抖。他为什么只给我拍了张照片？

41

2009 年 10 月 16 日

此时的我，穿着内裤、白 T 恤，浑身发抖，光着脚站在我家的前廊上。温度只有摄氏 5 度左右，湿气让我感觉更加寒冷。外面仍是一片漆黑，但我很快就得上班去了。户外的桌子上已经有两个空的可卡因袋子，我打开了第三袋。我把钥匙深深插进袋子里，尽量挖出较多的可卡因，然后一吸到底。插、挖、吸，插、挖、吸。

烟灰缸上放着的烟还剩一半，我已经又点了一根。我的心脏飞速跳动。它即将爆炸，我知道的。我对着酒瓶灌了些威士忌。瓶子里剩下三分之一，我一口全部灌下。

太阳渐渐升起。我无法直视阳光。屋里面，家具寥寥无几。沙发、电视（还开着），客厅里还有一张椅子。我得再抽几根烟。我爬上楼，走过罗拉以前睡的房间，里面空空荡荡。我不敢往里看。我走到主卧的衣帽间。简的那一半完全空了——我不往那边看。我翻了几件大衣的口袋，想看看有没有新港牌的烟。我冲下楼。罗拉、简还有狗都不在了，这屋子一片死气沉沉。我还需要多吸点可卡因。

我看了手机，5：30。我必须躺会儿。我从沙发上抓过一个枕头，压住胸前，希望我的心脏别跳出来。我觉得自己要死了。我再看手机的时候，已经是5：59了。我得出发去上班了。我冲进浴室，钻进淋浴间。我整个身体剧烈晃动，双手抖得像是发癫痫。洗发水的瓶子从手中掉落，我捡了起来。我想挤出洗发水，但是，瓶子不断滑落。我放弃了。我站在冰冷的瓷砖上，赤裸着身体，全身滴着水。我双臂抱在胸前。

四十英里外，在萨顿生活区，我的前老板——高利安的拉吉，穿着运动服，骑着运动自行车，欣赏着窗外东河的美景。运动装闪闪发亮，一条毛巾围在脖子上，就像一个套环。他额头上不断冒出汗水。我没去过他的公寓，但我认识的人当中有人去过。他们说他家美极了，肯定值几百万，但对亿万富翁来说，这房子还算比较保守的。电视名人朱迪是他的邻居。当然，他在格林尼治区还有房产。拉吉今天安排好了行程要去英国，给一个2亿美元的基金做开幕式。他一直骑个不停。

而我，全身还湿答答的，在几乎空荡荡的客厅里踱来踱去，盯着我手中的手机。我练习着说你好，但每次我的声音都像是很兴奋的样子。我真的很兴奋。我没办法打这个电话。最后，不知怎的，我鼓起勇气，滑到杰夫的电话，拨了号。电话每响一次，我都控制住自己不要挂断电话。最后我听到他的声音，"喂。"他说。

"我今天没法来上班了。"我说。

"你还好吧?"杰夫问我。

6：30，拉吉公寓的门铃响了。毫无疑问，他觉得很奇怪。如果你住在萨顿区，门铃不会这么无缘无故地响起来的。打开门的时候，他的惊讶变成了惶恐。门厅里站着六七位联邦调查局的调查员，有几位穿着带有FBI标志的风衣。

"不好，"我对杰夫说，"我不行了。"我不知道杰夫知道多少我吸毒的事情，但是我想他知道的比我想象的要多。他听上去很担心我，但他并没有觉得吃惊。他说他会再给我打电话。"杰夫，我今天上不了班了，"我又说了一遍，"可能今后都来不了了。"我嘟囔着。我挂了电话，又吸了一些可卡因。我知道这只会让我的情况更糟，但是我别无选择。我抓起空空的威士忌酒瓶，把最后几滴酒也喝光。我走到门廊，又点上一根烟。前花园此时完全沐浴在晨曦中。从夏天开始，草地就没有整理过，花园长满了野草。我看到车道远处停着一辆车子，之前我看到那辆车开过我家门口。我回到客厅，关上电视，把所有的百叶窗都关上。

在所有联邦警员的注视下，拉吉穿上白色的衬衫，领口敞开着，穿上一件绿色毛衣，再穿上一件蓝色的外套。他穿好之后，一位警员让他把手背到身后。他的手腕感觉到了冰冷的金属，接着听到手铐扣上的声音。警员问他有没有枪支，家里有没有毒品。他觉得他们可能会再栽赃些什么。他老婆孩子还在家，这情景他们绝对不会忘记。警员对他宣布，他因内幕交易被捕。他们把他带出公寓，带出大楼。

我的可卡因都快用完了。我的手机响了一下，有短信，我差一点从沙发上跳起来。我不敢看。我抓起枕头，用它紧紧压着我的心脏，防止心脏跳出来。我摸到客厅的窗户那里，站着，躲在窗帘后面，偷看车道和街上的动静。有一辆暗黑色的小轿车——我想跟之前在门口的是同一辆——在开过我家的时候，放慢了速度，司机转头看我。我僵住了，我怕他知道我在看他，我也怕转头看别的地方。

拉吉坐在联邦调查局的审问室里，他的律师还没到，他不需要律师。按人种说，拉吉是斯里兰卡的泰米尔人。泰米尔猛虎组织的斗士身上都带着氰化物胶囊，绕在脖子上。被抓之前，他们都会自杀的。拉吉什么都不会承认的，他不会配合的。审问持续了好多个钟头。警员播放了拉吉电话的录音，那些可以定他有罪的证据。但拉吉什么都没说。

我的手机又响了，一直响个不停，是短信。几秒钟之后，手机又响了几下。这是怎么回事？我抓起手机看了第一条短信——拉吉被抓了。下一条说的是联邦调查局突袭检查了高利安公司。短信不断进来，我的手机响个不停。

我麻木了。上帝啊。现在好像都说得通了，联邦调查局也要来抓我了。我冲到厨房里，把满是证据的可卡因盘子抹干净，接着冲到厕所里，把剩下的所有可卡因冲进马桶。应该不是关于高利安的事情。我没有干什么错事。我的头脑里闪过一系列的交易。是诺顿，我想。不，不可能是那个交易，我啥都不知道，都那么久之前的事情了。我算是进行内幕交易吗？他们一直在监视我。他们知道我付佣金是去买毒品的。“白宫”！就是它。兰迪那兔崽子说过的。他们有照片，是詹姆士在街角把毒品交到我手里的照片。我完全毁了。他们要来抓我了。

我又去查看窗外的情况。有两辆深色的轿车慢慢在街上开着。车里有好几个人。我看到他们打了转弯灯。他们要转进我家的这个车道了。跑吧！我想着。往哪儿跑？

我无处可逃。要不我装作不在家吧。那两辆车已经开过车道的一半了，肯定是联邦调查局。我要被抓进监狱了，死定了。什么都不能招。你什么也没做错。但我什么都做错了。我看着入口处大门那里的一面镜子。我很消瘦。我还穿着内裤和T恤。我黑眼圈上面的眼珠子暴起，这就是我。这就是我的结局。我听到拍门的声音。

我看到有三个穿西服套装的人从车里下来。我必须面对他们。我打开门，走了出去。朝阳照入我的眼睛，几乎让我失明。我几乎都看不清朝我走来的三个人的样子。我吸毒太多，太兴奋，哭都哭不出来。我不反抗了，就这么投降，甚至还感觉到一丝丝的宽慰，犹如即将溺死之人坦然接受水中死亡。老早之前我就对自己的生命失去了控制。在当买方的时候，我失去了我的一切：我的亲人、钱，还有最重要的——我的自尊，现在失去的是我的自由。我以为我很在行，但是我错了。衡量在华尔街成功与否的，不是工资和奖金，而是交易桌上照片里儿女穿戴的球队制服、帽子还有毕业服。衡量在华尔街成功与否的标准，跟衡量其他职业的工作者的标准是一样的——不管他们是工人、数学老师或者是缅因州的一位有着四个孩子的工程师。

当那三个人走到房子的阴影下，我才看清那些熟悉的身影。我的紧张迅速得到释放。凯文昨晚给我发的部分短信，我突然想了起来。他看着我，我还光着脚，只穿着内裤，他脸上浮出一丝担心又同情的表情。和他一起的是克里斯以及另外一个叫吉姆的朋友，我以前见过他。“你得离开一阵子。”凯文说，他清澈的蓝眼睛似乎看穿了我的一切。我无法面对这种赤裸裸的真诚，但我又无法转头装作视而不见。

我的大脑开始飞速旋转找寻借口：一走就是一个月，我办不到，我想。工作怎么办？房贷怎么办？我怎么跟罗拉解释？但是我的嘴里只说出“好的”这样的话，而且一说完，我全身洋溢着一种难以表达的解脱。

“戒过一次毒的人，大家都会帮他。戒过两次毒的人，大家都会离你而去。”他说。他的话非常真诚。他的话，我信。“我们会一直帮你的，兄弟。但我保证，如果你继续这么搞下去，大家肯定会离你而去，而且是很快地远去。”我觉得很多人已经离我远去。

在我心深处，我知道，都过去了，全都过去了：吸毒、酗酒，还有我帮买方塑造的那个特尼。我想我的女儿，想起我应该在她身边而又不在的那些时间。“一切都会好起来的。”凯文把他的手搭在我松垮垮的肩膀上。我需要相信他，超过一切。

42

出租车从拉瓜迪亚机场开近家门的时候，我很兴奋地看到简的车停在车道上。我的肌肉绷紧了。昨天我从劳德代尔堡戒毒中心给她打过电话，我问回家后是不是可以见见罗拉。她们一直住外婆家。当我付了出租车钱，从后面拿出大行李袋，走上门廊，我的胃却开始打结。不知道女儿见到我会有什么样的反应。30 天没见到她了，这简直像是永恒那么久。

通过玻璃窗，我看到罗拉和简在厨房里玩。我推开门，罗拉抬起头。她认出我，脸上泛起喜悦。她向我跑来。“爸爸!”她叫着，那声音是我听过的最美妙的声音。我紧紧抱着她。她散发出的温暖如此纯洁，顷刻打散我的所有焦虑。我怎么会那么傻，竟然几乎失去这么珍贵的东西?简曾问过我，是不是爱可卡因胜过爱罗拉。我理直气壮地反问她：“你怎么可以这样问?”我从没想过我更爱谁。我只觉得我没法控制，我就吸一点点，下一次就不会了，但每次我都会再吸。每次的吸毒高潮都一而再，再而三地把我和女儿分开。我想想戒毒中心和支持小组会上他们讲的话，就是说，在毒品和酒精面前我力量微弱，只要我一碰它们，我就开始对生活失去控制。但没有对，也没有错。我抱着罗拉，心想我再也不能做错误的决定了。我从眼角看到简在流泪。

第二天是感恩节的前一天。我打电话给杰夫说我可以回来上班了。我在佛罗里达州的时候跟他联系过几次，他很支持我——我不在，他还照常支付工资。我说我星期五会上班。我记得 1994 年刚到纽约在拉昆酒吧碰到拉瑞的情景，他说："感恩节之后的那一天一定要上班，这会让你看上去像个英雄。"我已经准备好了要当英雄。但杰夫说这周让我在家休息，星期一再来。从他的口气里我听出有点问题。

星期一早上，我早早来到办公室，打扮得清清爽爽。办公室里一片整洁，有点儿亮，让我有点受不了，好像整个大楼都换上了较高瓦数的灯。我很紧张。过去十年左右，我的生活好像是处于双重的状态，有时我气焰嚣张，有时又很自卑。戒毒和康复就像是给我的嚣张气焰泼了冷水，让我脆弱不堪，自我怀疑。我很担心大家会怎么对待我，特别是杰夫。

我到办公室还不到 15 分钟，老板就叫我到他办公室去。杰夫开始问我情况怎么样。他人很好，说要克服我这样的问题需要很大的勇气，他为我感到自豪，等等。但他话锋一转，开始讲生意，讲公司状况，说公司状况不是很好。我们公司所经营的资产数量又下降到了我刚入公司时候的水平。投资者们把我们当成资金来源，尽管 2008 年我们表现不错，但资金还是被撤走了。我此时才意识到我们今天见面的目的。

但即使我被炒鱿鱼，我也不会再用毒品的。负面的情况通常不会直接就把我推向酒精或毒品。从某种意义上来说，能够放手也是一种解脱。我也还没有准备好继续来当买方。我最后一次走出波克维茨的办公室，心想着，我今后还会回来吗？

我们的房子已经无法获得新贷款了，简和我也已无法复合，也没有公司要再让我当他们的交易员，这几个月的日子我过得简单而满足。我报名参加了戒毒中心一个社区活动，每个星期参加几次支持小组的会议。华尔街的一位同事介绍我帮他推介他的地缘政治研究——我在波克维茨用过他的服务。我需要做的就是按通讯录逐个打电话，然后数数看还有几个人没有打。不过这个工作最有利的一点是，我可以在家里工作。我可以有时间每周三次带罗拉去上学前班。我还可以有时间来写作。

我在戒毒的时候就开始写东西了。我写作时犹如凯鲁亚克一般思如泉涌，当然了，只是量多，质则未然。说实话，写下来的东西也许不够精雕细琢，但从某方面来说，确实也很不错。似乎在我离开大学之后封闭了的门，通过写作又给打开了。在华尔街做事的时候我也几次想推开那扇门——写电影剧本、嘻哈歌词，等等。然而，尽管我的梦想是追逐利润和灵感，我的工作却总是把我的创作力推向一个黑暗的角落。并非我一人如此。在华尔街我一起工作过的人当中，有最风趣、最具创造力的人。但是，他们的奖金、他们的才华都被尘封在银行的保险柜里。戒毒的初期，开始清醒的时候，一切都有可能的时候，我开始让我的梦想驰骋。但这在现实的世界中却没有那么容易做到，而且买方也暂时不会离我而去。

我开始向一个新的大型对冲基金推介我的地缘政治研究，这家公司叫先锋路径，他们让我过去跟他们谈谈。他们的办公室巨大无比，什么都是新的。前台接待员向我问好，带我到会议室，路上还问我要不要喝咖啡或水。当我开始把研究的资料放在桌上时，有个叫德里克的瘦瘦的黑人走进来，笑得很灿烂。德里克还在帮雷曼公司当交易员的时候我们就认识了。虽然我们不是非常熟，但是我记得我们一起出席过一些有意思的晚餐会。我还记得他非常喜欢玩扑克牌，我挺喜欢他的。他走过来，给我来了个华尔街式的拥抱。这是我的第三场推介会，所以，即使我面对的是朋友的笑脸，我还是有点紧张，于是介绍得不是很好。但我跟他解释，非常诚恳地解释，我以前用过这产品，我觉得它有哪些有价值的东西，对买方有哪些帮助。虽然他很关注地看着我，但他像是在假装对我的东西感兴趣。他的脸上一直堆着笑容。我介绍完之后，他坐在那里，静静地看着我，微微地点了点头。“你干这个每年挣多少钱?”他问我。我往旁边看了看，心里琢磨着他为什么问这个问题。我想不出来。我知道今年的收入肯定低得可怜，可能就 3 万吧。

“大概 30 万吧。”我说。我就这么撒谎了。“也可能，少点儿。”

“如果我给你一倍的钱如何？”他说。他笑得更灿烂了。好多钱在我眼前舞动，闪烁着。“下星期再来一次，咱们好好谈谈。”他站起来，伸出手，我们握着手。“我们需要一个新的保健板块交易员。”

10 分钟之后，我走在外面的大街上，手机里来了一条短信，提醒我下星期见先锋路径的人事部经理。我的大脑开始想象着各种场景。有他那种保证，我闭着眼都可以赚上一百万。我甚至还可以把那房子保住，也许可以搬回市里，在翠贝卡买套公寓。如果继续不吸毒、不酗酒，我会有很多钱可以花。

跟人事部的面试无可挑剔。我很清醒，这让我颇为自信。对她的问题，我应答如流，我想让她知道我有童子军般的工作态度。面试结束了，她让我明天再来，见见其他交易员。“非常乐意。”我说。

第二天，那些交易员还给我小测了一下，问我关于奥巴马和医疗改革的事情。来见他们之前，我问过保健黑手党的朋友克里森，他现在还在搞保健股交易。克里森跟我讲了些我不知道的事情，立刻把我以前知道的事都给联系上了。面试时，他们的每一个问题，我的回答都正中要害。这感觉超好，我的思路这么清晰，我感觉那么自信。我心里知道，能被他们聘请是件好事——如果我能不吸毒、不酗酒。但这是我应该做的事情吗？他们让我再来做最后一轮的面试。

在回来的路上，我打电话给简、凯文、塔克舅舅还有我父母，问他们意见如何。他们的意见各不相同——简说“你自己决定”，塔克舅舅满是热情——但最终都归于一点：我必须做我认为对自己有利的事情。

“你想太多了，”凯文说，“工作还没拿到手呢。”他只提醒我，我必须做的就是不要再酗酒和吸毒。“如果你做到了，一切都会顺利的。”他说。

那天晚上，我辗转难眠。我知道他们会给我这份工作的，如果他们给我了，我不知道要如何拒绝。我需要钱，但我觉得好像是在签自己的死亡证书。我不知该何去何从。我从没扮演过他们说的上帝的角色。我记得小时候上过几天主日学校，那是我们一家人还住在俄亥俄州的时候，我们会上教堂去。但后来我们搬到缅因州，我就不记得再去过主日学校。有一次——可能是感恩节或圣诞节，全家在一起的时候，我的姐姐们告诉妈妈，她们不相信上帝，她们要投票给民主党。“养不教，父母过。”妈妈哭了。但从很小的时候开始，我就认为宇宙有一个主宰——同时是善恶的化身。我这辈子一直都能感觉到那两种力量。在毒瘾发作的时候，我看到至恶，在罗拉的眼里，我看到至善。女儿的眼睛是我每晚入睡前的最后一个影像。

第二天，我又坐在了那个会议室，这已经是我第四次坐在这里了。一个男的走进来，他的穿着气势压人，非常“华尔街”。他手里拿着我第二次来的时候带的简历，上面写了不少东西。我跟他紧紧握手，我看着他的眼睛。我们聊着股市、我的房子、他的房子、我女儿、运动，还随便聊着纽约。他坐在我的对面，微笑着。“这么说，你觉得你是很棒的保健板块交易员喽。”他说。这句话让我愣住了。难道我的简历上没有写清楚吗？

“其实呢，”我说，“自从2006年我离开阿格斯公司之后就没有做保健股交易了。”他听我这么说，眉毛开始往上挑。“没错，”我说，“在波克维茨我们什么都做，就是不做保健股。”

“哦。”他的反应就剩这一个字了。

“对，”我说，“我四年来没有做过一单保健股的交易。”

他把头暂时歪过一边，也许他觉得我紧张了，我一点儿都不紧张，这辈子我从没这么镇定过。他开始进行工作描述。接着他说，先锋路径是国际性大公司，假日也得轮班，晚上也得轮班云云。我打断了他。

“呃，我想这不适合我。”我说，“我女儿才四岁。如果我假日上班，每周几个晚上得上班，我想这不行。”他的脸上出现一丝微笑的痕迹，似乎他在跟我分享着一个特殊的时刻。我想，他在面试中一定没有见过我这样的人。“我觉得我无法这么做。”我说，尽量脸上带着微笑。其实，我的微笑没有停过。这是我进行过的最好的面试。他把笔套上，继续对着我微笑。

“那你还有什么其他问题或其他什么想说的吗?”他问我，用这么老套的结束语来结束最不老套的面试。

“没有。”我说，“没有了。谢谢你的时间和你的考虑。”

我走出那家公司的大楼时大约是 9 点半，中城区最后一波上班人潮在我身边涌过。天气很冷，天色阴沉。我抬头看着玻璃大楼之间留下的那片灰色的天空。我站的地方是第 54 街和莱克星顿街，在波克维茨公司和我自导自演自摔的地方的正中间。这是一个辉煌的时刻，我知道，我的买方生涯终止了。我不知道人生下一章会是什么——但不管往哪里冲，我都准备好了。

尾声

2012年4月28日晚上，8:06，我坐在厨房里，穿着睡裤，穿着一件旧的白色T恤，上面写着“我知道：有型”。不幸的是，我把这件T恤和红色衣服一起洗了，所以这件T恤现在带点粉色。这一年来我在公寓里几乎就是这身打扮，当然了，我会定期换洗衣服的。看着窗外，景色让人遐想万分。从某种角度来说，特别是在晚上，华灯初上，景色有点像我书里写的景象。我每天数次会看着东河，特别是在我写作间隙休息的时候。我会想，那里又有多少故事正在发生。

此时我住在长岛的一间一居室的公寓里，比1994年我刚到纽约时住的那间小卧室还小。但这很适合我，需要的东西都有。我已经两年半没有喝酒或吸毒了。确实不容易，有些时候特别不容易。我现在的目标不是快乐，而是内心的平和。女儿的抚养权我有一半，我每天跟她讲话，每天写作。虽然我的钱都已挥霍一空，但我从未如此快乐过。

六个月之前，一个朋友说我应该写一本书，把我的华尔街棺木钉上最后一个钉子。我立刻说：“锤子拿来。”对我来说，这本书意味着一个高潮和一个新的开始。我是为我自己而写的。写作是我必须做的事情。

我经历过那些挣扎，我不怪华尔街、买方、毒品和酒精，也不怪任何人。写下我的经历，能够更加清楚地照亮这个行业的黑暗处。当我看着镜子里的我，我没有看到华尔街。

写书的时候，我没有任何愤怒。在金融界工作的时候，我遇到了最让我着迷、最聪明、最诚实、最友好的人，我不想给他们抹黑。每个行业都有好人和坏人，华尔街也不例外。

但如果你在华尔街经营一家公司，几年之后，如果你看到我来敲门要找工作，要让你帮帮忙，你就笑笑，对我说："我们不招人。"

谢幕之后

每次我坐下来写作，我都会闭上眼睛，双手按着我的心，说："感恩、意图、鸣谢、谦卑。"

感 恩

关于宇宙是怎么形成的，那不是我们的工作内容，但是，我们至少可以谈谈。

我的宇宙里明星有许多，如 Julie Flanders、Nathaniel Tilton 和 Brian McDonald。Julie，是你的直觉、你对我的指导还有你的爱心，帮我找回了深藏在我心中的那个作家。我无意中到了你的办公室，又在无意中开始了写作。Nathaniel，咱们 80 年代就开始一起写歌了，这么多年以后，咱们又同时写着自己的书，我觉得你——我儿时的同伴——一直在支持鼓励着我。Brian，是你教我如何写自己的书的介绍，是你从我书稿的字里行间看到别人看不到的内容和信息，你是我的朋友，我的导师，我的兄弟。

我的天空中另一颗闪闪发亮的星星是 Leshne，我的经纪人。Lisa，是因为你的执着、你的洞察力还有你的辛勤工作，才使得本书得以完成。大家都说要找经纪人很难，找到好的经纪人更难，但我是幸运儿。你的热情、你诚恳的反馈还有你的专业知识，带领我一步一步走完这个写作的旅程。你让本书增色不少。

另一颗明亮的星星是 Rick Horgan。Rick，著名编辑，名声在外，让我受宠若惊，但是你又是如此友好亲切，对我谆谆教导，把本书的层次梳理得更好了。我非常感激你看好我的故事，并督促我发挥自己的极限。

意　图

救命、疗伤、娱乐……最近几年我一直问自己的问题就是：我如何不断写作？我的意图就在于此。

鸣　谢

给我帮助与鼓励的亲朋好友非常多，在此一一感谢：Lola Duff，我的母亲和父亲，Debbie，Kristin，Kelly，Tucker Sine，Ethan 和 Lenore Duff 夫妇，Rob 和 Eliza Sine 夫妇，Gretchen Berg，Suzanne Turner，Jennifer 和 Claire Scully 夫妇，Gutkowskis 一家，Jason 和 Lauren Kondi 夫妇，Keith 和 Brooke Savitz 夫妇，Dave 和 Sara Roter 夫妇，Steffen 和 Meg Kondi 夫妇，Scott 和 Michelle Levy 夫妇，Pete 和 Ruth Cocozza 夫妇，Scott Friske，Sam Sebastian，Dave DeWalt，Brad Cochran，Monday Men，Don Bosco Hewlett，Kevin Breznahan，Todd 和 McWilliams 一家，Writing Sober，Perry Hodge，Kevin Weir，Mike Breheny，Jayme 和 Caseys 一家，Chris Lottridge，Peter Young，Kevin O'Keeffe，Chris Langel，Kelly Dillon，Kelly Schwartz，Mike Elovitz，Patrick Grady，Sean Farley，Francesca Kimpton，Joe Foster，Dave Fromm，Sara Blakely 和 Jesse Itzler，Steve Ehrenkranz，Kelli Deveaux，Marisa Polvino，Dan Purnick，Rob Lubin，Jennifer Kalish，Ric 和 Lauren Weisgerber 夫妇，Ross Peete，Dan Simon，Dave Morris，Liz Wintrich，Patty Donaldson，Katie DiMento，Johnny Hong Kong，Bob Cook，Buckles，Caroline Cofer-Golin，Charlie Della Penna，Jon Fox，Chris O'Connor，Heather O'Hara，John Latino，JT，Kia，Lauren Tant，Lillyan Manus，John Lewin，Lisa Bloomquist，Michelle Debusschere，Joe Assad，Joel Morgan，Lori Carson，Pete Murphy，Matt Candel，James Karabelas，

Megan Basten，Kathleen Reardon，Kim Duda，Jim Heins，Amber Senn，Billy Gaus，Chris Arena，Dan Fox，Jaime Meagher，Jeff Bennett，Jen Bingler，Jeremy Bronfman，Joey Raia，KerynLimmer，David Slaine，Todd Harrison，KrishenSud，Jeff Berkowitz，Pat Shevlin，Chris Birch，Roger Meilleur，Austin Graham，Errol Gluck，Carly Novich，Mike Masiuk，Dave Osh，Oliver Wiener，Steve 和 Judy Taylor 夫妇，Brian Volpe，Steve Starker，Andrew Walker，Matt Walton，Fred Berman，Zandy Reich，Mary Vogt，Joe D.，Danny Breen，Rich Giroux，Melinda Loiacono-Zech，Kevin Debbs，Collin Henne，Bruce Cacho，Dan Hess，Ted Pratt，Christina Carathanassis，Wenja 一家，Nicole，Eric，Dr. Kondi，Recovery Place 康复中心，Cotton Wood de Tucson 中心。

另外，我还要感谢皇冠图书和蓝盾出版社的工作人员，是他们的热情推动着这本书的出版进程，特别要感谢 Tina Constable，Tara Gilbride，Paul Lamb 和 Mark Birkey。

谦 卑

有进展，但不完美，我仍需努力。

财智精品阅读

01《经济运行的逻辑》(精装)

作者：高善文

资本市场最具影响力的宏观经济学家研究思路大起底，中国经济的另类分析框架。

02《互联网金融手册》(精装)

作者：谢平 邹传伟 刘海二

中国互联网金融理论奠基人最新力作，互联网金融理论和实践集大成之作，互联网金融浪潮下不得不读之书。

03《中国影子银行监管研究》(精装)

作者：阎庆民 李建华

银监会副主席阎庆民最新力作，对“影子银行”问题最权威的研究之一，了解中国影子银行问题不得不读。

04《经济指标解读》(珍藏版)

作者：伯纳德·鲍莫尔

投资者和职业经理人读懂经济数据必备，洞悉未来经济趋势和投资机会，对每一个经济指标的解读精妙、透彻。

05《如果巴西下雨，就买星巴克股票》

作者：彼得·纳瓦罗

读懂财经新闻、把握股市逻辑的最佳读物，投资大师吉姆·罗杰斯倾力推荐。

06《最有效的投资》

作者：阿兰·赫尔

畅销多年的投资经典，简单有效的低风险投资技巧，每周一小时，战胜专业投资者。

07《读懂经济指标 洞悉投资机会》

作者：埃维莉娜·M·泰纳

价值极高的投资和商业决策参考书，理解经济运行必备。

08《股市奇才不一样的技术分析》

作者：沃尔特·迪默

华尔街股市奇才半个世纪市场智慧的高度浓缩。

09《金融创新力》

作者：富兰克林·艾伦 格伦·雅戈

沃顿商学院顶级专家作品，理解和运用金融创新的精髓。

10《笑傲股市之成功故事》

作者：艾米·史密斯

讲述真实案例，帮助中小投资者学会实践投资宗师威廉·欧奈尔50年投资心得。

商界精品阅读

01《毁灭优秀公司的七宗罪》

作者：杰格迪什·N·谢斯

探寻优秀公司衰落的七大败因，菲利普·科特勒等管理大师鼎力推荐。

02《反向思考战胜经济周期》

作者：彼得·纳瓦罗

第一本专注于经济周期战略和策略管理的指导书，加州大学最受欢迎的MBA 教授用商战故事讲述不一样的商业思维。

新声精品阅读

01《4G 革命》

作者：斯科特·斯奈德

一场比互联网影响可能更大的无线技术革命已经来临，提供最具价值的 4G 时代商业建议。

02《页岩革命：新能源亿万富豪背后的惊人故事》

作者：格雷戈里·祖克曼

《福布斯》年度好书，从美国页岩亿万富豪创业史透视一场深刻的新能源革命。

图书在版编目（CIP）数据

痛与爱的交易生涯：我在对冲基金的 5 840 天/（美）达夫（Duff，T.）著；艾博译．—北京：中国人民大学出版社，2015.9

ISBN 978-7-300-21930-1

Ⅰ.①痛…　Ⅱ.①达…　②艾…　Ⅲ.①纪实文学-美国-现代　Ⅳ.①I712.55

中国版本图书馆 CIP 数据核字（2015）第 219624 号

痛与爱的交易生涯：我在对冲基金的 5 840 天

［美］特尼·达夫　著

艾博　译

Tong yu Ai de Jiaoyi Shengya

出版发行	中国人民大学出版社		
社　　址	北京中关村大街 31 号	**邮政编码**	100080
电　　话	010－62511242（总编室）		010－62511770（质管部）
	010－82501766（邮购部）		010－62514148（门市部）
	010－62515195（发行公司）		010－62515275（盗版举报）
网　　址	http://www.crup.com.cn		
	http://www.ttrnet.com（人大教研网）		
经　　销	新华书店		
印　　刷	北京中印联印务有限公司		
规　　格	170 mm×240 mm　16 开本	**版　　次**	2016 年 1 月第 1 版
印　　张	16.75	**印　　次**	2016 年 1 月第 1 次印刷
字　　数	203 000	**定　　价**	42.00 元